Gerhard Heimler · Albrecht Ritter

Wandern und Wein

Rheingau • Rheinhessen mit Bergstraße

50 ausgewählte Touren

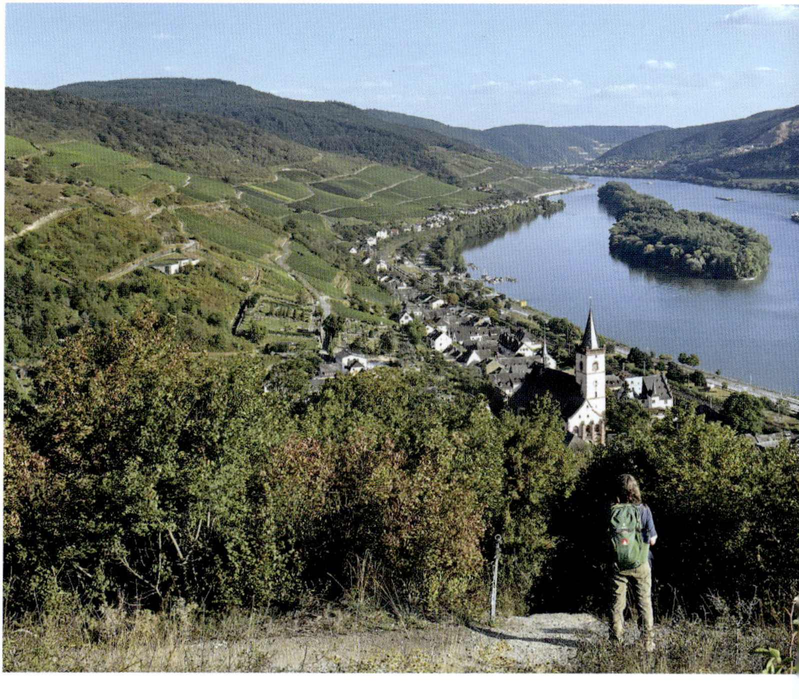

ROTHER
BERGVERLAG

Vorwort

Dass unser Dichterfürst Johann Wolfgang von Goethe ein großer Zecher vor dem Herrn war, ist allseits bekannt. Wir wollen hier nicht seine tausendfach zitierten Worte über kurzes Leben und schlechten Wein aufführen. Weniger bekannt ist sein Motto über die Abhandlung des Sankt-Rochus-Festes in Bingen, das er im August 1814 besucht hatte. Dazu schreibt er: »Zu des Rheins gestreckten Hügeln, hochgesegneten Gebreiten, Auen, die den Fluss bespiegeln, Weingeschmückten Landesweiten, Möget mit Gedankenflügeln, Ihr den treuen Freund begleiten«. Was soll man da hinzufügen? Liebe Leser, entdecken Sie mit diesen blumigen Worten Landschaften, die wie kaum andere in Deutschland vom Wein geprägt sind. Beginnen wir im Süden, wo unweit von Heidelberg, Deutschlands Hauptstadt der Romantik, rechtsrheinisch die Bergstraße ein sinnliches Erlebnis verspricht. Die Wege zwischen Weinbergen, Gärten, Obstwiesen und mittelalterlichen Burgruinen an den Hängen des Odenwaldrandes laden ein zu vergnüglichen Touren, an deren Ende oft eine Weinstube in einem romantischen Bergstraßenörtchen aufwartet. Blütenweg und Burgensteig sind so ganz nach dem Geschmack von Wander- und Weinfreunden. Auf historischen Höhen- und Hohlwegen schlendern wir genüsslich zwischen Reben, Buchen und Edelkastanien, mit weiten Ausblicken ins Rheintal und die Pfälzer Höhen gegenüber. Ganz anders empfängt den Wanderer jenseits des Rheins eine Landschaft mit sanft welligen Hügeln. Die »Hiwwel«, wie die Rheinhessen sie liebevoll nennen, können mit Leichtigkeit erklommen werden. Und wenn nicht sogar oben im Weinberg, spätestens am Ende der Tour findet sich fast immer eine urige Straußwirtschaft, die den durstigen Wanderer empfängt. Der Rheingau schließlich ist Rieslingland, denn auf seinem schmalen Gebietsstreifen zwischen Rhein und Taunus wird überwiegend diese edelste der Weißweinsorten angebaut. Als Ausgangspunkt für erlebnisreiche Wanderungen bieten sich so berühmte Weinorte wie Oestrich-Winkel oder Rüdesheim an. Dazu hat die alte Kulturlandschaft etliche Highlights zu bieten, allen voran Kloster Eberbach und Schloss Vollrads. Im Westen geht der Rheingau in das UNESCO-Welterbe Oberes Mittelrheintal über und zeigt sich dort von seiner spektakulärsten Seite. Wandern längs der steil zum mächtigen Strom hin abfallenden Weinlagen hat streckenweise alpinen Charakter und erfordert Ausdauer und Trittsicherheit. Gut, dass es bis zur nächsten Gutsschänke oder Weinstube nie weit ist.

Die 50 Touren in diesem Wanderbuch erheben keinen Anspruch auf Vollständigkeit. Sie verstehen sich als unsere ganz persönliche Auswahl aus der Fülle von reizvollen Wandermöglichkeiten, die es in allen drei Weinregionen gibt. Vom kurzen Spaziergang bis zu langen Tagestouren ist alles dabei. Und da Weinwandern in erster Linie Genusswandern ist, war es uns wichtig, dass immer gute Einkehrmöglichkeiten am Wegesrand liegen. Denn nichts ist stimmungsvoller, als eine erlebnisreiche Wanderung bei einem Schoppen guten Weines ausklingen zu lassen.

In diesem Sinne wünschen wir viele Glücksmomente unterwegs in drei der schönsten Weinregionen Deutschlands.

Frühjahr 2024 Gerhard Heimler und Albrecht Ritter

Grußworte der Weinköniginnen

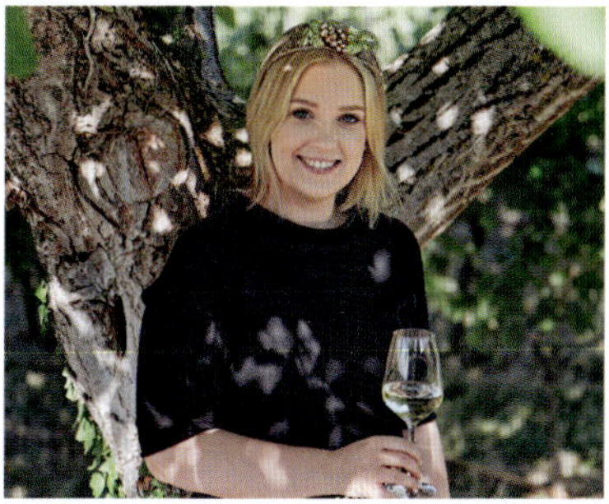

Riesling, Kabinett, Spätlese – das fällt mir ein, wenn ich an meine Heimat, den Rheingau, denke. Weltbekannt für unseren Riesling finden diese beiden Prädikate in unserer schönen Region ihren Ursprung. Kennen Sie die Geschichte des Spätlesereiters? Besuchen Sie den herrlichen Rheingau und entdecken Sie unter anderem mit Kloster Eberbach und Schloss Vollrads eines der bedeutendsten Klöster Europas und das älteste Weingut Deutschlands. Oder Sie erkunden den schönen Rheingau entlang der 80 km langen Rheingauer Rieslingrouten etappenweise gemütlich zu Fuß von Wicker bis Lorchhausen. Ich freue mich auf Ihren Besuch!

Ihre Viktoria Wolf,
Weinkönigin Rheingau 2023/24

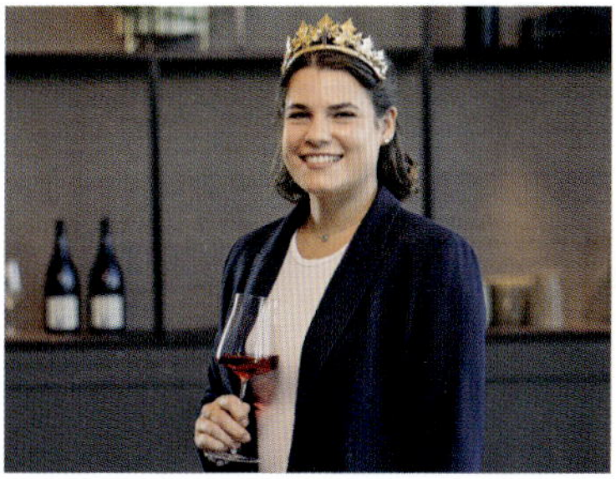

Rheinhessen – das größte deutsche Weinbaugebiet hat vieles zu bieten: Kulinarik, Wein, Veranstaltungen mitten in den Reben. Die Hiwweltouren und der RheinTerrassenWeg belohnen die Besucher mit atemberaubenden Weitblicken. Bei der Einkehr in die Straußwirtschaften und Gutsausschänken erleben die Besucher die Gastfreundschaft der Winzerinnen und Winzer, die ihr ganzes Herzblut in die Erzeugung von erstklassigen Weinen stecken. Nehmen Sie ein Stück meiner Heimat im Herzen mit nach Hause.

Ihre Annalena Baum,
Rheinhessische Weinkönigin 2023/24

Bekannt als Frühlingsgarten Deutschlands ist die Hessische Bergstraße ganzjährig ein großartiges Ausflugsziel. Von der Mandelblüte im Frühjahr bis zum goldenen Herbst zeigt sich die Landschaft von ihrer schönsten Seite. An den Hängen der Bergstraße finden Sie die Weinberge der Winzerinnen und Winzer, deren große Sortenvielfalt das Aushängeschild des kleinsten deutschen Weinanbaugebiets ist. Ich lade Sie herzlich ein, die Region und ihre Weine kennenzulernen.

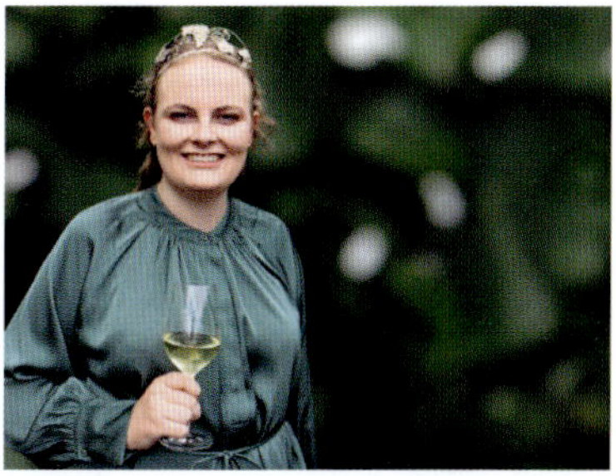

Ihre Nina Kaltwasser,
Weinkönigin Hessische Bergstraße 2023/24

Inhalt

Burg Ehrenfels (Tour 13).

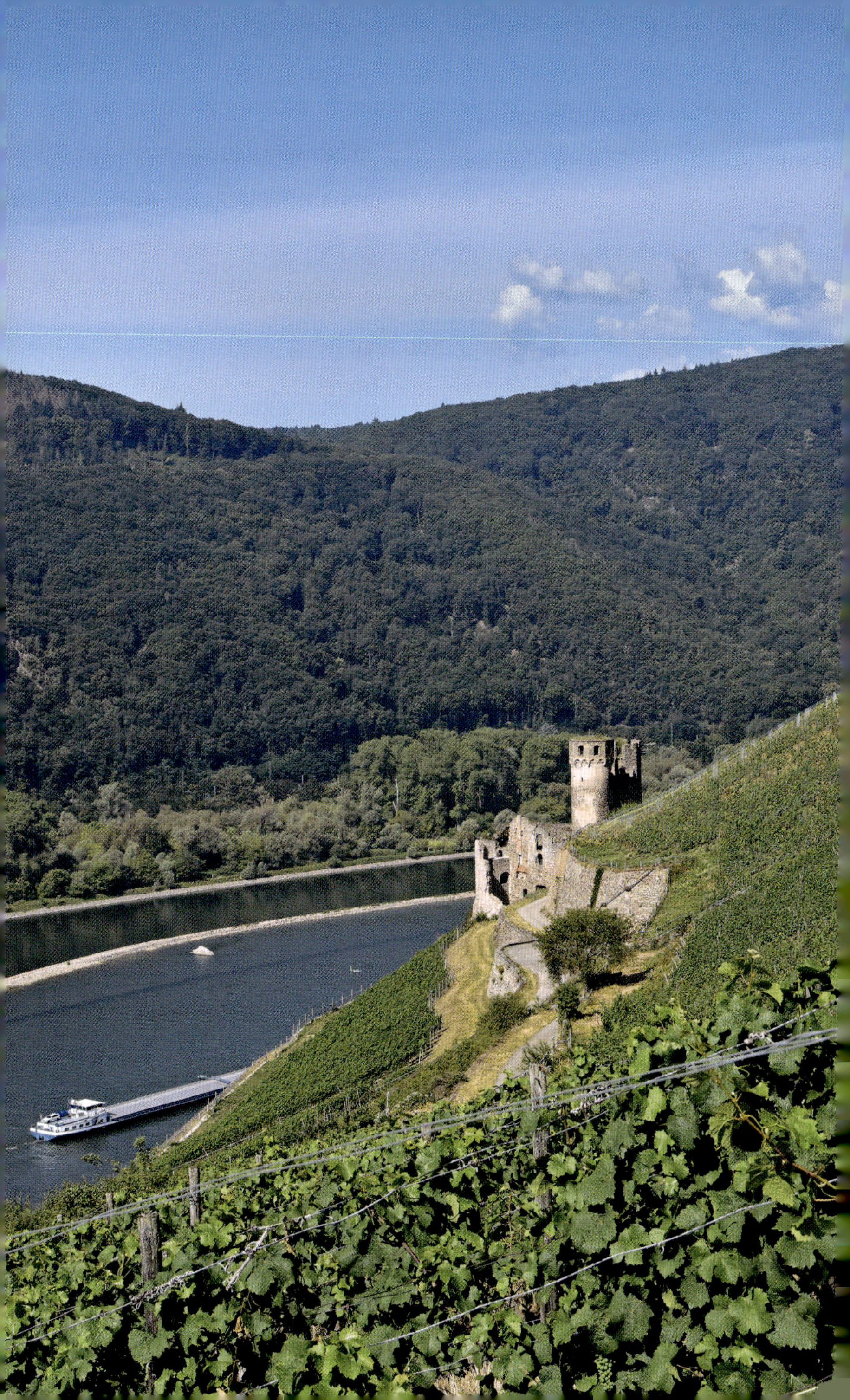

Top-Touren

Von Walluf nach Rauenthal
Höhepunkt der Tour ist die Bubenhäuser Höhe, einer der schönsten Aussichtspunkte im Rheingau *(Tour 4, 3.45 h).*

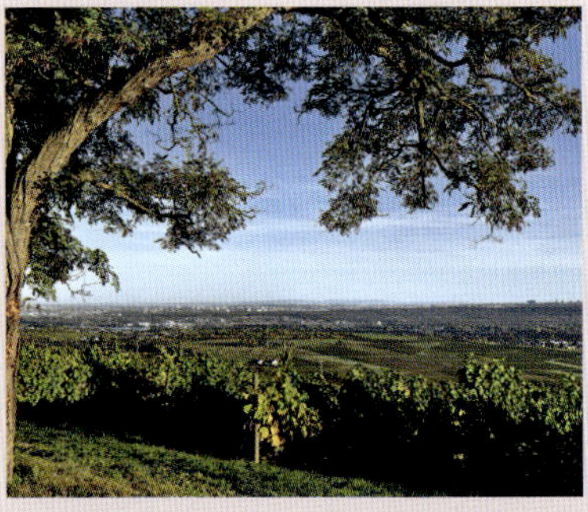

Von Eltville zum Kloster Eberbach
Diese Genießer-Tour führt von Eltville am Rhein über Kiedrich zum Kloster Eberbach, einem architektonischen und vinologischen Kleinod *(Tour 5, 5.30 h).*

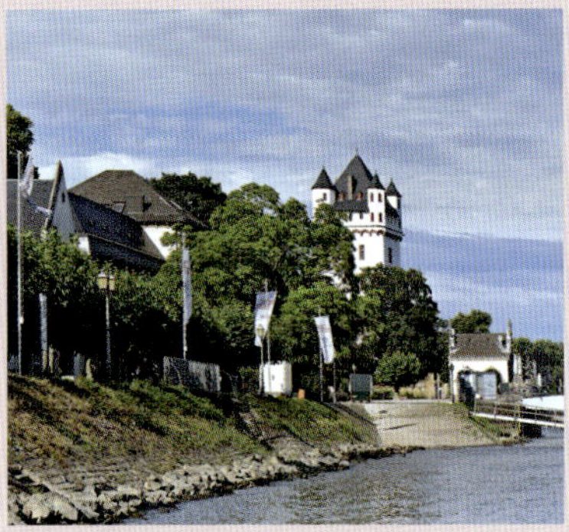

Rüdesheim und Niederwalddenkmal
Ein Klassiker unter den Rheingauwanderungen. Der Aufstieg von Rüdesheim durch berühmte Steillagen wird oben bei der Germania mit einer phänomenalen Aussicht ins Rheintal belohnt *(Tour 13, 3.15 h).*

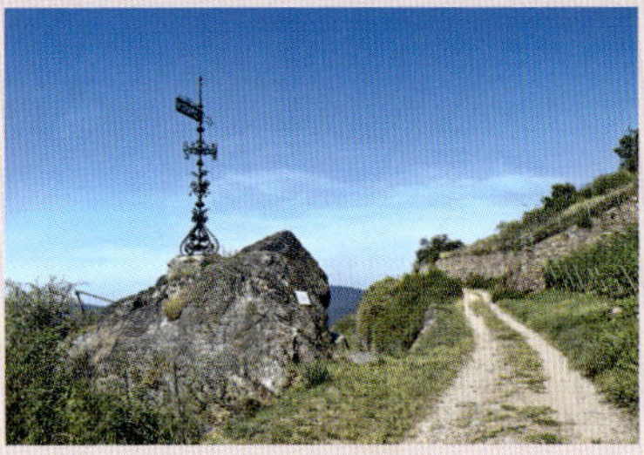

Zwischen Lorchhausen und Lorch
Eine abwechslungsreiche und anspruchsvolle Tour mit zahlreichen herrlichen Aussichten in die Täler von Rhein und Wisper *(Tour 17, 3.30 h).*

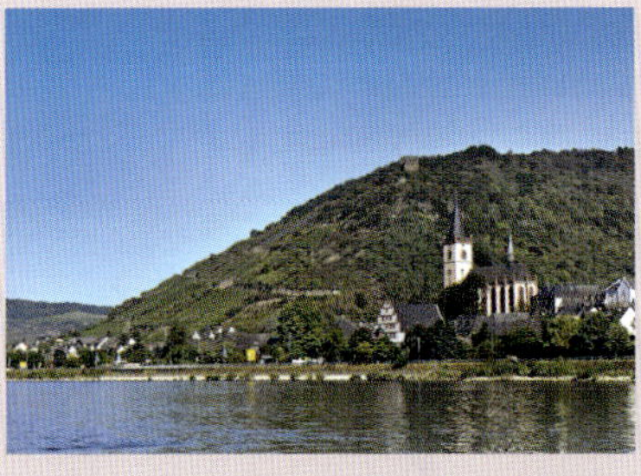

Von Nackenheim nach Oppenheim
Mit Nackenheim, Nierstein und Oppenheim liegen gleich drei berühmte rheinhessische Weinorte an der Wanderstrecke, die sich immerzu oberhalb des Rheins am legendären Roten Hang entlangzieht. Dabei ergeben sich ständig traumhafte Ausblicke ins weite Flusstal, unter anderem vom schattigen Rastplatz auf dem Brudersberg *(Tour 20, 4.15 h).*

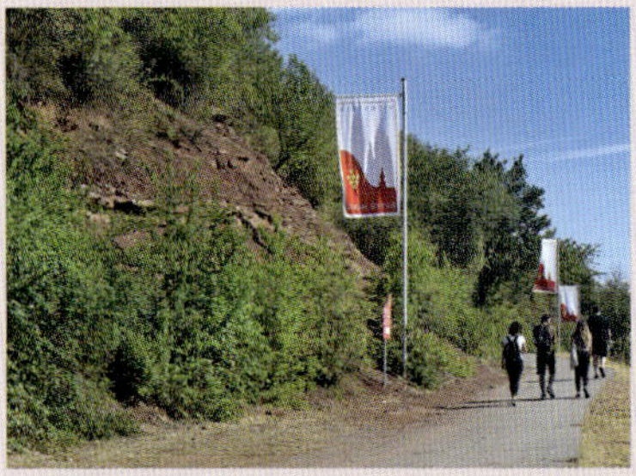

Zum Siefersheimer Horn
Die Hiwweltour in der Rheinhessischen Schweiz bietet wunderbare Ausblicke und zum krönenden Abschluss die Winzeralm mit sonntäglichem Ausschank *(Tour 29, 3.00 h).*

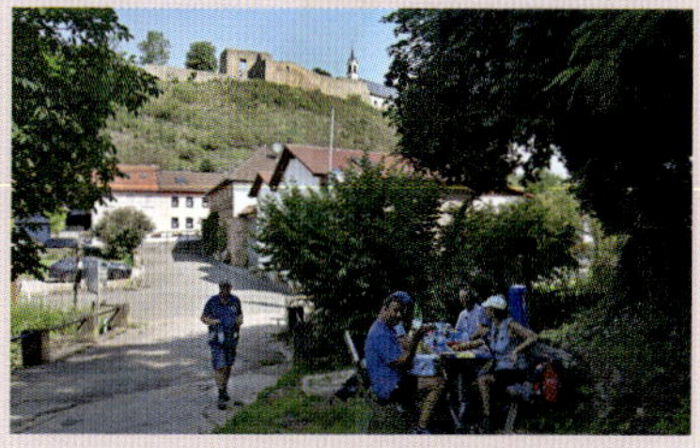

Westhofener Wingertsheisjer
Der Stolz der Westhofener sind ihre Wingertsheisjer. Jeder Winzer versuchte, den anderen an Originalität zu übertrumpfen. Der Wanderweg führt zu den hübschen Häuschen im Weinberg *(Tour 35, 2.15 h).*

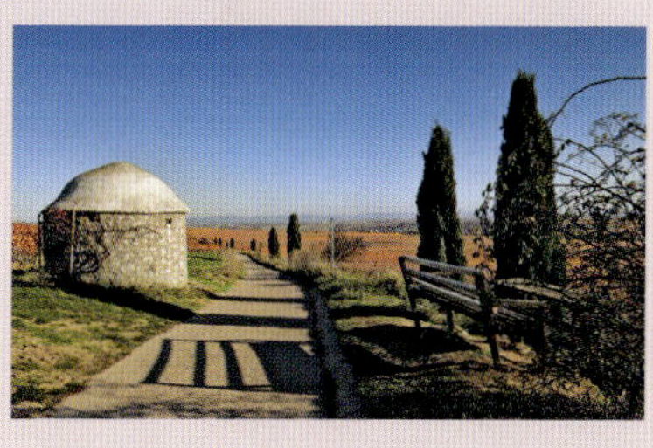

Zellertalweg
Im Übergang von Rheinhessen zur Rheinpfalz führt der Wanderweg von einem Weindorf zum nächsten. Das Anbaugebiet Schwarzer Herrgott zählt zu den wertvollsten Weinlagen *(Tour 37, 3.00 h).*

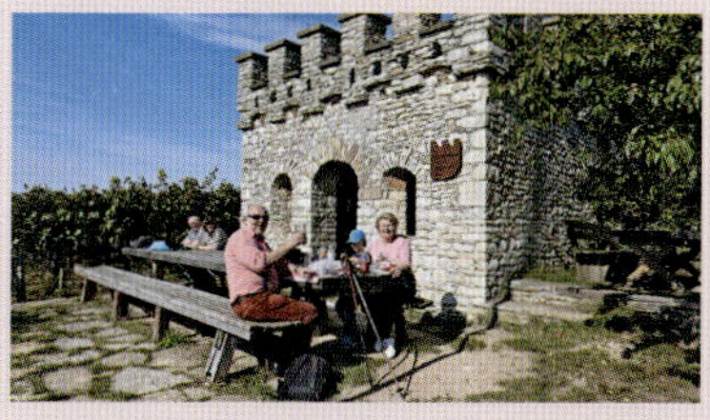

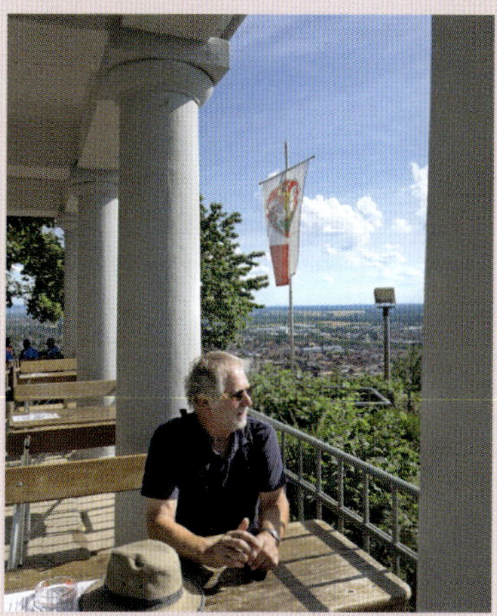

Auf dem Hessentagsweg in Bensheim
Keine Wanderung vermittelt besser den Übergang von den Bergsträßer Weinlagen zu den Odenwaldhöhen. Gespickt mit mehreren Einkehrmöglichkeiten eine Paradetour an der Bergstraße *(Tour 42, 4.30 h).*

Von Heppenheim zum Hemsberg
Nach einer besinnlichen Runde durch den Wald führt die Tour zum Hemsberg, mit sonntäglicher Einkehrmöglichkeit. Zurück geht es auf dem informativen Themenweg »Wein und Stein« *(Tour 43, 5.00 h).*

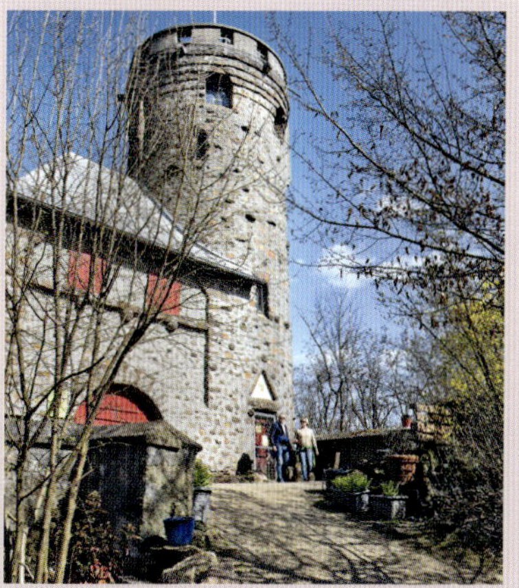

Allgemeine Hinweise

Anforderungen

Die Schwierigkeitsgrade der Touren in diesem Wanderbuch ergeben sich aus der Farbe der jeweiligen Tourennummer. Dabei werden folgende Kategorien unterschieden:

■ **Leicht**

Wanderungen auf überwiegend gut ausgebauten und markierten Wegen ohne schwierige Passagen oder übermäßig lange Auf- oder Abstiege.

■ **Mittel**

Wanderungen auf Wegen oder Pfaden, die auf einigen Passagen Trittsicherheit erfordern, längere Auf- bzw. Abstiege umfassen und eine gute Kondition verlangen.

Schwierige Wanderungen mit großen Höhenunterschieden bzw. längeren steilen An- und Abstiegen und Passagen in weglosem Terrain gibt es in diesem Wanderbuch nicht.

Eine rote Tour: der steinige Pfad oberhalb von Lorchhausen (Tour 17).

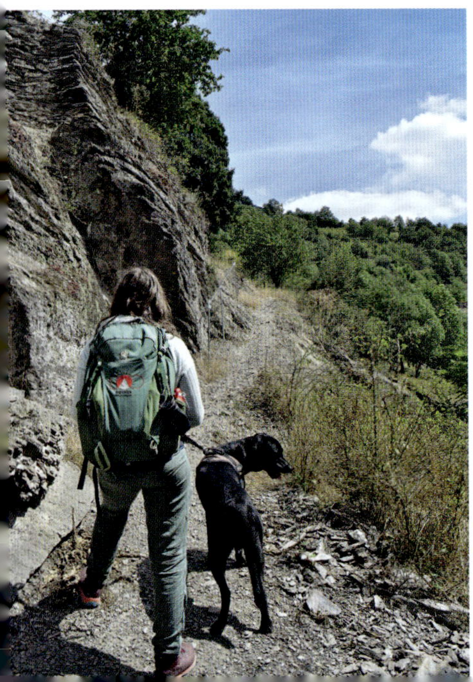

Gehzeiten

Die Zeitangaben beziehen sich auf die reine Gehzeit einer Wanderung. Daher ist es unbedingt nötig, zusätzlich Zeit für Pausen, Fotostopps und eventuelle Besichtigungen einzuplanen – ebenso für die Lektüre von lehrreichen Informationstafeln, wie sie in Weinbaugebieten häufig längs spezieller Weinlehrpfade angebracht sind.

Höhenunterschiede

Das Wandergebiet verfügt generell eher über ein gemäßigtes Relief mit nur geringen Höhenunterschieden. Lediglich im Rheintal, besonders im Rheingau und an der Bergstraße, muss mit teils steileren An- und Abstiegen gerechnet werden. Da einige Touren in diesem Wanderbuch im Talniveau beginnen und dann eventuell mehrfach hinauf in die Weinberge führen, können sich die Höhenunterschiede beachtlich summieren. Der bei jeder Tour angegebene Höhenunterschied ist die Summe aller im Anstieg zurückgelegten Höhenmeter (also inklusive Gegensteigungen).

Besonderheiten beim Weinwandern

Hier ein paar nützliche Tipps, was beim Weinwandern berücksichtigt werden sollte:

- Die Wege zum Wein führen zumeist auf Asphalt oder Beton, denn kennzeichnend für Weinregionen ist ein Netz von Wirtschaftswegen, das Winzern, Bauern und Forstleuten den Weg zu ihren Arbeitsplätzen auf Traktor oder Fräse ermöglicht. Wandern auf diesen Wegen ist grundsätzlich erlaubt und auch viele offizi-

GPS-Tracks und Koordinaten der Ausgangspunkte

Auf **gps.rother.de** stehen zu diesem Wanderbuch GPS-Tracks und die Koordinaten der Ausgangspunkte zum kostenlosen Download bereit. Dieser QR-Code führt direkt zum Download.
1. Auflage, Passwort: **329001bza**
Die GPS-Tracks können in die **Rother App** importiert werden. In der App kann man unterwegs stets sehen, wo man gerade ist und wo es langgeht. **Anleitungen dazu: rother.de/gps**

Trotz sorgfältiger Prüfung können wir Fehler und zwischenzeitliche Veränderungen nicht ausschließen. Verlassen Sie sich für die Orientierung niemals einzig und allein auf die GPS-Daten, sondern beurteilen Sie die Verhältnisse vor Ort.

elle Wanderwege verlaufen hier. Das Befahren dieser Flurwege mit dem Pkw ist in der Regel für Nicht-Anrainer nicht gestattet.

- Wandern im Weinberg setzt grundsätzlich voraus, dass die vorhandenen Wege – egal, ob öffentlicher Flurweg oder Privatweg – nicht verlassen werden sollen. Abkürzungen zwischen den Rebzeilen hangauf- oder -abwärts nehmen zu wollen, ist ein absolutes No-Go beim Weinwandern. Ebenso das zügellose Pflücken und Naschen der erntereifen Trauben im Herbst.
- Wer mit Hund wandert, sollte seinen vierbeinigen Begleiter stets im Auge haben. Zum einen, um die Reben vor unsachgemäßer Düngung zu bewahren. Zum anderen, weil Hunde keine herabgefallenen Trauben fressen sollten. Denn sie sind für sie regelrecht giftig und können in größerer Menge sogar tödlich für sie sein.
- Bereits bei kurzen Weinbergwanderungen kann man schnell ins Schwitzen kommen, da Schatten spendende Bäume rar sind. Deshalb sollte an heißen Tagen an Sonnenschutz und ausreichend Wasser gedacht werden.

Winzer

Wir geben bei jeder Tour Tipps zu ausgewählten Winzerbetrieben und Weingütern. Darunter finden sich Spitzenbetriebe, die vielfach ausgezeichnet wurden und die mit höchster Qualität aufwarten können. Daneben aber auch kleinere Kellereien, die am Wegesrand einer Tour liegen und somit einfach und bequem angesteuert werden können. Hätten wir alle Betriebe, die es in den drei Weinregionen gibt, testen wollen, wäre dieses Buch vermutlich nie erschienen. Letztendlich zählt aber sowieso nur der eigene Geschmack. Man nehme sich daher unterwegs genügend Zeit, komme mit den Winzern ins Gespräch oder nutze die Gelegenheit für eine Weinprobe, wie sie häufig angeboten wird.

Ausrüstung

Beim Weinwandern auf zumeist gut befestigten Wegen sind in der Regel Sportschuhe mit einer festen Sohle ausreichend, aber professionelle Wander- oder Trekkingschuhe schaden natürlich nicht. Dass ansonsten – je nach Tourenlänge und Jahreszeit – eine Kopfbedeckung, ein Regenschutz sowie Getränke und etwas Proviant in den Rucksack ge-

Der Umwelt zuliebe ...

Auch beim Wandern hinterlassen wir einen ökologischen Fußabdruck, aber im Einklang mit der Natur unterwegs zu sein, ist gar nicht so schwer!

VORBEREITUNG UND ANFAHRT

- Sich vorab informieren, worauf in Bezug auf Natur und Umwelt in der jeweiligen Wanderregion besonders zu achten ist.
- Soweit möglich mit Bahn und Bus anreisen, Wander- und Rufbusse nutzen.
- Ist eine Anfahrt mit dem Auto nötig, Fahrgemeinschaften bilden.
- Bei weiten Anfahrten Mehrtagestouren planen oder von einem Quartier vor Ort aus mehrere Touren absolvieren.
- Flugreisen möglichst reduzieren und durch Beiträge zu Klimaschutzprojekten kompensieren.

KLEIDUNG UND AUSRÜSTUNG

- Beim Kauf von Outdoor-Kleidung auf umweltfreundliche und faire Herstellung achten und Kleidungsstücke möglichst viele Jahre nutzen.
- Ausrüstung kann man eventuell auch gebraucht kaufen oder ausleihen.
- Reparieren statt neu kaufen.

VERPFLEGUNG

- Beim Einkauf Bio-Ware, regionale und saisonale Erzeugnisse bevorzugen.
- Hütten und Gasthäuser auswählen, die regionale Produkte verwenden.
- Auf Einwegflaschen und Plastikverpackungen verzichten, stattdessen wiederverwendbare Trinkflaschen und Brotzeitboxen benutzen.

ÜBERNACHTUNG

- Bei lokalen Anbietern buchen, damit Menschen vor Ort profitieren.
- Auf Hütten und in anderen Unterkünften Strom und Wasser sparen.

UNTERWEGS

- Wege benutzen und Abkürzer vermeiden.
- Sperrungen von Wegen und Schutzgebieten respektieren.
- Keine Blumen pflücken und keine Pflanzen entnehmen.
- Waldbrandgefahr beachten.
- Müll wieder mit nach Hause nehmen und dort entsorgen.
- Toilettengänge in freier Natur möglichst vermeiden.
- Lärm vermeiden.
- Hunde an die Leine nehmen.

hören, versteht sich von selbst. Um für Orientierungsprobleme (die es eigentlich auf den überwiegend bestens markierten Wegen in diesem Wanderbuch nicht geben sollte) gewappnet zu sein, empfiehlt sich die Mitnahme einer Wanderkarte oder die Installation einer Navigations-App auf dem Smartphone.

Beste Wanderzeit

Weinwandern ist prinzipiell zu allen Jahreszeiten möglich. Selbst im Winter ist es im Wandergebiet eher mild, längere Schnee- und Frostperioden sind selten. So kann eine Wanderung durch die kahlen Weinberge bei Nebel und leichter Schneebedeckung zu einem mystischen Landschaftserlebnis werden.

Im Frühling sind die Rebhänge zwar immer noch kahl, dafür blüht und grünt es in der Natur um sie herum. Beim Wandern trifft man jetzt stets auf Winzer, die die Arbeit in den Weinbergen wieder aufgenommen haben.

Ab Juni zeigt sich das Weinlaub in sattem Grün und die Trauben beginnen zu wachsen. In den Weinbergen ist jetzt immer etwas los: Viele Winzer bieten Weinproben im Wingert oder Führungen durch ihre Weinlagen an.

Die schönste Jahreszeit für Weinwanderer beginnt aber im Oktober, wenn sich nach der Weinlese im Herbst das Weinlaub goldgelb oder rotbraun verfärbt. Jetzt zeigt sich die Landschaft am stimmungsvollsten und nicht nur Hobbyfotografen kommen voll auf ihre Kosten. Allerdings herrscht jetzt in den Weinorten auch der größte Trubel und man muss mit viel Andrang sowohl auf den Wegen als auch in den Straußwirtschaften rechnen. Im Spätherbst klingt die Saison der Weinfeste allmählich aus und in den Fässern der Kellereien reifen die Weine des neuen Jahrgangs heran.

Wanderkarten

Die Karten in diesem Wanderbuch sind zur Orientierung ausreichend, aber es empfiehlt sich dennoch, unterwegs eine Karte in größerem Maßstab mitzuführen.

Papierkarten haben im Vergleich zu elektronischen Orientierungshilfen einen elementaren Vorteil: Sie brauchen keinen Strom und sie sind resistent gegen Funklöcher. Leider hat sich das Angebot in den letzten Jahren verschlechtert, da die Vermessungsbehörden in Hessen und Rheinland-Pfalz keine Wanderkarten mehr produzieren. Manchmal werden im Internet noch einzelne Blät-

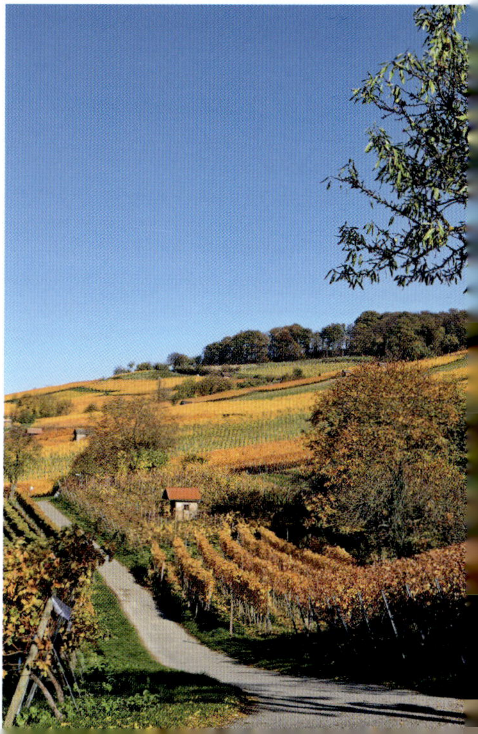

Die beste Jahreszeit zum Weinwandern ist der Herbst (Tour 44).

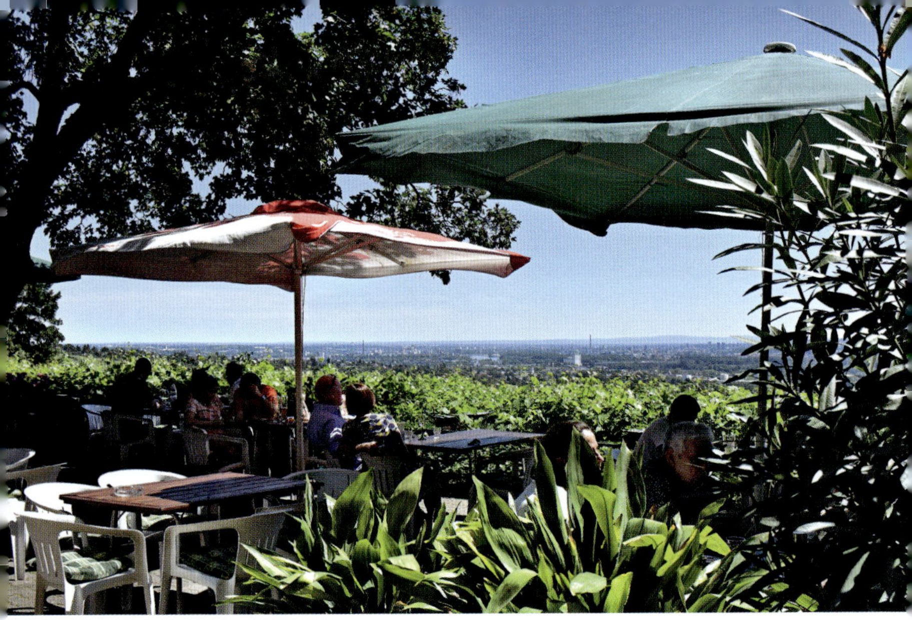

Schattige Einkehr im Nürnberger Hof (Wiesbaden-Frauenstein, Tour 3).

ter gebraucht oder aus Altbeständen angeboten. Ansonsten gibt es nur bedingt Alternativen von privaten Kartenverlagen – wir weisen in der Kurzinfo bei jeder Tour darauf hin.

Einkehrmöglichkeiten

In der Kurzinfo zu jeder Tour werden Einkehrtipps gegeben. Diese verstehen sich als Auswahl und erheben keinerlei Anspruch auf Vollständigkeit. Man erkundige sich am besten vorab unter der angegebenen Telefonnummer oder Internetadresse, ob das Lokal zum gewünschten Zeitpunkt geöffnet hat, denn nichts ist auf einer Wanderung frustrierender, als hungrig oder durstig vor verschlossenen Türen einer Gastwirtschaft zu stehen.

Sofern es bei einer Tour keine Einkehrmöglichkeit gibt, wird in der jeweiligen Kurzinfo darauf hingewiesen. In diesem Fall sollte man selbstverständlich genügend Proviant und ausreichend Getränke im Rucksack mitnehmen.

Straußwirtschaften

»Wo's Sträußche hängt, wird ausgeschenkt«. Der alte Spruch gilt schon seit dem Mittelalter. Es war Karl der Große, der 794 verfügte, dass jedes Weingut Ausschank betreiben dürfe. Als Zeichen dafür müsse ein Sträußchen am Hoftor anzeigen, dass man geöffnet habe.

Heute ist der Ausschank auf vier Monate im Jahr begrenzt und es dürfen einfach zubereitete Speisen angeboten werden. Die maximal erlaubten 40 Sitzplätze sind meist hart umkämpft und werden erst frühestens nach dem zweiten »Schobbe« wieder geräumt. Im Sommer und Herbst findet man in fast jeder Weinbaugemeinde eine offene »Strauße«. Die meisten Weinorte publizieren auf ihrer Website, zu welchen Zeiten die einzelnen Winzerbetriebe geöffnet haben.

Viele davon haben aber auch eine Gaststättenkonzession und betreiben ihren Weinausschank professionell das ganze Jahr über.

Das Wandergebiet

Gebietsabgrenzung

Das Wandergebiet in diesem Buch umfasst gleich vier Weinregionen am Rhein, die wie Perlen an einer Kette dem Stromverlauf folgen. Dies sind im Süden zunächst die kleineren Anbaugebiete Hessische und Badische Bergstraße im Übergang von Baden-Württemberg nach Hessen. Dann folgt das linksrheinische Rheinhessen, das trotz seines Namens zu Rheinland-Pfalz gehört, und im Norden schließlich der in Hessen liegende Rheingau. Damit bietet sich dieses Wanderbuch als ideale Fortsetzung des Weinwanderbuchs Ahr – Mittelrhein aus dem Rother Bergverlag an.

Bekanntschaft mit der Landschaft

Der Rhein durchfließt bzw. berührt in seinem Verlauf durch unser Wandergebiet vier große Naturräume. Im Süden tritt er hinter Mannheim ins Nördliche Oberrheintiefland ein, das ebenso wie das übrige Oberrheintal scharf von Randgebirgen begrenzt wird und Höhenlagen weit unter 100 m ü. M. aufweist. Geologisch handelt es sich um einen tektonischen Graben, der von Basel bis Frankfurt am Main verläuft. Entstanden ist diese Struktur im Alttertiär durch die alpidische Gebirgsbildung im Spannungsfeld nördlich der sich heraushebenden Alpen. Die Senkungsbewegungen des Grabens dauern bis heute an und führen im Umfeld immer wieder zu leichten Erdbeben.

Im Osten wird das Nördliche Oberrheintiefland vom Odenwald begrenzt, der überwiegend von Sandsteinen des Buntsandsteins aufgebaut und dem Südwestdeutschen Schichtstufenland zugerechnet wird. Nur im Vorderen Odenwald, der gegenüber der Rheinebene um mehr als 400 m tektonisch herausgehoben wurde, tritt der aus kristallinen Gesteinen (u.a. Granite, Gneise) bestehende Grundgebirgssockel des Mit-

Rheinufer bei Geisenheim (Tour 11).

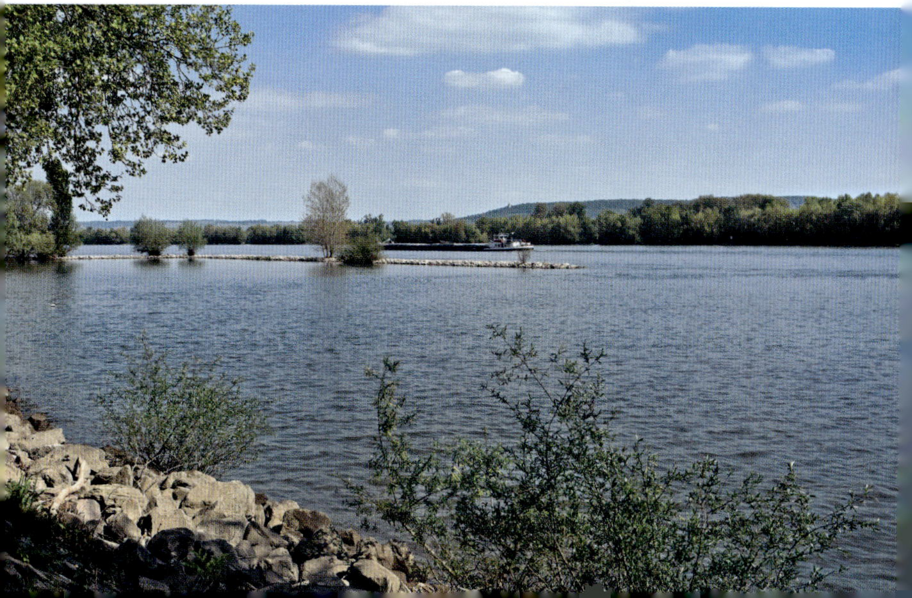

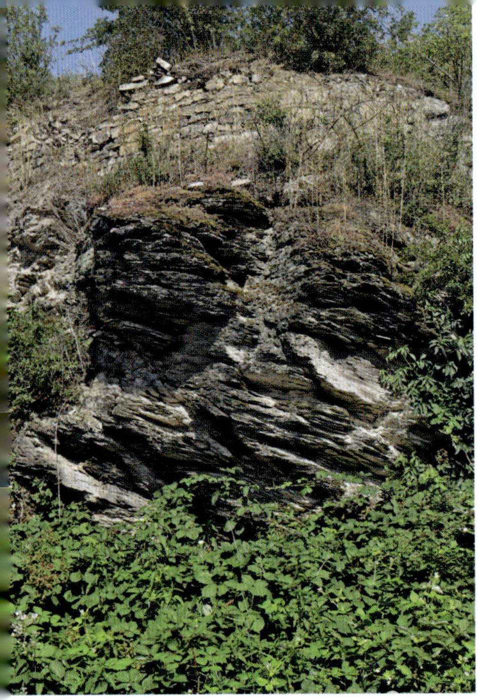

Schieferfels bei Rüdesheim (Tour 13).

telgebirges zutage. Der Melibokus ist dort mit 517 m ü. M. die höchste und markanteste Erhebung. Am Fuße des Vorderen Odenwaldes verläuft schließlich die von einem besonders milden Klima geprägte Bergstraße.

Westlich des Rheins erstreckt sich das Rheinhessische Tafel- und Hügelland auf einer Fläche von mehr als 1200 km² in Rheinland-Pfalz. Das weitgehend waldfreie Terrain stellt sich als sanft welliges Hügelland dar mit durchschnittlichen Höhenlagen zwischen 250 und 320 m ü. M. Im Westen bilden Rotliegend-Sedimente des Saar-Nahe-Trogs den geologischen Untergrund, im Osten tertiäre Sande, Kalke und Mergel des Mainzer Beckens, einer ehemaligen Meeresbucht.

Im Norden trifft der Rhein mit dem Taunus auf den südöstlichsten Teil des Rheinischen Schiefergebirges, des größten deutschen Mittelgebirges. Namensgebend ist weniger das nur regional auftretende Dachschiefergestein, sondern das geologische Phänomen der Schieferung. Diese wird im Rahmen der Metamorphose durch tektonische Vorgänge hervorgerufen, die das Gesteinsgefüge mit hohem Druck und hoher Temperatur verändern. Im Regelfall bilden sich die Schieferungsflächen senkrecht zur Schichtung der Gesteine aus. In der Zeit des Devons (vor etwa 400 Millionen Jahren) wurden in einem flachen Meer, dessen Boden sich ständig absenkte, Sedimente in einer Mächtigkeit von mehreren Kilometern abgelagert. An der Wende zum Karbon (vor etwa 300 Millionen Jahren) bewegten sich die Kontinente Laurussia und Gondwana aufeinander zu und bei deren Zusammenprall wurden die Gesteinsschichten übereinander geschoben und verfaltet. Durch diese sogenannte Variszische Gebirgsbildung entstand neben vielen anderen Mittelgebirgen in Europa auch das Rheinische Schiefergebirge. Einhergehend mit der Gebirgsbildung wurden die Gesteine durch den hohen Druck der auf ihnen lastenden Gesteinsschichten in ihrer Struktur verändert (metamorphisiert). Aus Sandstein wurde beispielsweise Quarzit, aus Tonstein Tonschiefer. In späteren geologischen Epochen wurde dieses Hochgebirge von den Kräften der Abtragung weitgehend eingeebnet. Vor etwa zwei Millionen Jahren begann sich dieser Gebirgsrumpf im Pleistozän stark herauszuheben, wobei der Rhein dank seiner Erosionskraft mit dieser Hebung Schritt halten konnte. Er schnitt sich immer tiefer in den Untergrund ein und bildete so den deutschen »Grand Canyon«, das Obere Mittelrheintal, heraus.

Geografie, Klima und Geologie

Rheingau

50 Grad nördliche Breite, 38 Kilometer lang, zwei bis drei Kilometer breit – lässt sich ein herrliches Fleckchen Erde wie der Rheingau so lapidar beschreiben? Natürlich nicht, aber diese wenigen Zahlen vermitteln anschaulich, dass die alte Kulturlandschaft im Südwesten Hessens flächenmäßig nicht allzu groß ist. Ferner, dass sie in etwa auf derselben geografischen Breite liegt wie die Südspitze von England oder die Städte Winnipeg und Vancouver in Kanada. Aber im Gegensatz zu diesen wird im Rheingau Wein angebaut, was nicht zuletzt seinem überaus milden Klima zu verdanken ist. Wer in Wiesbaden-Biebrich oder in Eltville am Rhein entlangflaniert, wähnt sich in mediterranen Gefilden. Eine mittlere Tagestemperatur von 10,7 °C im Jahr macht es möglich, dass neben Magnolien und Palmen auch Feigen- und Aprikosenbäume gedeihen können. Dazu scheint die Sonne durchschnittlich 1649 Stunden im Jahr und die Niederschläge liegen mit etwa 590 mm pro Jahr in einem mittleren Bereich. Alles in allem günstige Bedingungen für den Weinanbau, wobei die Rebflächen besonders von der Südausrichtung der flach zum Rhein hin abfallenden Hänge profitieren. Dies ist wiederum der Tatsache zu verdanken, dass sich hinter Wiesbaden das Rheingaugebirge dem Strom quasi in den Weg gestellt und damit seine Fließrichtung von Norden nach Westen umgelenkt hat (das sogenannte Rheinknie).

Erst hinter Rüdesheim bzw. dem gegenüberliegenden Bingen nimmt der Rhein auf Höhe des einst in der Schifffahrt berüchtigten Binger Lochs wieder seinen nordwärts gerichteten Verlauf ein. Dabei musste er sich tief in das Rheinische Schiefergebirge einschneiden, das im Pleistozän durch Bewegungen in der Erdkruste angehoben wurde. So entstand ein 67 km langes Durchbruchstal, das von steilen Felshängen flankiert wird – das Obere Mittelrheintal.

Am Rheinufer in Eltville (Tour 5).

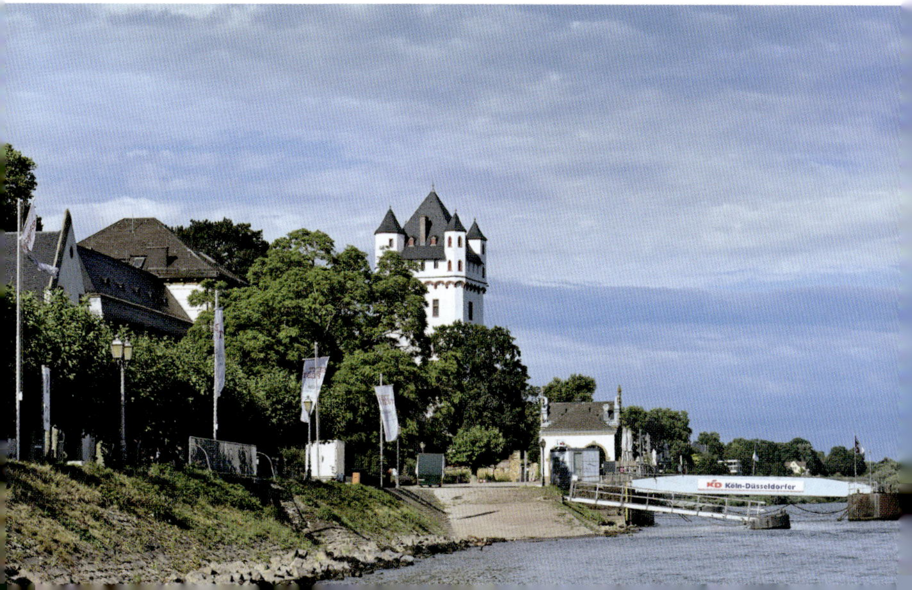

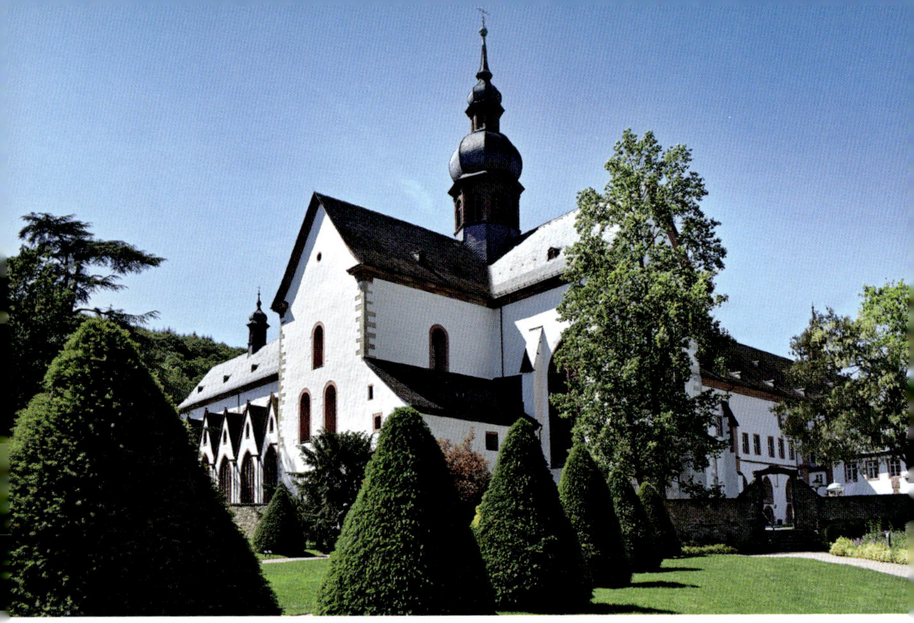

Das berühmte Kloster Eberbach (Tour 5).

Hier endet der Rheingau hinter Lorchhausen an der Landesgrenze zu Rheinland-Pfalz. Davor konzentriert sich alles, was diese einmalige Landschaft ausmacht, auf dem oben erwähnten schmalen Gebietsstreifen zwischen Rhein im Süden und Rheingaugebirge im Norden. Walluf, Eltville, Kiedrich, Oestrich-Winkel, Rüdesheim – ein berühmter Weinort reiht sich an den nächsten. Dazu eine Vielzahl an Burgen, Schlössern und Klöstern – allen voran Kloster Eberbach.

Wer möglichst viel Rheingauromantik erleben möchte, folge der 120 km langen Ferienstraße »Rheingauer Riesling Route«. Oder wandere auf dem Rheinsteig, der in Wiesbaden-Biebrich beginnt und an vielen landschaftlichen Höhepunkten vorbeiführt. Um den Blick über die Rebflächen und den Rhein hinweg bis hinüber nach Rheinhessen schweifen zu lassen, bieten sich Aussichtspunkte wie die Hallgarter Zange oder die Bubenhäuser Höhe an.

Der höchste Punkt des Rheingaus, die im bewaldeten Rheingaugebirge gelegene Kalte Herberge (619 m), ermöglicht jedoch keinen Ausblick. Geologisch betrachtet gehört der größte Teil des Rheingaus zwischen Wiesbaden und Rüdesheim zum Mainzer Becken, einem im Tertiär angelegten Senkungsgebiet (siehe auch Kapitel zu Rheinhessen!). Im Oligozän (vor etwa 30 Millionen Jahren) wurde der Raum durch einen Meeresvorstoß überflutet, der Taunusrand bildete die Küstenlinie eines subtropischen Meeres, in dem sich Haie und Seekühe tummelten. Fossilführende Ablagerungen aus Ton-, Mergel- und Kalkstein bilden daher den Untergrund der tiefer gelegenen Hangbereiche. Mit zunehmender Höhe wechselt der Untergrund zu teilweise tiefgründig verwittertem Gestein des Rheinischen Schiefergebirges in Gestalt von Schiefern, Phylliten und Serizitgneisen. Nordwestlich von Rüdesheim keilen die tertiären Sedimente völlig aus, ab hier dominieren Felsen aus Taunusquarzit das Landschaftsbild. Während der letzten Eiszeiten bliesen schließlich gewaltige Stürme Sand und feine Staubkörner aus den trockenliegenden Flussbetten und lagerten sie in windgeschützten Lagen wieder ab. Dadurch entstanden teils mächtige Decken von Löss, der heute großflächig in weiten Bereichen des Rheingaus die anstehenden Gesteine überlagert. Die Fruchtbarkeit seiner Böden bietet neben dem Klima die besten Voraussetzungen für den Anbau exzellenter Weine.

Rheinhessen

Fast in einem Dreieck zwischen Bingen, Mainz und Worms, begrenzt im Osten und im Norden vom Rhein und im Westen vom Donnersbergmassiv und dem Nahetal, liegen die sanftwelligen Höhen Rheinhessens. Während die Landschaftskunde vom Rheinhessischen Tafel- und Hügelland spricht und der größte Stolz der Rheinhessen neben ihrem Wein ihre »Hiwwel« sind, zählt für den Geologen die Region zum Mainzer Becken. Was sich scheinbar widerspricht, einmal Becken, einmal Hügel, muss im geologischen Zusammenhang betrachtet werden. Infolge heftiger Tektonik im Erdmittelalter durch das Auseinanderdriften des Superkontinents Pangäa entstanden Störungszonen im Erdmantel, die vor ca. 50 Mio. Jahren im einsetzenden Tertiär zum Grabenbruch des Oberrheingrabens führten. Längs älterer Schwächezonen senkte sich der Graben auf einer Breite zwischen 30 und 40 km zwischen dem heutigen Basel und dem Taunus im Norden bis zu 3000 m ab und verfüllte sich gleichzeitig wieder mit Abtragungsmaterial der umgebenden Höhenzüge Schwarzwald, Odenwald und Vogesen. Im nördlichen Bereich, etwa auf der Höhe von Worms, war die Absenkung geringer.

Infolge der Transgressionen tertiärer Meeresarme, wobei zeitweise das Nordmeer mit der sich auflösenden Tethys im Süden verbunden war, entstand eine ausgedehnte Meeres-

Blick vom Petersberg zum Donnersberg (Tour 27).

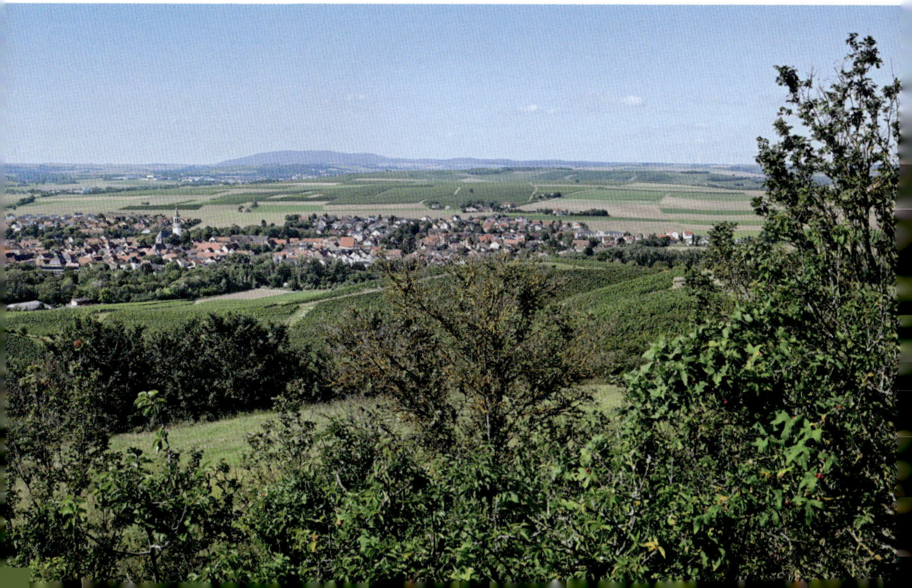

bucht, das Mainzer Becken, die episodisch überflutet war. Somit kam es zur Ablagerung fossilführender Kalke und Mergel. Muscheln, Haifischzähne und Korallen zeugen von einer ausgeprägten Schelfgebietsfauna. In den festländischen Phasen, auch noch im Miozän vor etwa zehn Mio. Jahren, bahnte sich der Ur-Rhein seinen Weg quer durch das heutige Hügelland. Der vom Rheintal ausgewehte Löss sorgte in den Eiszeiten des Quartärs für die heutige Überformung und Gestaltung des flachwelligen Hügellandes. Die ehemaligen Küstenkonglomerate und zum Teil Gesteine des Rotliegenden in der Gegend um Nierstein und in der Rheinhessischen Schweiz bieten zusammen mit dem überlagernden Löss hervorragende Ausgangsbedingungen für Wein- und landwirtschaftlichen Anbau. Mit einer Waldfläche von 5 % zählt Rheinhessen zu den am geringsten bewaldeten Regionen Deutschlands.

Bergstraße
Die sonnenverwöhnte Bergsträßer Landschaft ist ebenso wie das Rheinhessische Tafel- und Hügelland Resultat der schon beschriebenen Absenkung des Oberrheingrabens (siehe Geologie Rheinhessen). Am westlichen Grabenrand am Rande des Odenwaldes, der sich mehrere hundert Meter emporgewölbt hat, wurden die Gneise und Granite des variszischen Grundgebirges freigelegt. Nur am südlichen Ende, zwischen Heidelberg und Wiesloch blieb die Deckschicht aus Buntsandstein erhalten, die allmählich in die Muschelkalk- und Keuperschichten des Kraichgaus übergehen. Lediglich im Bereich Dossenheim bis Weinheim und auch an der »Kleinen Bergstraße« bei Groß-Umstadt treten Quarzporphyrvorkommen auf, die vulkanischen Aktivitäten aus dem Perm vor etwa 290. Mio Jahren entstammen. Vor allem im talseitigen Sockelbereich werden die Gesteine

Im Hauck'schen Steinbruch wurde über Jahrhunderte der gelbe Flonheimer Sandstein aus dem Rotliegenden abgebaut (Tour 30).

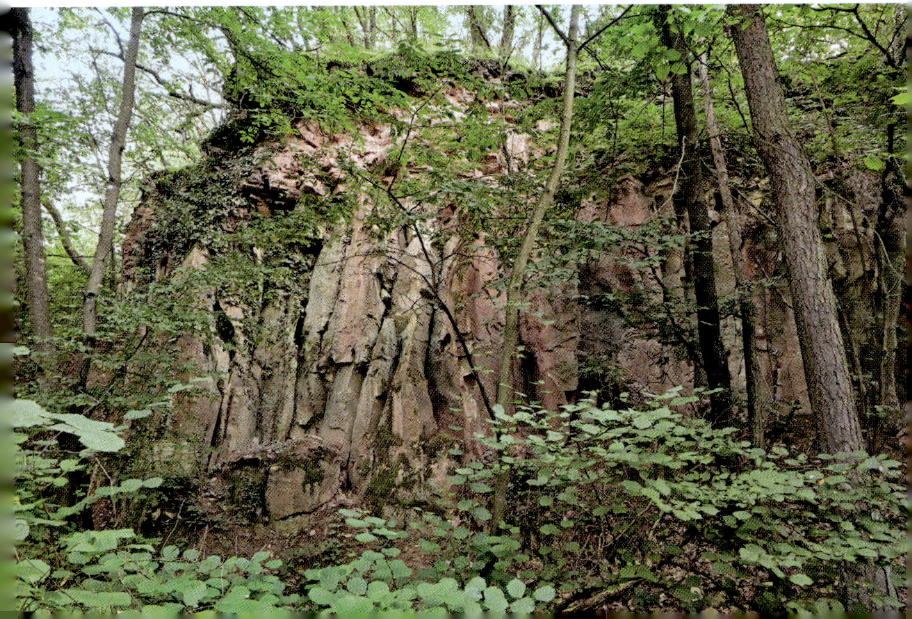

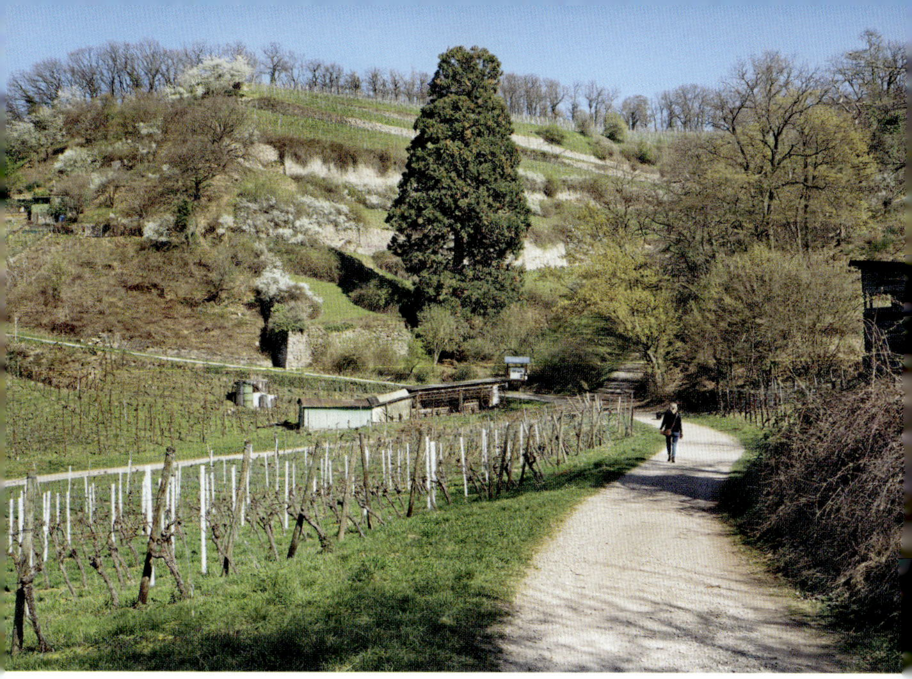

Auf dem Blütenweg zum Madonnenberg bei Schriesheim (Tour 47).

von mächtigen feinsandigen Lössschichten überlagert, die in den Eiszeiten aus dem Rheintal ausgeweht wurden. Die tiefgründig verwitterten Lösslehmböden, mit einer Gesteinsgrundlage aus Granit, Gneis, Porphyr und Buntsandstein verbunden, bieten mit ihrer westorientierten Lage hervorragende Voraussetzungen für mineralische hochwertige Weine. Das milde Klima tut sein Übriges. Durch Steigungsregen am Rande des Odenwaldes sind die Niederschläge geringfügig höher als auf der anderen Rheinseite.

Dennoch zählt die Bergstraße mit Durchschnittstemperaturen von über 11 Grad, ähnlich wie an den Oberitalienischen Seen, zu den wärmsten Regionen Deutschlands. Dank des Schutzes durch die umgebenden Mittelgebirge Pfälzerwald und Odenwald hält der Frühling hier mehrere Wochen früher Einzug als in anderen Regionen Mitteleuropas. Kein Wunder also, dass am beliebten Philosophenweg in Heidelberg Palmen und Zitronen gedeihen. Im Frühling verwandelt sich die Bergstraße in ein Meer blühender Bäume und Stauden. Aprikosen, Pfirsiche, Kirsch- und Apfelbäume verzaubern den Blütenweg zwischen Wiesloch und Darmstadt zu einem duftenden und farbenfrohen Garten der Sinne. So schwärmte Goethe, der immer wieder mal an der Bergstraße entlangreiste: »Kommst du zur Zeit der Mandel, Pfirsich- und Kirschblüte an die Bergstraße, fühlst du, dass das Paradies nicht schöner gewesen sein kann«. Die Harmonie des Reliefs mit den kleinteiligen landwirtschaftlichen und Weinanbaugebieten, lieblichen verträumten Kleinstädten und mittelalterlichen Burgen ist einzigartig. Was gibt es Schöneres als Wanderungen zwischen Wald, Reben und Obstbäumen, garniert mit prächtigen Aussichten ins Rheintal?

Geschichte

Rheingau

Belege für eine vorgeschichtliche Besiedlung gibt es im Rheingau nur spärlich. Auch die Römer scheinen den Landstrich eher gemieden zu haben, sie hielten sich lieber auf der barbarensicheren linken Rheinseite auf. Erst mit den Franken setzte eine systematische Landnahme ein, das Gebiet wurde zu einem Gau, den im Auftrag des Königs die Rheingrafen verwalteten. Erste urkundliche Erwähnungen von Ortschaften datieren um 770. Keinem Geringeren als Karl dem Großen wird die Einführung des Weinbaus zugeschrieben. Von seiner Pfalz Ingelheim aus fiel ihm die frühe Schneeschmelze am gegenüberliegenden Rheinufer auf und er ordnete die Pflanzung von Reben am Johannisberg an. Der Beginn einer Erfolgsgeschichte, die bis heute anhält. Bereits in karolingischer Zeit geriet der Rheingau zunehmend unter den Einfluss des Erzbistums Mainz. Dieses konnte dank der »Veroneser Schenkung« durch Kaiser Otto II. im Jahr 983 seinen Landbesitz erheblich vergrößern, was zur Gründung des Mainzer Kurstaates führte. Die Bedeutung der Rheingrafen war damit endgültig beendet, um 1130 besaß Kurmainz die uneingeschränkte Herrschaft über den Rheingau. Die Mainzer Erzbischöfe gründeten rund ein Dutzend Klöster mit entsprechenden Ländereien, auf denen Wein angebaut werden konnte. Besonders die Benediktinermönche von Kloster Johannisberg verhalfen dem Weinbau zu einer ersten Blüte. Parallel dazu machte der Zisterzienserorden, geschützt durch Zollbefreiungen der renitenten Grafen von Katzenelnbogen, das Kloster Eberbach zu einem konkurrierenden Weinbauzentrum. Eigentlich sollte laut Weisung aus Mainz nur »frenscher« Wein (= ertragreicher Rotwein) angebaut werden. Graf Johann von Katzelnbogen pflanzte dennoch frech eine neue weiße Rebsorte und leitete damit den Siegeszug des Rieslings ein.

Ab dem 12. Jh. wurde das Land im Norden etwa 600 Jahre lang begrenzt und geschützt durch das Rheingauer Gebück, eine 2 m hohe und bis zu 15 m breite natürliche Landwehr aus gekappten und niedergebogenen jungen Bäumen, zwischen die man Brombeeren und Dornensträucher pflanzte. Innerhalb dieser Grenze bewies Kurmainz Weitsicht und erklärte den Rheingau zum freien Land. Leibeigene gab es nicht, stattdessen sprach man vom »Bauernland mit Bürgerrechten«. Zudem profitierte auch das Bürgertum vom prosperierenden Weinhandel. Mit dem Reichsdeputationshauptschluss von 1803 endete die geistliche Macht im Rheingau. Der größte Teil des Klosterbesitzes fiel an das Fürstentum Nassau, das ab 1806 als Herzogtum fungierte. Etwa 60 Jahre später übernahmen die Preußen die Regierung im Lande. Nach dem Ende des Zweiten Weltkriegs wurde die Region in das Bundesland Hessen eingegliedert.

Rheinhessen

Schon die Neandertaler zogen über die rheinhessischen Hügel und hinterließen bei Wallertheim nördlich von Alzey ihre Spuren. Wisentknochen und Steinfragmente deuteten bei einem Fund Ende der 1920er-Jahre auf einen Jagdplatz hin. Nachweise aus der Alt- und Jungsteinzeit sind

Basilika von Schloss Johannisberg, dem ältesten Rieslingweingut der Welt (Tour 9).

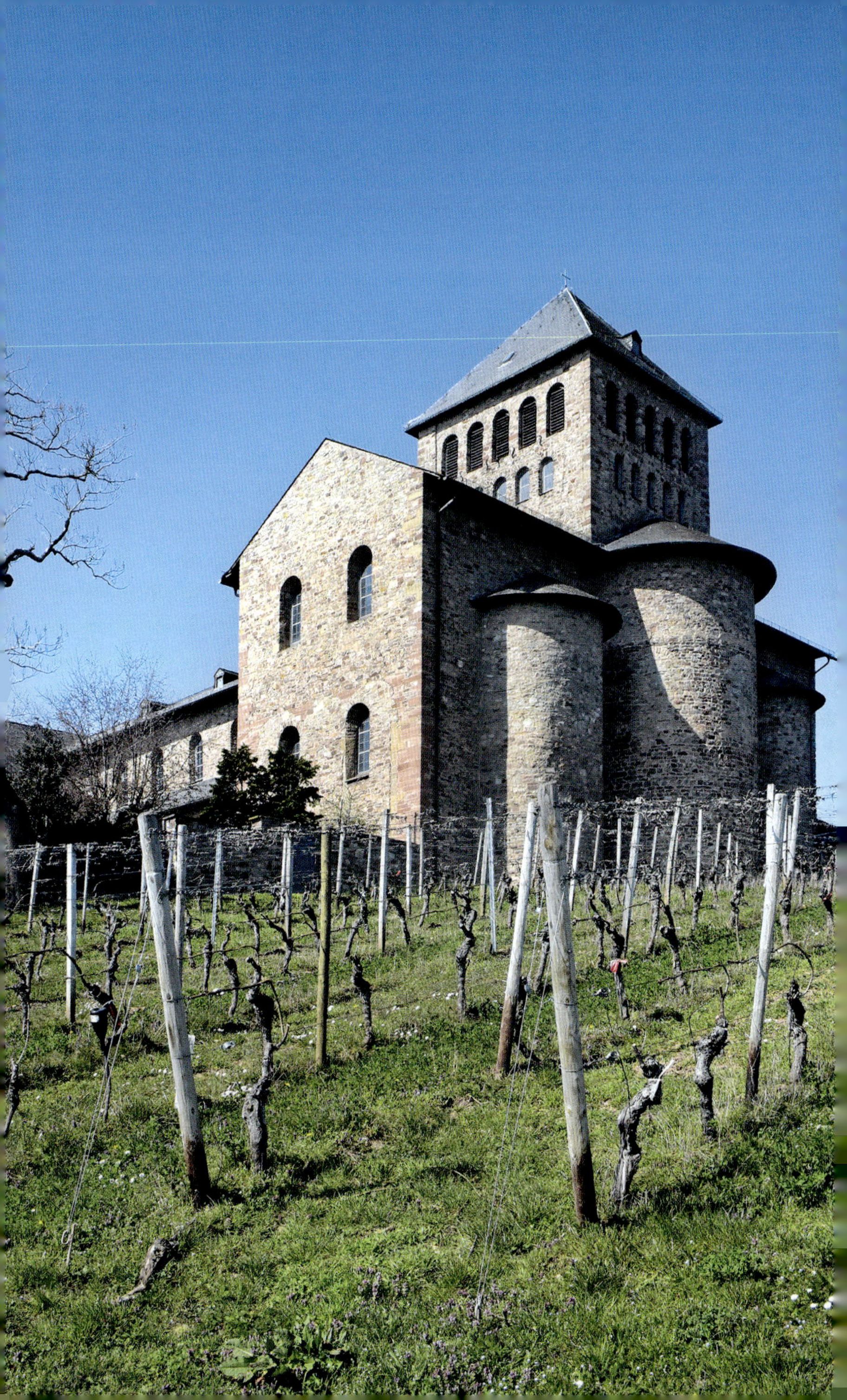

eher spärlich. Um 500 v. Chr. siedelten keltische Stämme der »Treverer«, nach denen die Stadt Trier benannt wurde, in der Region, die sich nach der Eroberung Galliens durch Julius Caesar allmählich romanisierten. Neben keltischen Dörfern ließen sich zur Versorgung der Legionäre römische Gutshöfe nieder und ein erstes Straßennetz entstand. Als Teil eines höheren Lebensstandards brachten die Römer auch den Wein in ihre neue Provinz Obergermanien, die linksrheinisch vom Elsass bis Remagen reichte.

Ab 250 n. Chr. ging die römische Beschaulichkeit dem Ende zu. Germanische Franken und Alemannen überfielen die römische Rheingrenze, die zum endgültigen Zusammenbruch der römischen Herrschaft um 400 n. Chr. führte. Nachdem es Chlodwig, dem Frankenkönig, im Jahr 496 gelang, die Alemannen nach Süden abzudrängen, begann nach dem Ende der Völkerwanderungszeit die »Fränkische Landnahme« der Merowinger, die bis ins 7. Jh. dauerte. Ortsnamen mit den Endungen auf -heim resultieren aus dieser Siedlungsperiode. Im Zeitalter der Karolinger nahm allmählich die geopolitische Bedeutung Rheinhessens zu. Sowohl die Kaiserpfalz in Ingelheim, wo sich Karl der Große gerne aufhielt, als auch die Kaiserdome in Mainz und in Worms machten die Region weithin bekannt im Deutschen Reich. Im späten Mittelalter war es Martin Luther, der die Stadt Worms in aller Munde brachte. Auf dem Reichstag zu Worms verteidigte er seine 95 Thesen gegen die katholische Kirche, wofür ihn Kaiser Karl V. mit der Reichsacht bestrafte. Nach Zerstörungen im Dreißigjährigen Krieg und den französischen Erbfolgekriegen entstand 1792 mit der Mainzer Republik der erste demokratische Staat auf deutschem Boden, der unter Napoleon kurze Zeit französisch wurde. Nach der Neuordnung im Wiener Kongress ging die Region zu großen Teilen an den Großherzog zu Hessen-Darmstadt, woraus der Name Rheinhessen hervorging. Erst nach dem Zweiten Weltkrieg wurde Rheinhessen ein Regierungsbezirk des neuen Bundeslandes Rheinland-Pfalz.

Bergstraße

Mit der Anlage einer Heerstraße am Westrand des Odenwaldes schufen die Römer im 2. Jh. n. Chr. die Grundlage für die Besiedlung der Bergstraße. Größere Landgüter (siehe Tour 43) versorgten die Legionäre mit landwirtschaftlichen Produkten und vermutlich auch mit Wein, worauf vorhandene Keller hindeuten. Das ehemals keltische Ladenburg entwickelte sich unter Kaiser Trajan um etwa 100 n. Chr. zur ersten blühenden Stadt auf der rechten Rheinseite. Im Mittelalter betrieben die Klöster Lorsch und Worms im Auftrag der merowingischen und karolingischen Königshäuser die weitere Besiedlung. Die Heidelberger Kurfürsten und Darmstädter Großherzöge sorgten für den kompletten Ausbau der »strata montana« zur bedeutenden rechtsrheinischen Heer- und Handelsstraße, an der sich nach und nach prosperierende Kleinstädte ansiedelten. Im Spielball der damaligen regionalen »Großmächte« Kurmainz und Kurpfalz gehörten Teile der Region mal zum einen Herrschaftsbereich, dann wieder zum anderen, was immer auch eine andere konfessionelle Zugehörigkeit zur Folge hatte. Kurpfalz war protestantisch, Kurmainz pflegte den katholischen Glauben. Erst nach den napoleoni-

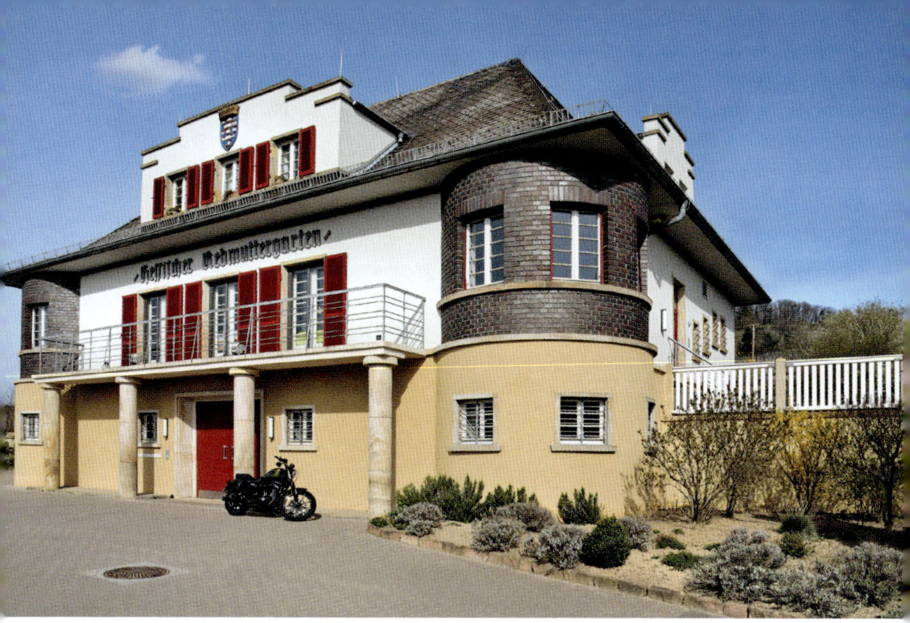

Das 1927 erbaute Verwaltungsgebäude »Hessischer Rebmuttergarten« in Heppenheim wurde zur Vinothek umgenutzt (Tour 43).

schen Wirren im Jahr 1803 erfolgte die Neuordnung der Territorien, die sich auch heute noch in den Grenzen der Bundesländer widerspiegelt. Der nördliche Teil der Bergstraße bis Laudenbach wurde den Landgrafen zu Hessen-Darmstadt zugeteilt. Für den südlichen Abschnitt war das Großherzogtum Baden zuständig.

Links

Rheingau

- www.rheingau.com
- www.kulturland-rheingau.de
- www.rheingau.de
- www.vdp-rheingau.de
- www.rheingauer-weinbauverband.de
- www.rheingauer-weinschmecker.de
- www.wiesbaden.de

Rheinhessen

- www.rheinhessen.de, umfassende Informationen über die Region
- www.deutscheweine.de, alles Wissenswerte vom Deutschen Weininstitut
- www.rlp-tourismus.com, Touristisches aus Rheinland-Pfalz
- www.wein-trifft-ag.de, Homepage der rührigen Initiative
- www.weinlehrpfade.de, viele Weinlehrpfade in Deutschland
- www.alzeyer-land.de, Infos über Alzey und die Rheinhessische Schweiz
- www.wonnegau.de, Informationen über den Süden Rheinhessens

Bergstraße

- www.tourismus-odenwald.de, Homepage der Odenwald Tourismus GmbH
- www.diebergstrasse.de, vom Tourismus Service Bergstraße e.V.
- www.geo-naturpark.net, u.a. mit Geopark-Pfaden von Bergstraße und Odenwald
- www.land-des-roten-rieslings.de, Informationen zum Bergsträßer Wein

Nützliches Weinwissen

»Die Deutschen lieben Rheinwein. Er wird in schlanke Flaschen gefüllt und für ein gutes Getränk gehalten. Von Essig unterscheidet er sich durch das Etikett.«

Dieses wenig schmeichelhafte Urteil findet sich im satirischen Reisebericht »Bummel durch Europa« des amerikanischen Schriftstellers Mark Twain (1835–1910). Ob er damit richtig lag, sei dahingestellt. Tatsache ist jedoch, dass in früheren Zeiten Wein in Deutschland das Hauptgetränk der Bevölkerung war, da reines nicht verschmutztes Trinkwasser ein seltenes Gut war. Wo immer es das Klima erlaubte, wurde überall im Land Wein in wechselhafter Qualität angebaut. Als die Reblaus im 19. Jh. den Weinbau nahezu zum Erliegen brachte, leitete um die Jahrhundertwende die Verwendung des Verfahrens der Pfropfrebe einen Neubeginn ein. Dabei wurden einheimische Rebsorten auf den Wurzelstöcken resistenter amerikanischer Reben gezüchtet. Nach der Gründung von Weinbau-Lehr- und Forschungsanstalten (u. a. in Geisenheim) erfolgte im Laufe des 20. Jh. eine intensive Schulung der Winzer, um sie mit neuen Erkenntnissen und Techniken vertraut zu machen. Dies brachte ab den 1990er-Jahren einen gehörigen Aufschwung, an dem bis heute vor allem die junge Winzergeneration einen entscheidenden Anteil hat. Gerade deren neues Bewusstsein für Authentizität und Qualität hat dafür gesorgt, dass deutsche Weine wieder weltweit in der obersten Liga mitspielen.

Wo der Wein herkommt – Anbaugebiete und Weinlagen

Wie die Adresse bei einer Person verrät die Lage viel über die Herkunft eines Weines. Hierzulande ist ihre Angabe sogar gesetzlich geregelt, wobei ein hierarchisches Ordnungsschema zur Anwendung kommt.

Bei der Versuchsanstalt in Geisenheim (Tour 11).

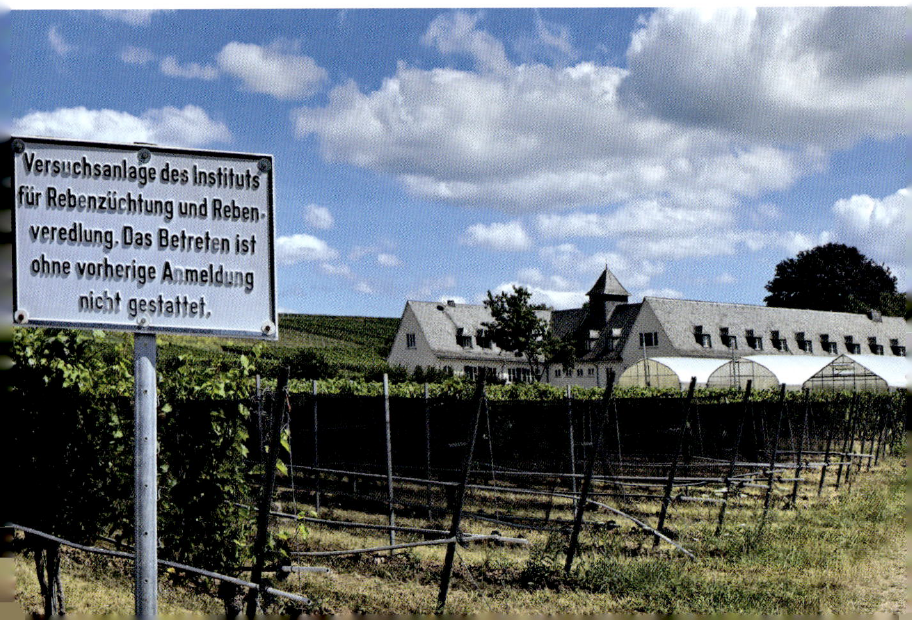

Mit der Bezeichnung Anbaugebiet werden die 13 herkunftsgeschützten Weingebiete in Deutschland bezeichnet. Im Ranking nach ihrer Rebfläche sind dies:

Rheinhessen	**26.600 ha**
Pfalz	23.600 ha
Baden	15.800 ha
Württemberg	11.500 ha
Mosel	8.800 ha
Franken	6.100 ha
Nahe	4.200 ha
Rheingau	**3.200 ha**
Saale-Unstrut	770 ha
Ahr	560 ha
Sachsen	490 ha
Mittelrhein	470 ha
Hessische Bergstraße	**455 ha**

Die drei Anbaugebiete dieses Weinwanderbuchs sind fett hervorgehoben. Die vierte im Buch vorgestellte Weinregion Badische Weinstraße gehört als nördlichster Ausläufer zum Anbaugebiet Baden.
Die Anbaugebiete werden in Wein-Großlagen unterteilt. Das sind geografisch definierte Gebiete, die dabei helfen sollen, Weine entsprechend zuzuordnen. Wie groß eine Großlage im Einzelfall sein darf, ist jedoch nicht festgelegt. Insgesamt gibt es in Deutschland 168 Großlagen, wobei der Durchschnitt bei etwa 600 Hektar pro Großfläche liegt. Um in einem Anbaugebiet verschiedene Großlagen besser gemeinsam vermarkten zu können, werden diese zu Weinbereichen zusammengefasst. Rheinhessen hat beispielsweise drei (Nierstein, Bingen und Wonnegau), während es im Rheingau nur einen einzigen gibt. Insgesamt verteilen sich 43 Weinbereiche auf die 13 deutschen Anbaugebiete, wobei die Region Baden mit neun Bereichen deutlich an der Spitze liegt. Gemäß dem deutschen Weingesetz von 1971 ist schließlich die Einzellage die kleinste Weinbauflächeneinheit, deren Angabe auf dem Etikett einer engeren Bestimmung der Herkunft eines Weines dient.
Seit 2014 gibt es die Möglichkeit, noch kleinere Flächen als sogenannte Katasterlagen auszuweisen. Pflicht ist jedoch die Angabe der Einzellage; damit wird eine bestimmte Rebfläche bezeichnet, aus deren Erträgen gleichwertige Weine gleichartiger Geschmacksrichtungen hergestellt werden und die in einer oder mehreren Gemeinden desselben Anbaugebiets liegen. Als Bezeichnungen werden in der Regel sehr alte und »sprechende« Flurnamen verwendet (z.B. Eltviller Langenstück oder Niersteiner Pettenthal). Derzeit sind in Deutschland über 2700 Einzellagen mit Größen von wenigen Hektar bis hin zu 200 Hektar und mehr in der Weinbergsrolle, dem amtlichen Lagenregister, eingetragen. Viele Winzer und Weinbauverbände, darunter der Verband Deutscher Prädikatsweingüter VDP, sehen jedoch solch riesige Einheiten skeptisch, weil dies ihrer Meinung nach dem Ursprungsgedanken der Einzellagen widerspricht und keine eindeutige Herkunftsbestimmung mehr zulässt.

Das Terroir – die Herkunft des Weins schmecken

Längst haben die deutschen Winzer, auch die im Rheingau, in Rheinhessen und an der Bergstraße erkannt, dass sie mit einer Konkurrenz aus aller Welt zu kämpfen haben. Als Folge der Globalisierung buhlen in den Supermärkten preiswerte, dafür uniforme und austauschbare Weine aus Übersee und anderswoher um die Käufer. Im Prinzip ist es egal, wo genau die Tropfen hergestellt wurden

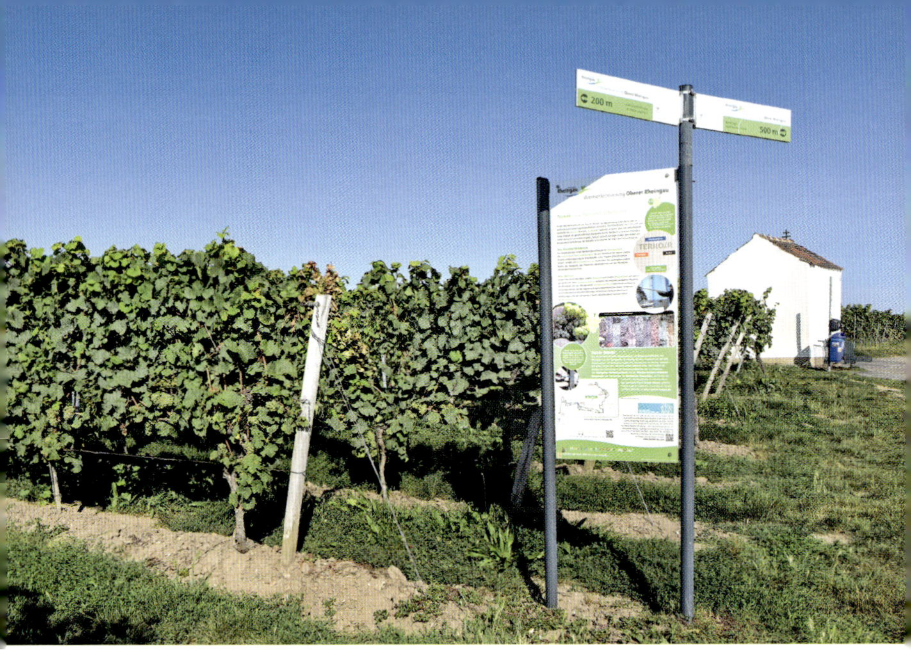

Terroir-Tafel des Weinerlebnisweges in der Lage Hochheimer Kirchenstück (Tour 1).

– ihr Geschmack wird mithilfe moderner Technik auf die Konsumenten zugeschnitten, in der Produktion wird statt Klasse auf Masse gesetzt. Kleine und mittelständische Weinbaubetriebe können und wollen da nicht mithalten. Viele von ihnen besinnen sich als Reaktion auf den globalen Wein-Wahnsinn auf Authentizität und Herkunft und fassen Wein wieder als ein einzigartiges Naturprodukt auf. Entstanden ist dadurch ein neues Bewusstsein für Weine, die in ihrer Stilistik die natürliche und individuelle Eigenart ihres Standortes und der Arbeit des Winzers widerspiegeln. Dies wird mit dem französischen Begriff Terroir umschrieben. Er steht für das komplexe Zusammenwirken von Gestein, Boden, Mikroklima, Hangneigung und Sonnenscheindauer sowie dem Knowhow des Winzers in Weinberg und Keller. Der Wein soll unverwechselbar sein und etwas über seine Herkunft verraten. Ein Riesling, der beispielsweise einem Untergrund aus Schiefergestein entstammt, schmeckt eben anders als einer, der auf Sandlöss oder Kalkstein gewachsen ist. Sogar das Jahr, in dem sie gereift sind, lässt sich bei Terroir-Weinen mit etwas Erfahrung erschmecken.

Ein vielfältiges Spektrum – die Rebsorten

In Deutschland werden laut Angaben des Deutschen Weininstituts auf insgesamt 103.421 Hektar über 100 Rebsorten angebaut (Stand 2021). Zwei Drittel davon sind weiße und ein Drittel rote Rebsorten. Große Marktbedeutung besitzen allerdings nur etwa 20 davon. Im Folgenden seien diejenigen kurz vorgestellt, die in den Anbaugebieten in diesem Wanderbuch von Bedeutung sind. Wer mehr wissen will, findet für jede Rebsorte eine ausführliche Charakteristik auf der sehr informativen Website des Deutschen Weininstituts (www.deutscheweine.de).

Der **Riesling** gilt als einer der besten und vielschichtigsten Weißweine. Er gehört zu den langsam reifenden Rebsorten, weshalb er für nördliche Anbaugebiete prädestiniert ist, wo er in der späten Herbstsonne seine Reife vollendet. Optimale Bedingungen bieten die wärmespeichernden steinigen Steillagen entlang der Flusstäler. Er stellt höchste Ansprüche an die Lage, dafür aber geringe an den Boden. Je nach Standort (Bodenart und Mikroklima) bringt er sehr unterschiedlich nuancierte Weine hervor. Typisch für den Riesling sind eine fruchtige Säure sowie Pfirsich- und Apfelaromen, oft auch mit Anklängen an Zitrusfrüchte. Fast die Hälfte der weltweiten Rieslingproduktion stammt aus Deutschland, vornehmlich aus der Pfalz, von der Mosel und aus Rheinhessen.

Die Rebsorte **Müller-Thurgau** wurde 1882 von Prof. Herrmann Müller aus dem Schweizer Kanton Thurgau gezüchtet. Sie wurde zunächst unter dem Namen Rivaner bekannt – nach den ursprünglich vermuteten Elternreben Riesling und Silvaner. Durch gentechnische Untersuchungen stellte sich jedoch heraus, dass es sich um eine Kreuzung der Rebsorten Riesling und Madeleine Royale handelt. Müller-Thurgau-Reben haben geringe Ansprüche an Boden und Klima und werden früh reif. Die vorwiegend saftig-leichten bzw. duftig-eleganten Weine zeichnen sich durch geringen Säuregehalt und einen angenehmen Muskatton in Duft und Geschmack aus. In Deutschland wurde Müller-Thurgau als führende Rebsorte in den 1990er-Jahren vom Riesling abgelöst.

Der **Grauburgunder** (auch Pinot gris, Pinot grigio), in Deutschland als Ruländer klassifiziert, liefert gute Erträge und, wenn gewollt, hohe

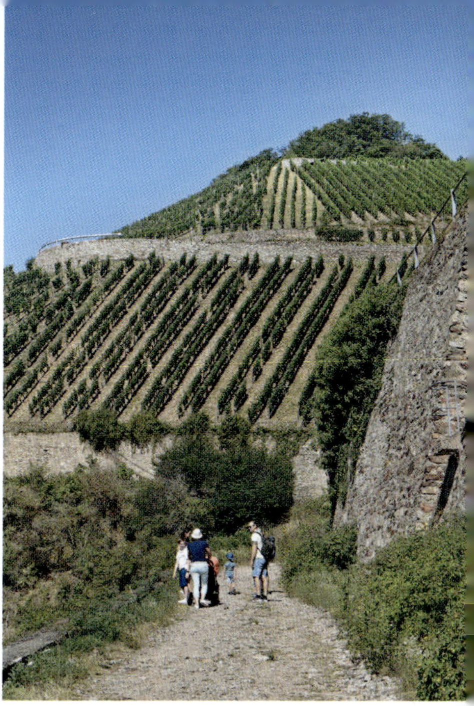

Mit 70 % Steillage ist der Rüdesheimer Schlossberg (Abb. oben) mit eine der steilsten Weinlagen (Tour 13).
Die Weinlese am Steilhang erfordert viel Handarbeit (Abb. unten).

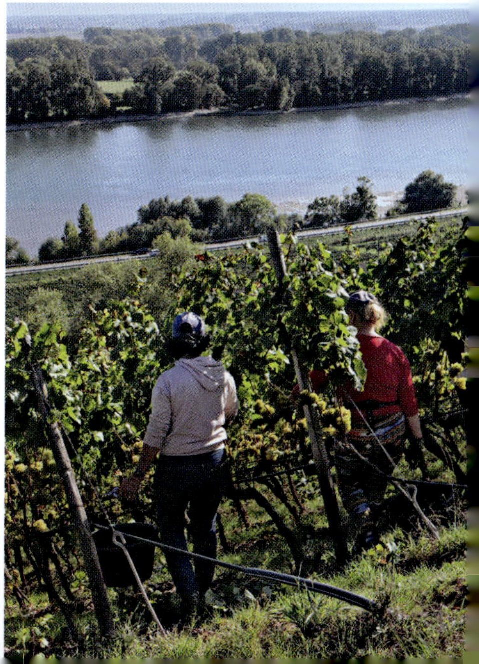

Mostgewichte. Die Sorte ist wenig krankheitsanfällig und kaum frostempfindlich. Sie gedeiht besonders gut auf Lössterrassen, aber auch auf Kalkböden und steinigen Untergründen. Die Weine fallen sehr unterschiedlich aus – bei früher Lese sind sie leicht und spritzig, bei langer Reife dagegen schwer und ölig mit sortentypischem Holzton. Mit einer Rebfläche von etwa 4400 Hektar steht der Grauburgunder an vierter Stelle der deutschen Weißwein-Rebsorten.

Die Ansprüche des **Weißburgunders** an Boden und Klima deuten auf eine Verwandtschaft mit dem Spätburgunder hin. Bevorzugt werden warme, möglichst tiefgründige und kräftige Böden sowie exponierte, trocken-warme Lagen. Die Sorte bereitet im Anbau wenig Probleme und kann durch eine lange Reifezeit hohe Mostgewichte erreichen. Die deutschen Winzer entdecken mehr und mehr den Wert dieser eleganten Rebsorte – immerhin etwa 5,6 Prozent der inländischen Rebfläche sind mit ihr bestockt. Die Ausdrucksvielfalt der Weine reicht vom pikanten an Apfel erinnernden Qualitätswein bis zur wuchtigen Spätlese oder zur edelsüßen Auslese.

Erste Rebstöcke des ursprünglich aus dem Donauraum stammenden **Silvaners** wurden 1659 im fränkischen Castell gepflanzt (daher auch die Bezeichnungen Österreicher und Frankenriesling). Die mittelspätreife Rebsorte verlangt gute, wasserhaltige Böden, liefert dafür im Gegenzug hohe bis sehr hohe Erträge. Silvanerweine sind leicht fruchtig und haben eine Blume von vielen, aber zarten Nuancen. Auf schweren Böden präsentieren sie sich dagegen wuchtig. Außerhalb Frankens ist der Silvaner besonders in Rheinhessen populär, wo er rund acht Prozent der Rebfläche einnimmt. Seit den 1980er-Jahren wird unter dem Label RS-Rheinhessen-Silvaner ein moderner trockener Silvanertyp ausgebaut. Die Erzeugung von RS unterliegt strengen Qualitätsrichtlinien, deren Prüfung sich die Weine Jahr für Jahr unterziehen müssen.

Was der Riesling qualitativ für die Weißweine bedeutet, verkörpert der **Spätburgunder** oder Pinot Noir unter den Rotweinen: Weine für gehobene Ansprüche. Die edle und sehr alte Sorte verlangt viel Sorgfalt und stellt hohe Ansprüche an Boden und Klima. Am besten gedeiht sie in so-

Bei Ingelheim gedeihen die besten Spätburgundertrauben (Tour 22).

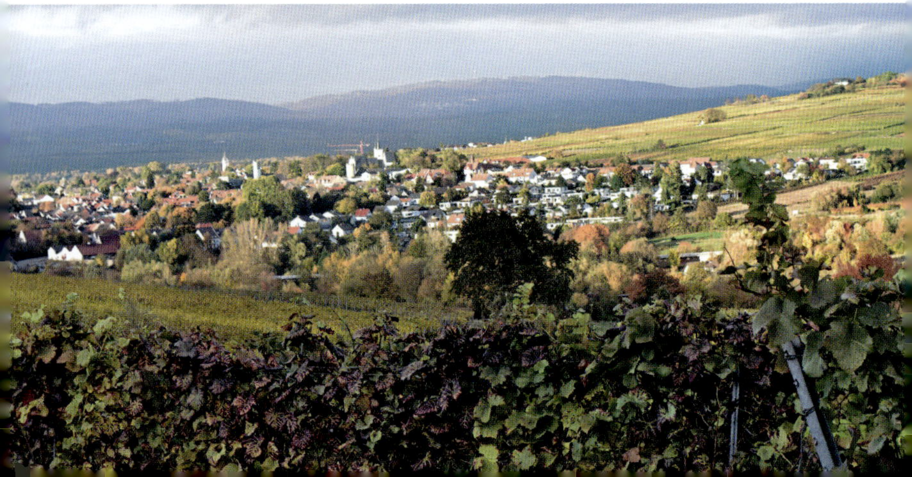

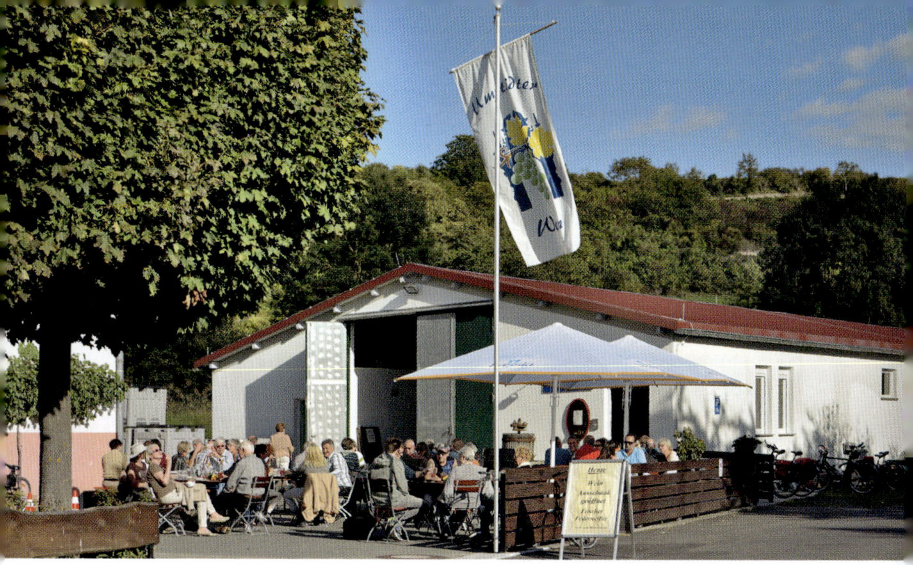

Federweißer-Ausschank der Straußwirtschaft beim Weingut Lohmühle (Tour 39).

genannten Rieslinglagen, also in den besten Lagen. Im gemäßigten Klima unserer Breiten brauchen die Reben Zeit zur Reife, bringen jedoch in guten Jahren herausragende Weine mit Kraft und Fülle hervor. Etwa 11 Prozent der deutschen Rebfläche fallen auf den Spätburgunder, wichtige Anbaugebiete sind neben Baden auch der Rheingau und Rheinhessen. Die Weine haben eine ziegel- bis tiefrote Farbe und verfügen über Aromen von Brombeere, Waldbeere, Himbeere und Kirsche. Der Geschmack ist samtig, mit feiner Säure und gehaltvollem Körper.

Der **Dornfelder** ist eine frühreifende rote Rebsorte und die erfolgreichste deutsche Neuzüchtung bei den Rotweinen. Benannt ist sie nach dem Kameralverwalter Immanuel Dornfeld, dem Gründer der Staatlichen Lehr- und Versuchsanstalt für Wein- und Obstbau in Weinsberg. Es handelt sich um eine robuste, wenig anfällige Rebsorte, die geringe Ansprüche an den Boden stellt und einen kräftigen Wuchs aufweist. Sie neigt, lässt man ihrem Wachstumsdrang freien Lauf, zu hohen Erträgen. Die Weine sind sehr farbintensiv (sie haben eine dunkle, fast violette Farbe), ihre milde bis fruchtige Säure verleiht ihnen einen samtigen, vollmundigen Geschmack. In den letzten Jahren hat sich der Dornfelder zu einer stark nachgefragten Modesorte entwickelt. Seine größte Anbaufläche liegt in Rheinhessen.

Auf eine Besonderheit sei noch hingewiesen, die zur Zeit der Weinlese Tradition hat: der **Federweiße**. Beliebt ist der Most vor allem bei Städtern, die im Herbst gerne die Straußwirtschaften bevölkern. Nur selten wird aber heimischer Most in größerer Menge ausgeschenkt. Meist handelt es sich um Importware. Aber Vorsicht: Das trübe, süffige Getränk, das wie ein etwas kräftigerer Traubensaft schmeckt, hat es in sich. Mit seinem Alkoholgehalt ist nicht zu spaßen.

Bei jeder Tour finden Sie in der Kurzinfo unter dem Stichwort »Winzer« diejenigen Winzer, Vinotheken, Straußwirtschaften und natürlich besondere Weine, die wir Ihnen empfehlen.

Das Weinanbaugebiet Rheingau

Das Weinanbaugebiet Rheingau beginnt bereits am Untermain südöstlich von Wiesbaden. Zentrum dieses »Oberen Rheingaus« sind die Weinorte Hochheim am Main und Flörsheim-Wicker. Noch weiter östlich liegt auf dem Frankfurter Lohrberg eine vom »Mutterland« ziemlich weit entfernte Enklave. Immerhin liefert der von Winzer Armin Rupp in der elften Generation bewirtschaftete städtische Weinberg der Ebbelwoi-Metropole jährlich 150.000 Liter besten Rieslings.

Aber die Musik spielt vor allem zwischen Wiesbaden und Rüdesheim auf dem besagten schmalen Landstrich zwischen Rhein und Taunus längs des 50. Breitengrades. Der galt übrigens aufgrund seines »Cool Climates« lange Zeit als nördliche Grenze für Qualitätsweinbau. Aber da hat der Klimawandel einiges verändert. Cool sind im Rheingau eher die schicken Vinotheken und Gutsschänken mancher Weingüter, aber sicher nicht das Klima. Durch die dem »Rheinknie« zu verdankende Südausrichtung der Weinhänge und den Rhein als Wärmespeicher bekommen die Reben ausgiebig Licht und Wärme ab. Auch das Terroir entscheidet über eine gute Weinqualität: Wo Böden von Schiefer, Quarzit und Sandstein geprägt sind, entstehen rassige und kernige Weine, während auf kalk- und mergelhaltigen Böden aus Löss bzw. Sandlöss eher vollmundige und kräftige Tropfen heranwachsen.

Insgesamt 12 Groß- und 118 Einzellagen sorgen in diesem relativ kleinen Anbaugebiet für einen bemerkenswerten Pluralismus. Alleine schon die Namen mancher Lagen wie Wildsau, Jungfer, Seligmacher oder Hasensprung wecken die Neugier des Weinwanderers.

Weinprobierstand in Mittelheim (Tour 6).

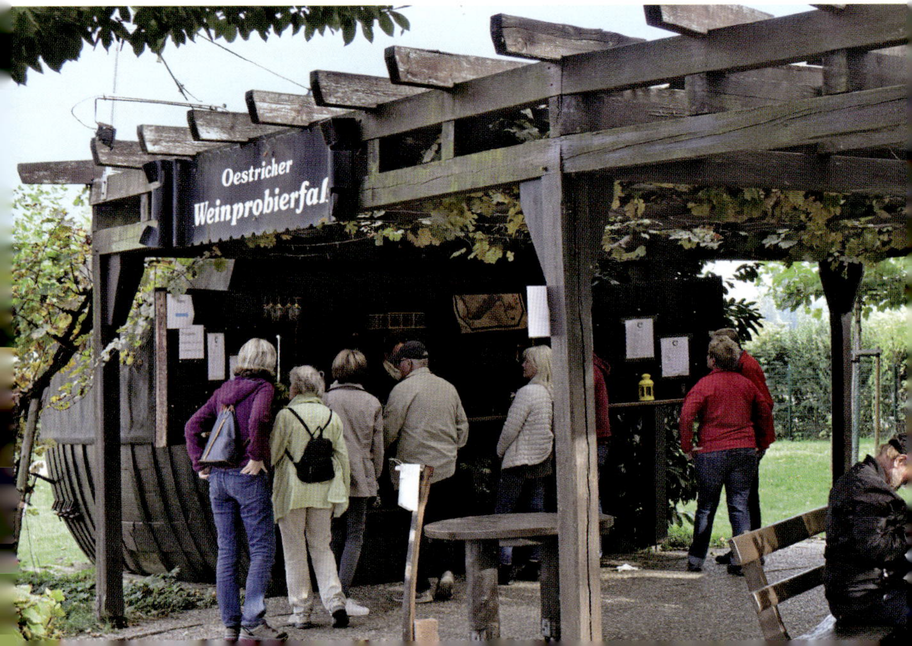

Weinfeste und Weinevents (Auswahl)

März
- Kiedricher Weinsteig

Mai
- Schiersteiner Weinfest
- Weinerlebnisweg Flötenweg, Oestrich-Winkel
- Kiedricher Rieslingfest

Pfingstmontag
- Bubenhäuser Weinrunde, Rauenthal

Juni
- Assmannshausen in Rot
- Weinerlebniswegfest Oberer Rheingau
- Champagnerfest Kiedrich
- Erbacher Erdbeerfest
- Wine 4 Sense in Schloss Vollrads

Juli
- Sekt- und Biedermeierfest Eltville
- Frauensteiner Weinfest
- Hochheimer Weinfest
- Hilchenfest Lorch
- Lindenfest Geisenheim

August
- Wickerer Weinfest
- Hallgartener Winzerfest
- Wallufer Weindorf
- Rüdesheimer Weinfest
- Rauenthaler Kirchweih- und Weinfest
- Martinsthaler Weinfest
- Hattenheimer Burgfest

September
- Morschbergfest
- Tage der offenen Weinkeller im gesamten Rheingau

Oktober
- Natur pur in der Hattenheimer Flur
- Zwiebelkuchenfest Lorch
- Tag des Federweißen, Rüdesheim
- Eltviller Kappeskerb mit Weinlesefest

November
- Glorreiche Rheingauer Tage

In erster Linie ist der Rheingau Rieslingland, mit knapp 79 % der 3200 Hektar Anbaufläche – andere weiße Sorten (u.a. Müller-Thurgau) spielen kaum eine Rolle. Auf den roten Spätburgunder entfallen etwa 12 %.

Steile Hanglangen (mit mehr als 30 % Steigung) nehmen 350 Hektar der Rebfläche ein, vornehmlich im Oberen Mittelrheintal zwischen Rüdesheim und Lorchhausen. Um die 700 Winzerbetriebe gibt es im Rheingau, die meisten familiengeführt und selbstvermarktend. Etwa 75 davon bewirtschaften mehr als 10 Hektar und damit zusammen mehr als die Hälfte aller Rebflächen des Anbaugebiets. Die nicht selbst vermarktenden Betriebe haben sich zu vier Winzergenossenschaften zusammengeschlossen. Das mit Abstand größte Weingut sind die Hessischen Staatsweingüter, die die Weinbautradition der Mönche von Kloster Eberbach fortsetzen. Im Jahr 1897 fanden sich in Rüdesheim 15 Weingüter in der »Vereinigung Rheingauer Weingutsbesitzer« zusammen. Aus ihr ging der heutige VDP Rheingau hervor, der sich besondere Verdienste mit der Einführung des Gütezeichens Erstes Gewächs Rheingau erworben hat. Diese Auszeichnung erhalten seit dem Jahrgang 1999 nur Spitzenweine aus parzellenscharf abgegrenzten Lagen mit besonders günstigen Boden- und Klimabedingungen. Eine Besonderheit des Rheingaues sind die Weinprobierstände, an denen örtliche Winzer im Wechsel ihre Weine ausschenken. Viele Stände sind von April bis Oktober geöffnet, manche auch ganzjährig, allerdings in der Regel nur Fr., Sa., So. und Fei. (www.kulturland-rheingau.de/weinprobierstaende).

1 Von Hochheim-Massenheim nach Mainz-Kastel

Durch den Oberen Rheingau

5.15 Std. | 20,2 km | ↗100 m | ↘135 m

Wo Queen Victoria ihr Weinglück fand

Das Weinbaugebiet Rheingau beginnt bereits am Untermain zwischen Flörsheim-Wicker und Wiesbaden. Hier gedeihen direkt am Rand des Rhein-Main-Ballungsraums hervorragende Weine. Um diese durchaus reizvolle Landschaft näher kennenzulernen, gibt es keine bessere Möglichkeit, als den Erlebnisweg Oberer Rheingau abzuwandern. Er beginnt im Flörsheimer Ortsteil Massenheim und endet nach etwa 18 km im Wiesbadener Stadtteil Mainz-Kostheim. Im Vorübergehen erfährt man an 40 Stationen etwas über die Geologie und das Klima der Region, über Ereignisse, die Geschichte schrieben, und über den Wein und seine Macher. Kinder begleitet der Hund »Grandpatte«, der auf vielen Tafeln abgebildet ist, mit Spielen und Rätseln. Unsere Tour ist allerdings ein bisschen länger als der offizielle Weg, da sie erst am Bahnhof von Mainz-Kastel endet. Wem das zu lang ist, kann zunächst bis zum Bahnhof von Hochheim wandern und von dort die Tour bei anderer Gelegenheit fortsetzen.

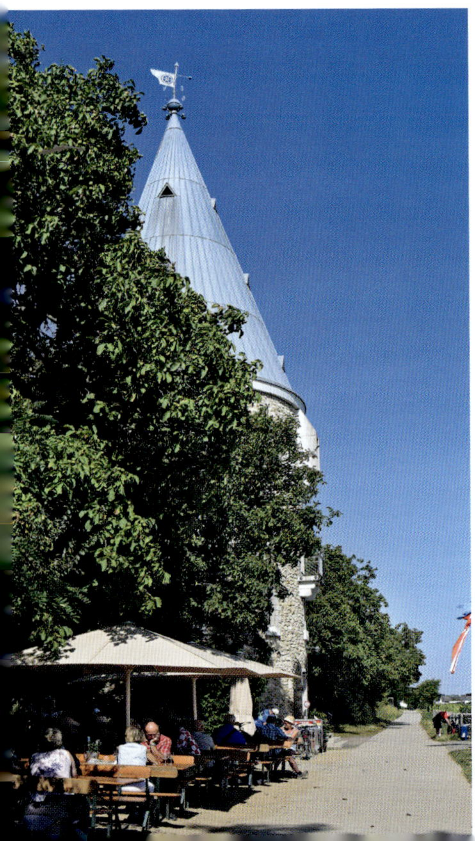

Ausgangspunkt: Massenheim, Sport- und Kulturhalle (117 m); Anfahrt mit S-Bahn-Linie S1 bis Bahnhof Hochheim (Main), von dort mit Bus 46 bis Massenheim Haltestelle Sporthalle; Navi: 65239 Hochheim-Massenheim, Untergasse 19 (kostenlose Parkplätze ausreichend vorhanden).
Endpunkt: Bahnhof Mainz-Kastel (85 m).
Anforderungen: Streckenwanderung auf überwiegend geteerten/geschotterten Flur- und Weinbergwegen, nur leichte An- und Abstiege, unterwegs kaum Schatten, mit Kindern am besten nur einzelne Etappen wandern.
Markierung: Erlebnisweg Oberer Rheingau (Hund Grandpatte), Markierung jedoch etappenweise lückenhaft; ab der Wiesenmühle bis zum Königin-Victoria-Denkmal mit der Bonifatius- und der Rieslingroute; vom Fähncheskreuz bis zum Bahnhof Mainz-Kastel ohne Markierung.
Wanderkarte: GW Rheingau-Taunus-Kartographie, Blatt 606 Unteres Maintal (Wiesbaden – Frankfurt) 1: 40.000.

Schattige Einkehr bei der Flörsheimer Warte.

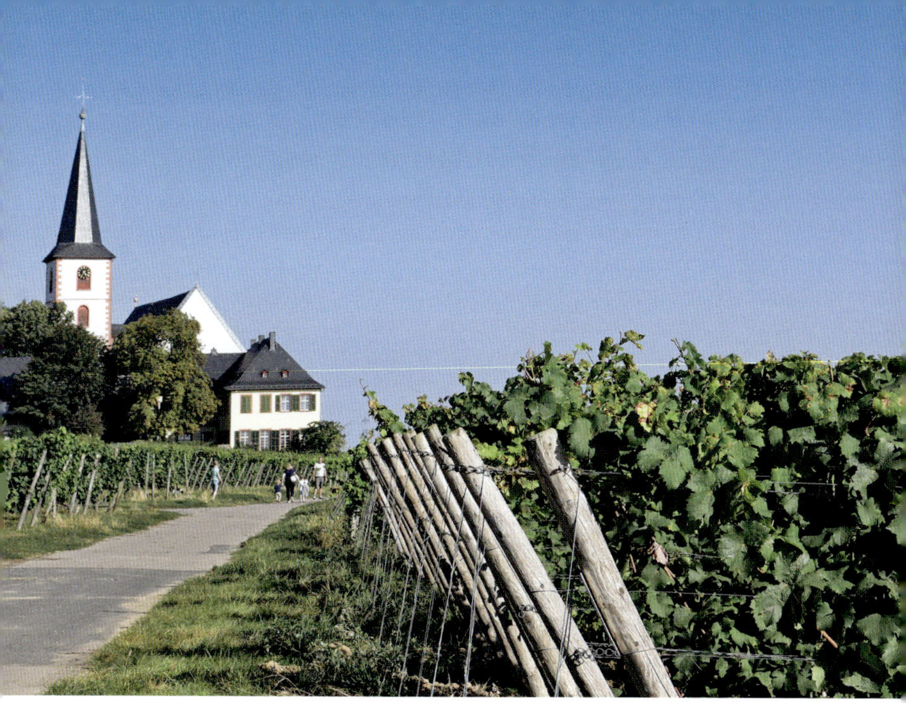

In den Rebflächen bei Hochheim.

Einkehr: Flörsheimer Warte, Tel. +49 171 5631013, www.flörsheimer-warte.de; unterschiedliche Öffnungszeiten im Sommer- und im Winterhalbjahr; Gasthof Wiesenmühle, Tel. +49 6145 5479512, www.wiesenmuehle-floersheim.de, Mo. Ruhetag; Hochheimer Daubhäuschen, www.daubhaeuschen.de. Diverse Straußwirtschaften und Gaststätten in Hochheim (siehe www.hochheim-tourismus.de); Weinprobierstand am Mainufer in Mainz-Kostheim, Ausschanktermine unter www.rheingau.com/weinprobierstaende.

Winzer: **Weingut Joachim Flick**, Straßenmühle, 65439 Flörsheim-Wicker, Tel. +49 6145 7686, www.shop.flick-wein.de; Familie Flick betreibt bereits seit 1650 Weinbau, vornehmlich der Rebsorten Riesling und Spätburgunder. **Weingut Venino**, Kirschgartenstr. 22, 65439 Flörsheim-Wicker, Tel. +49 6145 4612, www.weingut-venino.de; mit Vinothek und Gutsausschank. **Weingut Künstler**, Geheimrat-Hummel-Platz 1a, 65239 Hochheim am Main, Tel. +49 6146 83860, www.weingut-kuenstler.de; mit Hofausschank und Vinothek. Das VDP-Weingut gehört zu den wenigen Betrieben weltweit, die einen extrem aufwendigen, sanften Rebschnitt ausführen, denn dies schont und stärkt den Rebstock. **Weingut Schreiber**, Johanneshof, 65239 Hochheim am Main, Tel. +49 6146 6146, www.weingut-schreiber.de. Die Schreibers widmen sich seit 1749 dem Weinbau, seit 2018 ist das Weingut biozertifiziert. **Weingut Donnermühle**, Mühlweg 13, 55246 Kostheim, Tel. +49 175 3873160, www.donnermuehle.de. Das erst 1995 gegründete Weingut ist seit vielen Jahren ökologisch zertifiziert und Mitglied bei ECOVIN. Die Spezialität des Winzerpaares Nora und Andreas Schirpf sind Spätburgunderweine.

Tipp: Die Tour kann auch in zwei Etappen aufgeteilt werden: 1. Etappe: Massenheim – Hochheim, 2. Etappe: Hochheim – Mainz-Kastel.

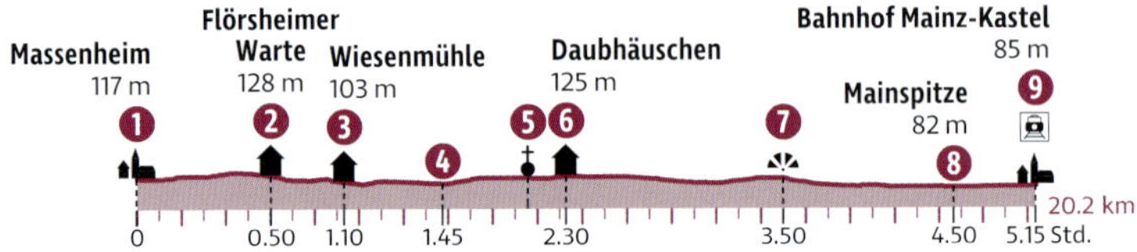

Am Parkplatz der Sport- und Kulturhalle in **Massenheim ❶** beginnen wir unsere Tour bei einem Wanderportal zum Weinerlebnisweg Oberer Rheingau. Allerdings fehlen bis Wicker erst einmal die Markierungen, was aber nicht weiter schlimm ist. Einfach geradewegs in Richtung Südosten dem Fußweg folgen, der nahezu parallel zum Wickerbach verläuft. Er führt uns leicht aufwärts hinein in die Weinlage Massenheimer Schlossgarten, wo wir uns nach Durchschreiten einer Hochspannungsleitung links aufwärts halten. Beim ersten Abzweig rechts und auf diesem Flurweg abwärts durch die Weinlage Wickerer Mönchsgewann nach Wicker. Wir durchqueren den Weinort auf der Taunusstraße, kommen am Weinprobierstand vorbei und überqueren danach die vielbefahrene Kirschgartenstraße (B40). Dabei werfen wir einen Blick nach rechts, wo direkt am Ortsrand eine schlanke Steinsäule in den Himmel ragt. Sie ist mit einem Porträt des preußischen Königs Wilhelm, dem späteren deutschen Kaiser, versehen und markiert die Weinlage Wickerer König Wilhelmsberg. Der Monarch erlaubte anlässlich der Annektierung des Herzogtums Nassau durch Preußen 1866 großzügig, dass dieser Weinberg seinen Namen tragen dürfe. Lieber Nonnen als preußischen Adel denken wir uns auf unserem Weiterweg durch die berühmte Lage Wickerer Nonnberg, die früher im Besitz des Frauenklosters Tiefenthal im Rheingau war. Durch das Tor zum Rheingau ist schnell die **Flörsheimer Warte ❷** erreicht, einst einer von vier Wachtürmen entlang der »Kasteler Landwehr«, heute ein beliebtes Ausflugsziel und die erste Möglichkeit auf unserer Tour, einen der hiesigen Weine zu verkosten. Mitt-

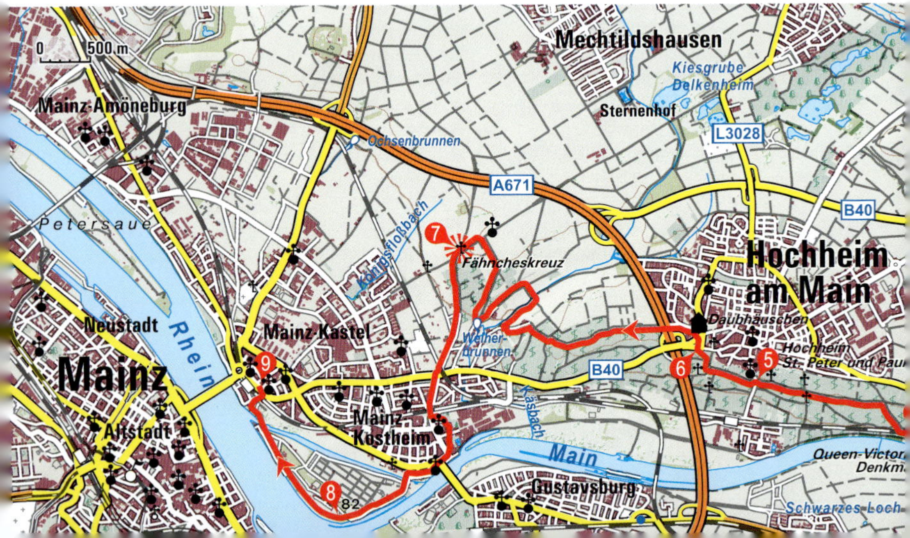

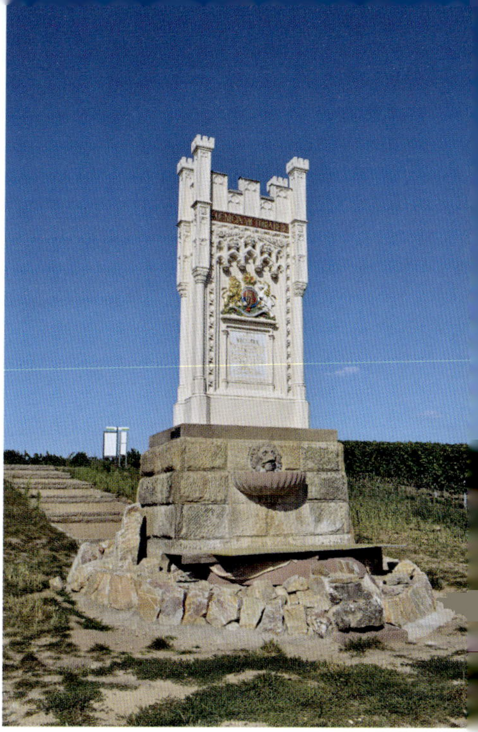

Königin-Victoria-Denkmal.

lerweile ist unser Erlebnisweg gut mit seinem Logo, dem freundlichen Hund Grandpatte, markiert, ab der Warte auch mit den Wegzeichen der Bonifatius- und der Regionalparkroute. Vorbei an der Kriegergedächtniskapelle geht es durch das leicht hügelige Terrain der liebreizenden »Flörsheimer Schweiz« hoch auf eine Wiesenfläche. Dort unbedingt den Eisenbaum ansteuern, einen höchst originellen Aussichtsturm mit famosem Panoramablick ins Rhein-Main-Gebiet inklusive Frankfurter Skyline. Etwa 100 m weiter bei der St.-Anna-Kapelle auf Treppenstufen hinunter zur **Wiesenmühle ❸** im Tal des Wickerbachs. Das historische Gebäude von 1699 beherbergt einen gemütlichen Gasthof mit einer vielfältigen Speisekarte und Weinen der Weingüter Joachim Flick und Venino aus Wicker.

Ab hier verlassen wir für eine Weile den Weinerlebnisweg und gehen stattdessen mit den Markierungen der Bonifatius- und der Rieslingroute auf dem Zufahrtssträßchen am Bach entlang. Hinter der Fischtreppe rechts auf einen Flurweg (zugleich Radweg nach Hochheim) und in dessen Rechtskurve links auf einen Wiesenweg, der uns zur Flörsheimer Straße hinauf bringt. Wir überqueren die Straße und halten uns rechts auf einem Flurweg hinein in die Lage Hochheimer Stein. Bei einem Rastplatz gleich neben der Straße – von dort schöner Blick über die Rebflächen bis hinüber nach Mainz – verrät uns eine Infotafel, dass wir uns nun wieder auf dem Weinerlebnisweg befinden. Seine Markierungen suchen wir jedoch in nächster Zeit vergebens. Wir nehmen intuitiv den ersten Flurweg nach links abwärts, biegen unten rechts ab und stehen kurz darauf vor dem im Tudorstil errichteten **Königin-Victoria-Denkmal ❹**. Es erinnert an den Besuch der englischen Königin Victoria und ihres deutschen Ehemanns Prinz Albert in Hochheim am Main am 15. August 1845 (siehe

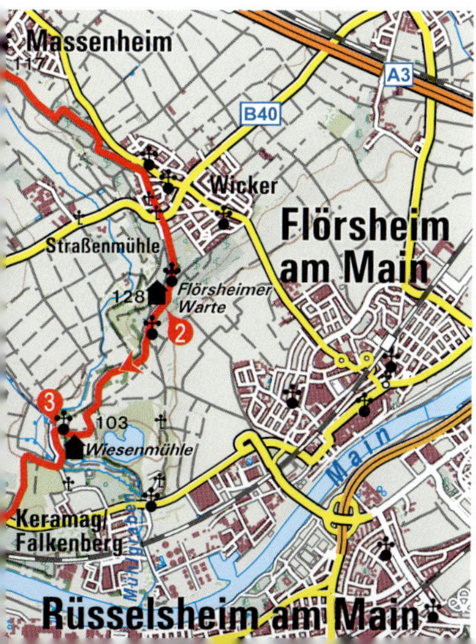

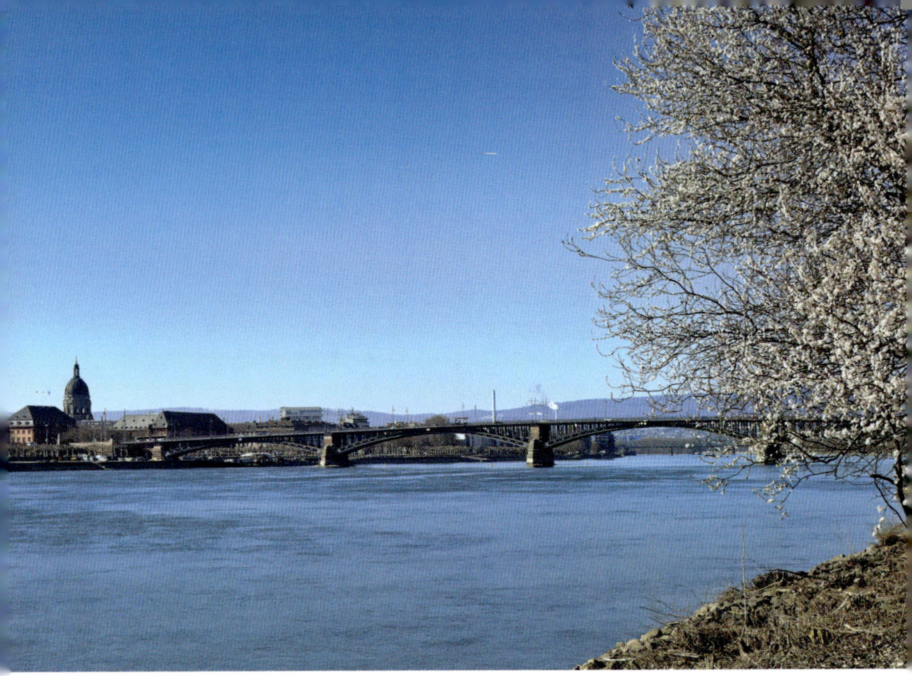

Blick über den Rhein von Mainz-Kastel hinüber nach Mainz.

dazu Weinwissen!). Dem Flurweg weiter folgend biegen wir hinter einem Weinberghäuschen rechts ab, gehen hinauf zu einer Wegkreuzung und schwenken dort nach links ein. Durch die Rebflächen der Weinlagen Hochheimer Hölle, Hochheimer Hofmeister und Hochheimer Kirchenstück erreichen wir den Ortsrand von Hochheim am Main.

Ein Abstecher in das Städtchen ist nicht nur wegen der zahlreichen Weinstuben und Straußwirtschaften empfehlenswert, auch der historische Ortskern und das erste hessische Weinbaumuseum lohnen einen Besuch.

Ansonsten halten wir uns unterhalb der pittoresken **Pfarrkirche St. Peter und Paul** ❺ links und gleich wieder rechts, wobei wir uns kurz am Muschelsymbol des Jakobswegs orientieren (auch hier von unserem Hund Grandpatte keine Spur). Durch die Lage Hochheimer Domdechaney weiter bis zum **Daubhäuschen** ❻, einem schönen Pavillon im Weinberg direkt an der Mainzer Straße. Von Ende April bis Anfang Oktober werden hier an den Wochenenden Sekte und Weine des Hochheimer Weinguts Schreiber ausgeschenkt. Dann über die Mainzer Straße geradeaus in die Straße »Am Daubhaus«, weiter links in die Stettiner Straße und über die Görlitzer Straße bis ans Ortsende. Auf einer Brücke über die A671 hinweg und geradeaus auf einem Flurweg in die Lage Hochheimer Berg hinein. Auch hier sind Markierungen Mangelware. Wir passieren einen hölzernen Rastpavillon und folgen unserem Weg zunächst geradeaus, dann in leicht kurvigem Verlauf bis zu einer Gabelung. Dort halten wir uns rechts und gelangen etwas versetzt über einen Querweg hinweg hinunter zu einem Aussiedlerhof. Unmerklich sind wir hinüber in die Gemarkung von Mainz-Kostheim gewechselt und durchschreiten nun die Lage Kostheimer St. Kiliansberg. In einer Linksbiegung geht es weiter abwärts ins Tal des Käsbachs, wo wir vor der Donnermühle rechts auf einen breiten Wirtschaftsweg abbiegen. Nun immerzu am Bach entlang und bei der folgenden Wegkreuzung links über ihn und den Wiesengrund hinweg. Auf dessen gegenüberliegenden Seite links stetig abwärts bis zu einer kleinen Kapelle und dort scharf rechts. Ein kurzer Anstieg durch die Lage Kostheimer Steig bringt uns auf die Hochfläche. In einer Linksbiegung verlassen wir die Rebflächen und steuern über Wiesen auf einen querenden Flurweg zu. Auf diesem nach links bis zum **Fähncheskreuz** ❼, einem steinernen Kruzifix, das 1697 errichtet wurde. Auf dem Kreuz befindet sich ein später angebrachtes Wetterfähnchen aus Blech – daher hat es seinen Namen. Auch des nahen Rastplatzes und der Aussicht wegen lohnt es sich, ein wenig hier zu verweilen. Bei der folgenden Weggabelung links in den Steigweg und auf ihm stetig abwärts, vorbei am Weinberg der Weinköniginnen und dem Weingut Haupt bis an den Ortsrand von Kostheim.

Weiter auf dem Steigweg bis zur Hochheimer Straße und auf ihr rechts über die Bahnschranke. Danach links in den Steinern-Kreuz-Weg. Dieser Straße folgen wir immerzu durch das Wohngebiet bis zum Bahngleis. Auf einer Fußgängerbrücke darüber hinweg und drüben links in die Hauptstraße. Dann rechts auf einen Fußweg, der durch den Flößerpark hindurch hinunter zum Mainufer führt. Bei einem stählernen Aussichtsturm halten wir uns rechts und gehen nun immer am Fluss entlang. Nach Unterqueren einer großen Brücke treffen wir auf den Kostheimer Weinprobierstand und flanieren ab dort auf der Straße »Mainufer« weiter am Main entlang. Auf die querende Flosshafenstraße schwenken wir links ein und gelangen auf einer Brücke über den Kanal des Yachthafens zur Insel Maaraue. Dort begleiten wir den Main auf seinen letzten Metern, bevor er bei der **Mainspitze** ❽ in den Rhein mündet. Wir sagen Tschüss zum Main und wenden uns nach rechts, jetzt immerzu am größeren Strom entlang – vom anderen Ufer grüßt Mainz herüber. Auf einem Hochsteg verlassen wir die Maaraue und halten uns danach links durch eine Anlage hindurch bis zur Straße »Rheinufer«. Dieser folgen wir nach rechts, überqueren die Bahnschranke und biegen schließlich links zum **Bahnhof Mainz-Kastel** ❾, dem Endpunkt unserer Tour, ab.

Weinwissen

Queen Victoria von England besuchte 1845 zusammen mit ihrem Gatten, Prinz Albert, Hochheim und wurde von den Stadtvätern zu einer Weinprobe in den schönsten und besten Weinberg der Gemarkung geführt. Georg Michael Papstmann, dem der Wingert damals gehörte, wurde 1850 vom englischen Hof die Gunst erteilt, diesen Weinberg »Königin-Victoriaberg« benennen zu dürfen. Bis heute wird der »Hock« genannte Riesling vom Victoriaberg zu vielen Anlässen des englischen Königshauses genossen. Der »Hock« wurde sogar in ganz England zum Synonym für einen guten deutschen Weißwein. Noch heute besagt ein englisches Sprichwort: »A good Hock keeps off the Doc«.

2 Vom Wiesbadener Kurhaus auf den Neroberg

Ein Weinberg im Herzen der Landeshauptstadt

3.00 Std. | 10,8 km | ↗170 m | ↘170 m

Klein, aber fein

Die hessische Landeshauptstadt Wiesbaden ist nicht nur ein berühmter Kurort, sondern verfügt als »Tor zum Rheingau« auch über eine lange Weinbautradition. Gab es Rebflächen einst im ganzen Stadtgebiet (unter anderem in Biebrich, wo der Straßenname Wingertstraße noch daran erinnert), wird Wein schon länger fast ausschließlich vor den Toren der Stadt in den Vororten Dotzheim, Frauenstein, Kostheim und Schierstein angebaut. Lediglich auf dem Wiesbadener Hausberg, dem Neroberg, ist eine letzte Weinlage mitten in der Stadt verblieben. Sie wurde bereits 1525 auf Erlass von Graf Philipp von Nassau-Idstein angelegt und reichte ursprünglich bis ins Nerotal hinunter. Mit knapp vier Hektar ist die heutige Anbaufläche zwar nicht allzu groß, dafür bietet ihre Steillage beste Voraussetzungen für das Heranreifen eines hervorragenden Rieslings. Kenner beschreiben den Neroberger als einen besonders feinen und langlebigen Wein von hoher Intensität und Konzentration. Seit 2005 ist die Weinlage Wiesbadener Neroberg im Alleinbesitz der Hessischen Staatsweingüter von Kloster Eberbach. Bei einer der dort üblichen Weinversteigerungen wurde im Jahr 1986 für eine 1893er Neroberger Riesling Cabinet Trockenbeerenauslese ein Preis von 35.000 DM bezahlt. Aber keine Angst, die normalen Jahrgänge sind etwas günstiger zu bekommen.

Blick vom Neroberg auf Wiesbaden.

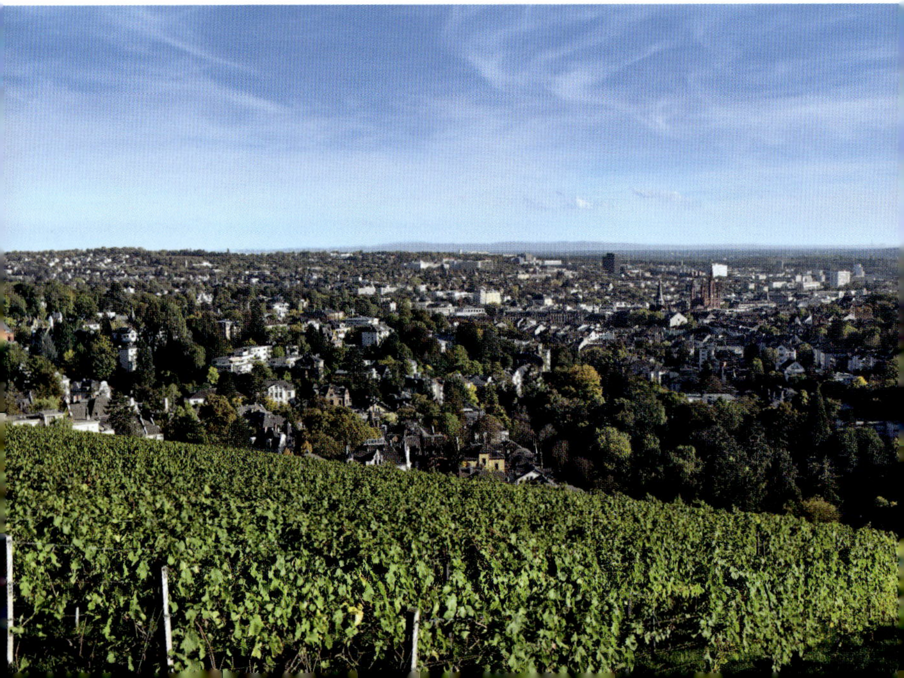

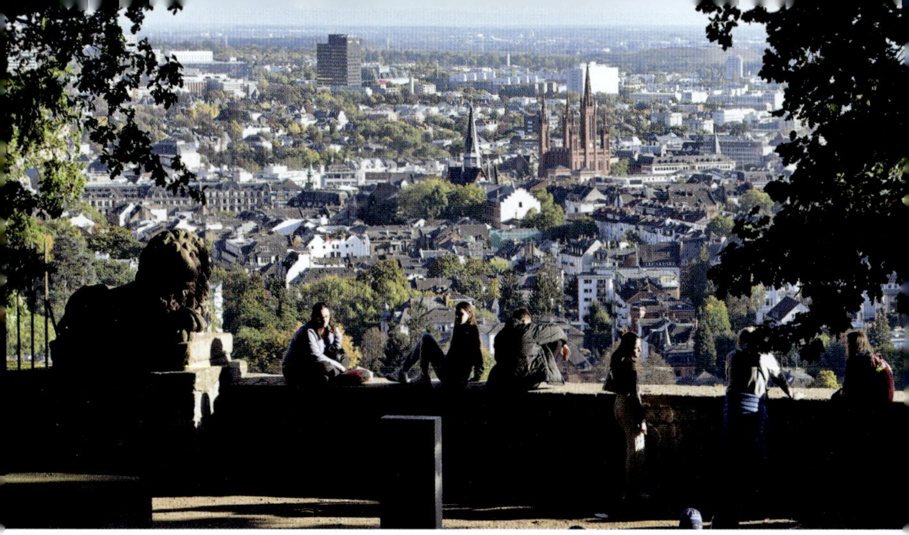

Aussichtsterrasse auf dem Neroberg.

Ausgangspunkt: Wiesbaden Hauptbahnhof (108 m); Anfahrt mit ICE, Regionalbahn oder S-Bahnen S1, S8 u. S9 aus Richtung Frankfurt am Main und Mainz; Navi: 65189 Wiesbaden, Bahnhofsplatz 1 (gebührenpflichtige Parkplätze nahebei im Q-Park Parkhaus Lili).
Anforderungen: Überwiegend gemütliches Flanieren auf geteerten Wegen, in den Parks auf Schotterbelag; nur der Anstieg auf den Neroberg ist etwas steiler; auch für Kinder geeignet.
Markierung: Keine.
Wanderkarte: NaturNavi Blatt 45-555 Wiesbaden u. Umgebung 1: 25.000.
Einkehr: Café Eden, Nerotal 1, 65193 Wiesbaden, Tel. +49 611 2386276, www.eden-nerotal.de, Mo.–So. 9.30–23 Uhr; Café Del Sol, Kochbrunnenplatz 3, 65183 Wiesbaden, Tel. +49 611 92798079, www.cafedelsol.de, So.–Do. 9–22 Uhr, Fr./Sa. 9–23 Uhr; Café Der Turm, Neroberg 2, 65193 Wiesbaden, Tel. +49 611 9590987, www.wagner-gastronomie.de/der-turm; So.–Do. 12–24 Uhr, Fr./Sa. 12–1 Uhr; Weinprobierstand der Wiesbadener Winzer auf dem Wochenmarkt, Dern´sches Gebäude, Ausschank von März bis November, Sa. 8–14 Uhr; Balthasar Ress Weinbar & Vinothek, Mauergasse 10, 65193 Wiesbaden, Tel. +49 611 5058469, www.balthasar-ress.de, Mo.–Do. 15–22 Uhr, Fr. 12–24 Uhr, Sa. 10–24 Uhr; Weinbistro Old Vineyard, Untere Albrechtstr. 16, 65193 Wiesbaden, Tel. +49 611 88008082, www.old-vineyard.de, Mo.–Fr 17–22 Uhr, Di. u. Do. 12–22 Uhr, Sa., So. u. Fei. geschlossen.
Winzer: Bewirtschaftet wird der Weinberg am Neroberg von den Hessischen Staatsweingütern von Kloster Eberbach, die bei Tour 5 porträtiert werden. Unser Tipp sei daher das Château Nero, ein Weinstand auf einem versteckten Plateau oberhalb der Reben am Neroberg. Dort kann der Neroberger Riesling an Ort und Stelle verkostet werden, dazu weitere erlesene Tropfen aus der umfangreichen Weinkollektion der Hessischen Staatsweingüter. Öffnungszeiten in den Sommermonaten Di.–So. 15–22 Uhr, Gruppen sollten vorab Plätze reservieren unter www.chateau-nero.de.
Hinweis: Bei der Wiesbaden Congress & Marketing GmbH können Führungen durch den Weinberg am Neroberg gebucht werden. Ebenso geführte Touren durch den sieben Stockwerke tiefen Weinkeller und die Sektmanufaktur der Sektkellerei Henkell Freixenet in Wiesbaden-Biebrich. Anmeldungen unter Tel. +49 611 1729-930, www.tourismus.wiesbaden.de.

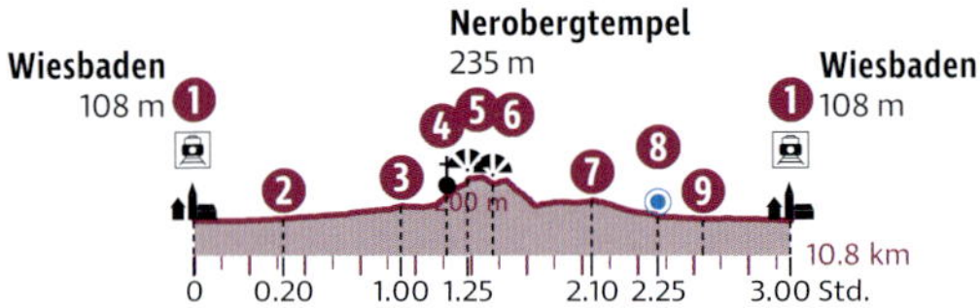

Vom Vorplatz des Hauptbahnhhofes in **Wiesbaden ❶** überqueren wir den breiten Gustav-Stresemann-Ring (B54) und spazieren durch die Reisinger Anlagen auf das RheinMain CongressCenter zu. Längs der Friedrich-Ebert-Allee über die Rheinstraße hinweg geradeaus in die Wilhelmstraße, Wiesbadens Prachtboulevard.

Hinter der Villa Clementine, in der das Literaturhaus ansässig ist, biegen wir rechts in den Warmen Damm ab, einen in den Jahren 1859/60 angelegten Park im Stil eines englischen Landschaftsgartens. Vorbei an einem Teich und dem Kaiser-Wilhelm-Denkmal halten wir uns am Ende der Grünanlage auf der Straße »Warmer Damm« rechts und gleich darauf links in die Paulinenstraße. Dabei passieren wir das Hessische Staatstheater, das Ende des 19. Jh. im neobarocken Stil errichtet wurde. Gleich dahinter erwartet uns mit dem **Kurhaus ❷** ein weiterer architektonischer Höhepunkt. Der 1907 eingeweihte neoklassizistische Bau löste das abgerissene Alte Kurhaus ab, das der damaligen Weltkurstadt nicht mehr repräsentativ genug war. Längs der Kolonnaden flanieren wir am Bowling Green entlang, einer Rasenfläche mit zwei Springbrunnen, die seinerzeit von englischen Kurgästen so genannt wurde.

Vorne treffen wir wieder auf die Wilhelmstraße und schwenken auf ihr nach rechts ein. Dann links in die Taunusstraße, auf der wir geradlinig auf die Nerotal-Anlagen zusteuern. Wir betreten den Park beim Rondell mit dem Kriegerdenkmal und folgen nun der Beschilderung zum Neroberg. Immer wieder ergeben sich dabei schöne Blick auf dessen rebenbestandenen Südhang rechts von uns.

Am Ausgang beim **Volker-Kriegel-Platz ❸** halten wir uns rechts, überqueren die Straße »Nerotal« und nehmen die Weinbergstraße aufwärts. Weiter oben biegen wir links in die Nerobergstraße ein, die etwas steiler den Hang hinaufführt. Am Ende des Wohngebietes passieren wir ein Tor zum nicht zugänglichen Weinberg und erreichen gleich danach den Waldrand. Dort links auf einen Fußweg, der uns in einer etwas steileren Passage hinauf zur **Russisch-Orthodoxen Kirche ❹** bringt, deren fünf vergoldete Zwiebel-

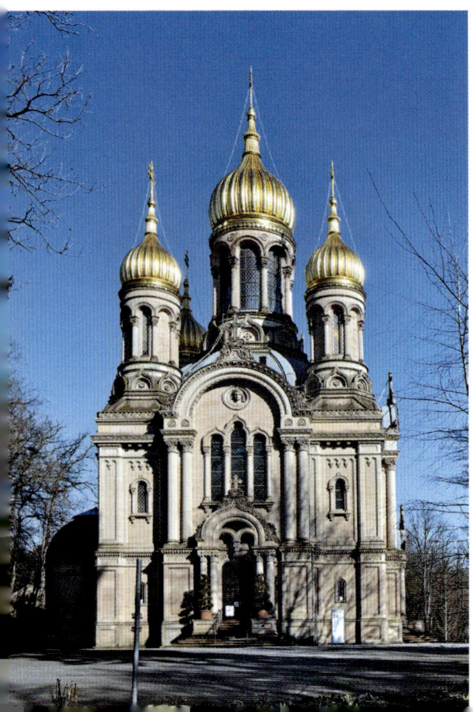

Russisch-Orthodoxe Kirche.

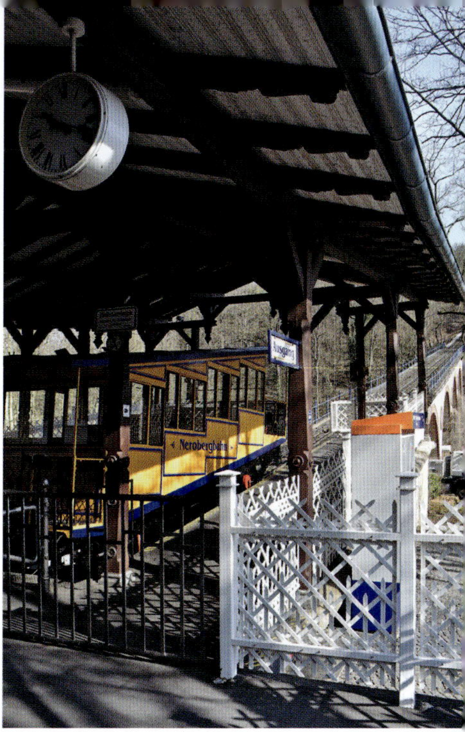

Historische Nerobergbahn.

kuppeln weithin sichtbar über den Baumkronen hervorragen. Das im Volksmund auch Griechische Kirche genannte sakrale Bauwerk ließ Herzog Adolph von Nassau 1849–1855 als Grabkirche für seine im Kindbett verstorbene Ehefrau, eine russische Prinzessin, erbauen.

Vorbei am Opelbad gelangen wir in einem letzten kurzen Anstieg hinauf zum Neroberg, wo wir vom **Nerobergtempel ❺** einen ersten Ausblick auf die Stadt genießen. Der Gipfel der 245 m hohen Erhebung liegt allerdings ein paar Meter höher oben bei einem Wasserturm. Idealerweise befindet sich dort ein Café mit Biergartenbetrieb, das sich für eine ausgiebige Rast nahezu aufdrängt. Um endlich mit dem Ziel unserer Begierde, dem Wein, in Berührung zu kommen, müssen wir am Kriegerdenkmal vorbei hinunter zum **Stadtrundblick ❻** auf der Löwenterrasse direkt über dem Weinberg. Von dort hat man einen wunderschönen Ausblick über den Rebenhang hinweg auf das Stadtgebiet von Wiesbaden. Der Wingert selber ist leider nicht frei zugänglich, da er als Kulturdenkmal unter Denkmalschutz steht; wer sich aber beim rechten der beiden steinernen Löwen an der Mauer nach rechts hält, gelangt zu dem etwas versteckt auf einem Plateau oberhalb des Weinberges gelegenen Weinstand Château Nero. Dort wird in den Sommermonaten der Neroberger Riesling ausgeschenkt, dazu weitere Tropfen aus dem breiten und vielfältigen Weinangebot der Hessischen Staatsweingüter von Kloster Eberbach.

Dann wieder den Hang hinauf und vor der Bergstation der Nerobergbahn links auf einen Pfad, der in mehreren Serpentinen durch den Wald hinunter zur Talstation beim **Volker-Kriegel-Platz ❸** führt. Wer sich den Weg ersparen möchte, kann auch mit der historischen Nerobergbahn nach unten fahren. Eine Fahrt mit der zweitältesten mit Wasserbal-

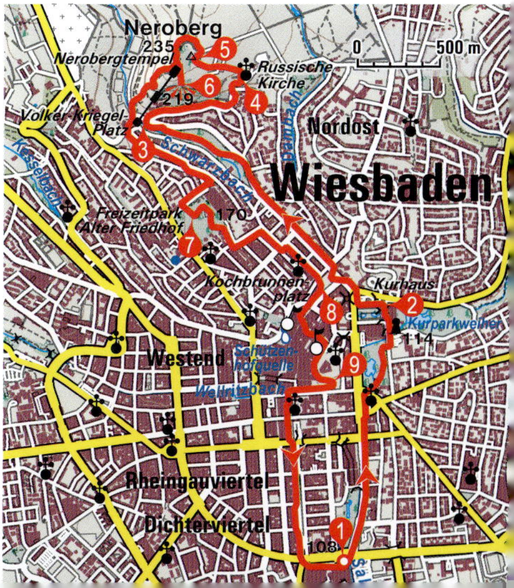

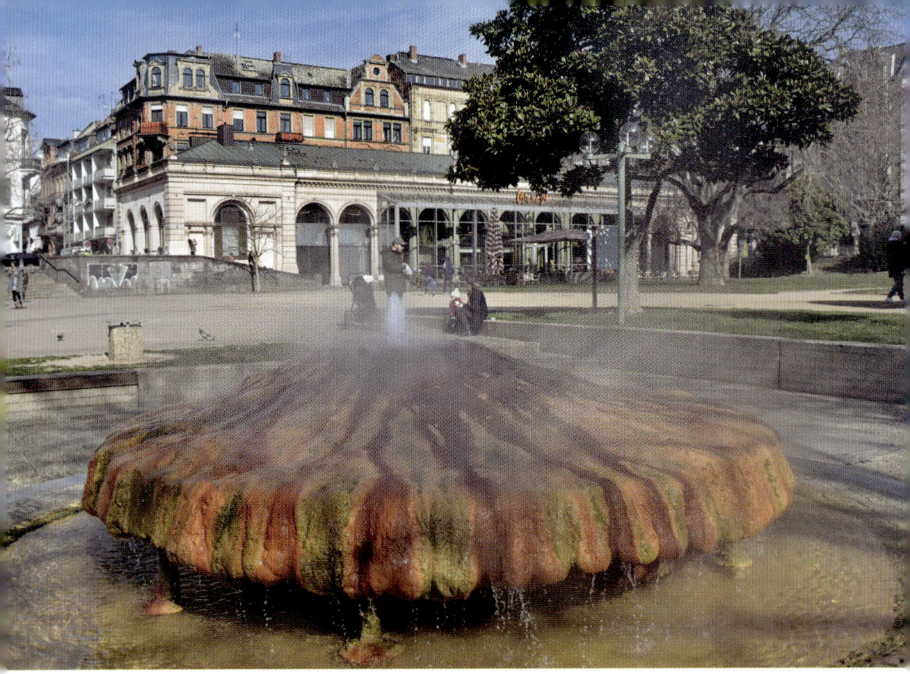

Thermalquelle auf dem Kochbrunnenplatz.

last betriebenen Drahtseil-Zahnstangenbahn Europas ist ein Erlebnis für sich – vor allem für Familien mit Kindern.

Nach der Talstation schwenken wir links auf die Wilhelminenstraße ein und gehen auf ihr hinauf bis zu einem Kreisel. Von dort wieder abwärts und beim Genzmerweg rechts abbiegen; er führt hoch zur Johannes-Maaß-Straße, der wir weiter aufwärts folgen. Auf Höhe der rechts einmündenden Kopernikusstraße links in den **Park Alter Friedhof ❼**, der heute als Freizeitpark genutzt wird. Vorbei an alten, teils verwitterten Grabsteinen durchqueren wir das baumbestandene Areal und nehmen am Ausgang rechts einen Fußweg hinunter zur Kellerstraße. Dieser folgen wir nach links, biegen rechts in die Stiftstraße ab und gelangen über die Röderstraße und die Nerostraße zum **Kochbrunnenplatz ❽**. Dort sprudelt der Kochbrunnen, Wiesbadens bekannteste Thermalquelle, aus einer Brunnenfassung. Das in einer Tiefe von 43 m erbohrte Heilwasser hat immerhin eine Temperatur von 67 °C, also besser nicht anfassen.

Über Kranzplatz und Langgasse links in die Goldgasse und über die Mühlstraße zum Schlossplatz mit dem ehemaligen Stadtschloss der Nassauischen Herzöge, heute Sitz des Hessischen Landtages, und von dort zum **Marktplatz ❾**. Wir gehen diagonal über den als Wochenmarkt genutzten Platz, vorbei an Marktsäule und Marktbrunnen, und schwenken rechts in die Friedrichstraße ein. Dann geht es links in die Straße »Kircheneulchen« und vorbei an der Bonifatiuskirche zum Luisenplatz. Über die Rheinstraße hinweg geradeaus auf der Adolfstraße und der Adolfsallee gelangen wir zurück zu unserem Ausgangspunkt beim **Hauptbahnhof ❶**.

Von Schloss Biebrich nach Frauenstein

Wo sich Riesling und Ebbelwoi berühren

3

4.15 Std. | 14,9 km | ↗ 220 m | ↘ 210 m

Famose Ausblicke vom Spitzen Stein und vom Goethestein

Die Weinlagen der westlichen Vororte von Wiesbaden sollen das Ziel dieser Tour sein. Am Weinprobierstand beim Schloss Biebrich, unserem Ausgangspunkt, können wir uns schon einmal bestens auf die kommenden Wein- und Wanderfreuden einstimmen. In Schierstein ist der Weinbau bereits seit 973 urkundlich belegt, in Frauenstein seit Ende des 12. Jahrhunderts. Neben dem Wein- wird in der Region aber auch der Obstanbau betrieben, vor allem während der Kirsch- und Apfelblüte verwandelt sich die Landschaft teilweise in ein Blütenmeer. Kein Wunder also, dass hier auch der Apfelwein ein geschätztes Getränk ist. Die Höhepunkte unserer Tour bilden aber – im wahrsten Sinn des Wortes – die beiden Aussichtspunkte auf dem Spitzen Stein und dem Goethestein. Unser Dichterfürst war ja bekanntlich überall da anzutreffen, wo es schön ist. Folgen wir ihm also.

Ausgangspunkt: Rheinsteig-Stele bei Schloss Biebrich an der Rheinpromenade; Anfahrt mit Bahn bis Hauptbahnhof Wiesbaden, von dort mit Bus 4 oder 14 bis zum Schloss Biebrich; Anfahrt mit Pkw nicht empfehlenswert, da kaum Parkplätze vorhanden (oder Autofahrer starten die Tour am Parkplatz beim Schiersteiner Hafen (Navi: 65201 Wiesbaden, Kleinaustraße).
Endpunkt: Bahnhof Wiesbaden-Schierstein (94 m).
Anforderungen: Zwei steilere Anstiege, ansonsten eher moderater Wegverlauf, meist auf geteerten/geschotterten Wegen, etappenweise naturbelassene Wege, wenig Schatten.
Markierung: Rheinsteig, rotes Dreieck, ohne Markierung, Gebückweg, Rheinsteig, ohne Markierung, Rieslingpfad, Rheinsteig, rotes Dreieck.
Wanderkarte: NaturNavi Blatt 45-555 Wiesbaden u. Umgebung 1: 25.000
Einkehr: Gutsausschank Zum Kapellchen, Weingut Udo Ott (siehe Winzer); Hof Nürnberg, Weingut und Gaststätte, Wi-Frauenstein, Tel. +49 611 421626, www.hof-nuernberg.de, Di. Ruhetag; Apfelweinstube im Himmelreich, Himmelreich 1, Wi-Schierstein, Tel. +49 611 4501996, www.apfelweinstube-im-himmelreich.de, So.–Di. Ruhetag.

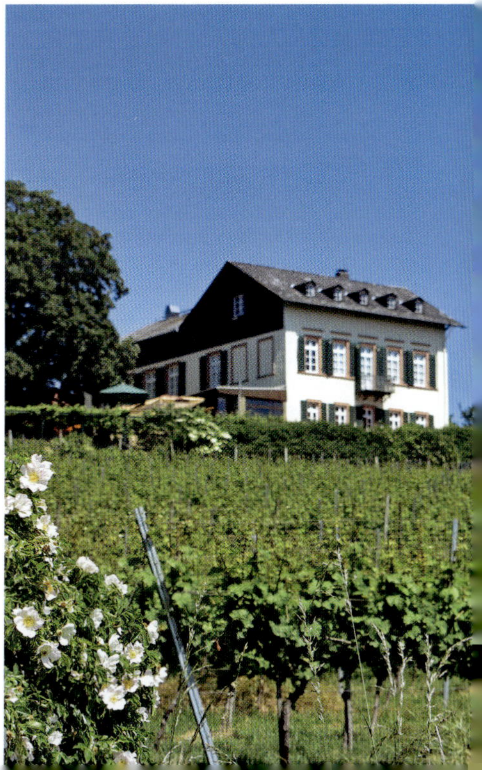

Weingut und Gaststätte Hof Nürnberg.

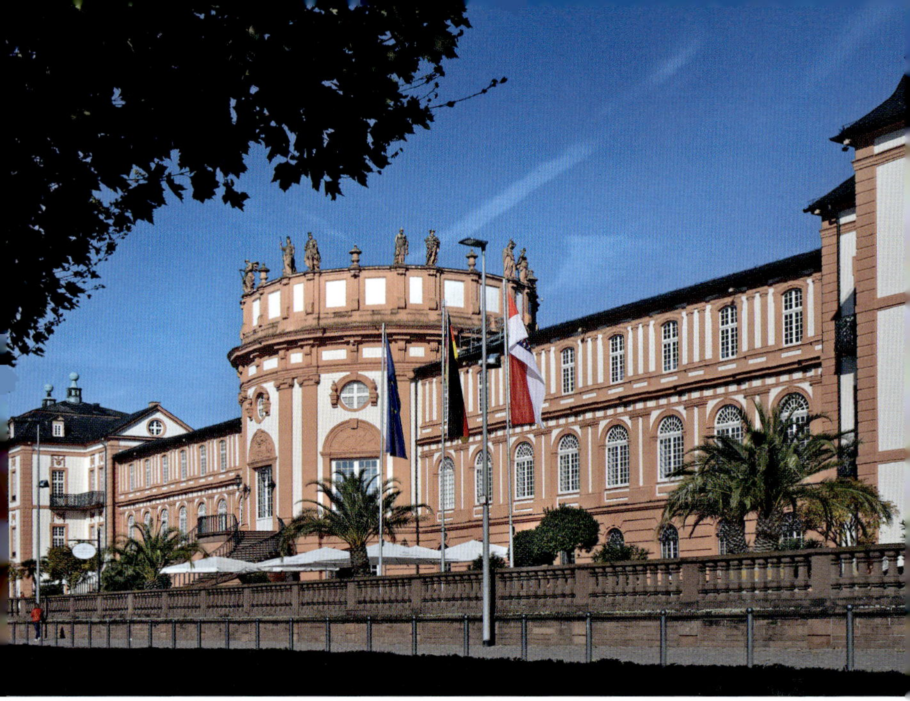

Schloss Biebrich.

Winzer: **Weingut Klepper**, Georgstr. 14, Wi-Frauenstein, Tel. +49 611 429958, www.weingut-klepper.de. Das Familienunternehmen mit eigenem Gutsausschank bewirtschaftet in der vierten Generation Rebflächen in der Lage Frauensteiner Herrnberg, darunter einen Weinberg unterhalb des Goethesteins.
Weingut Udo Ott, Grorother Hof, Quellbornstr. 95, Wi-Frauenstein, Tel. +49 611 422153, www.weingut-ott.de. Geringere Mengen in hoher Qualität zu produzieren ist das Credo von Udo Ott.
Weingut Meilinger, Freudenbergstr. 10, Wi-Schierstein, Tel. +49 611 21955, www.weingut-meilinger.de. Die Weine der Lage Schiersteiner Hölle können im angeschlossenen Gutsausschank verkostet werden.

Hinweis: **Schloss Biebrich** gilt als eines der bedeutendsten Barockschlösser entlang des Rheins. Es wurde 1701–1703 erbaut und diente den Fürsten und Herzogen von Nassau bis 1841 als Hauptresidenz. Unbedingt sehenswert ist auch der frei zugängliche Schlosspark. Er wurde in den Jahren 1817 bis 1823 im Stil eines englischen Landschaftsgartens angelegt. Jährlich findet darin das Internationale Wiesbadener Pfingstturnier für Springreiter statt. Die **Schiersteiner Störche** haben den Wiesbadener Stadtteil überregional bekannt gemacht. Jedes Jahr nisten und brüten etliche Storchenpaare auf den Starkstrommasten zwischen Schierstein und Walluf. Mehr Infos unter www.schiersteinerstoerche.de.

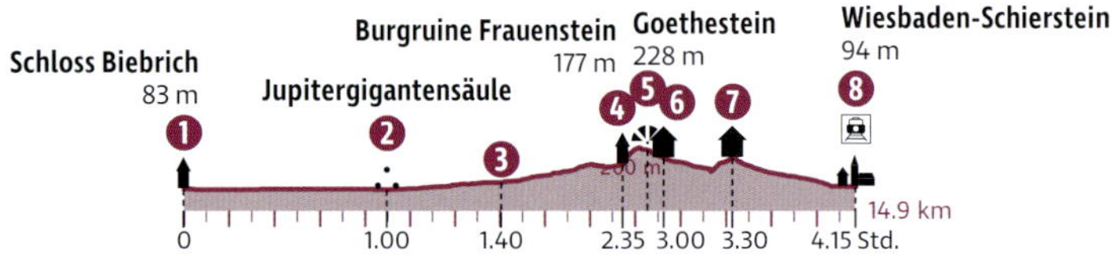

An der Rheinpromenade beim **Schloss** in **Wiesbaden-Biebrich** ❶ starten wir unsere Tour bei der Stele, mit der der Beginn des Rheinsteigs markiert ist. Seinem Emblem folgend gehen wir stetig am Rhein entlang bis zum **Schiersteiner Hafen**, dessen Zufahrtskanal wir auf der Dyckerhoff-Brücke überqueren. Das Hafenbecken umrundend gelangen wir zur **Jupitergigantensäule** ❷ aus der Römerzeit und halten uns dort nach links. Auf der Kleinaustraße rechts zur Söhnleinstraße und dieser ein paar Meter nach rechts folgen. Dann links auf einen Fußweg, der am Lindenbach entlang durch das Wohngebiet verläuft. Nach Unterqueren der Bahnlinie etwa 130 m nach rechts bis zu einem WW des Rheinsteigs; dort kommt von vorne aus Richtung des Schiersteiner Bahnhofes die Markierung rotes Dreieck zu uns, an der wir uns nun vorrangig orientieren. Wir biegen mit beiden Wegzeichen links ab und unterqueren in der Folge die A66; dahinter biegt der Rheinsteig nach rechts ab, wir bleiben mit dem roten Dreieck geradeaus und flanieren eine Zeitlang durch Schrebergärten hindurch. Nach Passieren des Grunselsbörnchens (einer Quelle bei einem steinernen Kruzifix) verlassen wir die Gartensiedlung und halten uns bei der **Gabelung** ❸ dahinter mit dem roten Dreieck nach links. Auf Höhe der Grorother Mühle rechts, nach knapp 80 m wieder links und dann immerzu an den sanft abfallenden Hängen der Weinlage Herrnberg entlang. Kurz vor Frauenstein passieren wir den Europa-Weinberg (hier sind Weinsorten aus acht europäischen Ländern kultiviert) und haben einen schönen Blick hoch zum rechts des Weges gelegenen Goethestein. Vorbei am Grorother Hof (mit dem Weingut Udo Ott) halten wir uns auf der Quellbornstraße ortseinwärts, biegen aber gleich wieder scharf links in die Straße »Im Weingarten« ab. Diese führt uns halbwegs steil einen Abhang hoch; oben bei Hausnummer 35 links abbiegen und gleich wieder rechts auf einen Fußweg, der über heckenbestandene Wiesen zum Friedhof führt (links von uns im Tal liegt der Hof Armada). Dort verabschieden wir uns vom roten Dreieck und halten uns stattdessen ohne Markierung rechts auf der Georgenborner Straße hinunter in die Ortsmitte von Frauenstein. Dabei ignorieren wir die uns nur kurz begleitenden Wegzeichen des Rieslingspfades und des Rheinsteigs. Im alten Ortskern passieren wir links von uns den kleinen Platz mit dem St.-Georgs-Brunnen vor der katholischen Kirche St. Georg und Katharina, rechts von uns den auf steilem

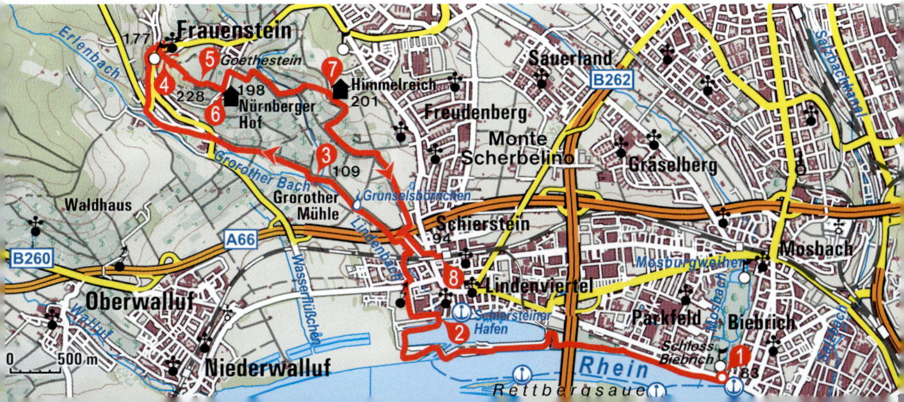

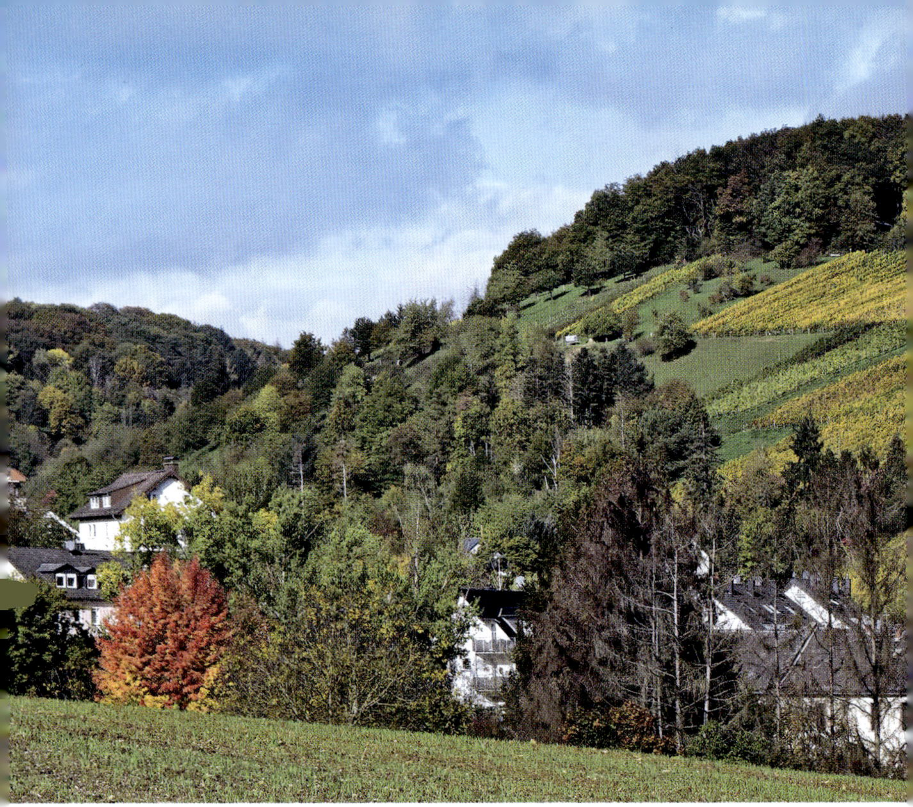

Der Goethestein in herbstlichem Laub.

Fels errichteten Bergfried der **Burgruine Frauenstein ❹**. Hinter der Ruine rechts in die Burglindenstraße, jetzt geleitet von der Markierung des Gebückweges. Auf einer schmalen Holztreppe geht es rechts den Abhang hoch, danach in einer längeren Aufwärtspassage durch den lichten Laubwald hoch zum Aussichtsturm auf dem Spitzen Stein (255 m). Dessen Besteigung lohnt sich wegen des schönen 360-Grad-Panoramablickes. Etwas weiter abwärts gelangen wir zum weithin sichtbaren Stein-Tetraeder auf dem **Goethestein ❺**, der daran erinnert, dass das dichtende Genie am 6. Juli 1815 im Rahmen seiner geologischen Studien hier weilte. Man sollte unbedingt ein wenig bleiben und den einmaligen Blick von der Aussichtsterrasse ins Rheintal genießen.

Mit dem Rheinsteig, der sich hier wieder von rechts zu uns gesellt, steigen wir hinunter zum **Nürnberger Hof ❻**, wo ein schattiger Biergarten auf uns wartet. Der Rheinsteig-Markierung folgend halten wir uns mit zwei Richtungswechseln stetig abwärts hinunter zu einem WW (Schloss Biebrich 7,9 km) und biegen dort nach rechts ab. Angelangt in der Weinlage Herrnberg verlassen wir bei einer Wegkreuzung den Rheinsteig und schwenken ohne Markierung auf einen Weg ein, der, über die Senke des Lindenbaches hinweg, halbwegs steil nach oben führt. Auf halber Höhe bei erster Gelegenheit rechts ab und in weiterem

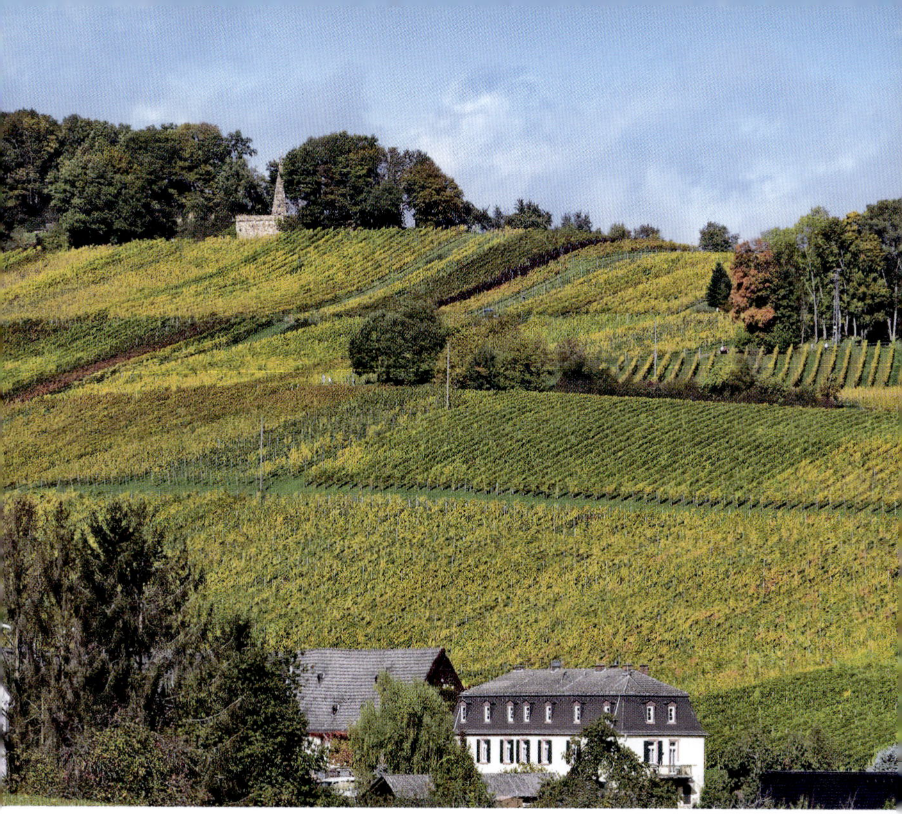

Anstieg hinauf zum **Himmelreich 7**, einer Apfelweinschänke. Von dort auf einem Schotterweg abwärts durch die Weinlage Homberg hinunter zu einem weiteren geschotterten Weg, auf den wir links abbiegen. Wir sind nun auf dem Rieslingpfad, der uns durch die Weinlage Hölle über einen breiten Querweg hinweg bis an den Ortsrand von Schierstein führt. Wir gehen knapp 100 m auf der Schwarzwaldstraße und biegen dann rechts auf einen Fußweg ab, der uns am Rand der Weinlage Dachsberg hinunter zu unserem Herweg bringt. Diesem folgen wir unter der A66 hindurch bis zum WW vor der Bahnlinie und biegen jetzt mit dem roten Dreieck links ab. Über die Freudenbergstraße und die Dachsbergstraße gelangen wir zum **Bahnhof Wiesbaden-Schierstein 8**, dem Endpunkt unserer Tour.

Weinwissen

Ergänzend zu den Tourenvorschlägen in diesem Buch sei auf 14 neue Rundwanderwege hingewiesen, die 2023 von der Rheingau-Taunus Kultur und Tourismus GmbH konzipiert wurden. Jede dieser **Riesling Schleifen** genannten Routen greift ein besonderes Thema zum Riesling, Weinbau und der Kulturlandschaft Rheingau auf und ist aufgrund ihrer moderaten Länge (zwischen 4 und 8 km) besonders für Genusswanderer empfehlenswert: www.rheingau.com/rieslingschleifen.

4 Von Walluf über Martinsthal nach Rauenthal

Vom Walluftal auf die Bubenhäuser Höhe

TOP | 3.45 Std. | 13,2 km | ↗ 330 m | ↘ 330 m

Eine Weinwanderung mit Superlativen

Von den drei namhaften Weinorten, die auf dieser Tour besucht werden, können gleich zwei mit einem Superlativ aufwarten. Während Walluf das Privileg genießt, die älteste Weinbaugemeinde im Rheingau zu sein, gilt Rauenthal als die höchstgelegene. Derartiges hat Martinsthal zwar nicht zu bieten, macht dieses Manko aber wett mit dem schönen Kuriosum der Stehkragenwinzer. So hat jedes der drei Winzernester seine Besonderheiten und man sollte sich die Zeit nehmen, diesen nachzuspüren. Und um natürlich jeweils die örtlichen Weine auszuprobieren. An Gutsschänken, Straußwirtschaften und Weinprobierständen herrscht auf dieser Tour wahrlich kein Mangel. Aber den eindeutigen Höhepunkt dieser Drei-Sterne-Weinwanderung bildet im wahrsten Sinne des Wortes die Bubenhäuser Höhe, einer der schönsten Aussichtspunkte im Rheingau. Am besten lässt sich der herrliche Ausblick bei einem Glas guten Rieslings genießen, aber die Flasche muss man vorher mit in den Rucksack packen.

Ausgangspunkt: Bahnhof Niederwalluf (94 m); Anfahrt mit Regionalbahn Frankfurt am Main–Neuwied; Navi: 65396 Walluf, Bahnhofstr. 11 (kostenlose Parkplätze vorhanden).
Anforderungen: Nur die Etappe von Martinsthal hoch nach Rauenthal ist etwas steiler, ansonsten nur moderate An- und Abstiege; teils auf naturnahen/geschotterten Wegen, teils auf geteerten Wirtschaftswegen.
Markierung: Rotkreuz, Rheinsteig-Zubringer, ohne Markierung, Rieslingpfad/Rheinsteig-Runde, Gutenberg-Weg, ohne Markierung, Gebückweg/Rheinsteig-Zubringer, ohne Markierung.
Wanderkarte: NaturNavi Blatt 45-555 Wiesbaden u. Umgebung 1: 25 000.
Einkehr: Gutsausschank Diefenhardt, Hauptstr. 9–11, 65344 Eltville-Mar-

Weinberghaus Weingut Diefenhardt.

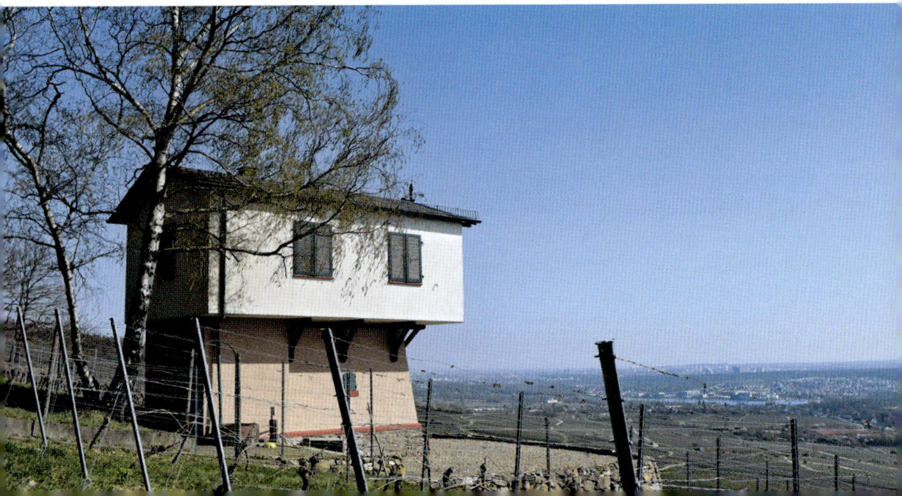

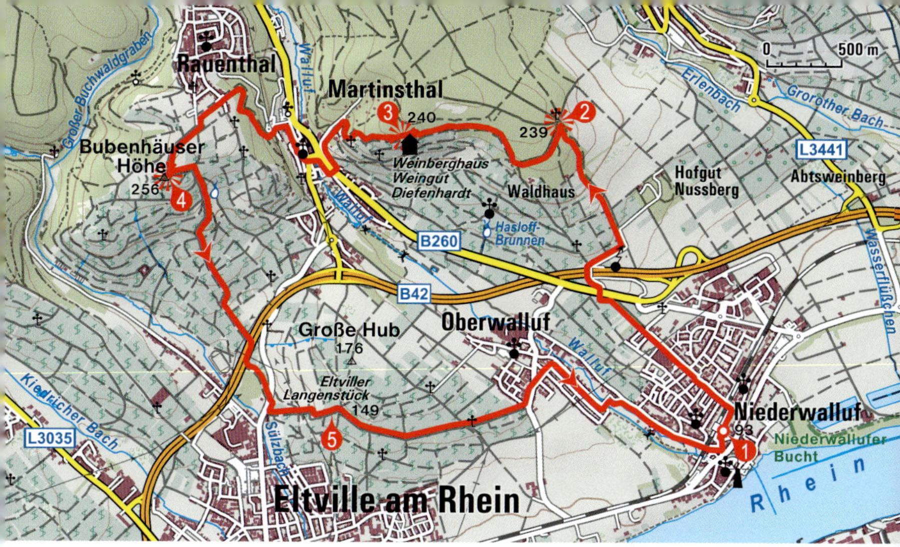

tinsthal, Tel. +49 6123 972313, www.diefenhardt.com, Di.–Sa. ab 17 Uhr. Zahlreiche Gaststätten und Straußwirtschaften in Walluf und Martinsthal.

Winzer: In Walluf:

Weingut J.B. Becker, Rheinstr. 6, 65396 Walluf, Tel. +49 6123 74890, www.jbbecker.de; das traditionsreiche Familienunternehmen (gegründet 1893 von Jean Baptist Becker) wird heute von Hans-Josef Becker geführt. Sein Credo lautet »Wein braucht Zeit«. Er lässt daher seine Weine lange in Eichenholzfässern reifen und verzichtet dabei auf eine Filtration.

Weingut Mehl, Haselnußgasse 6, 65396 Walluf, Tel. +49 6123 73274, www.weingut-mehl.de; die Erzeugnisse können in der »Pinotbar« genannten Vinothek im modernen Ambiente verkostet und gekauft werden.

In Martinsthal:

Weingut Diefenhardt, Familie Seyffardt, Hauptstr. 9–11, 65344 Eltville-Martinsthal, Tel. +49 6123 972313, www.diefenhardt.com; 1999 wurde das Weingut in den VDP, den Verband deutscher Prädikatsweingüter, aufgenommen. Fruchtbetonte Rieslinge und komplexe Spätburgunder spiegeln jeweils das Terroir der Lagen Rothenberg, Langenberg, Schlenzenberg und Wildsau wider. Zum Weingut gehören eine Vinothek und ein Gutsausschank.

Weingut Keßler, Martinsthal, Heimatstr. 18, 65344 Eltville-Martinsthal, Tel. +49 6123 71235, www.weingut-kessler.de; bei Keßler bekommt man viel Wein für wenig Geld. Alle Tropfen können in der hauseigenen Vinothek und in der Gutsschänke verkostet werden.

In Rauenthal:

Weingut RehbergRehn, Weinbergstr. 37, 65345 Rauenthal, Tel. +49 6123 71456, www.rehbergrehn.de; die vier bewirtschafteten Rauenthaler Lagen Gehrn, Langenstück, Wülfen und Rothenberg bieten beste Voraussetzungen für qualitätsvolle Weine.

Weingut Albus, Hauptstr. 12, 65345 Eltville-Rauenthal, Tel. +49 6123 72300, www.weingut-albus.de.

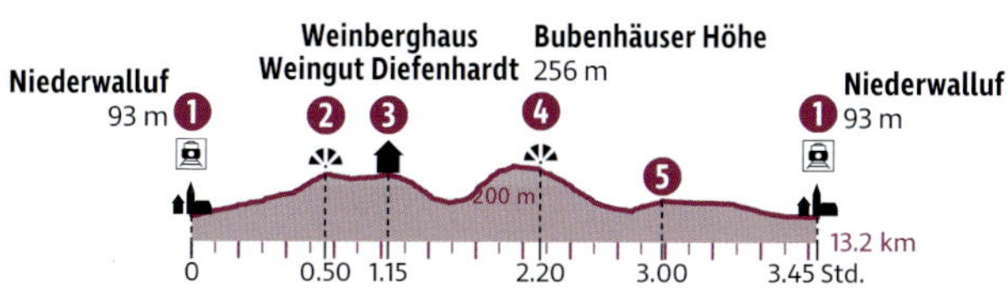

Vom Bahnhof in **Niederwalluf ❶** folgen wir der Rotkreuz-Markierung mit Blick zu den Gleisen nach rechts bis zur querenden Straßenböschung, die wir auf einer Treppe erklimmen. Oben links auf der Brücke über die Bahnlinie hinweg und dann immerzu auf der Straße »Hohlweg« geradlinig und leicht aufwärts bis ans Ortsende. Dort weiter geradeaus auf einem Wirtschaftsweg durch die Weinlage Gottesacker, die wie alle Wallufer Lagen auf einer Infotafel kurz charakterisiert wird. Nachdem wir die B260 unter- und gleich darauf die breitere B42 überquert haben, biegen wir bei einem Wanderparkplatz auf einen halb rechts abzweigenden Schotterweg ab. Beim nächsten Querweg mit unserem Rotkreuz nach links und nun stetig aufwärts, wobei wir zu unserer Linken die Lage Berg-Bildstock passieren. In keiner anderen Lage findet man angeblich mehr Flurkreuze und Stelen für Schutzheilige als hier. Vorbei an der kleineren Lage Oberberg gelangen wir weiter aufwärts in den Wald und in diesem zu einer großen **Wegkreuzung ❷**. Etwas abseits davon hat man am Waldrand einen schönen Blick zum Goethestein und ins Rheintal bis Mainz und Wiesbaden.

Wir biegen links ab und orientieren uns nun für die nächste Zeit an der Markierung des Rheinsteig-Zubringers. Eine breite Waldfuhre bringt uns hinunter zu einem Wegweiser, wo wir rechts auf einen schmaleren Weg einschwenken. Kurz darauf erneut rechts und nun stetig aufwärts am Waldrand entlang, wobei wir zweimal einen Waldstreifen queren. Oben geht es weiter am Wald entlang, links von uns erstrecken sich die Rebenhänge der Weinlage Wildsau, die bereits zu Martinsthal gehört. Beim pittoresken **Weinberghaus des Weingutes Diefenhardt ❸** legen wir eine kurze Pause ein, um

Tempelchen unterhalb der Bubenhäuser Höhe.

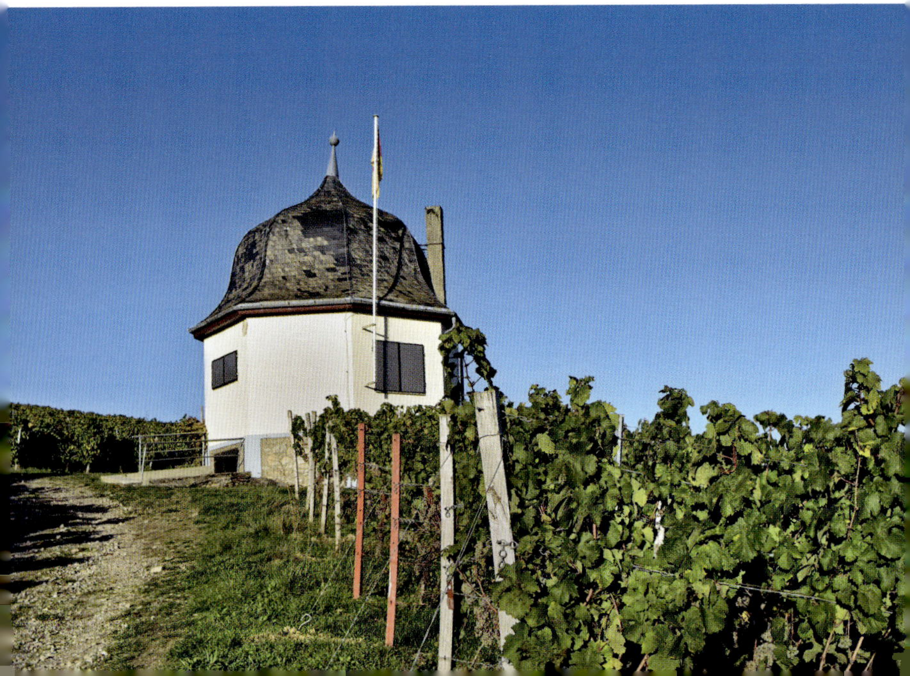

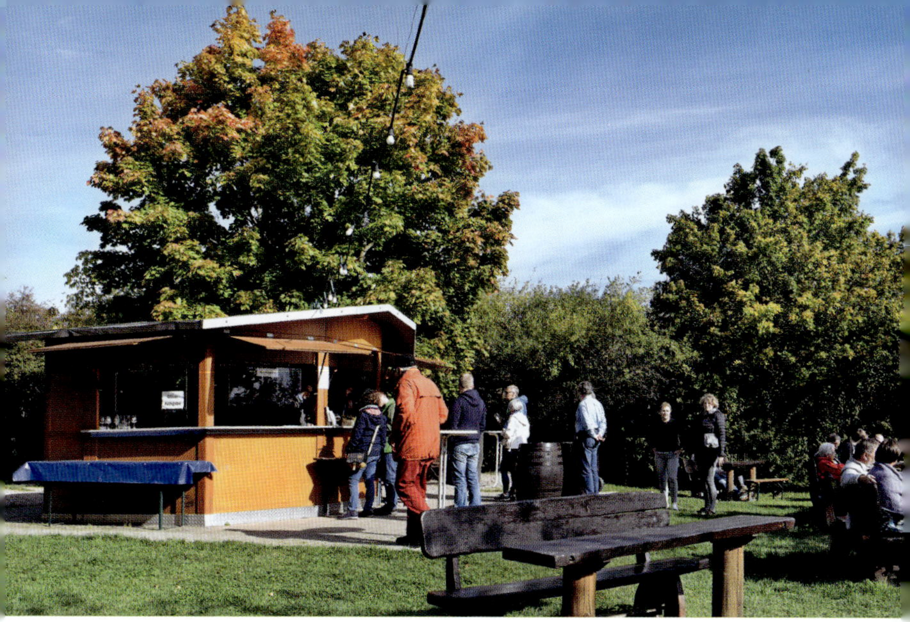

Weinprobierstand bei Rauenthal.

den Blick ins Rheintal schweifen zu lassen. Oberhalb der Weinlage Langenberg steigen wir längs des Waldes hinunter zu einem querenden Sträßchen und folgen diesem nach rechts weiter abwärts. Unten scharf links auf die Straße »Kleimettal« einbiegen und auf dieser an den Ortsrand von Martinsthal. Dort scharf rechts in die breite Schiersteiner Straße (B260) und nach etwa 150 m links auf der Hauptstraße zum Marktplatz des netten Weinortes. Dort werfen wir einen Blick auf den Brunnen mit dem Martinsthaler Stehkragenwinzer, bevor wir uns rechts halten und gleich darauf links die Treppe hoch zur Kirche nehmen. Auf der Kirchstraße bis zum Friedhof und von dort auf einem steilen Fußweg mit Treppenstufen den Hang hoch. Oben rechts zur Martinsthaler Straße und etwa 100 m links an ihr entlang, bis sie eine enge Rechtskurve macht. Dort rechts auf einem Fußweg den mit Hecken bestandenen Hang hinauf und oben rechts halten. Durch Hecken hindurch und über Streuobstwiesen hinweg erreichen wir einen Querweg, der uns links in einem etwas steileren Aufstieg hoch nach Rauenthal bringt. Bei der querenden Reitschulgasse verabschiedet sich unser Rheinsteig-Zubringer nach rechts in Richtung Ortsmitte, wir bleiben jetzt ohne Markierung geradeaus und biegen nach etwa 200 m links auf einen geteerten Fahrweg ab. Auf Höhe des Weingutes RehbergRhen halten wir uns rechts und legen beim Weinprobierstand auf der nahe gelegenen Wiese eine verdiente Pause ein. Nach knapp 250 m führen uns die Markierungen des Rieslingspfades und der Rheinsteig-Rundtour (rot) in leichtem Anstieg hinauf zur baumbestandenen **Bubenhäuser Höhe** ❹. Der Blick von der knapp 268 m hohen Erhebung ist einer der schönsten im ganzen Rheingau. Zu unseren Füßen fallen die Rebenhänge der Rauenthaler Lage Langenstück sanft zum Rheintal hin ab, darin bildet das strahlend

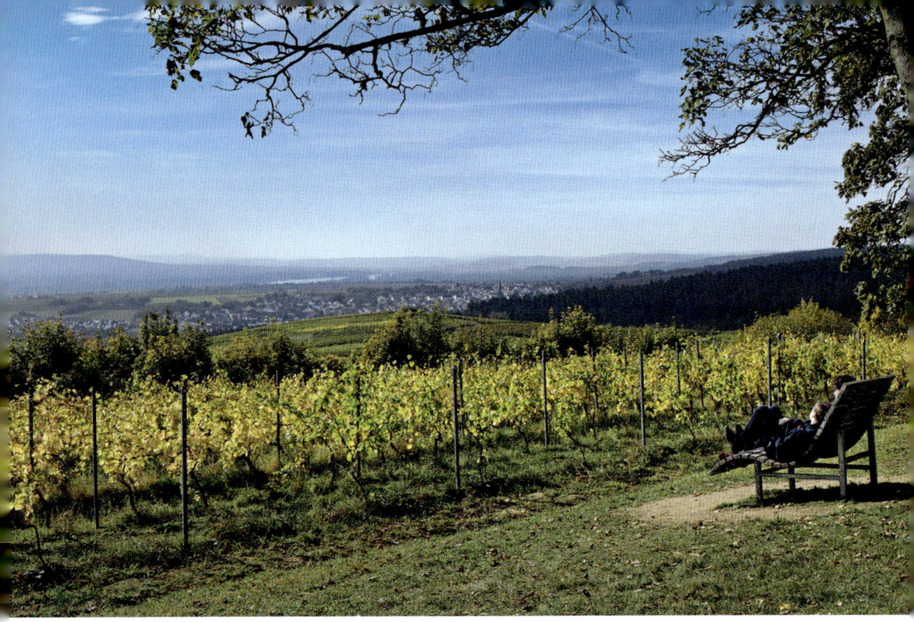

Einmaliger Blick von der Bubenhauser Höhe.

weiße Tempelchen einen markanten Geländepunkt. Im Osten schweift der Blick bis Wiesbaden und Mainz, im Süden ins Rheinhessische Hügelland und im Westen über die Kirchturmspitze von Kiedrich hinweg zu den Höhen des Rheingaugebirges.

Aus Sicht unseres Herwegs gehen wir links hinunter zu einem Querweg, wo uns die Markierung des Gutenberg-Wegs nach rechts den Hang hinunter leitet. Dieser biegt aber bald rechts in Richtung Staatsweingut in der Lage Baiken ab, wir folgen jedoch unserem Schotterweg weiter hangabwärts. Beim nächsten Querweg links auf das vor uns liegende Viadukt der B42 zu, dann kurz davor rechts ein paar Meter an ihm entlang und schließlich links unter ihm hindurch. Auf der querenden Schwalbacher Straße rechts auf den nahen Ortsrand von Eltville zu, vorher aber links in einen Wirtschaftsweg einschwenken, der sich einen Rebenhang hinaufzieht. Oben auf dem Querweg nach rechts und in einer Linksbiegung hoch zur **Infotafel der Weinlage Eltviller Langenstück ❺**. Von dort leicht abwärts hinunter zu einem querenden Flurweg, dem wir nur kurz nach rechts folgen. Dann beim Schild zur Lage Eltviller Sonnenberg gleich wieder links und auf diesem Weg nun konsequent durch die Rebflächen, vorbei an einem Rastplatz bei einem Steinkruzifix, bis an den Ortsrand von Oberwalluf. Über die Marktstraße und die Steinheimer Straße gehen wir hinunter zur querenden Paradiesstraße, wo wir auf die Markierungen des Gebückweges und des Rheinsteig-Zubringers stoßen. Wir folgen der Straße etwa 400 m nach rechts, biegen dann links ab und gelangen auf einem Fußweg über den Mühlgraben hinweg und vorbei an der Hildmühle zur Mühlstraße. Auf dieser rechts in Richtung Ortsmitte und nach Unterqueren der Bahnlinie links über die Bahnhofstraße zurück zu unserem **Ausgangspunkt ❶** am Bahnhof.

Weinwissen

Am Unterlauf des im Hohen Taunus entspringenden Wallufbachs liegen gleich drei namhafte Weinorte. Der erste davon ist das an der Mündung in den Rhein gelegene **Walluf**. Laut einer Schenkungsurkunde eines Wallufer Weinberges an das Kloster Lorsch aus dem Jahr 779 kann sich das Dorf als nachweislich älteste Weinbaugemeinde des Rheingaus bezeichnen. Auch »Pforte zum Rheingau« wird der schmucke Ort mit seinen verwinkelten Gassen oft genannt. Denn im Mittelalter gab es nur hier einen Durchlass durch das Rheingauer Gebück, einer Landwehr, mit der die Mainzer Erzbischöfe ihr Territorium absicherten. Heute verfügt Walluf über 70 Hektar bestockter Rebfläche, die sich auf sechs Weinlagen verteilt.

Das weiter bachaufwärts gelegene **Martinsthal** ist heute ein Ortsteil der Stadt Eltville. Der Name ist allerdings erst wieder seit 1935 in Gebrauch, denn während der kurmainzischen Regentschaft wurde der Flecken in »Neudorf« umbenannt. Rundherum gedeiht auf den sanften Hügeln ein hervorragender Wein. Am bekanntesten ist die Lage Wildsau, der auf dem Marktplatz sogar ein Denkmal gewidmet ist. Eine weitere Skulptur erinnert dort an den Stolz der sogenannten Martinsthaler Stehkragenwinzer. Eine Inschrift besagt, dass diese geschniegelt mit Stehkragen in die Wingerte zogen. Dort hängten sie während der Arbeit den Stehkragen an einen Pflock und kehrten nach getanem Tagewerk wieder korrekt gekleidet ins Dorf zurück. Sehenswert in Martinsthal sind ferner die beiden Kirchen und die Hauptstraße mit ihren altehrwürdigen Gutshäusern.

Das hoch über dem Walluftal gelegene **Rauenthal** gilt mit 255 Metern Meereshöhe als der höchstgelegene Weinbauort des Rheingaus. Das erstmals 1274 urkundlich erwähnte Dorf ist heute ein Ortsteil von Eltville. Die sechs Rauenthaler Weinlagen liegen ausschließlich an den sanft abfallenden Abhängen der Bubenhäuser Höhe. In früheren Zeiten waren die Weine von dort die berühmtesten des Rheingaus und wurden in vielen europäischen Fürstenhäusern aufgetischt. Im Jahr 1867 bekam der Rauenthaler Wein auf der Pariser Weltausstellung sogar das Prädikat »Bester Wein der Welt« verliehen. Wahrzeichen des weinseligen Dorfes ist die Pfarrkirche St. Antonius, deren mit fünf Türmchen verzierter Wehrturm weithin sichtbar ist. In Inneren des Gotteshauses ist der Hochaltar mit der aus Lindenholz geschnitzten Traubenmadonna eine Besichtigung wert.

Pfarrkirche St. Antonius in Rauenthal.

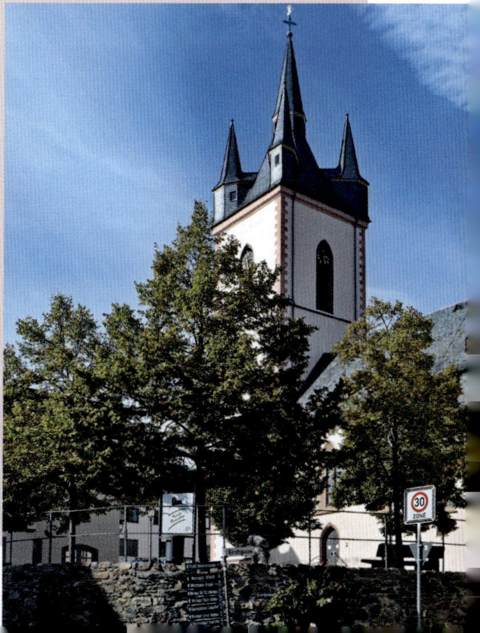

5 Von Eltville zum Kloster Eberbach

Höhepunkte der Rheingauer Weinkultur

TOP | 5.30 Std. | 17,3 km | ↗ 320 m | ↘ 320 m

Im Namen der Rose

Die Rose begegnet uns auf dieser erlebnisreichen Weinwanderung gleich zweimal. Denn dort, wo berühmte Weine auf sanften Hügeln reifen, gedeiht auch die Königin der Blumen prächtig. Dies ganz besonders in und um Eltville am Rhein, dem die jährliche frühsommerliche Blütenpracht den Ehrentitel »Rosenstadt« eingebracht hat. Das romantische Städtchen mit seiner Tradition als Wein- und Sektstadt ist der ideale Ausgangspunkt für eine Erkundung weiterer Höhepunkte der Rheingauer Weinkultur. Mit Kiedrich liegt eines der schönsten Weindörfer auf unserer Route, nirgendwo sonst im Rheingau ist der mittelalterliche Ortskern so gut erhalten wie hier. Man sollte für eine Besichtigung (und eine Einkehr) genügend Zeit einplanen. Gleiches gilt für Kloster Eberbach, das zu Recht als die Wiege des Weinbaues in der Region bezeichnet wird. Dort kommt auch wieder die Rose ins Spiel, denn Mitte der 1980er-Jahre war die alte Zisterzienserabtei Drehort für die Innenaufnahmen des Films »Im Namen der Rose« nach dem Weltbestseller von Umberto Eco. Auf dem Weiterweg lohnt sich unbedingt ein Abstecher in die von einer Steinmauer umgebene Domäne Steinberg, einst der Lieblings-Wingert der Mönche von Kloster Eberbach. Der Reigen der namhaften Weinorte auf dieser Tour schließt mit Erbach, wo man dem berühmtesten Weinberg, dem Marcobrunn, sogar ein Denkmal gesetzt hat. Neben Wein ist der Ort auch für seine köstlichen Erdbeeren bekannt. Zurück in Eltville gibt es genügend Möglichkeiten, um den Tag gemütlich bei einem guten Schoppen ausklingen zu lassen.

Kloster Eberbach in herbstlicher Stimmung.

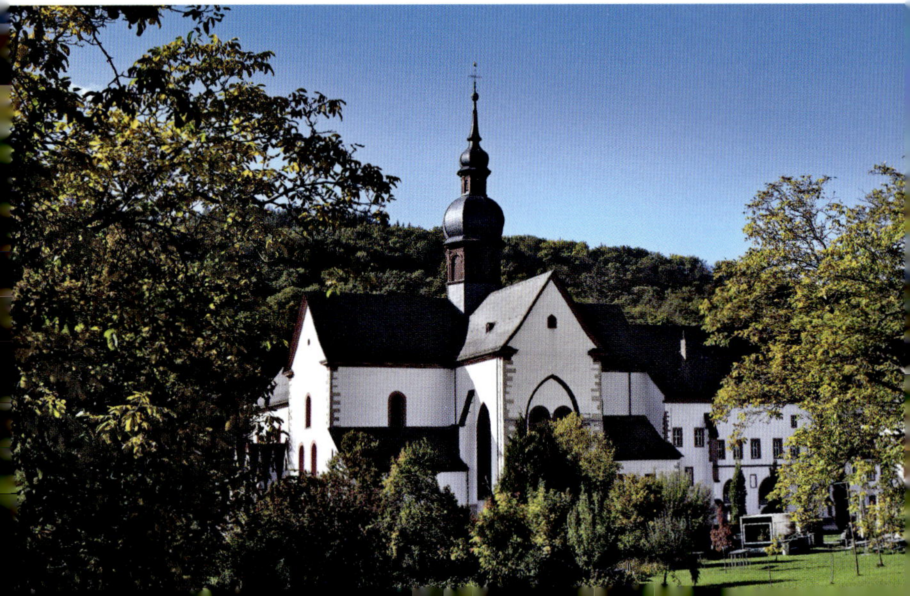

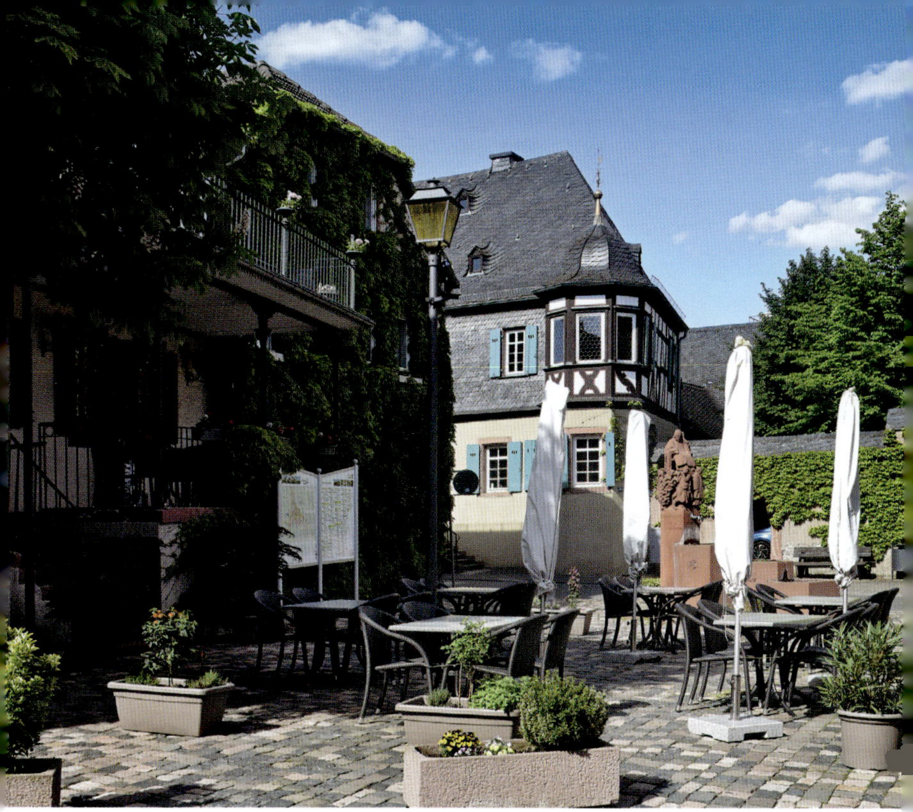

Marktplatz in Kiedrich.

Ausgangspunkt: Bahnhof in Eltville (93 m); Anfahrt mit Regionalbahn Frankfurt am Main – Neuwied; Navi: Wilhelmstr. 14, 65344 Eltville (kostenlose Parkplätze vorhanden).

Anforderungen: Nur der Abstieg von der Burgruine Scharfenstein hinunter nach Kiedrich ist etwas steiler, ansonsten moderate An- und Abstiege; überwiegend auf geschotterten Wegen.

Markierung: Rheinsteig-Zubringer, Rheinsteig, Klostersteig, ohne Markierung, Rotpunkt, Gutenbergweg, ohne Markierung.

Wanderkarte: NaturNavi Blatt 43-555 Rheingau 1: 25.000.

Einkehr: Klosterschänke im Kloster Eberbach, Hessische Staatsweingüter, Kloster Eberbach, 65346 Eltville, Tel. +49 6723 9178290, www.kloster-eberbach.de, täglich 12–21 Uhr. Gaststätten in Eltville, Kiedrich und Erbach.

Winzer: In Eltville:

Weingut J. Koegler, Kirchgasse 5, 65343 Eltville, Tel. +49 6123 2437, www.weingut-koegler.de; neben Top-Rieslingen und Spätburgundern pflegt Winzer Ferdinand Koegler mit Erfolg auch die für den Rheingau eher untypischen Rebsorten Grüner Veltliner, Blauer Zweigelt und Verjus. **Weingut Offenstein Erben**, Holzstr. 14, 65343 Eltville, Tel. +49 6123 2137, www.offenstein-erben.de; Offenstein Erben – das ist die Familie Schumacher, die mit Winzer Thomas Schumacher jun. bereits in der fünften Generation das Weingut betreibt. Er hat sich den umweltschonenden Anbaumethoden verschrieben, auf 10 Hektar Rebfläche wird überwiegend Riesling angebaut.

In Kiedrich:

Weingut Robert Weil, Mühlberg 5, 65399 Kiedrich, Tel. +49 6123 2308, www.weingut-robert-weil.com; das von Wilhelm Weil geleitete Unternehmen setzt als VDP-Mitglied auf höchste Qualität und zählt weltweit zu den herausragenden Rieslingweingütern. **Weingut Klostermühle**, An der Klostermühle, 65399 Kiedrich, Tel. +49 6123 4021, www.klostermuehle.de; am Kiedrichbach nahe Eltville liegt die historische Klostermühle, in der seit Anfang des 19. Jh. von Familie Witte ein Weingut betrieben wird.

Kloster Eberbach: (siehe Weinwissen).

In Erbach:

Weingut Crass, Taunusstr. 2, 65346 Eltville-Erbach, Tel. +49 6123 63169, www.weingut-crass.de; das Familienweingut mit einer fast 400-jährigen Tradition wird von Matthias Crass geführt. **Weingut Jung Dahlen**, Neugasse 9, 65346 Eltville-Erbach, Tel. +49 6123 62757, www.weingut-jungdahlen.de; Im Unternehmen hat Jungwinzer Sandro Dahlen das Sagen, was mit der neuen Weinmarke »Der junge Dahlen« erkennbar nach außen getragen wird. **Weingut Schloss Reinhartshausen**, Hauptstr. 39, 65346 Eltville-Erbach, Tel. +49 6123 7504817, www.schloss-reinhartshausen.de; eine der legendären Adressen im Rheingau, bereits seit 1337 ist Weinbau hier belegt. Das Schloss, in dem sich heute ein Hotel befindet, wurde Anfang des 19. Jh. erbaut. Seit 2013 wird das Weingut von Stefan Lergenmüller betrieben. Die Besonderheit des Hauses ist Inselwein, der auf der Erbach vorgelagerten Rheininsel Mariannenaue angebaut wird. Dieses von einem speziellen Kleinklima geprägte Terroir bringt hervorragende Weine hervor, von denen nur limitierte Mengen hergestellt werden, darunter ein empfehlenswerter trockener Roter Riesling.

Informationen: Kloster Eberbach:

Die ehemalige, 1136 von Bernhard von Clairvaux gegründete Zisterzienserabtei Kloster Eberbach zählt zu den eindrucksvollsten Denkmälern mittelalterlicher Klosterbaukunst in Europa. Die Architektur der weitläufigen Anlage weist eine Mischung von romanischen und frühgotischen Stilelementen auf. Über den Rheingau hinaus bekannt wurde Kloster Eberbach als Drehort der Innenaufnahmen für den Film »Im Namen der Rose« (nach dem Roman von Umberto Eco) mit Sean Connery in der Hauptrolle. In der reizvollen Kulisse der Abtei finden im Jahreslauf viele attraktive Veranstaltungen statt, u.a. Konzerte im Rahmen des Rheingau Musik Festivals. Öffnungszeiten der Klosteranlage: April–Okt. Mo.–Fr. 10– 19 Uhr, Sa./So. 9–19 Uhr, Nov. März Mo.–Fr 11–18 Uhr, Sa./So. 9–19 Uhr (www.kloster-eberbach.de).

Eltville:

Wein-, Sekt-, Rosen- und Gutenbergstadt – mit gleich vier Attributen schmückt sich Eltville am Rhein, die älteste Stadt im Rheingau. Zu ihrem Ruf als Weinstadt tragen vor allem ihre eingemeindeten Ortsteile Erbach, Hattenheim, Kloster Eberbach, Martinsthal und Rauenthal bei. Die Tradition der Sektherstellung geht auf das Jahr 1837 zurück und wird von der zum Unternehmen Rotkäppchen-Mumm gehörigen MM-Sektkellerei und der Sektmanufaktur Schloss Vaux bis heute fortgeführt. Seit Ende des 19. Jh. macht Eltville als Rosenstadt von sich reden. Noch heute verwandeln jährlich im Frühsommer mehr als 20.000 Rosenstöcke den Burggraben und die Rheinpromenade in ein farbenprächtiges Blütenmeer. Eng verbunden ist die Stadt zudem mit dem Erfinder des modernen Buchdruckes, Johannes Gutenberg, der im 15. Jh. in Eltville lebte und wirkte. Sehenswert sind neben der historischen Altstadt mit ihren malerischen Fachwerkhäusern, Gutshöfen und prunkvollen Adelspalais besonders die Kurfürstliche Burg, einst Residenz der Mainzer Erzbischöfe und Kurfürsten, und die Burg Crass, das älteste Bauwerk der Stadt (www.eltville.de).

Rosengarten beim Kurfürstlichen Schloss in Eltville.

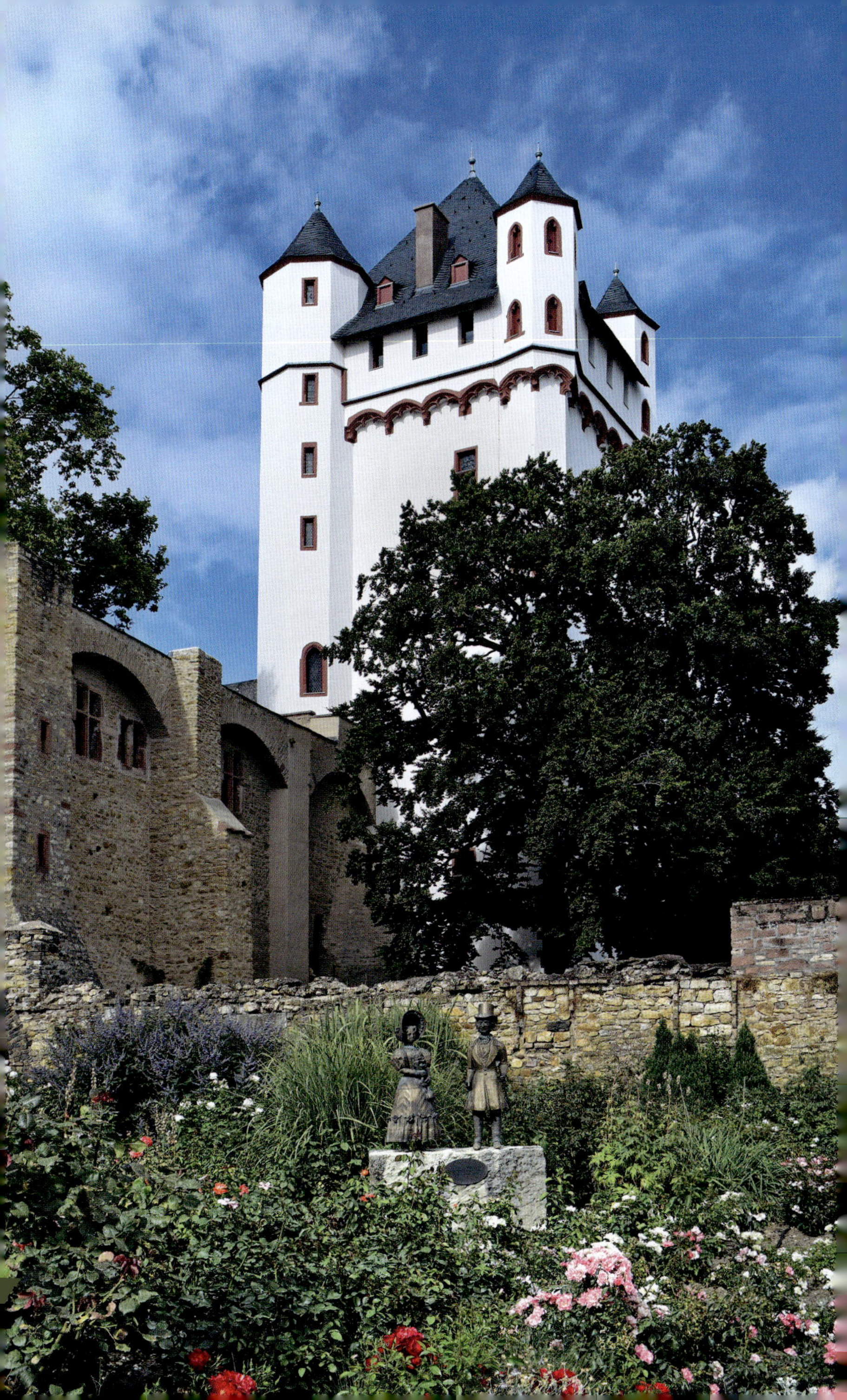

Vom Bahnhof in **Eltville** ❶ führt uns die Markierung des Rheinsteig-Zubringers zuverlässig durch das Wohngebiet. Kurz hinter dem Friedhof verlassen wir auf einem Fußweg in leichtem Anstieg die Stadt und gelangen hinaus auf die Weinflur. Nach Überqueren der B42 wandern wir stetig leicht aufwärts auf einem schönen alleenartigen Hohlweg durch ein weites Rebenareal. Links von uns dehnt sich die Kiedricher Weinlage Sandgrub aus, rechts von uns die Eltviller Lage Taubenberg. Sehen können wir zunächst allerdings von beiden kaum etwas, da uns die säumenden Hecken den Blick versperren. Erst ein Stück weiter oben haben wir freie Sicht auf die sanft gewellten Rebenhänge, bevor wir bei einem Rastplatz am Waldrand auf den Rheinsteig treffen. Seine Markierung wird uns nun den weiteren Weg zum Kloster Eberbach vorgeben.

Wir halten uns zunächst weiter aufwärts, durchqueren dann in einem Links-/Rechts-Richtungswechsel absteigend ein Waldeck und orientieren uns an dessen Ende nach rechts. Kaum aus dem Wald heraus, bietet sich uns einer der schönsten Blicke, die der Rheingau zu bieten hat: Vor uns thront die Ruine Scharfenstein mit ihrem markanten Bergfried über den Rebenhängen der Weinlage Wasseros. Dieser merkwürdige Name ist aus den alten Katasterlagen abgeleitet und deutet auf die austretenden Quellbereiche in diesem Gebiet hin. Dem querenden geteerten Wirtschaftsweg folgen wir nach rechts und dann in einer weiten Linkskurve hinauf zur **Burgruine Scharfenstein** ❷. Der Bergfried der um 1160 erbauten und im 16. Jh. verfallenen kurmainzischen Burg kann nur bestiegen werden, wenn man sich bei der Gemeinde Kiedrich den Schlüssel besorgt. Dafür müssen allerdings 15 Euro Benutzergebühr plus 100 Euro Kaution (für Schlüssel und Helme) in bar bezahlt werden. Wem dies zu viel ist, kann auch vom danebenliegenden Grillplatz einen Blick ins Umland erhaschen.

Auf einem steilen Pfad geht es in Serpentinen hinunter nach Kiedrich und dort zunächst längs des Baches am Ort entlang. Dann rechts hinein in den mittelalterlichen Ortskern, wo sich rund um den Marktplatz das Rathaus von 1585, die Valentinuskirche und viele fachwerkgeschmückte Fassaden gruppieren. Nicht nur des guten Weines und der örtlichen Gastronomie wegen sollte man ein bisschen länger in diesem Kleinod des Rheingaus verweilen. Auf dem Klosterbergweg verlassen wir das romantische Weindorf und halten uns längs des Grünbachs aufwärts.

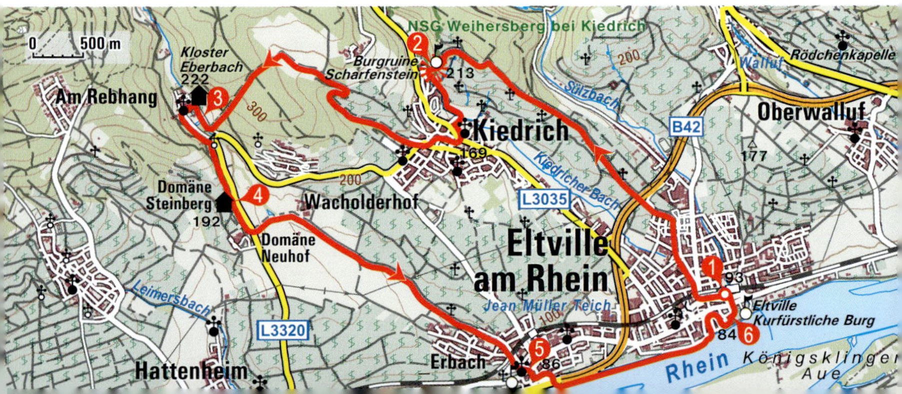

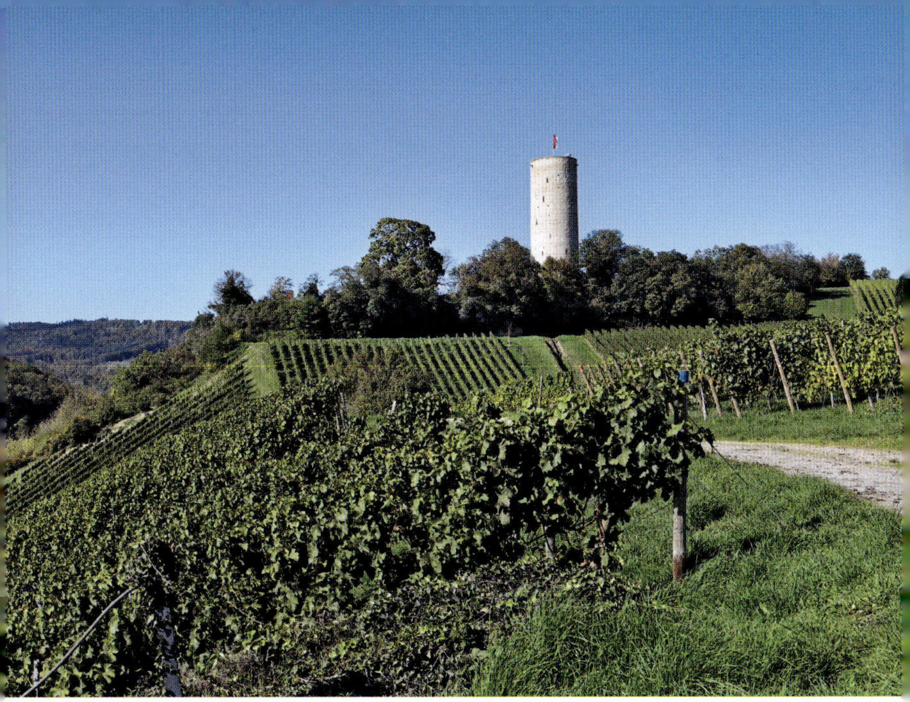

Burgruine Scharfenstein.

Rechts von uns erstreckt sich die Weinlage Klosterberg, deren Name sich vom Klosterweg ableitet, der von Kiedrich zum Kloster Eberbach führt. Bei erster Gelegenheit zweigt unser Weg scharf rechts ab in die Rebfläche hinein, wo sich uns ein schöner Blick bis zu den Hochhäusern auf dem Mainzer Lerchenberg auftut. Auf dem nächsten Abzweig nach links hoch zu einem Querweg, diesem knapp 50 m nach links folgen und bei einer kleinen Schutzhütte rechts in ein Waldstück hinein. Danach halten wir uns auf einer Wiesenhochfläche bei einer Ruhebank links und wandern den Abhang hinunter, überqueren auf einem Steg den Grünbach und treten in ein Waldgebiet ein. Nun geht es kontinuierlich aufwärts auf den Höhenrücken des Honigberges und von dort stetig abwärts hinunter zu einem Sträßchen. Diesem nach rechts folgend gelangen wir zum Eingangstor des **Klosters Eberbach 3**.

Nach wie vor geleitet von der Rheinsteig-Markierung, durchqueren wir das weitläufige Areal, wobei genügend Zeit für eine ausgiebige Besichtigung der weltbekannten Stätte und einen Besuch der Vinothek

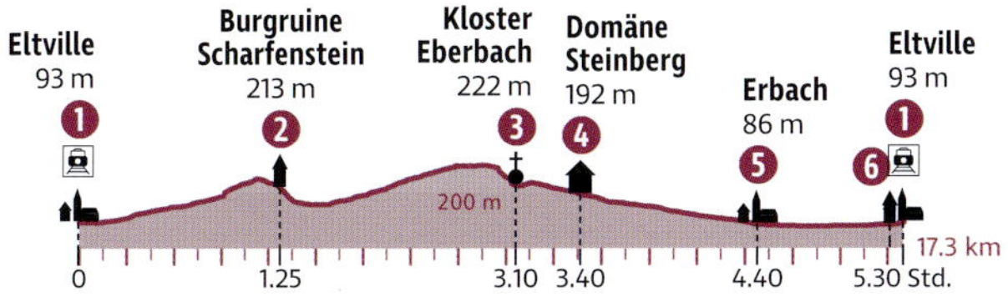

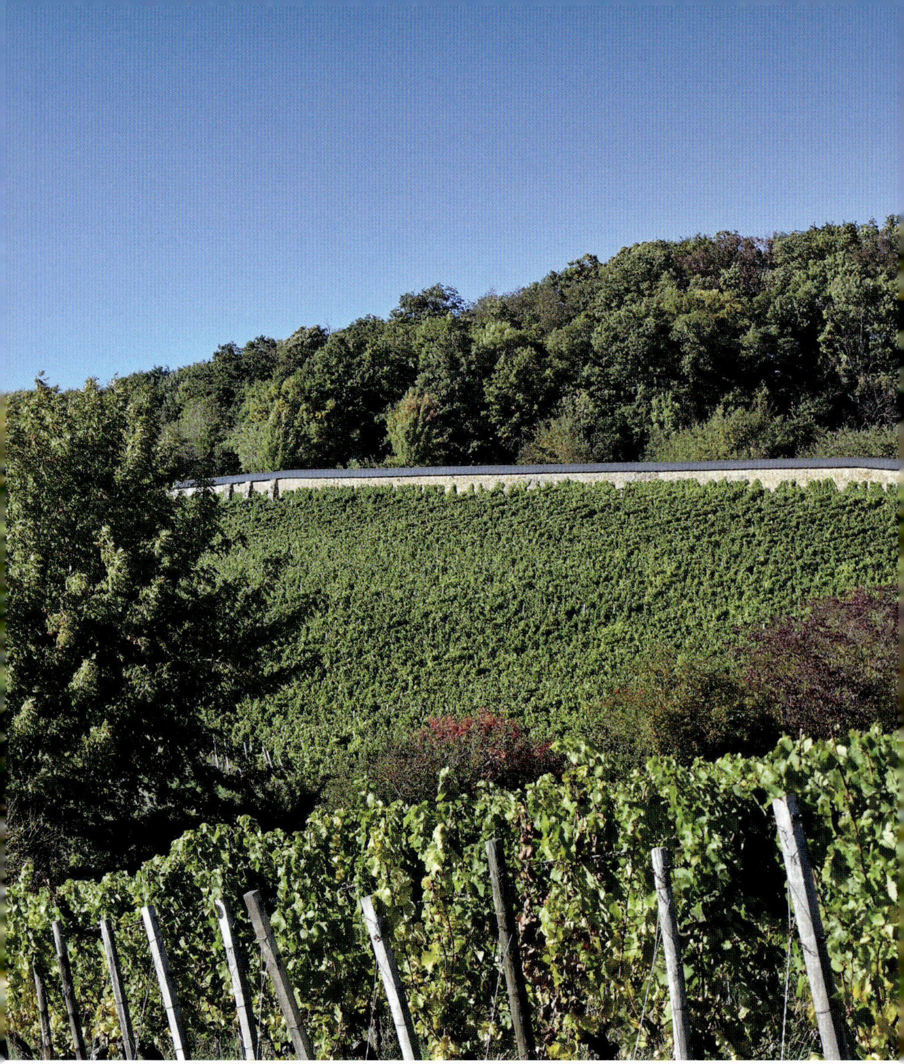

Die Domäne Steinberg ist von einer Mauer umgeben.

eingeplant werden sollte. Auf der gegenüberliegenden Seite des Geländes steigen wir auf einer Treppe hoch zur Klosterschänke, die sich idealerweise für eine Einkehr anbietet. Nach Verlassen der Klosteranlage biegt der Rheinsteig nach rechts ab, wir bleiben jedoch weiter geradeaus auf der Zufahrtsstraße (kurzzeitig begleitet von der Markierung des Klostersteigs) und folgen dann dem WW zur Bernharduskapelle rechts aufwärts in den Wald hinein. Oben auf einem Pfad ohne Markierung nach links und dann, die Kapelle passierend, immerzu parallel zur Straße unter uns durch das lichte Gehölz. Auf dem querenden Wirtschaftsweg biegen wir links ab und orientieren uns nun am Rotpunkt; dieser Weg mündet kurz darauf in die L3320, auf der es nur noch we-

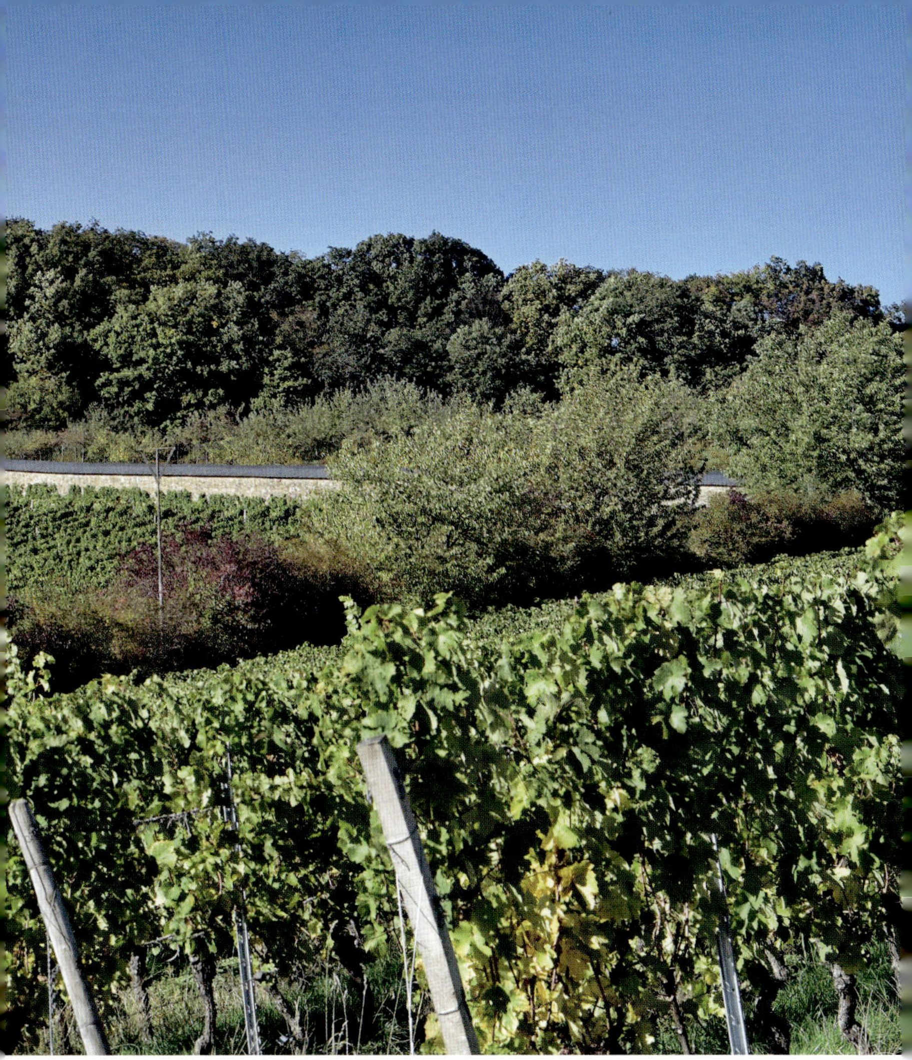

nige Meter nach rechts zum Eingang zur **Domäne Steinberg** ❹ sind.

Der einstige Lieblingsweinberg der Mönche von Kloster Eberbach ist mit einer fast drei Kilometer langen Bruchsteinmauer umgeben. Sie wurde im 18. Jh. errichtet, um die älteste Monopollage der Welt vor zwei- und vierbeinigen Traubendieben zu schützen.

Es lohnt sich unbedingt, das Areal, das zu den Spitzenweinlagen im Rheingau zählt, auf einem kleinen Extra-Rundgang zu erkunden. Im Schwarzen Häuschen lässt sich zudem der ein oder andere Tropfen in einem ansprechenden Ambiente verkosten. Versäumen sollte man außerdem auf keinen Fall eine Führung durch die 5.000 Quadratmeter große, moderne Kelleranlage der Hessischen Staatsweingüter.

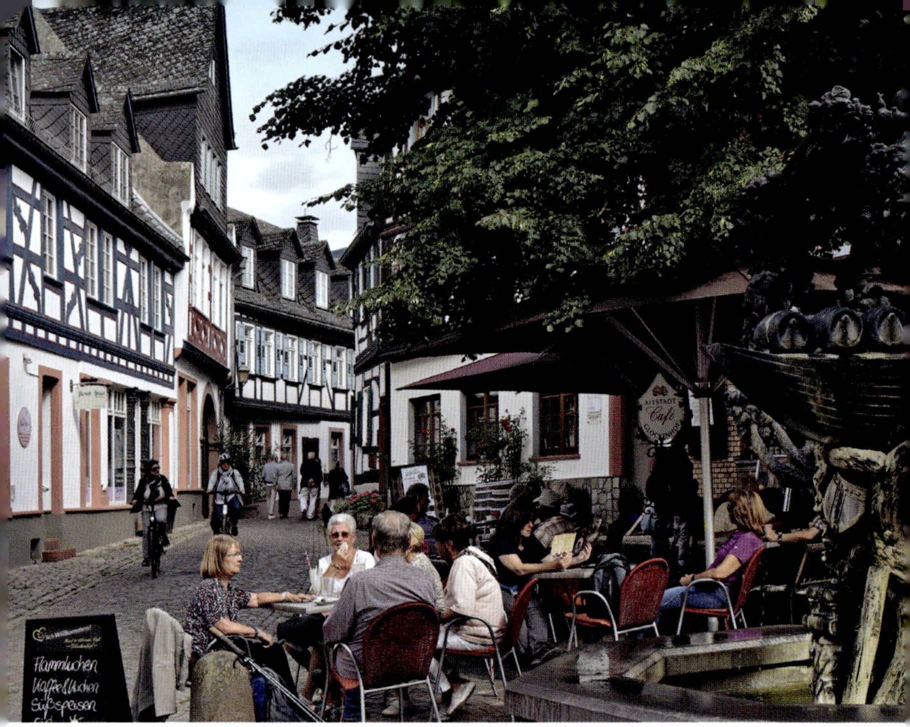

In der Altstadt von Eltville.

Entsprechend beschwingt treten wir unseren Rückweg an, der uns zunächst weiter an der Landstraße entlang führt. Auf Höhe der Domäne Neuhof bei einer Pferdekoppel biegen wir links ab und wandern mit dem Rotpunkt abwärts über die Feldflur. Beim Wacholderhof halten wir uns rechts und gehen in der Folge immerzu am Talgrund des Eberbachs entlang – links von uns erstrecken sich die Rebenhänge der Erbacher Großlage Honigberg. Auf dieser Wegetappe verläuft auch der Gutenbergweg, dessen Markierung uns zurück nach Eltville bringen wird.

Am Ortsrand von Erbach folgen wir dem Bachhöller Weg in den Ort hinein, vorbei am Weingut Martin mit einem Weinautomat. Über die Franseckystraße und die Eberbacher Straße erreichen wir den Markt von **Erbach ❺**, gehen dort über die Hauptstraße hinweg geradeaus in die Rathausstraße und biegen an deren Ende links in die Rheinallee ein. Am Ende des Parkplatzes halten wir uns rechts und unterqueren in der Unterführung die B42.

Dann links auf einem Fuß-/Radweg immerzu am Rhein entlang bis nach Eltville, wo wir rechts in die Josef-Hölzer-Straße einschwenken. Sie führt weiter am Strom entlang bis zum Platz von Montrichard, wo sich ein Weinprobierstand befindet. Dort biegen wir ohne Markierung links in die Martinsgasse ab und machen über die Rosengasse, die Ellenbogengasse und die Burghofstraße einen Abstecher zur **Kurfürstlichen Burg ❻**. Über die Burgstraße und die Bahnhofstraße gelangen wir schließlich zurück zu unserem Ausgangspunkt am **Bahnhof ❶**.

Weinwissen

Hessische Staatsweingüter Kloster Eberbach

Als die ersten Zisterziensermönche im 12. Jh. in den Rheingau kamen, brachten sie aus ihrer Heimat Burgund die anspruchsvolle Burgunderrebe mit. Deren Kultivierung am neuen Standort erwies sich als Glücksfall und durch stetige Vergrößerung der Rebflächen wurde der Weinbau für das Kloster zu einem wichtigen Wirtschaftsfaktor. Nicht zuletzt durch Zollbefreiungen der dem Kloster gewogenen Grafen von Katzenelnbogen. Besonders Graf Johann IV. hatte maßgeblichen Anteil an der Einführung einer neuen weißen Rebsorte, des Rieslings. Bereits im 15. Jh. war das Weingut das größte auf deutschsprachigem Boden. Viele Impulse für den Weinbau in der Region und in ganz Deutschland gingen von hier aus. Im 18. Jh. wurde nicht nur die Einrichtung des Cabinetkellers für vinifizierte Kostbarkeiten zum Geburtsort für den Begriff »Kabinett« auf späteren Weinetiketten. Auch die Vorteile spätgelesener edelfauler Trauben wurden damals erstmals erkannt (noch vor der Erfindung der Spätlese in Schloss Johannisberg, siehe Tour 9). Nach Auflösung des Klosters im Rahmen der Säkularisation von 1803 kam dessen Besitz an Fürst Friedrich August von Nassau-Usingen. Er führte die Arbeit der Mönche in seiner Fürstlichen Weinkellerei fort und ließ 1806 erstmals die heute noch üblichen Weinversteigerungen durchführen.

Mit der Annexion des Herzogtums Nassau durch Preußen 1866 unterstand das Weingut der königlich-preußischen Weinbaudomänenverwaltung. Mit dem Erwerb weiterer Spitzenweinlagen im Rheingau verfügte das Weingut über den wertvollsten Weinbergbesitz im Deutschen Reich.

Im Jahr 1910 war die Königlich-Preußische Weinbaudomäne Gründungsmitglied des Verbandes der Naturweinversteigerer, aus dem später der Verband der Prädikatsweingüter VDP hervorging. Nach dem Zweiten Weltkrieg wurden das Kloster Eberbach und das Weingut Eigentum des Landes Hessen, verwaltet durch die Hessischen Staatsweingüter, seit 2003 durch die Hessische Staatsweingüter GmbH Kloster Eberbach. Die Weinkollektion des nach wie vor dem VDP zugehörigen Unternehmens umfasst die in den Domänen Steinberg, Rauenthal, Assmannshausen und Bergstraße angebauten Rebsorten Riesling, Spät-, Weiß- und Grauburgunder. Die Weine werden gemäß den VDP-Richtlinien klassifiziert, wobei die Großen Lagen »Gutsabfüllung aus dem Cabinetkeller« genannt werden und die Ersten Lagen »Crescentia«. Das Unternehmen verfügt über eine Anbaufläche von knapp 230 Hektar und produziert pro Jahr etwa 2,3 Millionen Flaschen Wein und Sekt. Dabei wird Wert auf eine naturnahe Weinbergpflege und den vollständigen Verzicht von Insektiziden gelegt. Eine Besonderheit sind die im Frühjahr und Herbst stattfindenden Weinversteigerungen in Kloster Eberbach, bei denen bisweilen fünfstellige Preise für Weinraritäten und -unikate erzielt werden. Neben einem Besuch der Vinothek auf dem Klostergelände empfiehlt sich auch die Teilnahme an einer Führung durch die moderne Kelleranlage in der Domäne Steinberg (www.kloster-eberbach.de).

6 Von Oestrich-Winkel zur Hallgarter Zange

Durch berühmte Weinlagen

5.20 Std. | 15,7 km | ↗480 m | ↘480 m

Zu Lenchen, Schönhell und Jungfer

Erfahrene Weinwanderer wissen natürlich, dass diese damenhaft klingenden Namen für einige der Weinlagen stehen, die auf dieser Tour am Wegesrand liegen. Angebaut wird dort jeweils überwiegend, wie kann es im Rheingau auch anders sein, die Rebsorte Riesling. Eine Besonderheit unserer Tour ist jedoch der Wechsel von den sonnenbeschienenen Rebhängen hoch zu den Taunushöhen, wo der Wald nicht nur uns Wanderern viel Schatten spendet. Auch die Weinreben profitieren von der kalten Luft aus dem Taunus, die für ein ausgeglichenes Klima, »Cool Climate« genannt, sorgt. Denn neben viel Sonne benötigen die Trauben auch Kühle, damit sie voll ausreifen und dabei ihre Säurestruktur behalten können. Von der Qualität eines guten Rieslings kann man sich endlich auch wieder auf der Hallgarter Zange überzeugen, deren Gastronomie vom Oestricher Weingut Meine Freiheit betrieben wird. Nach einem schweißtreibenden Aufstieg dort oben bei einem Glas Wein (oder Bier) zu sitzen, ist Wanderglück pur.

Ausgangspunkt: Bahnhof Oestrich-Winkel in Mittelheim (91 m); Anfahrt mit Regionalbahn Wiesbaden – Koblenz; Autofahrer sollten die Tour beim Parkplatz P6 an der Basilika beginnen, da am Bahnhof kaum Parkmöglichkeiten bestehen, Navi: 65375 Oestrich-Winkel (Mittelheim), Rheinweg.

Anforderungen: Meist auf geteerten/geschotterten Wegen, im Wald auch auf naturnahen Wegen und Wurzelpfaden; der Aufstieg von Hallgarten zur Hallgarter Zange ist sehr steil und erfordert eine gute Kondition, Wanderstöcke können hier hilfreich sein.

Markierung: Roter Balken, schwarzes Kreuz, Rheinsteig, Flötenweg, schwarzes Kreuz, roter Balken

Wanderkarte: NaturNavi Blatt 43-555 Rheingau 1: 25.000.

Einkehr: Hallgarter Zange: Gastronomie des Weingutes Meine Freiheit, Tel. +49 69 788088060, www.hallgarterzange.com, April–Okt. Fr./Sa./So./Fei. 11–18 Uhr, mit Übernachtungsmöglichkeiten, Aussichtsturm nach vorheriger telefonischer Anmeldung zugänglich. Zahlreiche Restaurants und Straußwirtschaften in Hallgarten und Oestrich-Winkel.

Variante/Abkürzung: Wer sich den beschwerlichen Aufstieg (immerhin 220 Höhenmeter) zur Hallgarter Zange sparen möchte, folge bei ❸ dem Rheinsteig nach links. Nach etwa 2 km gelangt man so hinunter zum Jagdhaus Philippsburg ❺ und trifft dort wieder auf die beschriebene Route. Die Tour kürzt sich damit um etwa 3 km ab.

Winzer: In Oestrich:
Weingut Bickelmaier, Rheingaustr. 7, 65375 Oestrich-Winkel, Tel. 06723/3573; www.bickelmaier.de; **Weingut Peter Jakob Kühn**, Mühlstr. 70, 65375 Oestrich-Winkel, Tel. +49 6723 2299, www.weingutpjkuehn.de; **Weingut Spreitzer**, Rheingaustr. 86, 65375 Oestrich-Winkel, Tel. +49 6723 2625, www.weingut-spreitzer.de, VDP; **Weingut Kaspar Herke**, Langenhoffstr. 4, 65375 Oestrich-Winkel, Tel. +49 6723 3440, www.weingut-kaspar-herke.de.
In Mittelheim:
Weingut Dr. Corvers-Kauter, Rheingaustr. 129, 65375 Oestrich-Winkel, Tel. +49 6723 2614, www.corvers-kauter.de; **Wein- und Sektgut F.B. Schönleber**, Hauptstr. 1b, 65375 Oestrich-Winkel, Tel. +49 6723 7426, www.schoenleber.de.

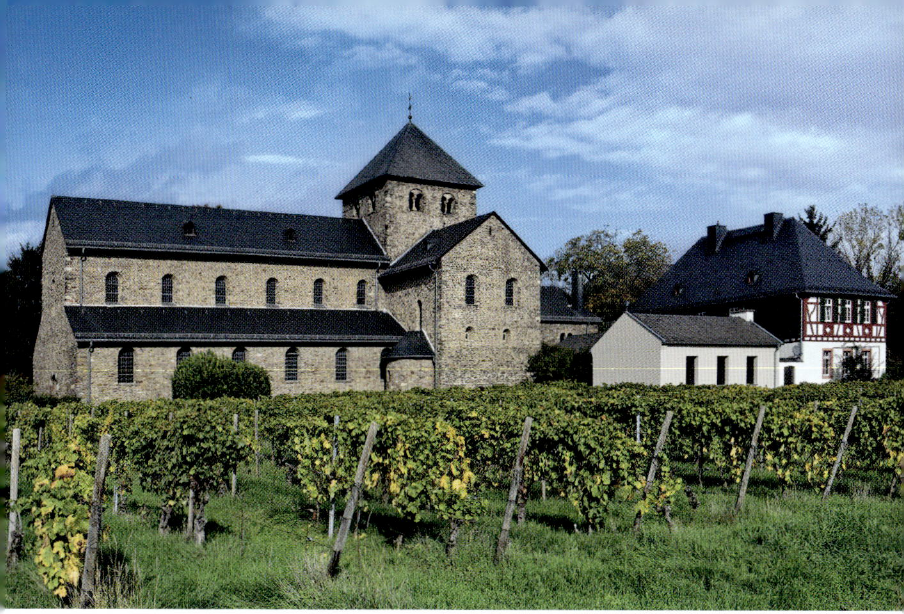

Basilika St. Ägidius in Mittelheim (siehe Hinweis).

In Winkel:
Weingut Allendorf, Kirchstr. 69, 65375 Oestrich-Winkel, Tel. +49 6723 91850, www.allendorf.de, VDP; **Bioweingut Hamm**, Hauptstr. 60, 65375 Oestrich-Winkel, Tel. +49 6723 2432, www.hamm-wine.de, VDP.
In Hallgarten:
Weingut Keßler, Rebhangstr. 22, 65375 Oestrich-Winkel-Hallgarten, Tel. +49 6723 885520, www.kessler-wein.de, VDP; **Weingut Stettler**, Am Geiersberg 3, 65375 Oestrich-Winkel-Hallgarten, Tel. +49 6723 4594, www.stettlers-weinstube.de; **Weingut Bibo Runge**, Eberbacher Str. 5, 65375 Oestrich-Winkel-Hallgarten, Tel. +49 6723 9986900, www.bibo-runge-wein.de. Eine Besonderheit des nach den Prinzipien von Fair`n Green und Slow Food agierenden Bioweingutes sind die sogenannten »Revoluzzer-Weine«. Sie halten die Erinnerung an den Demokraten und Freiheitskämpfer Adam von Itzstein wach, der 1848 in seinem Gartenhaus in Hallgarten mit Gleichgesinnten (dem sogen. Hallgartener Kreis) die erste deutsche Nationalversammlung in der Frankfurter Paulskirche vorbereitet hat.

Hinweis: Für Hessens größte Weinstadt Oestrich-Winkel sollte man ein bisschen Zeit einplanen, denn es gibt in allen drei Ortsteilen viel zu entdecken. In Oestrich ist der historische Ortskern rund um den Marktplatz sehenswert, dazu die Pfarrkirche St. Martin mit ihrem aus dem 11. Jh. stammenden Turm, die Rheinanlagen und direkt am Rhein der historische Weinkran von 1743. Das Wahrzeichen der Stadt diente früher zum Verladen der Weinfässer auf die Frachtkähne.
In Mittelheim sollte man dem ehemaligen Rathaus und der romanischen, Anfang des 12. Jh. erbauten Basilika St. Ägidius einen Besuch abstatten.
Winkel kann schließlich mit dem Grauen Haus aufwarten, das als das älteste Steinhaus Deutschlands gilt. Ein wirkliches Muss für Literaturfreunde ist zudem das Brentanohaus, das in der Romantik ein Treffpunkt vieler namhafter Vertreter dieser geistigen Epoche war. Auch die Liaison von Goethe mit Bettina von Brentano spielte sich hier ab. Das Haus kann nur im Rahmen von Führungen besichtigt werden (www.brentanohaus.de und www.oestrich-winkel.de).

Vom **Bahnhof Oestrich-Winkel** ❶ in Mittelheim folgen wir dem roten Balken in östlicher Richtung hinunter zur Rheingaustraße. Längs dieser über offenes Gelände, vorbei an einem sehenswerten Bildstock, hinein nach Oestrich. Dort auf der Rheingaustraße über den Friedensplatz hinweg und danach links in die lang gestreckte Römerstraße. Wir überqueren eine Bahnschranke und gelangen in der Folge aus dem Städtchen hinaus in die Weinlage Lenchen. Ihr Namen leitet sich von der zum Pfingstbach geneigten Berglehne ab.

Wir nehmen hinter dem Ortsende den ersten nach rechts abzweigenden Wirtschaftsweg und biegen nach etwas mehr als 200 m wieder links ab. Hier ist unsere Aufmerksamkeit gefordert, da der rote Balken, der uns bisher zuverlässig geführt hat, nirgendwo zu sehen ist. Stetig leicht aufwärts wandern wir durch die Rebflächen hindurch auf die vor uns liegenden bewaldeten Höhen des Rheingaugebirges zu, aus denen der Aussichtsturm auf der Hallgarter Zange herausragt. Oben auf dem querenden Weg taucht unsere Markierung wieder auf, sie weist uns nach rechts auf Hallgarten zu, das nicht mehr weit entfernt ist. Davor biegen wir links ab und gehen am Friedhof vorbei hinauf in den netten Weinort, den wir auf der Zangerstraße durchqueren. Falls die **Pfarrkirche Mariä Himmelfahrt** ❷ nicht verschlossen ist, lohnt sich ein Besuch der berühmten »Schröter-Madonna« im Inneren der Kirche (siehe Weinwissen).

Am Ortsrand geht es auf einem Grasweg steil den Abhang hinauf, wobei der Blick zurück über Hallgarten hinweg ins Rheintal lohnenswert ist. Den Aulweg überqueren wir leicht versetzt und steigen weiter den steilen Rebhang hoch bis zu einem Waldeck. Mit abnehmender Steigung zunächst am Wald entlang, dann in ihn hinein bis zu einem **T-Kreuz** ❸, wo wir auf den querenden Rheinsteig stoßen. Wer nicht hinauf zur Hallgarter Zange möchte, folgt ihm nach links (siehe Abkürzung), ansonsten biegen wir rechts ab und halten uns kurz danach links. Nach wie vor geführt vom roten Balken geht es nun stetig aufwärts durch den lichten Nadelwald, wobei wir kurz an dem Zufahrtssträßchen zur Hallgarter Zange entlanggehen, das aber dann nach links einschwenkt. Wir bleiben geradeaus, folgen weiter oben unserem Schotterweg in einer Rechtskurve und biegen gleich links auf einen Pfad ab, der Schritt für Schritt an Steigung zunimmt.

Auf dem querenden Schotterweg halten wir uns ein paar Meter nach rechts bis zu einer Gabelung. Dort schwenken wir links auf einen naturbelassenen Weg ein, der uns in einem schweißtreibenden Anstieg hinauf auf das Bergplateau bringt. Oben halten wir uns links und wandern in leichtem Auf und Ab durch das lichte Nadelgehölz hindurch. Schließlich erreichen wir nach einem letzten kurzen Steilanstieg die **Hallgarter Zange** ❹. Wir gehen uns rechts haltend um das Gebäude herum zum Eingang und gönnen uns im Biergarten eine wohlverdiente Pause. Leider ist die Aussicht durch die Bäume stark begrenzt, wer jedoch den Aussichtsturm besteigen möchte, muss sich vorher erkundigen, ob der Aufstieg möglich ist.

Für den Rückweg orientieren wir uns am schwarzen Kreuz, das uns

Hallgarter Zange.

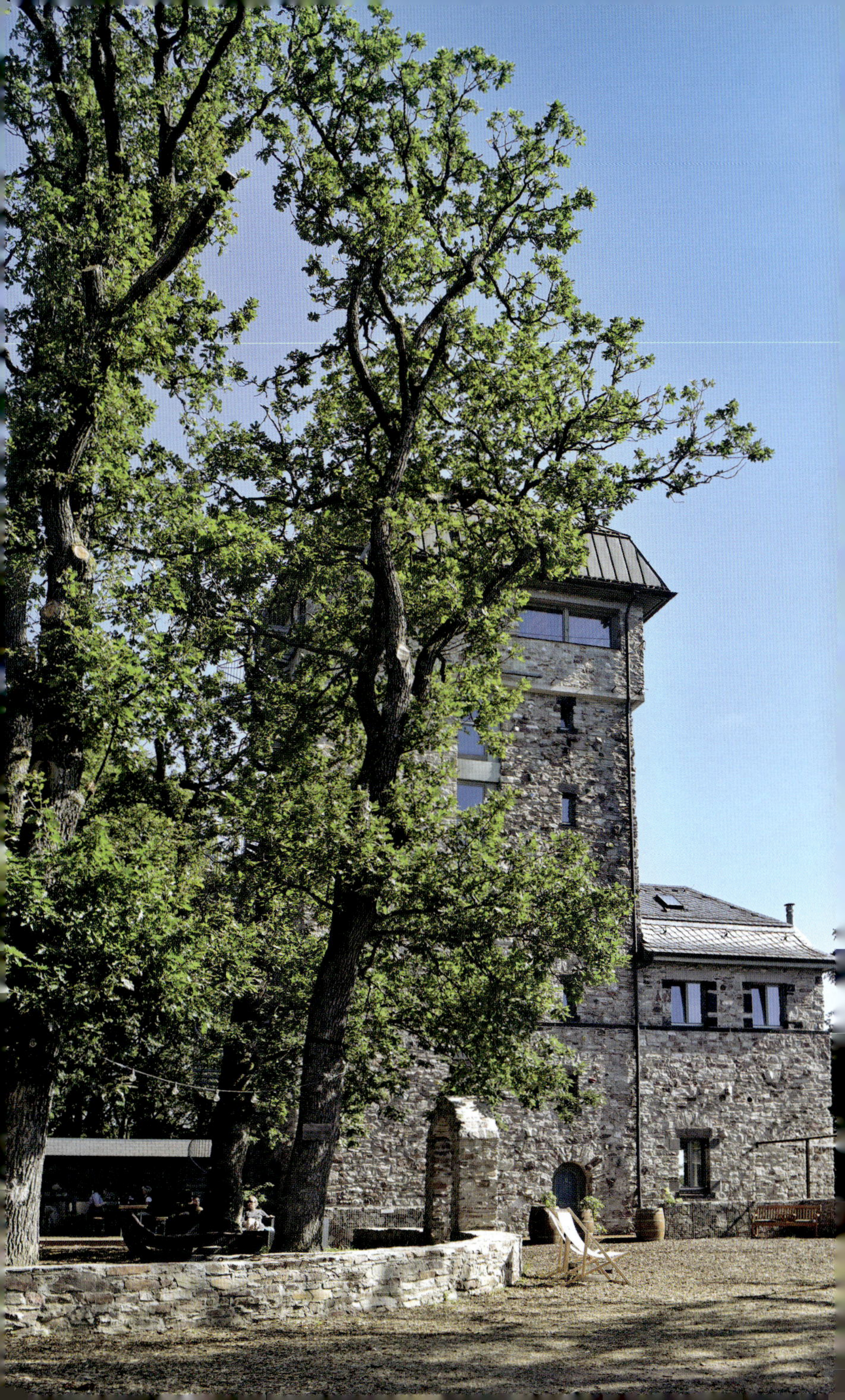

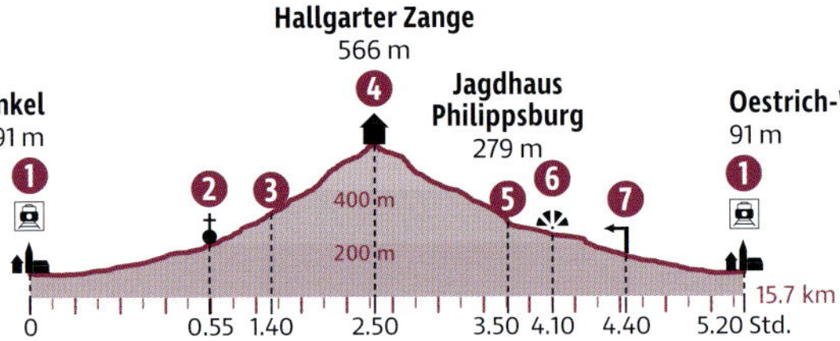

zunächst ein paar Meter an der Zufahrtsstraße entlangweist. Dann links abbiegen und auf dem folgenden Querweg wieder rechts. Beim folgenden Wegekreuz halten wir uns erneut links (hier fehlt eine Markierung) und gehen nun etwas

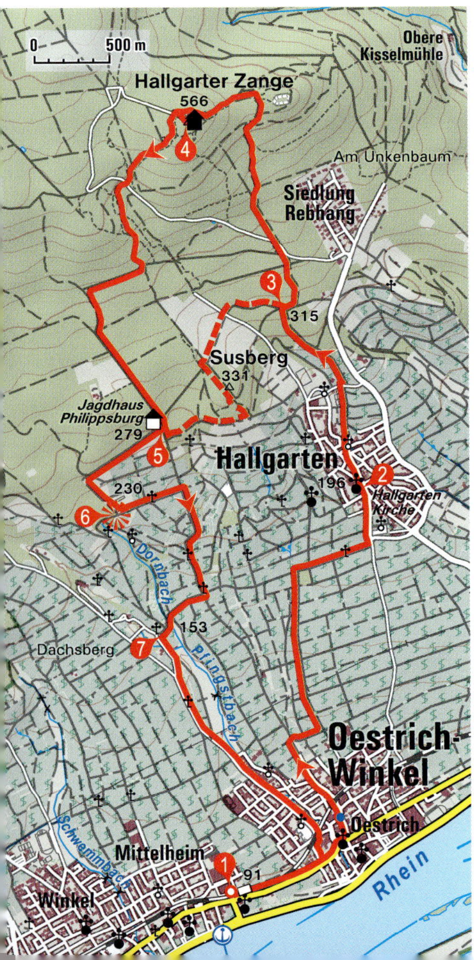

mehr als 1 km stetig abwärts, über einen breiten Schotterweg hinweg, durch den Wald. Unten auf einem ebenfalls geschotterten Weg leicht aufwärts nach rechts (wobei von der Markierung »Schwarzes Kreuz« eine Zeitlang nichts zu sehen ist) und beim nächsten Querweg nach links. In einer Abwärtspassage gelangen wir, vorbei an den Koppeln eines Pferdegestüts, hinunter zum **Jagdhaus Philippsburg** 5 am Waldrand. Dort sehen wir erstmals wieder das schwarze Kreuz, das geradeaus weiter verläuft; wir biegen aber rechts auf den Rheinsteig ab. Vorher bietet sich der schöne Rastplatz neben der unzugänglichen Hütte für eine kleine Pause an.

Dann immerzu am Waldrand entlang, links von uns ein Meer aus Reben und das Rheintal. Am Waldeck links und am Modellflugplatz vorbei hinunter zu einem Querweg. Dort verabschiedet sich bei der **Aussichts-Stele** 6 der Rheinsteig nach rechts, wir halten uns aber mit dem Emblem des Flötenwegs nach links und passieren einen Rastpavillon.

Beim querenden Wirtschaftsweg nach rechts und nun am schwarzen X orientieren, das allerdings nur sporadisch auftaucht. Es geht stetig abwärts durch die Weinlage Klosterberg hinunter zu einem breiten Wegkreuz. Dort rechts weiter abwärts bis zum **Abzweig zur Gottesthaler Mühle** 7, wo wir uns links halten. Vorbei an einem großen Steinkruzifix, der

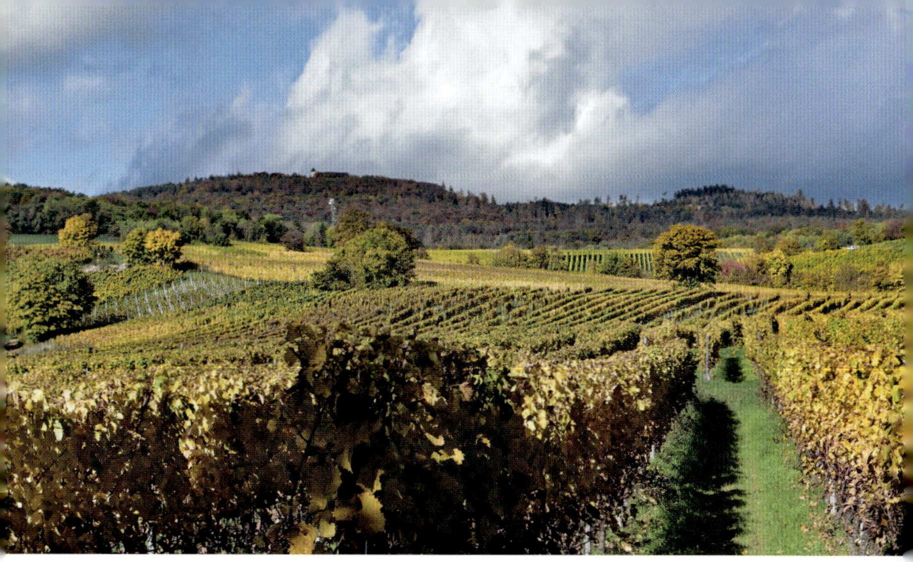

Blick zur Hallgarter Zange.

Lohmühle und dem ehemaligen Kloster Gottesthal (dem Namensgeber der Weinlage Klosterberg) gelangen wir auf einem Fahrweg leicht abwärts zu einer Gabelung. Wir nehmen den links abzweigenden Weg mit dem Namen »Gottesthal«, der uns nach Oestrich hineinführt. Über die Lagenhoffstraße bis zum Friedhof, dort links über die Bahnschranke und über die Schmalgasse und die Straße »Kemmenau« hinunter zur Rheingaustraße. Auf dieser gelangen wir nach rechts wie auf dem Hinweg zurück zum **Bahnhof** in **Mittelheim ❶**.

Weinwissen

Das Weinwunder von Hallgarten
Der Wein in Hallgarten hat mit der sogenannten Schrötermadonna ein Kunstwerk von überregionaler Bedeutung hervorgebracht. Die in der Pfarrkirche Mariä Himmelfahrt befindliche Figur aus gebranntem Ton ist das Werk eines unbekannten mittelrheinischen Meisters aus der Zeit um 1417. Wegen des Krügleins (mundartlich Scherbe genannt), das die heilige Maria in der rechten Hand hält, spricht man auch von der »Madonna mit der Scherbe«. Gestiftet wurde die Plastik von den Hallgartener Weinschrötern, deren Aufgabe es war, die befüllten Weinfässer von den Kellern der Winzer auf Pferdefuhrwerke zu verladen und zum Weinverladekran nach Oestrich zu transportieren. Dabei kam es der Legende vom »Weinwunder von Hallgarten« zufolge einst zu einem Unfall. Einem Weinschröter fiel ein Fass vom Wagen und lief aus. In seiner Not bat er die Muttergottes im Gebet um Hilfe. Da kam eine junge, wie eine Winzermagd gekleidete Frau des Weges, verschloss das Fass und füllte den ausgeflossenen Wein mit einem Tongefäss zurück ins Fass.
Nachdem der Schröter erkannte, wer ihm wirklich geholfen hatte, erzählte er überall im Dorf von dem Wunder, das er erlebt hat.

7 Von Schloss Johannisberg nach Hallgarten

Unterwegs auf dem Flötenweg

2.30 Std. | 7,7 km | ↗140 m | ↘100 m

Weinproben am laufenden Meter

Einer der schönsten Weinwanderwege im Rheingau ist der Flötenweg. Seinen Namen verdankt er nicht dem Musikinstrument, sondern der typischen schlanken Rheingauer Weinflasche mit einem Facettenschliff am Hals. Nur in dieser Flaschenform werden die Weine aus dem Rheingau abgefüllt. Folgen wir also dem lustigen Emblem mit der wandernden Flöte (= Weinflasche) auf der bestens ausmarkierten Route von Schloss Johannisberg bis nach Hallgarten. Immer parallel zum Rhein zu unseren Füßen durchqueren wir dabei einige der berühmtesten Weinlagen der vier Oestrich-Winkeler Ortsteile Winkel, Mittelheim, Oestrich und Hallgarten. Herrliche Ausblicke bieten sich uns unterwegs reichlich, dazu liegt mit Schloss Vollrads ein kulturelles und vinologisches Highlight am Wegesrand. Idealerweise sollte man die Tour am Wochenende nach Pfingsten bestreiten, wenn jährlich Winzer aus ganz Oestrich-Winkel im Rahmen der Veranstaltung »Wandererlebnis Flötenweg« längs der Strecke ihre Weinstände aufbauen. Dann wird die Wanderung sozusagen zu einer Weinprobe am laufenden Meter und man hat die Qual der Wahl zwischen vielen kulinarischen Köstlichkeiten. Die Tour endet am Weinprobierstand in Hallgarten, wo sich auch eine Bushaltestelle befindet. Aber warum nicht umkehren und auf dem Flötenweg zurück nach Johannisberg laufen und nochmals an den Weinständen vorbei flanieren? Es lohnt sich allemal.

Weinstände flankieren den Flötenweg am Wochenende nach Pfingsten.

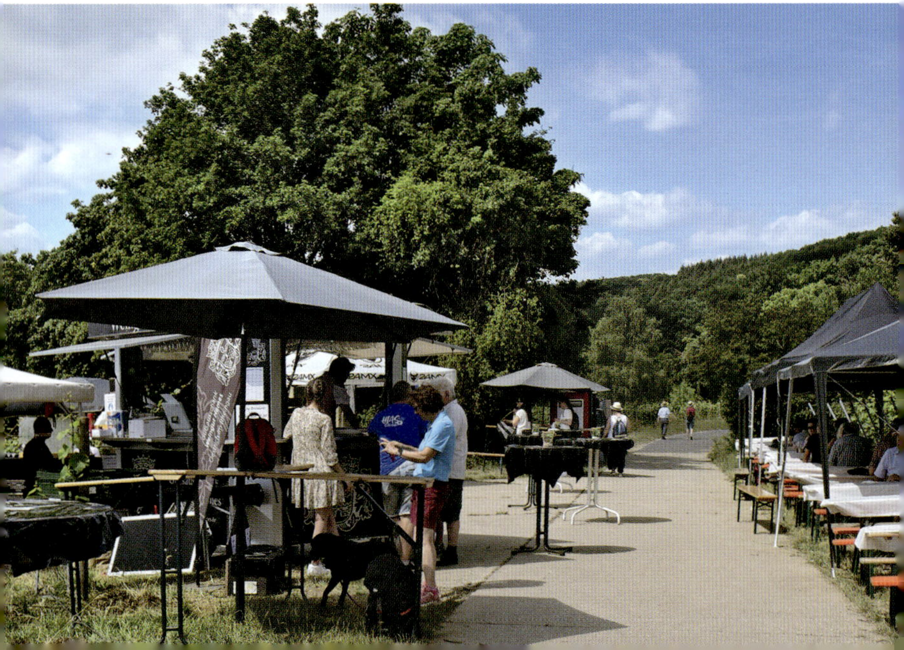

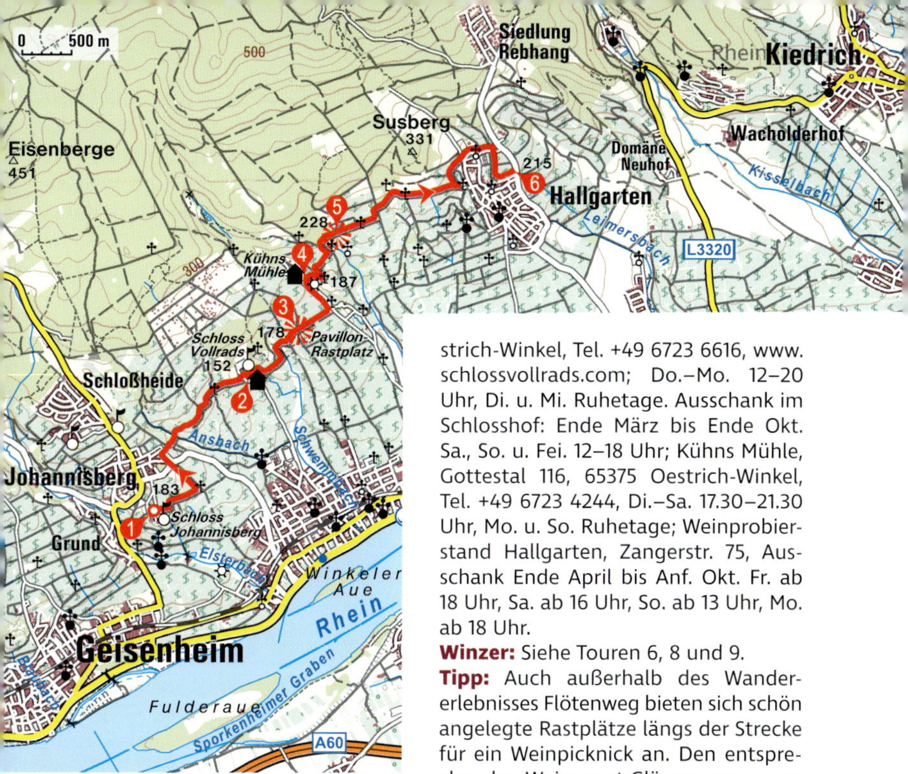

Ausgangspunkt: Schloss Johannisberg (183 m); Anfahrt mit RB bis Bahnhof Geisenheim, von dort mit Bus 183 bis Haltestelle Johannisberg Rosengasse; Autofahrer parken am besten beim Schloss Johannisberg (Navi: Schlossallee, 65366 Geisenheim-Johannisberg). Da es sich um eine Streckenwanderung handelt, empfiehlt sich jedoch die Anreise mit dem ÖPNV.
Endpunkt: Hallgarten Weinprobierstand (215 m), dort gleichnamige Bushaltestelle, von dort mit Bus 181 zum Bahnhof Hattenheim und von dort per Bahn zum Bahnhof Geisenheim.
Anforderungen: Überwiegend auf geteerten Wirtschaftswegen, etappenweise auch auf Schotter; keine nennenswerten An- und Abstiege; auch mit Kindern empfehlenswert
Markierung: Flötenweg.
Wanderkarte: NaturNavi Blatt 43-555 Rheingau 1: 25.000.
Einkehr: Gutsrestaurant Schloss Vollrads, Schloss Vollrads 1, 65375 Oestrich-Winkel, Tel. +49 6723 6616, www.schlossvollrads.com; Do.–Mo. 12–20 Uhr, Di. u. Mi. Ruhetage. Ausschank im Schlosshof: Ende März bis Ende Okt. Sa., So. u. Fei. 12–18 Uhr; Kühns Mühle, Gottestal 116, 65375 Oestrich-Winkel, Tel. +49 6723 4244, Di.–Sa. 17.30–21.30 Uhr, Mo. u. So. Ruhetage; Weinprobierstand Hallgarten, Zangerstr. 75, Ausschank Ende April bis Anf. Okt. Fr. ab 18 Uhr, Sa. ab 16 Uhr, So. ab 13 Uhr, Mo. ab 18 Uhr.
Winzer: Siehe Touren 6, 8 und 9.
Tipp: Auch außerhalb des Wandererlebnisses Flötenweg bieten sich schön angelegte Rastplätze längs der Strecke für ein Weinpicknick an. Den entsprechenden Wein samt Gläsern muss man natürlich in den Rucksack packen.
Varianten: Von den drei Oestrich-Winkeler Ortsteilen Oestrich, Mittelheim und Winkel führen Zubringerwege auf den Quer-Flötenweg genannten Hauptweg. Man orientiere sich je nach Ausgangsort an den Markierungen des Oestricher Flötenweges (4 km), des Mittelheimer Flötenweges (2,5 km) oder des Winkeler Flötenweges (2,9 km).

Wegmarkierung Flöte.

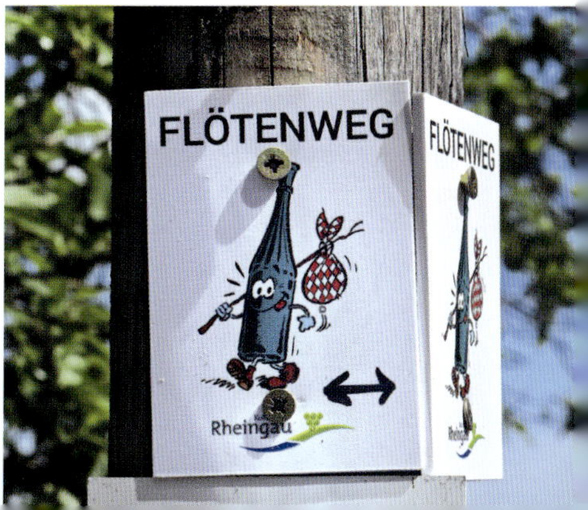

Weinwissen

Wandererlebnis Flötenweg
Jedes Jahr verwandelt sich der Flötenweg am Wochenende nach Pfingsten (von 11 bis 20 Uhr) in einen vinologischen Event-Parcours. Etwa 20 Weingüter aus Oestrich-Winkel schenken dann zwischen Hallgarten und Johannisberg an Ständen ihre Weine aus und verwöhnen ihre Gäste mit kulinarischen Köstlichkeiten. Dazu erfreuen vielerorts am Wegrand Flötenklänge die Weinfreunde. Wer selber musiziert, darf sein eigenes Instrument gerne mitbringen und sich zu den anderen Spielern dazu gesellen. An beiden Tagen verkehrt zwischen den Start-/Endpunkten in Hallgarten und Johannisberg ein kostenpflichtiger Shuttlebus. Die aktuellen Termine und weitere Informationen werden unter www.floetenweg.de publiziert.

Am Eingangstor zum **Schloss Johannisberg** ❶ beginnen wir unsere Tour auf dem Flötenweg zunächst ohne eine Markierung. Wir gehen in östlicher Richtung am Park entlang und passieren dabei zuerst die Schlosskirche, dann den stets bestens frequentierten Weinausschank am Goetheblick. Bei der folgenden Wegkreuzung taucht das lustige Emblem mit der wandernden Flöte (= Weinflasche) auf, das uns nun bis zum Weinprobierstand in Hallgarten die Richtung vorgeben wird. Wir folgen ihm geradeaus hinein in die Rebflächen der Lage Vogelsang,

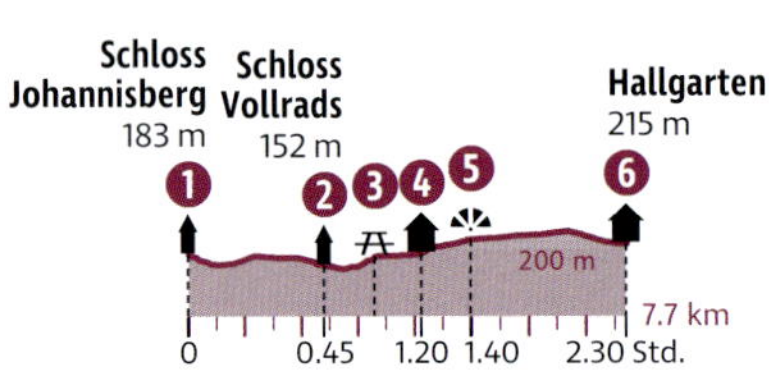

machen vorher aber kurz einen Halt bei der Aussichts-Stele am Wegrand, um den Blick über Oestrich-Winkel ins Rheintal bis Mainz und Wiesbaden schweifen zu lassen. Nach etwas mehr als 300 m biegen wir links ab und halten uns leicht aufwärts über die Straße »Am Erntebringer« hinweg. Weiter geradeaus auf der Straße »Im Vogelsang« am Ortsrand von Johannisberg entlang, dann rechts auf einen Wirtschaftsweg hinein in die Rebenlandschaft.

Nachdem wir den sachten Taleinschnitt des Ansbaches überquert haben, mündet unser Flötenweg in den querenden Rheinsteig, dessen blaues R uns nun eine Zeitlang begleiten wird. Wir halten uns rechts und erklimmen mit mäßiger Steigung den bisher höchsten Punkt unseres bisherigen Weges und werfen von dort einen Blick zurück auf Schloss Johannisberg. Jetzt geht es nur noch abwärts, wobei wir links des Weges die Weinlage Dachsberg passieren und rechts die Weinlage Schlossberg. Letztere wird ausschließlich vom namensgebenden **Schloss Vollrads** ❷ bewirtschaftet, das wir schnell erreichen. Für einen Abstecher in das mondäne Anwesen mit seinem Gutsausschank und seiner Vinothek sollte man genügend Zeit einplanen. Schließlich handelt es sich um eines der Spitzenweingüter im Rheingau mit einer langen Tradition (siehe Tour 8).

Am Eingangstor gehen wir geradeaus vorbei und biegen hinter dem Wohnmobilstellplatz rechts ab. Unsere beiden Markierungen führen uns nun leicht abwärts durch die Reben hinunter zu einem querenden Bächlein, wo wir links abbiegen. Diesem Weg folgen wir in einer Rechtsbiegung durch Gesträuch hindurch nach oben; auf halber Höhe halten wir uns links

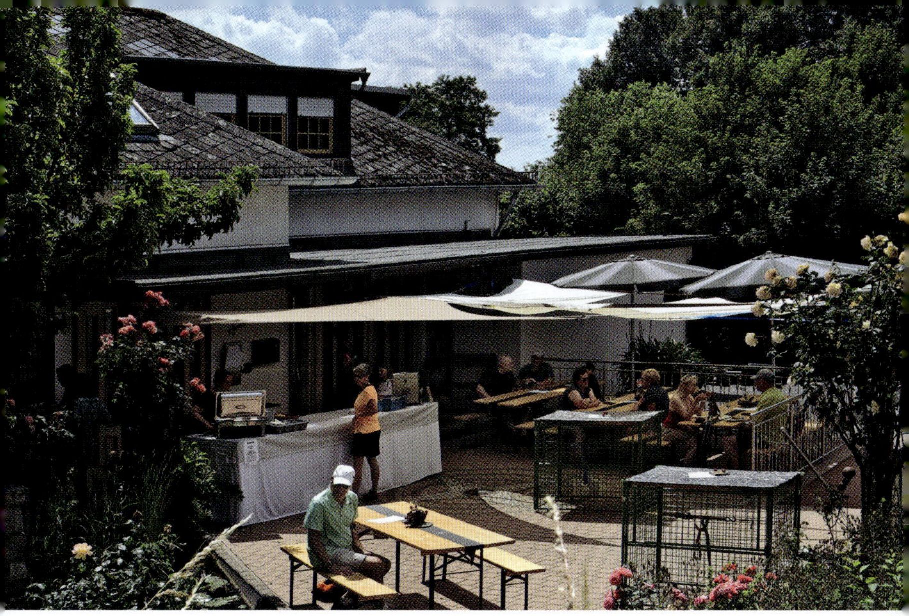

Kühns Mühle.

und gelangen weiter aufwärts zu einem **Aussichtspavillon ❸** an der Hangkante. Dort weiter nach links auf einem Weg, der sich etwas mehr als 400 m schnurgerade und ebenerdig durch die Rebflächen hinzieht. Auf dem Querweg ein paar Meter nach links, dann bei der folgenden Gabelung bei einem Steinkruzifix gleich wieder nach rechts. Wir passieren rechts von uns im Bachgrund des Pfingstbaches die Gottesthaler Mühle (noch etwas weiter rechts liegt das ehemalige Kloster Gottesthal) und erreichen **Kühns Mühle ❹**, eine schöne Einkehrgelegenheit.

Wir überqueren den Pfingstbach, gehen rechts an der Mühle vorbei aufwärts und folgen unseren beiden Wegzeichen zu einer Wegverzweigung bei einem Flurkreuz. Dort mit dem Hinweis »Weidenkapelle« in den Wald hinein (die Kapelle befindet sich darin etwas abseits des Weges), den wir in einem Rechtsbogen stetig aufwärts durchschreiten. Am Waldrand verabschiedet sich der Rheinsteig bei einer **Aussichts-Stele ❺** nach links, wir bleiben aber mit dem Flöten-Symbol geradeaus und passieren rechts einen Rast-Pavillon. Beim nächsten Querweg links aufwärts, dann nach knapp 100 m wieder rechts. Durch einen Heckenstreifen geht es weiter aufwärts (davor weist ein Wegweiser nach rechts zum Judenfriedhof) auf die rebenbestandene Hochfläche. Dort macht unser Weg eine Rechtsbiegung und bringt uns in der Folge stets leicht abwärts an den Ortsrand von Hallgarten – vorbei an einer aussichtsreichen Sitzgruppe bei einem steinernen Flurkreuz. Wir gehen links aufwärts am Ort vorbei, halten uns nach rechts zwischen dem Sportgelände und der Grundschule hindurch und biegen nach den Tennisplätzen rechts ab. In einer steilen Abwärtspassage erreichen wir durch Reben hindurch erneut den Ortsrand von **Hallgarten**. Ein Linksbogen bringt uns schließlich zum **Weinprobierstand ❻**, dem Endpunkt unserer Tour.

8 Schloss Vollrads
Zu einem der ältesten deutschen Weingüter

1.15 Std. | 3,7 km | ↗100 m | ↘100 m

Riesling – what else?
Schloss Vollrads ist fast zu schön um wahr zu sein. Schon seine Lage inmitten der weiten Rebflächen oberhalb von Oestrich-Winkel ist bezaubernd. Und wenn man dann durch das imposante Tor ins Innere der Anlage gelangt, fühlt man sich in eine andere Zeit zurückversetzt. Besonders beeindruckend ist der wuchtige Wohnturm, der mitten in einem quadratischen Teich steht und nur über eine Brücke zu erreichen ist (Goethe empfand ihn bei seinem Besuch 1814 als »wunderlich«). Aber auch viele andere Gebäude sind sehenswert, darunter das zweiflügelige Herrenhaus, das Kutscherhaus, in dem heute die Vinothek untergebracht ist, sowie das Kavaliershaus und die Orangerie, in denen das Gutsrestaurant betrieben wird. Erschaffen wurde dies alles über mehrere Jahrhunderte hinweg von der aus Winkel stammenden Adelsfamilie von Greiffenclau, deren Stammbaum bis ins Jahr 1097 zurückreicht. Mit dem Freitod des letzten Grafen von Greiffenclau im Jahr 1997 endete jedoch diese Epoche und Schloss und Weingut gelangten in den Besitz der Nassauischen Sparkasse. Wein wird bereits seit über 800 Jahren von Schloss Vollrads angebaut, aus dem Jahr 1211 datiert der erste urkundlich belegte Weinverkauf (an das St-Viktorstift in Mainz). Seit dem 18. Jh. wird ausschließlich die Rebsorte Riesling kultiviert – heute auf einer Anbaufläche von rund 63 Hektar. Damit zählt Schloss Vollrads zu den größten Rieslingproduzenten weltweit. Den besten 100 Weingütern der Welt wird das traditionsreiche Unternehmen sowieso zugerechnet. Unser kleiner Spaziergang rund um das Schloss und durch seine Weinberge hindurch lässt uns genügend Zeit, im Schlosshof unter schattigen Bäumen den ein oder anderen der exzellenten Tropfen zu verkosten oder im Gutsrestaurant ausgiebig zu schlemmen.

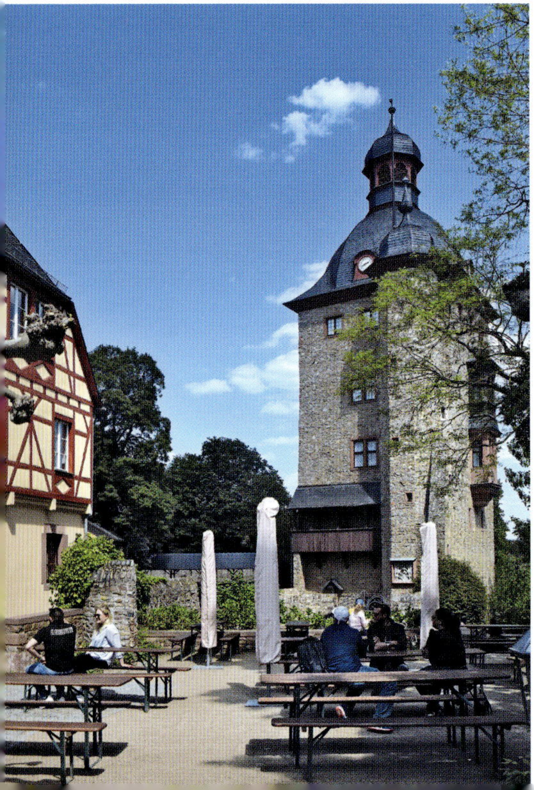

Gutsausschank mit Gartenbetrieb im Schloss Vollrads.

Ausgangspunkt: Schloss Vollrads (148 m); die Anreise mit dem ÖPNV ist schwierig, da man vom Bahnhof in Mittelheim nur zu Fuß zum Schloss gelangt (etwa 1,5 km über Hauptstraße, Engerweg, Greiffenclaustraße, Obere Schwemmbach und Vollradser Allee); Navi: Schloss Vollrads 1, 65375 Oestrich-Winkel (Parkplätze auf der Rückseite der Schlossanlage).
Anforderungen: Spaziergang ohne nennenswerte An- und Abstiege; überwiegend auf geschotterten u. geteerten Wegen; auch für Kinder geeignet.
Markierung: Rheinsteig, ohne Markierung, auf der Seite liegendes U, ohne Markierung, Klostersteig, Rheinsteig.
Wanderkarte: NaturNavi Blatt 43-555 Rheingau 1: 25.000.
Einkehr: Gutsrestaurant Schloss Vollrads, Schloss Vollrads 1, 65375 Oestrich-Winkel, Tel. +49 6723 6616, www.schlossvollrads.com, Do.–Mo. 12–20

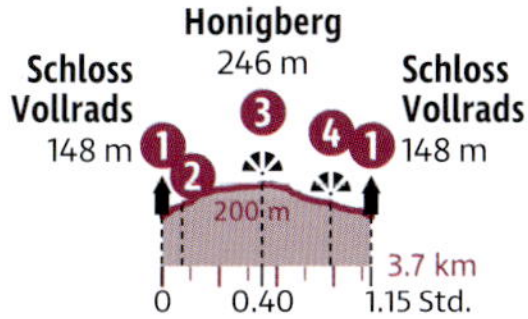

Uhr, Di. u. Mi. Ruhetage.
Ausschank im Schlosshof: Ende März bis Ende Okt. Sa., So. u. Fei. 12 – 18 Uhr;
Winzer: **Weingut Schloss Vollrads**, Schloss Vollrads 1, 65375 Oestrich-Winkel, Tel. +49 6723 660, www.schloss-vollrads.com. Das VDP-Weingut widmet sich ausschließlich der Rebsorte Riesling. In der Schatzkammer von Schloss Vollrads lagern viele ältere Jahrgänge, die ältesten sind über 100 Jahre alt. Ab dem Jahr 2019 erfolgte die Umstellung auf biologischen (ökologischen) Weinbau.
Tipp: Dieser Weinspaziergang lässt sich gut mit Tour 7 kombinieren.

Am Eingangstor zum **Schloss Vollrads** ❶ halten wir uns mit Blick in Richtung Süden nach links und folgen ein paar Meter dem Rheinsteig bis zum Wohnmobilstellplatz. Dort ohne Markierung links auf einen Schotterweg, dann gleich wieder rechts in die Rebflächen hinein. Nach etwas mehr als 100 m links auf einem unbefestigten Weg durch die Reben hindurch hoch zum Steinkreuz auf dem **Greiffenberg** ❷. Der idyllische Platz mit seinem schönen Ausblick lässt nicht vermuten, dass sich hier eine Tragödie abgespielt hat. Doch im August 1997 hat sich der letzte Graf von Greiffenclau, Erwein Graf Matuschka-Greiffenclau, hier das Leben genommen.
Unser Weiterweg führt uns in das Vollradser Wäldchen hinein, wobei wir eine Infotafel des hier verlaufenden Naturweges passieren. Auf einem etwas breiteren Querweg biegen wir rechts ab und folgen diesem in einer Linksbiegung weiter durch das lichte Gehölz. Stetig leicht aufwärts erreichen wir am Waldrand eine Wegkreuzung, wo wir links auf einen geteerten Flurweg einschwenken. Ein leichter Anstieg bringt uns durch Reben hindurch hoch zu einer weiteren Kreuzung. Nun biegen wir links ab und folgen immerzu dem sich geradlinig hinziehenden Flurweg – links von uns die Rebflächen der Lage Dachsberg, rechts das weitläufige Areal einer Wochenendhaussiedlung. Für kurze Zeit ist das auf der Seite liegende U unsere Markie-

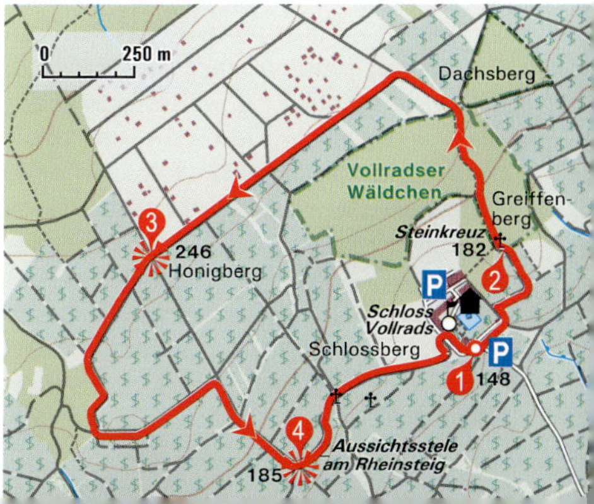

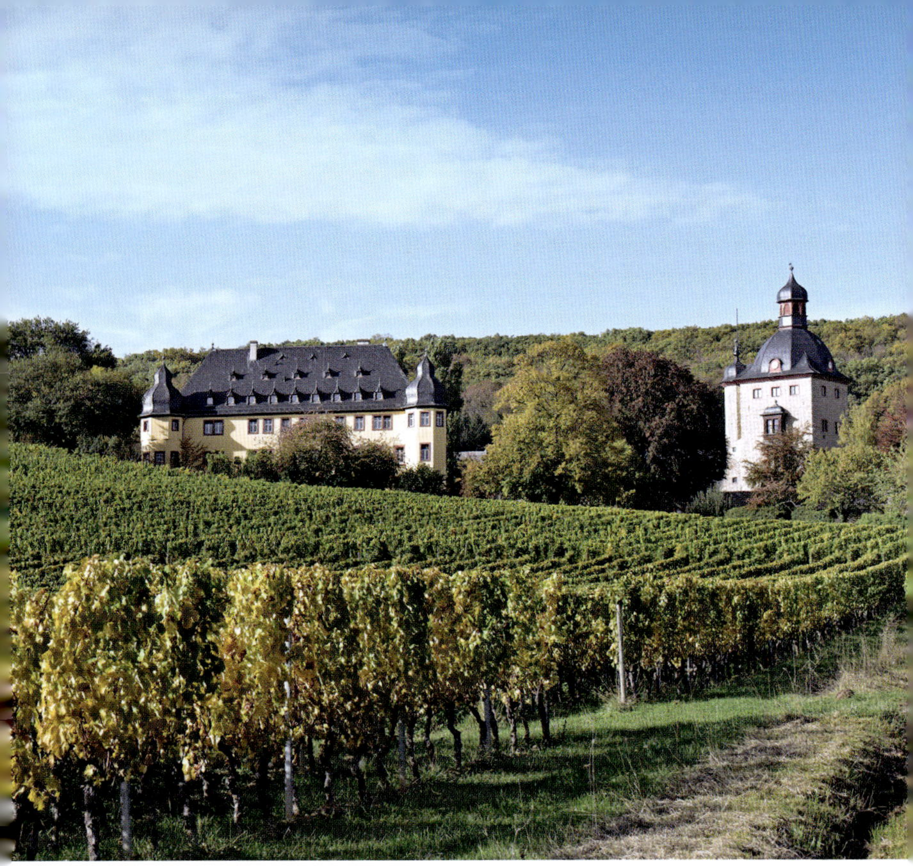

Schloss Vollrads in herrlicher Lage.

rung. Bei der nächsten Wegkreuzung verabschiedet es sich aber schon wieder nach rechts und wir queren dort auch den Klostersteig. Eine Ruhebank lädt hier auf dem **Honigberg ❸** zu einer kleinen Rast ein; wir genießen den tollen Blick über die weiten Rebflächen und das Rheintal hinweg hinüber nach Rheinhessen. Ohne Markierung weiter geradeaus durch Wein hindurch, bis uns unser Weg längs eines Wäldchens in einer Abwärtsschlaufe zu einem breiteren Querweg hinunter führt. Dort biegen wir nach wie vor markierungslos links ab und gehen nun stetig an einer Mauer entlang. Dahinter verbirgt sich ein Wingert des Weingutes Prinz von Hessen mit einem leider nicht mehr genutzten Ausschankhäuschen. Ein kleiner Abstecher durch den ersten Mauerdurchlass hierher lohnt sich dennoch wegen der etwas morbiden Szenerie. Bei der folgenden Wegkreuzung treffen wir wieder auf den Klostersteig und folgen ihm leicht abwärts nach rechts. Unten auf dem Querweg halten wir kurz bei einer **Aussichts-Stele ❹** inne, bevor wir nach links einschwenken. Jetzt befinden wir uns wieder auf dem Rheinsteig, der uns zurück zum bereits sichtbaren **Schloss Vollrads ❶** bringt, wobei wir rechter Hand die berühmte Lage Schlossberg passieren.

Durch die Johannisberger Weinberge

Zur Wiege des Rieslings

9

1.45 Std. | 6,0 km | ↗120 m | ↘120 m

Besuch beim Spätlesereiter

Einer der absoluten Höhepunkte in der Kulturlandschaft Rheingau, die in diesem Wanderbuch nicht fehlen dürfen, ist Schloss Johannisberg. Seine Bedeutung für die Entwicklung des Weinbaus in der Region kann nicht hoch genug eingeschätzt werden. Kein Geringerer als Karl der Große erkannte im frühen Mittelalter von seiner Pfalz in Ingelheim aus, dass die Berghänge am anderen Rheinufer günstige Bedingungen für das Wachstum von Weinreben boten. Weinbau hat damit auf Schloss Johannisberg eine 1200-jährige Tradition, wobei seit 1720 ausschließlich die Rebsorte Riesling kultiviert wird. Mit Fug und Recht gilt die Domäne als das älteste reine Rieslingweingut der Welt. Begünstigt wird dies durch die exakt nach Süden zum Rhein hin ausgerichteten Rebhänge, die die Trauben dank einer Neigung von 45 Grad mit einer perfekten Sonneneinstrahlung versorgen. Dazu verläuft mitten durch den Weinberg des Schlosses der 50. Breitengrad, der als die ideale geografische Lage für den Riesling gilt. Ganz besonders wird der Name von Schloss Johannisberg jedoch im Zusammenhang mit folgender Episode genannt: Im Jahr 1775 verspätete sich der Bote, der die Erlaubnis zum offiziellen Beginn der Weinlese bringen sollte, um acht Tage. Als er endlich eintraf, hatten die Trauben bereits die Vollreife erreicht und waren von Edelfäule befallen. Trotzdem kelterte man daraus einen Wein, der sich dann wider Erwarten durch eine hervorragende Qualität auszeichnete. Damit war die Spätlese als neuer Weintyp geboren und sie gilt heute noch als das Aushängeschild des Schlossweingutes. Dem »Spätlesereiter« genannten Boten hat man im Schlosshof ein Denkmal errichtet. Ihm wollen wir natürlich am Ende unserer kleinen Tour rund um Schloss Johannisberg einen Besuch abstatten und danach auf der Terrasse der Schlossschänke mit einem der hervorragenden Rieslingweine auf ihn anstoßen.

Der Spätlesereiter im Schloss Johannisberg.

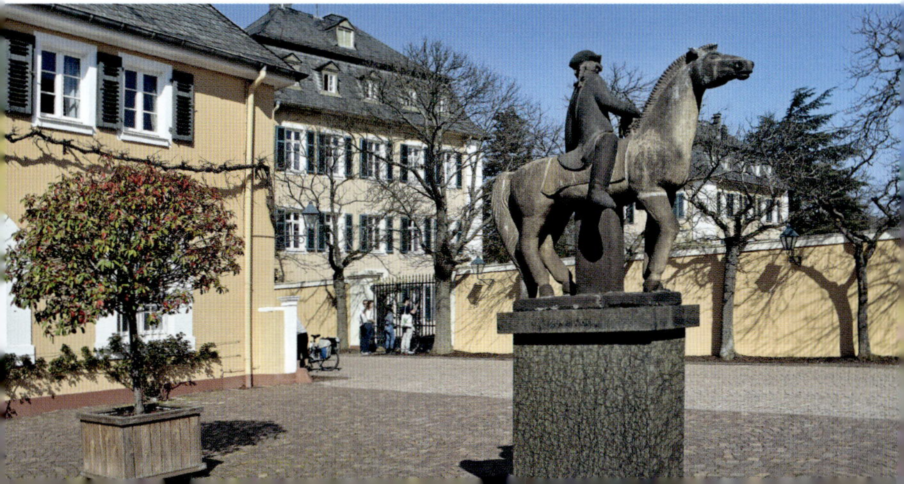

Ausgangspunkt: Ortsmitte Johannisberg bei der historischen Weinkelter (178 m); Anfahrt mit RB bis Bahnhof Geisenheim, von dort mit Bus 183 bis Haltestelle Johannisberg Rosengasse; Autofahrer parken am besten beim Schloss, Navi: Schlossallee, 65366 Geisenheim-Johannisberg.

Anforderungen: Kurze Tour ohne größere An- und Abstiege; ausschließlich auf geteerten und geschotterten Wegen.

Markierung: Ohne Markierung.

Wanderkarte: NaturNavi Blatt 43-555 Rheingau 1: 25 000.

Einkehr: Caffeehaus Moser, Rosengasse 2, 65366 Geisenheim-Johannisberg, Tel. +49 6722 5672, Di.–So. 13–19 Uhr; Restaurant Schlossschänke, Schloss Johannisberg, 65366 Geisenheim-Johannisberg, Tel. +49 6722 96090, www.schloss-johannisberg.de/restaurant-schlossschaenke/, Mi.–So. ab 12 Uhr, große Terrasse mit Ausblick ins Rheintal; Weinprobierstand am Goetheblick, in nächster Nähe zum Schloss Johannisberg, April–Okt. Fr. ab 14 Uhr, Sa./So./Fei. ab 11 Uhr; Burgrestaurant und Müllers auf der Burg (für gehobene Ansprüche), www.burg-schwarzenstein.de; weitere Restaurants in Geisenheim-Johannisberg.

Winzer: **Weinhof Goldatzel**, Hansenbergallee 1a, 65366 Geisenheim-Johannisberg, Tel. +49 6722 50537, www.goldatzel.de; vom perfekten Alltagswein über große trockene und feinherbe Spitzenweine bis hin zu hochwertigen edelsüßen Gewächsen. Da ist für jeden Geschmack etwas dabei. **Weingut Hanka**, Grund 41, 65366 Geisenheim-Johannisberg, Tel. +49 6722 8879, www.weingut-hanka.de; Familie Hanka legt Wert auf einen ökologischen und umweltfreundlichen Weinbau. **Weingut Prinz von Hessen**, Grund 1, 65366 Geisenheim-Johannisberg, Tel. +49 6722 409180, www.prinz-von-hessen.de, das VDP-Weingut gehört zu den führenden Rieslingproduzenten in Deutschland. **Weingut Schloss Johannisberg:** (siehe Weinwissen). **Weingut Johannishof**, Grund 63, 65366 Geisenheim-Johannisberg, Tel. +49 6722 8216, www.weingut-johannishof.de, Johannes und Sabine Eser betreiben das seit 1685 bestehende Weingut in der zehnten Generation.

Tipp: Die Tour lässt sich mit den Touren 10 und 11 zu einer längeren Wanderung kombinieren.

Variante: Um Schloss Johannisberg herum durch die Weinberge, vorbei an der Stele für den 50. Breitengrad, verlängert sich die Tour um ca. 730 m.

Das seit 2004 aufgegebene Neue Kloster Johannisberg.

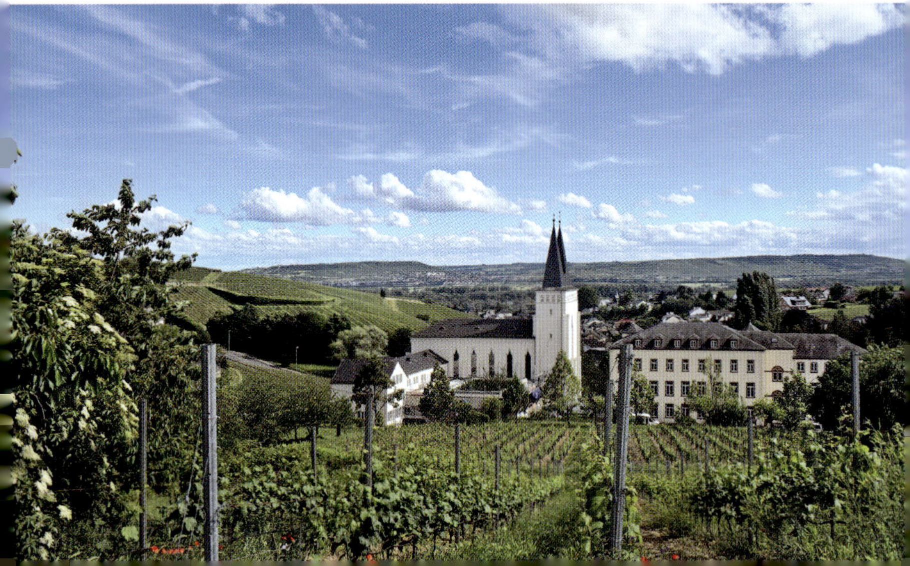

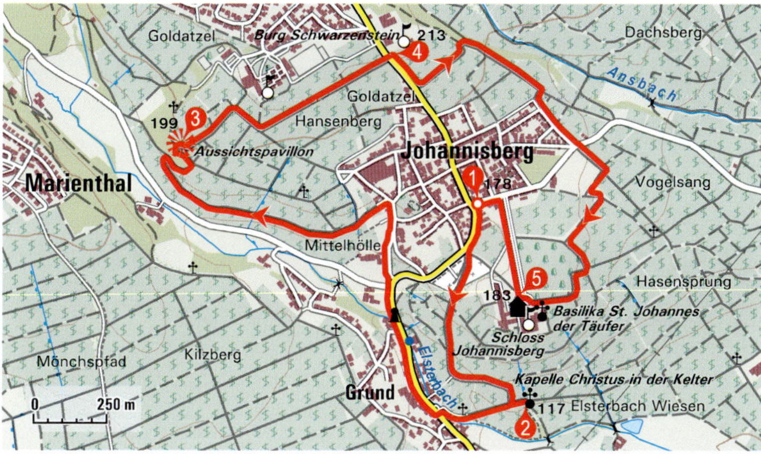

Unsere kleine Tour rund um Johannisberg beginnt in der Ortsmitte von **Johannisberg ❶** bei der historischen Weinkelter. Markierungen gibt es zwar keine, aber wir finden unseren Weg auch ohne sie. Vorbei am Café Moser gehen wir links in die Kanzler-Metternich-Straße, halten uns auf Höhe der Straße »Im Flecken« hinter der Bushaltestelle halb links und durchqueren auf einem Fahrweg den Friedhof. Dann geht es in die Rebflächen hinein und darin in einem Linksbogen abwärts um Schloss Johannisberg herum. Unten auf dem querenden Flurweg zunächst einige Meter nach links zur modernen **Kapelle »Christus in der Kelter« ❷**, von dort zurück zu unserer Abbiegestelle und nun geradeaus in den Johannisberger Ortsteil Grund hinein. Vorbei am Denkmal der Weinleserin rechts in die Hauptstraße und auf dieser leicht aufwärts, wobei wir einige Weingüter und den Wein-Pavillon passieren. Nach dem Ortsende von Grund links in den Badpfad, der uns vorbei am 2004 aufgegebenen Neuen Kloster Johannisberg leicht aufwärts führt. Oben links in die Straße »Im Sand« halten wir uns bei der folgenden Straßengabelung links; dann gleich wieder links und auf einem Flurweg aus dem Wohngebiet hinaus in die Weinlage Hölle. Nun immerzu an der Hangkante entlang, zunächst oberhalb des Klosters und in der Folge längs des Taleinschnittes des Elsterbaches. In einem leichten Anstieg erreichen wir auf Höhe der Weihermühle (links unter uns) einen Querweg, dem wir nach rechts folgen. Er bringt uns in einer Linksbiegung nach knapp 100 m hoch zu einem weiteren Flurweg, auf den wir links einschwenken. Kurz danach bietet sich uns von einem **Aussichtspavillon ❸** ein schöner Blick zurück auf Kloster und Ort Johannisberg. Weiter nach rechts und im weiteren Wegverlauf durch Wein hindurch auf Schloss Hansenberg zu. Kurz davor bei einer Wegkreuzung rechts und danach dem ersten Abzweig nach

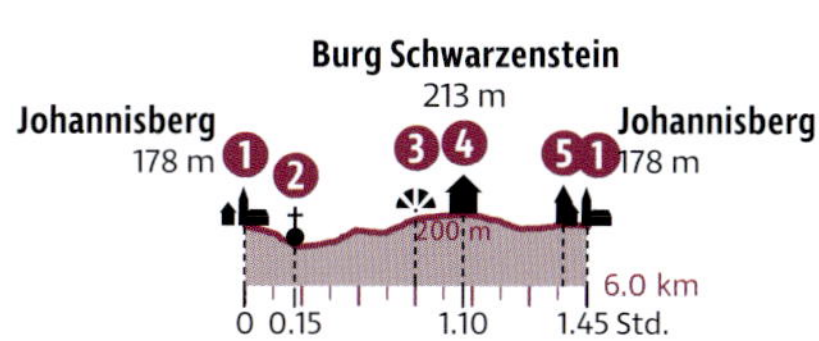

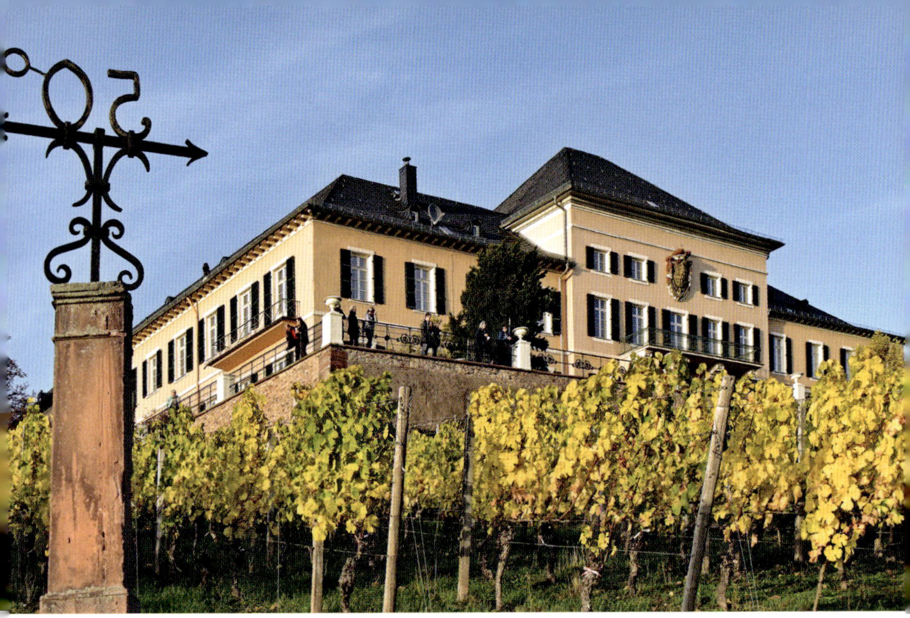

Unterhalb von Schloss Johannisberg verläuft der 50. Breitengrad.

links folgen. Nun unterhalb des Schlosses, das heute eine Internatsschule für besonders begabte Schüler beherbergt, nahezu geradlinig durch Rebflächen hindurch auf den Turm von **Burg Schwarzenstein ❹** zu. Die künstliche Burgruine wurde im 19. Jh. für die Familie Mumm erbaut. Bevor wir das heute darin untergebrachte mondäne Hotel-Restaurant erreichen, biegen wir jedoch rechts in die breite Straße »Rosengasse« ab. Wir gehen etwa 130 m an ihr entlang und nehmen dann den ersten nach links abzweigenden Flurweg hinein in die Weinlage Schwarzenstein. Es geht geradlinig durch die Rebfläche hindurch hinunter zu einem Querweg; auf diesem rechts leicht abwärts und beim zweiten Abzweig wieder rechts bis zur Straße »Im Vogelsang«. Auf dieser links am Ortsrand entlang und über die querende Straße »Am Erntebringer« hinweg. Nun auf einem Flurweg leicht abwärts, bis nach etwa 120 m ein Grasweg nach rechts abzweigt. Dieser bringt uns oberhalb der Reben zu einem Schotterweg, dem wir einige Meter nach links folgen. Dann gleich wieder rechts und durch die Weinlage Vogelsang hindurch auf den umzäunten Park zu. Am Parkeck links und beim folgenden Wegkreuz – hier steht eine Aussichts-Stele samt Infotafel – rechts. Immer am Park entlang erreichen wir zunächst den herrlich gelegenen Weinausschank am Goetheblick, dann die Schloss-Basilika und schließlich das Eingangstor zum **Schloss Johannisberg ❺**. Eine Besichtigung der sehenswerten Anlage bildet nun den Höhepunkt am Ende unserer Tour. Neben einem Besuch des Denkmals für den Spätlesereiter sollte man sich auf keinen Fall den wunderschönen Ausblick von der Terrasse des Restaurants Schlossschänke entgehen lassen. Auf der Schlossallee und über die Straße »Am Erntebringer« erreichen wir schließlich wieder unseren Ausgangspunkt bei der historischen Weinkelter in **Johannisberg ❶**.

Weinwissen

Das älteste Rieslingweingut der Welt

Weinbau am Johannisberg ist seit dem Jahr 817 urkundlich belegt, als Kaiser Ludwig der Fromme von der Abtei Fulda Grundstücke am Bach Helisa, dem heutigen Elsterbach, erwarb. Durch eine Schenkung Kaiser Ottos II. kam die Gemarkung 983 an das Bistum Mainz, das seinerseits die damals »Bischofsberg« genannte Anhöhe dem Mainzer Benediktinerkloster St. Alban übertrug. Schnell entwickelte sich in der Folge der Anbau von Wein zu einem wichtigen Wirtschaftsfaktor. Bedingt durch die kriegerischen Auseinandersetzungen jener Tage wurde 1563 das Kloster aufgelöst. Nach mehreren Besitzerwechseln erwarb schließlich 1716 der Fuldaer Fürstabt Konstantin von Buttlar den Johannisberg und ließ die zur Ruine verkommene Abtei zu einem Schloss umgestalten. Unter seiner Herrschaft wurde zudem die Rebfläche erheblich erweitert und die gesamte Domäne ausschließlich mit Riesling bestockt. Dadurch entstand 1720 der erste geschlossene Rieslingweinberg der Welt. Mit dem Wissen, dass der Johannisberg zum Fürstbistum Fulda gehörte, wird auch die Episode mit dem »Spätlesereiter« plausibler (siehe Einleitungstext). Denn der Bote musste jedes Jahr vom Rheingau nach Fulda reiten, um die bischöfliche Erlaubnis zum Beginn der Weinlese einzuholen. Für diese doch etwas längere Strecke hat er im Jahr 1775 offenkundig etwas länger gebraucht. Nach der Säkularisation 1803 kamen Schloss und Weingut an das Haus Nassau-Oranien und nach der Niederlage Napoleons im Wiener Kongress an Österreich. Dessen Außenminister, der aus Koblenz stammende Klemens von Metternich, bekam 1816 vom österreichischen Kaiser Franz I. den Johannisberg gegen eine jährliche Abgabe von einem Zehntel des Weinertrags als Besitz. Noch heute ist dieser Zehnte an die Nachkommen des Hauses Habsburg zu bezahlen. Fürst Metternich ließ das Schloss klassizistisch umgestalten, einen Park im englischen Stil anlegen und setzte für seine Weinbaudomäne einen Benediktinerpater als Verwalter ein. Dieser konzentrierte sich weiter auf den Riesling als einzige Rebsorte und auf einen späten Lesetermin. Ab 1818 wurden die besten Weine als »Cabinetweine« verkauft, wobei die Qualitäten auf den Flaschen mit verschiedenfarbigen Siegellacken kenntlich gemacht wurden. Dieser Brauch ist heute noch im Schlossweingut üblich, wobei nun aber je nach Prädikatsstufe die Farben der Weinkapseln wechseln. Mit Rotlack wird bespielsweise ein Kabinettwein klassifiziert, mit Grünlack eine Spätlese und mit Blaulack eine Trockenbeerenauslese. Im Jahr 1897 war die Metternichsche Domäne eines der Gründungsmitglieder der Vereinigung Rheingauer Weingutsbesitzer, einem Vorläufer des VDP, dem das Unternehmen nach wie vor angehört. Heute ist das Weingut Schloss Johannisberg im Besitz der zur Oetker-Gruppe gehörigen Henkell & Co. Sektkellerei. Ein Erlebnis ist die Teilnahme an einer Führung durch den historischen Schlosskeller. Spannend ist besonders die Besichtigung der berühmten Schatzkammer des Weingutes, der »Bibliotheca Subterranea«. Darin lagern mehr als 25.000 kostbare Weine, der älteste stammt aus dem Jahr 1748.

10 Rund um Marienthal
Durch die Lage Mönchspfad

1.45 Std. | 5,7 km | ↗140 m | ↘140 m

Weinspaziergang mit einer spirituellen Note

Die mit 80 Hektar Rebfläche größte Weinlage der Stadt Geisenheim, zu der Marienthal gehört, wollen wir auf dieser Tour kennenlernen – den Geisenheimer Mönchspfad. Sein nach Süden geneigter Hang wird im Untergrund von einem Quarzit-Riegel durchzogen, den meterdicke Lösslehme überlagern. Ein überaus günstiges Terroir für klassischen Rheingau-Riesling mit belebender Säure und zarter Restsüße. Besonders in trockenen Jahren reifen hier die größten Weine heran. Der Name der Lage weist auf einen Weg hin, auf dem im Mittelalter Mönche (und Nonnen) vom Kloster Eibingen zum Kloster Johannisberg gingen. Da es für diese historische Route weder eine Ausschilderung noch eine Markierung gibt, beginnen wir unseren Spaziergang beim Kloster Marienthal im schattigen Elsterbachgrund. Die von Mönchen des Franziskanerordens bewohnte Anlage ist heute der meist besuchte Wallfahrtsort im Rheingau.

Weingut Hof Rheinblick.

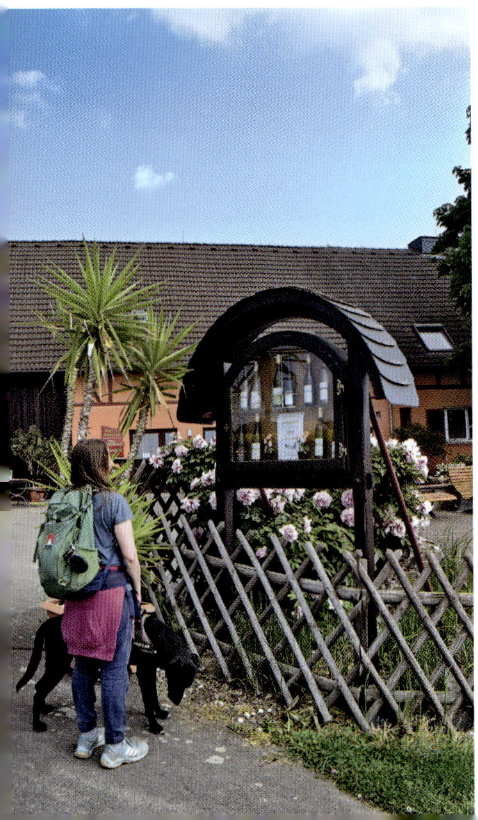

Ausgangspunkt: Kloster Marienthal (200 m); Anfahrt mit Bahn bis Geisenheim, von dort mit Bus 185 bis Haltestelle Marienthal – Pfarrzentrum; Navi: Kloster Marienthal 1, 65366 Geisenheim-Marienthal (Parkplatz).

Anforderungen: Nur leichte An- und Abstiege; meist auf geschotterten, teils geteerten Weinbergwegen, längs des Elsterbaches zurück zum Kloster auf naturnahem Untergrund; auch mit Kindern empfehlenswert.

Markierung: Hess. Fernwanderweg 7, ohne Markierung, blauer Schmetterling.

Wanderkarte: NaturNavi Blatt 43-555 Rheingau 1: 25.000.

Einkehr: Gutsausschank Weingut Hof Rheinblick, Marienthaler Str. 1, 65366 Geisenheim-Marienthal, Tel. +49 6722 8491, www.hofrheinblick.de, Fr. ab 16 Uhr, Sa. ab 15 Uhr, So./Fei. ab 11 Uhr; Straußwirtschaft Weingut Freimuth (Adresse siehe Winzer).

Winzer: **Weingut Hof Rheinblick**, Marienthaler Str. 1, 65366 Geisenheim-Marienthal, Tel. +49 6722 8491, www.hofrheinblick.de. Das Weingut der Familie Brunk bewirtschaftet Weinlagen in Geisenheim und Hallgarten, wobei

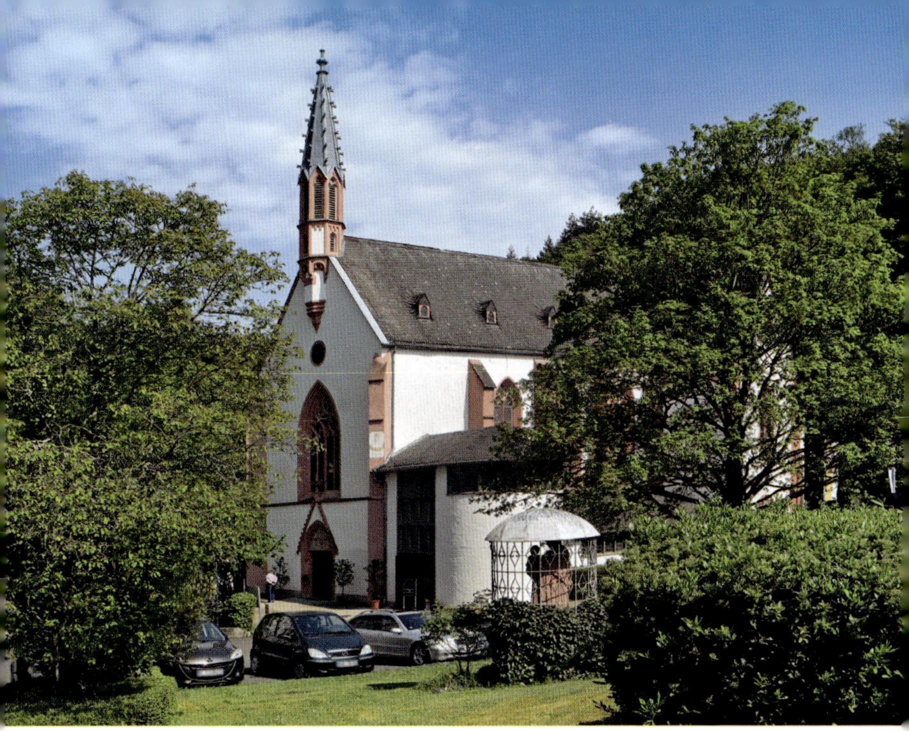

Kloster Marienthal.

der Schwerpunkt rheingautypisch auf Riesling und Spätburgunder liegt. **Weingut Freimuth**, Am Rosengärtchen 25, 65366 Geisenheim-Marienthal, Tel. +49 6722 981070, www.freimuth.de; Jonas Freimuth führt das familieneigene VDP-Weingut bereits in der dritten Generation. Zum Weingut gehören eine Vinothek, eine Straußwirtschaft und zwei Ferienapartments.

Tipp: Die Tour lässt sich mit den Touren 9 und 11 zu einer längeren Wanderung kombinieren.

Hinweise: Nicht nur spirituell orientierten Wanderern sei der **Rheingauer Klostersteig** empfohlen, der auf knapp 30 km Länge die bedeutendsten Klöster der alten Kulturlandschaft miteinander verbindet. Der Weg beginnt beim Kloster Eberbach und führt über die Basilika von Schloss Johannisberg und die Klöster Marienthal und Nothgottes sowie die Abtei St. Hildegard zum einstigen Kloster Marienhausen bei Aulhausen. Unterwegs laden vier Ruhepunkte zum Innehalten und Meditieren ein. An den Klosterstationen erhält man einen Stempel wie auf einem richtigen Pilgerweg.

Das **Kloster Marienthal** ist ein Wallfahrtsort, in dem ein Gnadenbild der Heiligen Maria verehrt wird. Der Legende nach soll dieses im frühen 14. Jh. einem erblindeten Jäger, der davor betete, wieder das Augenlicht geschenkt haben. Daraufhin wurde die am Ort des Wunders im Jahr 1330 errichtete Kirche zum Ziel vieler Pilger. Später kam das Kloster hinzu, in das zunächst die »Brüder vom Gemeinsamen Leben« einzogen. Diese richteten dort 1468 die erste Klosterdruckerei der Welt ein. Ab 1612 übernahm der Jesuitenorden das Kloster, seit 1873 bis heute leben dort Franziskanermönche. Sie halten Gottesdienste ab und betreuen Wallfahrtsgruppen und einzelne Pilger. Neben der Kirche lädt ein Sinnespfad mit mehreren Stationen zur Besinnung ein (www.marienthal.franziskaner.net).

Beim **Kloster Marienthal** ❶ folgen wir der Markierung »7« für den Hessischen Fernwanderweg 7 auf der Marienthaler Straße aufwärts in südlicher Richtung. Nach etwas mehr als 100 m biegen wir auf Höhe des Hotels rechts auf einen Pfad ab, der steil den bewaldeten Abhang hinaufführt. Über einen breiteren Weg hinweg gelangen wir hoch an den Ortsrand; dort auf dem Birkenweg geradeaus durch das Wohngebiet hindurch und hinter dem Spielplatz hinaus auf die Feld- und Wiesenflur. Am Waldrand halten wir uns nach einer Ruhebank links (wer mag, bleibe weiter geradeaus, überquere die Landstraße und statte der nahe gelegenen Antoniuskapelle einen Besuch ab) und gehen nun für längere Zeit ohne Markierung weiter. Über Wiesen geht es stetig leicht abwärts mit schönem Blick auf Schloss Johannisberg und hinüber nach Rheinhessen – im weiteren Wegverlauf taucht auch der Rhein vor uns auf. Über die Landstraße (Marienthaler Straße) hinweg erreichen wir den **Hof Rheinblick** ❷ mit seinem Gutsausschank. Der Name ist Programm, denn von hier hat man tatsächlich eine tolle Aussicht ins Rheintal.

Weiter abwärts gelangen wir in die Rebflächen der Weinlage Mönchspfad, wo unser Weg in einen Querweg mündet. Auf diesem schwenken wir rechts ein und gehen auf die Abtei St. Hildegard zu, die nicht allzu weit von uns entfernt ist. Bereits nach etwa 80 m biegen wir aber schon wieder links ab und wandern über einen breiten Querweg hinweg hinunter zum Friedhof von Geisenheim. Jetzt aufpassen, denn wir müssen am dritten nach links abzweigenden Weg abbiegen (gezählt ab dem breiten Querweg, den wir eben passiert haben) und zwar nach wie vor ohne eine Markierung. Dieser Weg führt uns halbwegs ebenerdig durch die Rebflächen der Lage Mönchspfad; wir queren schließlich einen breiteren Weg und halten uns weiter geradeaus längs eines kleinen Waldstücks. Bei der folgenden Wegkreuzung an einer Rasthütte biegen

Blick zum Mühlberg.

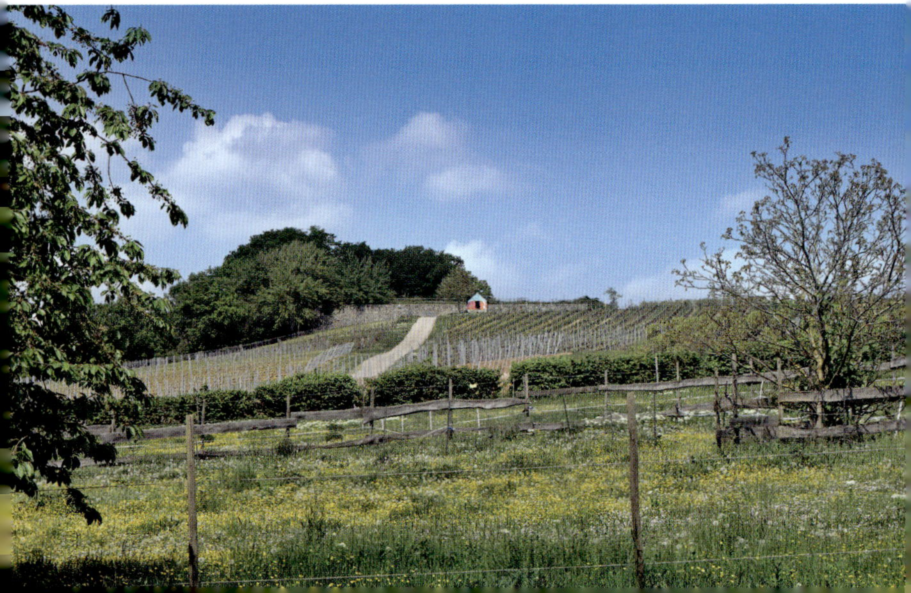

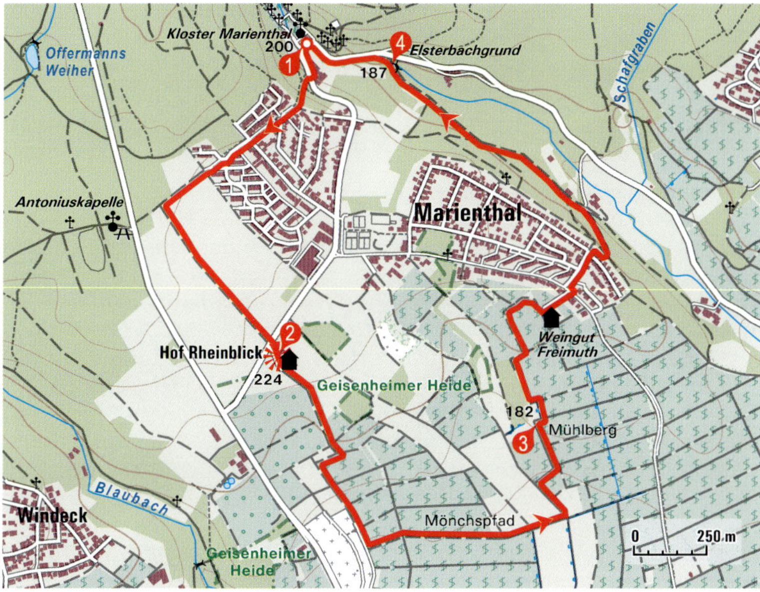

wir links ab und folgen einem breiten Schotterweg aufwärts. Dann rechts auf einem abzweigenden Schotterweg hinein in die Rebfläche und bei erster Gelegenheit links auf einem unbefestigten Weg etwas steiler hinauf zu einem Weinberghäuschen auf dem **Mühlberg ❸**. Dort rechts an einer Mauer entlang, danach links weiter aufwärts durch Reben hindurch hoch zu einem Querweg. Diesem ein paar Meter nach links bis zu einem Waldstreifen folgen, dann rechts an ihm entlang und an dessen Ende rechts halten. Bei erster Gelegenheit links und auf diesem Weg durch die Reben hindurch in einer Rechtsbiegung auf den Ortsrand von Marienthal zusteuern. Vorbei am Weingut Freimuth gelangen wir im Ort zur Straße »Am Rosengärtchen«, die wir leicht versetzt überqueren. Über die Straße »Am Müllerwäldchen« geht es stetig leicht abwärts hinunter an den Ortsrand, wo ein Waldgebiet beginnt. Dort auf einem querenden Fußweg nach rechts und diesem in einer engen Linkskurve abwärts an den Rand des Talgrundes folgen. Bei der Ostermühle stoßen wir auf die Markierung »blauer Schmetterling«, die uns zurück zum Kloster Marienthal führen wird. Im weiteren Verlauf passieren wir in etwas Abstand die Reussische Mühle und folgen immerzu dem jetzt breiten Weg durch den Laubwald. Bei einem Wegkreuz – hier steht ein alter Holzwegweiser zum Kloster – weiter geradeaus und danach auf einem **Holzsteg ❹** über den Elsterbach. Kurz darauf erreichen wir eine querende Landstraße, auf die wir links einbiegen. Nach knapp 300 m sind wir zurück beim **Kloster Marienthal ❶**, unserem Ausgangspunkt.

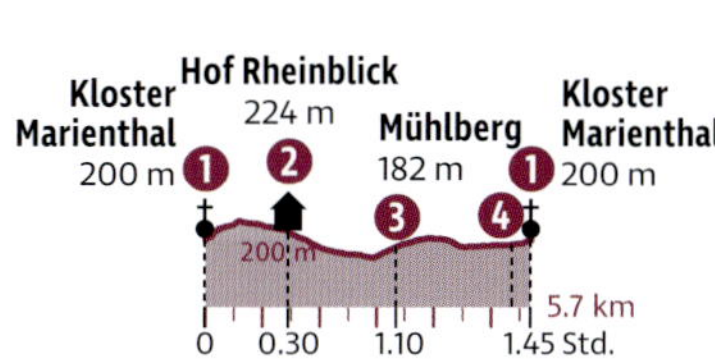

11 Rund um Geisenheim

Zur schönsten Weinsicht auf dem Rothenberg

2.15 Std. | 7,8 km | ↗ 110 m | ↘ 110 m

Riesling und Müller-Thurgau

Nicht zuletzt durch die Hochschule Geisenheim University hat das kleine Städtchen am Rhein bei Weinexperten einen hervorragenden Ruf. Seit 2015 darf sich der auch als »Lindenstadt« bekannte Weinort sogar ganz offiziell als »Hochschulstadt« bezeichnen. Angehende Winzer aus der ganzen Welt bekommen dort eine fundierte Ausbildung in Sachen Weinbau. Die Vermittlung der Praxis erfolgt weitgehend im universitätseigenen Weingut, das sogar Mitglied im Verband der Prädikatsweingüter VDP ist. Gegründet wurde die Bildungseinrichtung im Jahr 1872 auf Anregung des Kaufmannes Eduard von Lade als »Preußische Lehranstalt für Obst- und Weinbau«. Besonders bekannt wurde die Forschungsanstalt im Jahr 1882 durch die Züchtung der neuen nach ihrem Schöpfer benannten Rebsorte Müller-Thurgau. Anders als in anderen deutschen Anbaugebieten konnte sie sich im Rieslingland Rheingau jedoch nie durchsetzen. Neuzüchtungen und Langzeituntersuchungen aller Ertragssorten gehören heute noch zum Forschungsschwerpunkt der Hochschule. Nach so viel Theorie zieht es uns nun aber hinaus in die Weinflur, um fünf der insgesamt sieben Geisenheimer Weinlagen einen Besuch abzustatten. Gleich zu Beginn steigen wir hoch zur schönsten Weinsicht auf dem Rothenberg und genießen den phänomenalen Rundblick. Etappenweise säumen Infotafeln des Geisenheimer Weinlehrpfades unsere Route und versorgen uns mit nützlichem Wissen. Nach einer ausgiebigen Weinbergtour erkunden wir schließlich die sehenswerte Geisenheimer Altstadt. Natürlich wollen wir uns dort zum Ausklang auch den ein oder anderen Schoppen genehmigen.

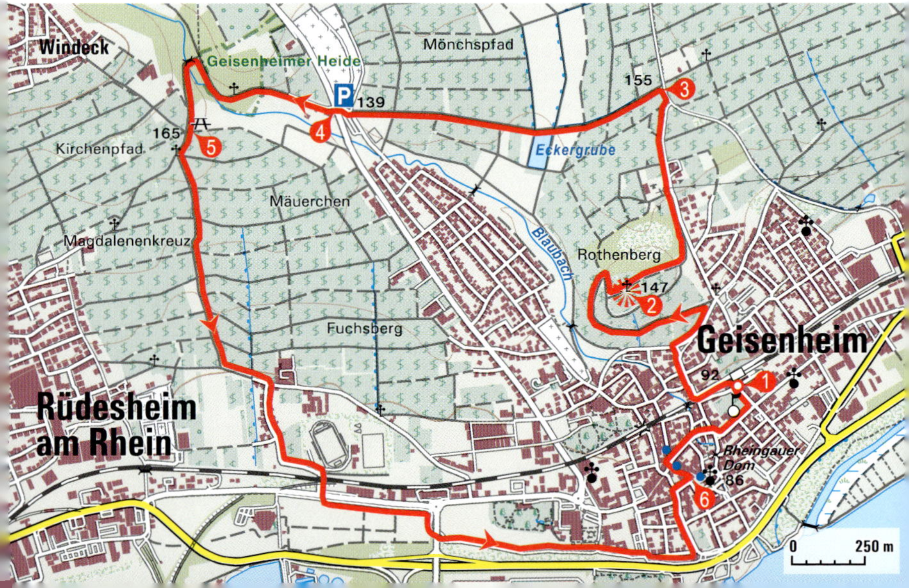

Ausgangspunkt: Bahnhof Geisenheim (92 m); Anfahrt mit Regionalbahn Wiesbaden – Koblenz; Navi: 65366 Geisenheim, Berliner Str. 2 (kostenlose Parkplätze beim Bahnhof).
Markierung: Ohne, Weinlehrpfad Geisenheim, ohne, Rheinsteig, Rheinsteig-Zubringer, ohne.
Wanderkarte: NaturNavi Blatt 43-555 Rheingau 1: 25.000.
Einkehr: Zahlreiche Einkehrmöglichkeiten in Geisenheim unter www.geisenheim.de/kultur-tourismus/.
Winzer: **Weingut Dillmann**, Langestr. 17A, 65366 Geisenheim, Tel. +49 6722 8162, www.weingut-dillmann.de. Der relativ junge, erst 1980 gegründete Familienbetrieb kann mit Rebflächen in namhaften Lagen von Assmannshausen bis Winkel aufwarten. Neben den Klassikern Riesling und Spätburgunder finden sich auch ausgefallenere Rebsorten wie Gelber Muskateller oder Sauvignon Blanc im Repertoire. **Weingut Leitz**, Rüdesheimer Str. 8a, 65366 Geisenheim, Tel. +49 6722 9999100, www.leitz-wein.de. Das VDP-Weingut bewirtschaftet vor allem Spitzenlagen in Rüdesheim, hat aber auch Weinberge in Geisenheim und andernorts im Rheingau. Der Schwerpunkt liegt eindeutig auf Riesling, daneben wird auch Spätburgunder, Weißburgunder und Chardonnay angebaut. Eine Besonderheit im Portfolio sind zum einen vegane Weine, zum anderen die »Eins-Zwei-Zero« genannte Kreation von alkoholfreien Weinen. **Weingut Schumann-Nägler**, Nothgottesstr. 29, 65366 Geisenheim, Tel. +49 6722 5214, www.schumann-naegler.de. Das Familienweingut mit einer 575-jährigen Tradition setzt auf Nachhaltigkeit und produziert überwiegend Rieslingweine aus Geisenheimer Lagen. **Weingut Sohns**, Nothgottesstr. 33, 65366 Geisenheim, Tel. +49 6722 8940, www.weingut-sohns.com; Familie Sohns bewirtschaftet auf einer Gesamtfläche von 10 Hektar Weinberge überwiegend in Geisenheimer Lagen, dazu in Lorchhausen und Winkel. Neben Riesling und Spätburgunder werden auch

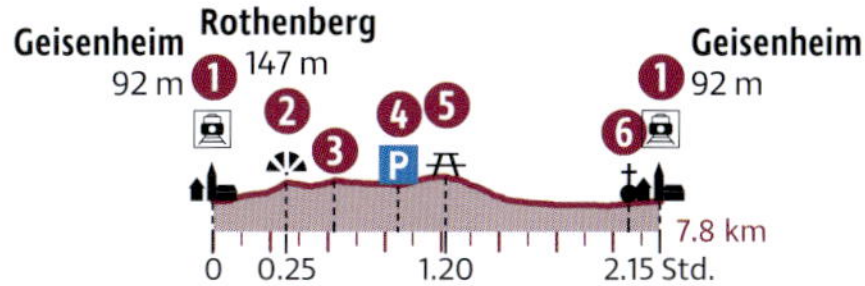

Weine der Rebsorten Weißburgunder, Rosa Chardonnay und Dornfelder produziert.
Information: Das Wahrzeichen der Stadt ist die katholische Pfarrkirche »Heilig Kreuz«, die wegen ihrer beiden weithin sichtbaren Türme auch »Rheingauer Dom« genannt wird. In ihrem Innenraum befinden sich zahlreiche kunstvolle Grabdenkmäler der ortsansässigen Adelsgeschlechter von Schönborn, von Ostein und von Stockheim. Deren Adelspalais, darunter die Schlösser Schönborn und Kosakenberg und das Palais Ostein sind gut erhalten und sehenswert. Sie können jedoch nur von außen besichtigt werden. Ein ebenfalls imposantes Gebäude ist die Villa Monrepos, die sich der Gründer der Forschungsanstalt Eduard von Lade 1861 als Ruhesitz errichten ließ. Der angrenzende Park ist ein bedeutendes Denkmal der Gartenkunst der 1950er-Jahre. Einen Besuch abstatten sollte man auch der etwa 700 Jahre alten Geisenheimer Linde, unter der im Mittelalter Rats- und Gerichtsversammlungen abgehalten wurden. Heute ist sie ein beliebter Treffpunkt der Einheimischen, die jährlich zu ihren Ehren das Lindenfest begehen, eines der schönsten Rheingauer Weinfeste (www.geisenheim.de).
Tipp: Die Tour lässt sich mit den Touren 9 und 10 zu einer längeren Wanderung kombinieren.
Variante: Nach der Bahnunterführung links auf der Rüdesheimer Straße bis zum Kreisel und dort rechts auf der namenlosen Straße (Zubringer zur B42) über die B42 hinweg bis ans Straßenende. Dort links auf einem geteerten Fuß- und Radweg immerzu am Rhein entlang, dann links unter der B42 hinweg in Richtung Ortsmitte und auf der Steinheimer Straße zum Bischof-Blum-Platz.

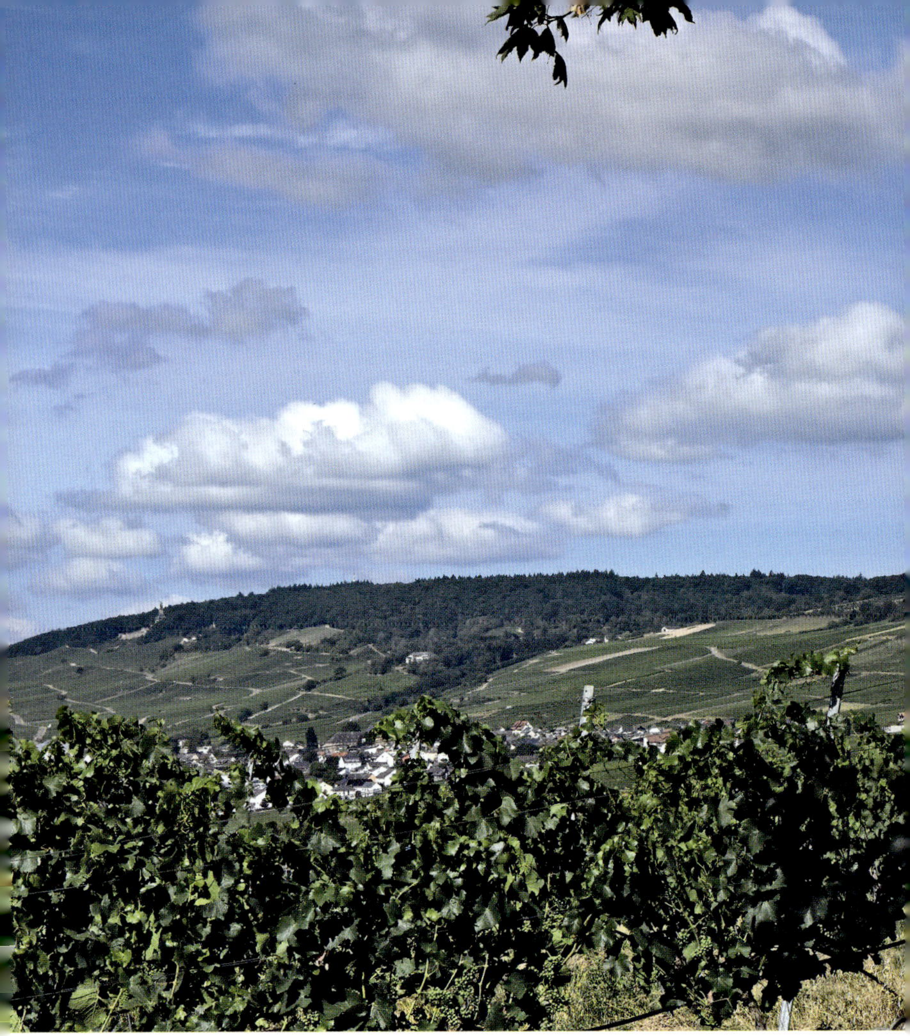

Panoramablick vom Rothenberg von Kloster St. Hildegard zum Niederwalddenkmal (l.

Am Bahnhof in **Geisenheim** ❶ unterqueren wir die Gleise in der Fußgängerunterführung und halten uns auf der gegenüberliegenden Seite auf der Bahnstraße links. Vorbei am Schloss Kosakenberg, das heute das Weingut Freiherr von Zwierlein beherbergt, rechts in die Behlstraße, wo wir auf die Markierung des Weinlehrpfades stoßen. Mit ihr aufwärts zur querenden Straße »Am Nordring« und auf dieser nach rechts bis zur Straßenkreuzung mit der Albert-Schweitzer-Straße und der Langestraße. Dort links auf einem Fußweg hoch in die Weinberge der Lage Rothenberg, die mit zu den besten im Rheingau zählt.

Besonders in den steileren Hanglagen gedeihen hier Rieslinge, die ihresgleichen suchen. Eine Trockenbeerenauslese aus dem Jahr 2009 erreichte mit 300 Grad Oechsle den Deutschlandrekord bei den Most-

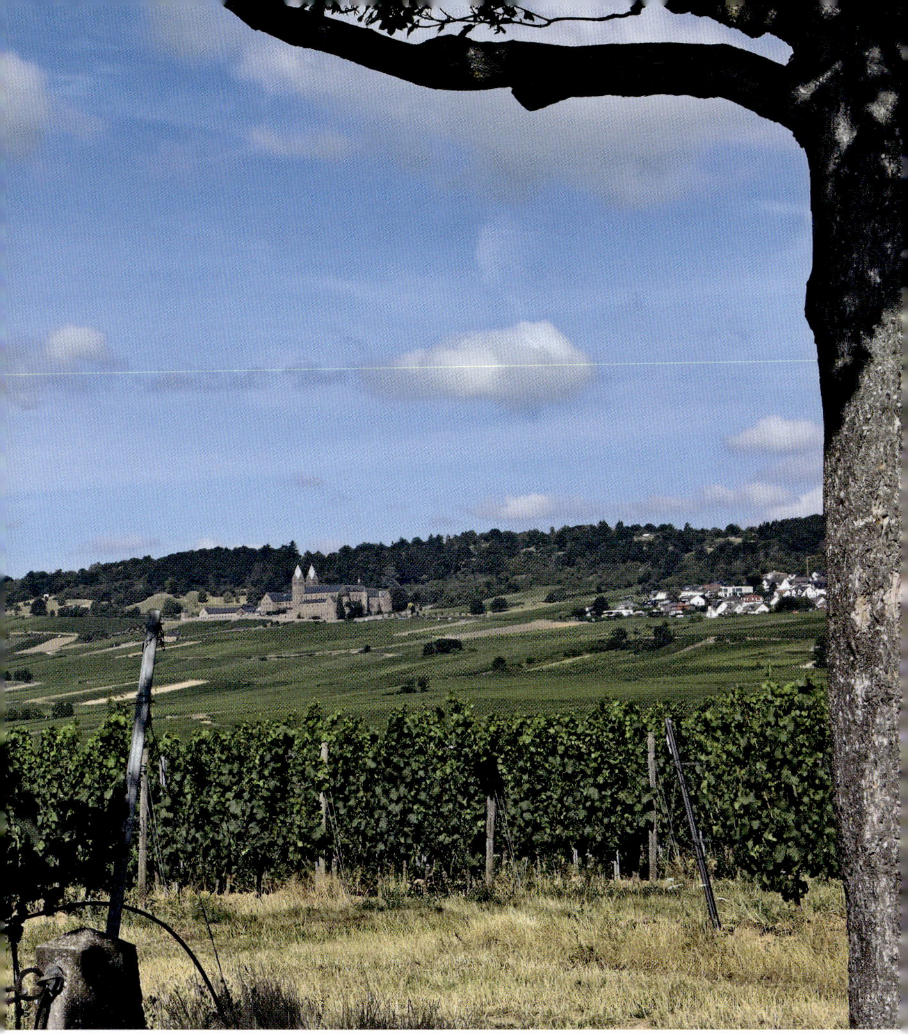

gewichten. Namensgebend für die Lage ist der durch Eisenoxid rot gefärbte Quarzit-Schuttboden.
Dank einiger Infotafeln des Weinlehrpfades sind wir bestens informiert und nehmen den Anstieg auf den Rothenberg in Angriff. Zunächst legen wir einen Zwischenstopp bei der schönsten Weinsicht Rheingau 2012 ein und genießen den herrlichen Panoramablick. Von dort sind es nur noch ein paar wenige Höhenmeter auf einem Schotterweg hinauf zum wuchtigen Steinkruzifix auf dem **Rothenberg** ❷. Warum dieser wunderschöne Aussichtspunkt nicht zur schönsten Weinsicht deklariert wurde, erschließt sich uns nicht, denn der Rundblick von hier ist weit besser als der untere. Im Osten schweifen die Augen über Schloss Johannisberg bis Mainz und Wiesbaden, im Süden über den Inselrhein mit der Mariannenaue ins

rheinhessische Hügelland bis zum Donnersberg, im Südwesten über den Rochusberg bei Bingen bis zur Nahemündung, im Westen über die Abtei St. Hildegard bis zur Germania oberhalb von Rüdesheim und im Norden zu den bewaldeten Höhen des Taunus.

Stetig leicht abwärts gelangen wir an den Ortsrand, wobei wir einen ehemaligen Kaolinabbau passieren, der sich in einem Wäldchen verbirgt. Unten auf der Langestraße folgen wir der Weinlehrpfad-Markierung nach links, vorbei an zwei Weingütern, schon wieder hinaus auf die Feldflur. Dort immerzu an der Straße entlang, bis sie nach etwa 400 m in den Nordostring mündet; auf diesem nach links und auf Höhe des **Wasserwerks ❸** nochmals links auf einen geteerten Wirtschaftsweg abbiegen. Ab jetzt müssen wir eine Zeitlang ohne Markierung auskommen, da sich der Weinlehrpfad nach rechts in Richtung Johannisberg verabschiedet hat. Es geht nun nahezu geradlinig und leicht abschüssig durch die Rebflächen hindurch, wobei wir in die Lage Mönchspfad hinüber wechseln.

Diese größte der Geisenheimer Weinlagen ist nach einem Weg benannt, den früher Mönche und Nonnen zwischen den Klöstern in Eibingen und Johannisberg begangen haben. Dank einer meterdicken Überlagerung des Quarzitbodens mit fruchtbaren Lössen und Mergeln präsentieren sich die hier angebauten Rieslinge saftig mit einer belebenden Säure und einer zarten Restsüße.

Beim **Parkplatz am Friedhof ❹** bleiben wir geradeaus und gelangen auf der Straße »An der Sommerau«, vorbei an einer Rebfläche, in das Wäldchen des NSG Geisenheimer Heide hinein. Darin stoßen wir auf den Rheinsteig und folgen ihm links über den Stegbach hinweg. Beim folgenden Wegweiser orientieren wir uns mit dem Rheinsteig-Zubringer

Fachwerkromantik in Geisenheim.

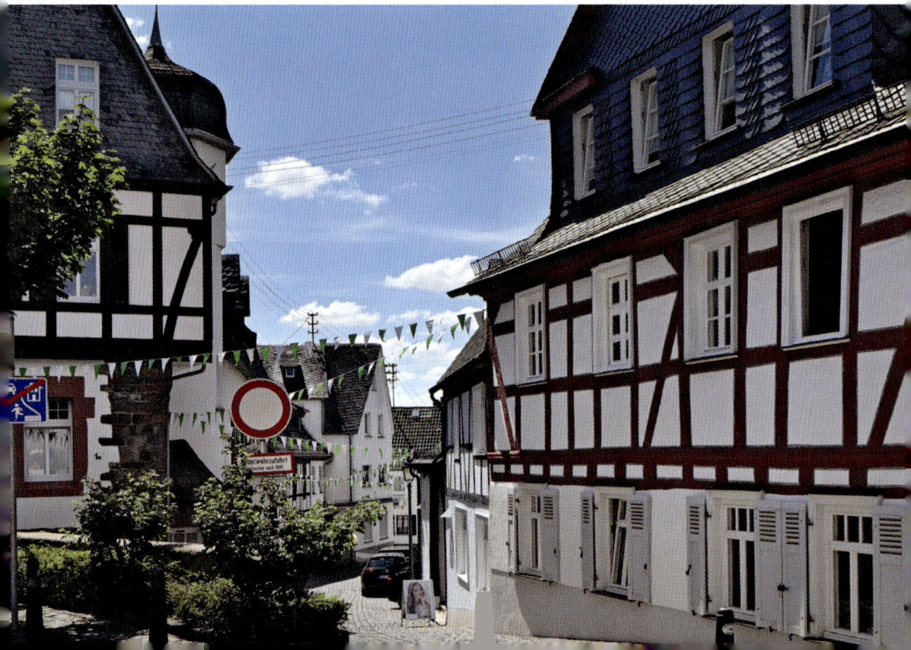

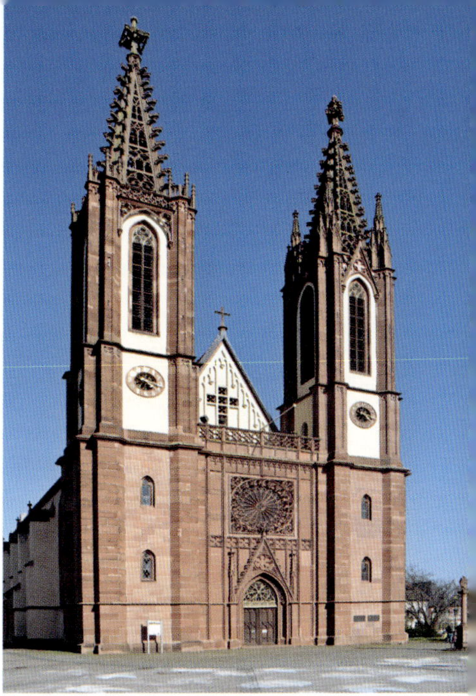

Rheingauer Dom.

geradeaus (der Rheinsteig biegt hier rechts zur Abtei St. Hildegard ab) bis zum Waldrand. Dort verlässt uns diese Markierung auch schon wieder (nach links), wir bleiben aber weiter geradeaus – und zwar bis ans Ende unserer Tour ohne Markierung.

Beim nahen **Rastplatz Leideck** ❺ mit Aussichts-Stele und Infotafel legen wir eine kleine Pause ein und halten uns bei der folgenden Gabelung bei einem Kruzifix halb links. Ein geteerter Wirtschaftsweg bringt uns stetig leicht abwärts durch die Rebflächen hinunter zum querenden Eibinger Weg. Auf diesem nach links in das Wohngebiet hinein und dort rechts in den Rebenweg, der dann in einer Linksbiegung auf das Sportgelände zusteuert. Nun geht es rechts durch die Bahnunterführung und danach folgen wir der breiten Rüdesheimer Straße nach links. Auf Höhe des Kreisels halten wir uns rechts auf einen Radweg, der zunächst abwärts verläuft und in der Folge eine Linksbiegung durch die Straßenunterführung macht. Nun bleiben wir immerzu auf diesem Radweg, vorbei am Eduard-von-Lade-Park, am Ortsrand von Geisenheim entlang. Beim Parkplatz biegen wir links in die Rheinstraße und gelangen über die Karl-Ehrhard-Straße zum Marktplatz (eigentlich Bischof-Blum-Platz), wo man sich eine Besichtigung des prächtigen **Rheingauer Doms** ❻ nicht entgehen lassen sollte.

Auf der Prälat-Werthmann-Straße und der Winkeler Straße durchqueren wir die sehenswerte Altstadt und schwenken nach dem Schloss Schönborn links in die Schönbornstraße ein. Auf dieser ist unser Ausgangspunkt am **Bahnhof Geisenheim** ❶ schnell wieder erreicht.

Weinwissen

Seit 1999 gibt es im Rheingau für besonders herausragende Weine die Bezeichnung **Erstes Gewächs Rheingau**. Verwendet werden dürfen dafür nur handverlesene Riesling- und Spätburgundertrauben aus parzellenscharf abgegrenzten Spitzenlagen. Die Klassifizierung wurde nach wissenschaftlichen Kriterien in Zusammenarbeit des VDP Rheingau und der Hochschule Geisenheim erarbeitet. Der Ertrag ist auf 50 Liter pro Hektar beschränkt, Mostgewicht und Restzuckergehalt sind genau festgelegt. Wichtig zur Erlangung der Auszeichnung ist außerdem eine sensorische Prüfung, bei der Färbung, Geruch, Geschmack oder Trübung des Weines untersucht werden. Im Jahr 2019 wurde die Bezeichnung in **»Rheingau Großes Gewächs« (RGG)** geändert.

12 Abtei St. Hildegard über Rüdesheim

Auf dem Hildegardweg

2.00 Std. | 5,8 km | ↗160 m | ↘160 m

»Wein ist das Blut der Erde«

Keiner Geringeren als der Heiligen Hildegard von Bingen wird dieser Satz zugeschrieben. Die mittelalterliche Ordensfrau und Mystikerin (1098–1179) ist eine der bedeutendsten und faszinierendsten Frauengestalten der Geschichte. Zeit ihres Lebens rang sie um die Fragen nach Gott, Welt und Mensch und hat der Nachwelt ein umfassendes theologisches, spirituelles, musikalisches und naturkundliches Werk hinterlassen. Besonders populär ist heute ihre ganzheitliche »Hildegard-Medizin« als sanfte Alternative zur Schulmedizin. Viele sehen Hildegard auch als Vorkämpferin für die Emanzipation der Frau. Eine schöne Möglichkeit, sich dieser beeindruckenden Frau zu nähern, ist der mit Infotafeln zu Leben, Werk und Zeit der Heiligen ausgestattete Rüdesheimer Hildegardweg. Wir beginnen ihn auf unserer Tour nicht in Rüdesheim, wo er eigentlich offiziell beginnt, sondern direkt bei der Abtei St. Hildegard, die hoch über dem Weinort mitten in den weiten Rebflächen liegt. Die heutige Klosteranlage wurde von 1900 bis 1904 im neoromanischen Stil erbaut, ihre Ursprünge gehen aber zurück auf das durch die Heilige Hildegard im Jahr 1165 gegründete Kloster Rupertsberg bei Bingen. Die von Benediktinerinnen betriebene Abtei finanziert sich unter anderem durch das klostereigene Weingut, das vor allem hochwertige Rieslingweine produziert. So schließt sich wieder der Kreis, denn der Anbau von Wein war schon im Mittelalter eine Domäne der Klöster. Damals wusste die Heilige Hildegard bereits: »Der Wein – maßvoll genossen – heilt und erfreut den Menschen zutiefst durch seine große Kraft und Wärme«. Na, das hört doch jeder Weinfreund gerne.

Unser Ausgangspunkt: die Abtei St. Hildegard.

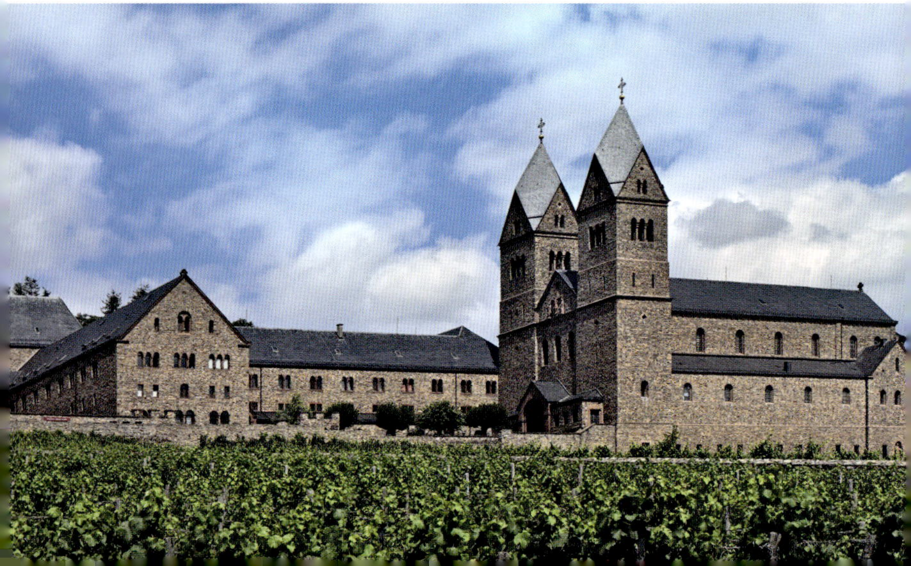

Ausgangspunkt: Abtei St. Hildegard (224 m); Anfahrt mit Bahn bis Bahnhof Rüdesheim, mit Bus 187 bis Haltestelle St. Hildegard an der Nothgottesstraße; Navi: 65385 Rüdesheim, Klosterweg 1 (kostenlose Parkplätze vorhanden).

Anforderungen: Überwiegend geteerte Wirtschaftswege, etappenweise Schotter- bzw. Steinpflasterwege; nur moderate An- und Abstiege; auch mit Kindern empfehlenswert.

Markierung: Hildegardweg, kurze Etappe ohne Markierung.

Wanderkarte: NaturNavi Blatt 43-555 Rheingau 1: 25.000.

Einkehr: Klostercafé in der Abtei St. Hildegard, Abtei St. Hildegard 1, 65385 Rüdesheim, Tel. +49 6722 499215, www.klostercafe-st-hildegard.de, Mo.–So. 10–17 Uhr. Weinprobierstand auf dem Marktplatz in Rüdesheim, April–Okt. Mo.–Fr. ab 16.30 Uhr, Sa ab 14 Uhr, So/Fei. ab 14 Uhr. Weitere Einkehrmöglichkeiten in Rüdesheim unter www.ruedesheim.de/gastronomie/.

Winzer: **Klosterweingut Abtei St. Hildegard**, Klosterweg 1, 65385 Rüdesheim, Tel. +49 6722 499130, www.abtei-st-hildegard.de/klosterweingut/; das Weingut bewirtschaftet vorwiegend die rund um die Abtei gelegenen Lagen Klosterberg und Klosterlay und baut dort überwiegend Riesling an, dazu kleine Flächen mit Spätburgunder. Die besten Weine eines Jahrgangs werden als sogenannte »Klosteredition« abgefüllt. Jeder dieser Weine bekommt einen lateinischen Namen (z.B. Domus Domini) und erhält ein Etikett, das jeweils Ausschnitte aus dem Werk »Engelchöre« der Hildegard von Bingen zeigt. Alle Weine können in der Abtei-Vinothek verkostet und im Klosterladen käuflich erworben werden. **Weingut Eibinger Zehnthof**, Eibinger Oberstr. 15, 65385 Rüdesheim-Eibingen, Tel. +49 6722 2755, www.eibinger-zehnthof.de. Das von Familie Ketzer betriebene, traditionsreiche Weingut hat seinen Sitz im ehemaligen spätgotischen Rathaus, früher Abgabestelle für den sogenannten »Zehnten« an den Landesherren und Kurfürsten.

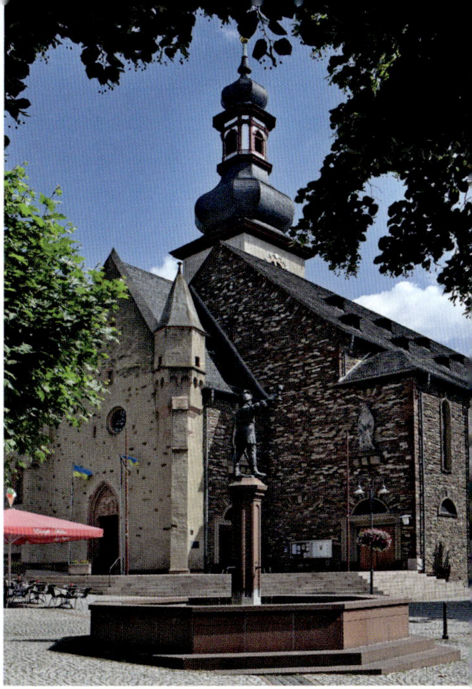

Marktplatz in Rüdesheim.

Neben Riesling und Spätburgunder zählen auch Roter Riesling und Sauvignon Blanc zum Portfolio. **Weingut Magdalenenhof**, Marienthaler Str. 90, 65385 Rüdesheim-Eibingen, Tel. +49 6722 906900, www.magdalenenhof.de; das etwas außerhalb des Ortes gelegene Weingut bewirtschaftet Weinberge in den Rüdesheimer Lagen Rüdesheimer Magdalenenkreuz, Kirchenpfad und Rottland. Angebaut werden überwiegend Riesling und blauer Spätburgunder, dazu Müller-Thurgau und St. Laurent. Alle Weine können in der hauseigenen Vinothek verkostet werden. Das Gutsrestaurant hat in der Regel von Mi bis Sa ab 17 Uhr geöffnet, an So./Fei. ab 12 Uhr. **Weingut Vollmer**, Marienthaler Str. 22, 65385 Rüdesheim-Eibingen, Tel. +49 6722 2573, www.vollmer-wein.de; Das Familienweingut produziert überwiegend Rieslingweine, die sich durch ein günstiges Preis-Leistungs-Verhältnis auszeichnen.

Variante: Schlaufe zur Wallfahrtskirche St. Hildegard in Eibingen, verlängert die Tour um 1,7 km.

Beim Wegweiser an der **Abtei St. Hildegard** ❶ folgen wir der Hildegardweg-Markierung und dem Rheinsteig mit Blick zu den Gebäuden nach links (Südwesten) in Richtung Ringmauer und Viadukt der Zahnradbahn. Beim nächsten Wegweiser weiter geradeaus leicht abwärts durch die Rebflächen der Weinlage Klosterberg, die natürlich vom klostereigenen Weingut bewirtschaftet wird. Die mineralischen Schiefer- und Quarzitböden bringen elegante, rassige und feinnervige Rieslingweine hervor. Im weiteren Wegverlauf gelangen wir in die benachbarte Lage Klosterlay, deren mit Löss und Lehm durchsetzte Böden den Weinen eine opulente und körperreiche Frucht verleihen. Unten auf dem querenden Wirtschaftsweg rechts auf ein Wäldchen zusteuern und dort beim Parkplatz links über die L3454.

Stetig abwärts geht es dann zu einer Wegkreuzung hinunter, an dem uns die Hildegard-Markierung scharf nach links weist (der Rheinsteig geht hier geradeaus weiter). Nach etwas mehr als 200 m biegen wir rechts ab, durchschreiten das **Viadukt** ❷ der ehemaligen Zahnradbahn und halten uns dahinter gleich wieder scharf links. Nun führt der gepflasterte und von Steinmauern begrenzte Kuhweg etwas steiler hinunter nach Rüdesheim zum Parkplatz an der Ringmauer. Bestens geleitet vom Hildegard-Symbol finden wir durch die engen Altstadtgassen zum **Rüdesheimer Marktplatz** ❸, der vom Rathaus und der Pfarrkirche St. Jakobus (12. Jh.) dominiert wird. Wem nach einer Einkehr zumute ist, findet hier Weinlokale und Restaurants in Hülle und Fülle. Über die Marktstraße hinunter zur breiten Rheinstraße, der wir nach rechts folgen. Auf Rüdesheims Flaniermeile ziehen sich diverse Ladengeschäfte, Cafés, Kneipen und sonstige Lokale auf knapp 300 m Länge parallel zum Rhein dahin. In die nach rechts abzweigende Drosselgasse werfen wir nur einen kurzen Blick – immerhin ist sie ja die berühmteste Sehenswürdigkeit des weinseligen Ortes – und freuen uns, dass wir den touristischen Trubel heil überstanden haben.

Nach Passieren der **Brömserburg** ❹ mit ihrem markanten Bergfried (sie wird heute für Ausstellungen des Rheingauer Weinmuseums genutzt) schwenken wir rechts in die Burgstraße ein und gelangen über die Oberstraße und die Straße »Am Feldtor« stetig ansteigend hinaus in die Weinberge. Ein geteerter Wirtschaftsweg bringt uns längs einer Mauerböschung hinauf zu einem Bildstock, wo wir uns weiter ansteigend rechts halten. Nun befinden wir uns wieder in der Lage Bischofsberg, die wir bereits auf dem Herweg

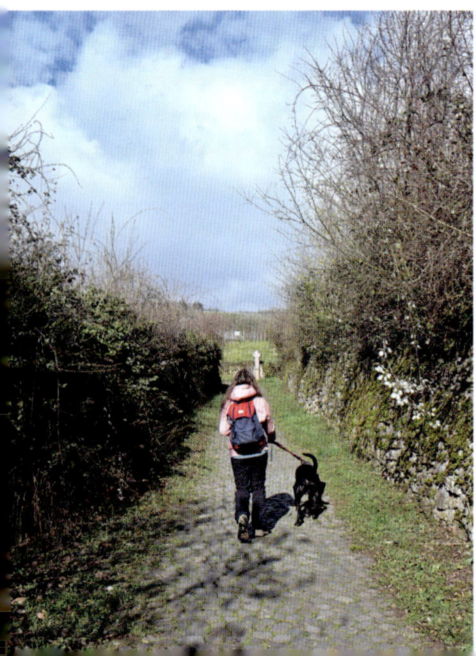

Weg hinunter nach Rüdesheim.

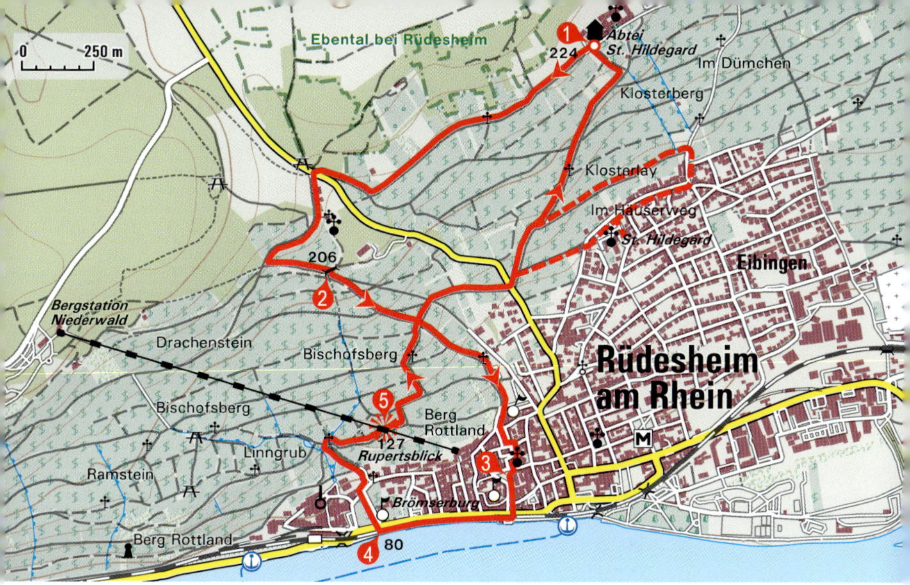

unmerklich durchquert haben, weil uns die Mauern längs des Kuhweges die Sicht versperrt hatten. Ihr Name bezieht sich auf die Mainzer Erzbischöfe, die die Rodung hier erlaubten und den Weinbau förderten. Die tiefgründigen Löss-Lehm-Böden mit einer guten Wasserführung sorgen auch oder gerade in trockenen Jahren für voluminöse Weine mit einer markanten Säure.

Beim **Rastplatz Rupertsblick** ❺ nahe der Trasse der Kabinenbahn hinauf zum Niederwalddenkmal legen wir eine kurze Rast ein, um das schöne Panorama auf uns wirken zu lassen. Eine Infotafel erläutert hier, wo das von der heiligen Hildegard gebaute Kloster Rupertsberg im heutigen Bingerbrück stand.

Es geht nun stetig aufwärts durch die Rebflächen hindurch, wobei alle Abbiegestellen bestens mit dem Hildegard-Symbol markiert sind. Im weiteren Verlauf queren wir unseren Herweg und halten über die L3034 hinweg auf Eibingen zu. Wir folgen jedoch nicht dem Hildegardweg rechts in den Rüdesheimer Ortsteil hinein zur Wallfahrtskirche St. Hildegard, sondern setzen unseren Weg weiter geradeaus hangaufwärts fort. Aber schon nach etwa 150 m stößt die offizielle Wegführung wieder zu uns und wir haben uns einen Umweg von etwa 1,7 km erspart. Wer den Weg jedoch aus spirituellen Gründen gehen möchte, wird sicherlich diese Schlaufe nicht scheuen, zumal sich in der Eibinger Wallfahrtskirche der Hildegardisschrein befindet, in dem Schädel, Haar, Herz und Zunge der heiligen Hildegard verwahrt werden. Uns zieht es aber zurück zur Abtei, wo wir im Klostercafé einen der hauseigenen Weine verkosten wollen. Bei der Wegkreuzung unterhalb des Klosterareals biegen wir links ab und gehen über die Skulpturenwiese hinauf zum Wegweiser an der **Abtei St. Hildegard** ❶, wo unsere Tour begonnen hat.

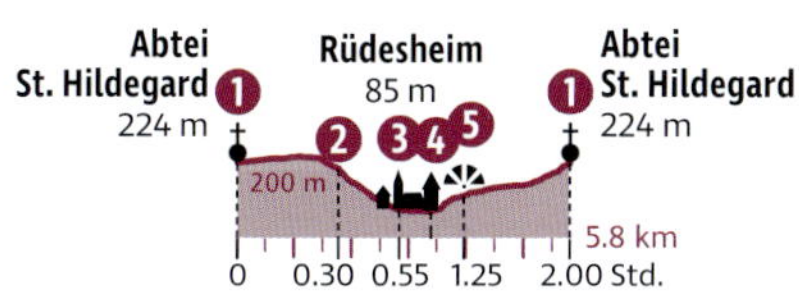

13 Von Rüdesheim zum Niederwalddenkmal

Ein Klassiker unter den Rheingau-Wanderungen

TOP 3.15 Std. 9,5 km ↗300 m ↘300 m

Wo der Geist des Weines durch die Gassen weht

Gemeinsam mit dem auf der gegenüberliegenden Flussseite gelegenen Bingen bildet Rüdesheim das Tor zum UNESCO-Welterbe Oberes Mittelrheintal, dem spektakulärsten Abschnitt des Rheins auf seinem Weg von den Alpen bis zur Nordsee. Das historische Städtchen mit seiner berühmten (oder berüchtigten) Drosselgasse ist der wohl meistbesuchte Ort im Rheingau. Das ganze Jahr über kommen Touristen aus dem In- und Ausland hierher auf der Suche nach der vielbesungenen Rheinromantik. Viele finden diese vor allem in einer der zahlreichen Weinschänken, mit denen das Rheinstädtchen aufwarten kann. Denn durch seine Gassen weht nicht erst seit 1892 der Geist des Weines, als Hugo Asbach erstmals seinen legendären Weinbrand auf den Markt gebracht hat. Diese Spezialität ist ebenso untrennbar mit Rüdesheim verbunden wie der später erfundene Rüdesheimer Kaffee. Die Geschichte des Weinbaues in der Region reicht aber viel weiter zurück – er ist urkundlich seit dem Jahr 1074 belegt. Am Ausbau der Weinwirtschaft waren besonders die Klöster und Adelsfamilien beteiligt. Damals wie heute fordern die westlich der Stadt gelegenen Steillagen den Winzern viel Schweiß und Mühe ab, denn sie können nur in reiner Handarbeit bearbeitet werden. Unsere Tour von Rüdesheim hoch zur Germania auf dem Niederwald beweist dies eindrucksvoll. Denn sie führt uns hindurch durch einige der berühmtesten und wertvollsten Weinlagen von Rüdesheim. Oben angekommen, lassen wir uns vom Landschaftspark Niederwald bezaubern, bevor wir zu Füßen des monumentalen Denkmals den phänomenalen Ausblick ins Rheintal genießen. Anders als viele Touristen schweben wir aber nicht mit der Kabinenbahn zurück nach Rüdesheim, sondern legen auch unseren Rückweg dorthin per Pedes zurück.

Einer der schönsten Aussichtspunkte im Rheingau: der Pavillon auf dem Niederwald.

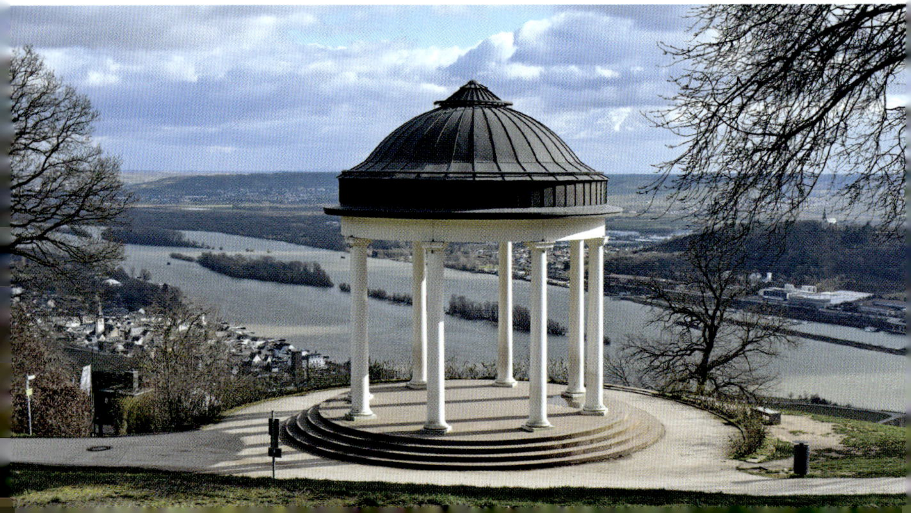

Ausgangspunkt: Bahnhof in Rüdesheim (81 m); Anfahrt mit Regionalbahn Wiesbaden–Koblenz; Navi: 65385 Rüdesheim, Am Rottland 1 (Parkplätze vorhanden).
Anforderungen: Überwiegend moderate An- und Abstiege, nur der letzte kurze Anstieg hinauf auf den Niederwald ist etwas steiler; durchgängig auf geschotterten, teils geteerten Wegen; auch mit Kindern empfehlenswert.
Markierung: Rheinsteig-Zubringer, Große Rüdesheimer Runde, ohne Markierung, Große Rüdesheimer Runde, Rheingauer Rieslingpfad, Rheinsteig, ohne Markierung, Große Rüdesheimer Runde, Rheinsteig-Zubringer.
Wanderkarte: NaturNavi Blatt 43-555 Rheingau 1: 25000.
Einkehr: Restaurant und Hotel Jagdschloss Niederwald, Niederwald 1, 65385 Rüdesheim, Tel. +49 6722 71060, www.niederwald.de; Di.–So. 12–13.30 Uhr u. 18–20.30 Uhr. Restaurant Am Niederwald, Am Niederwald 4, 65385 Rüdesheim, Tel. +49 6722 7103370, www.am-niederwald.de, Fr.–Di. 11–18 Uhr. Das Rebenhaus, Am Niederwald 2, 65385 Rüdesheim, Tel. +49 6722 4967060, www.das-rebenhaus.de, Mi.–Mo. 11–19 Uhr, Di. Ruhetag. Zahlreiche weitere Restaurants und Weinschänken in Rüdesheim.
Winzer: **Weingut Carl Ehrhard**, Geisenheimer Str. 3, 65385 Rüdesheim, Tel. +49 6722 47396, www.weingutcarlehrhard.de. **Weingut Georg Breuer**, Grabenstr. 8, 65385 Rüdesheim, Tel. +49 6722 1027, www.georg-breuer.com. **Sektkellerei Ohlig**, Geisenheimer Str. 54, 65385 Rüdesheim, Tel. +49 6722 30010, www.ohlig-sekt.de. **Weingut Dr. Nägler**, Friedrichstr. 2, 65385 Rüdesheim, Tel. +49 6722 2835, www.weingut-dr-naegler.de. **Weingut Heinz Störzel**, Marktstr. 28, 65385 Rüdesheim, Tel. +49 152 53910842, www.weingut-stoerzel.de.
Informationen: **Rüdesheim:**
Sehenswert in dem wohl bekanntesten und auch meistbesuchten Weinort des Rheingaus sind unter anderem die Brömserburg und die unmittelbar daneben befindliche Boosenburg. Dazu eine Reihe schöner alter Adelshöfe in der Obergasse, darunter der Brömserhof mit dem Museum für mechanische Musikinstrumente. Wer touristischen Trubel liebt, kommt wohl auch in der Altstadt nicht an der Drosselgasse vorbei, wo sich auf 144 Meter Länge eine Weinschänke an die andere reiht (www.ruedesheim.de).

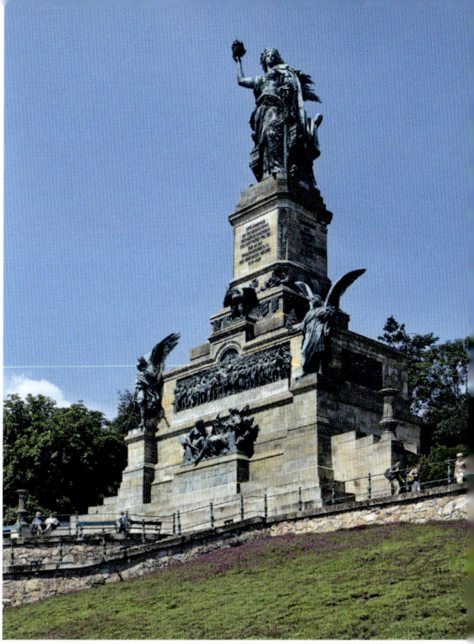

Niederwalddenkmal.

Niederwalddenkmal:
Das etwas martialisch anmutende und nationalen Pathos ausstrahlende Denkmal wurde in Erinnerung an den Krieg gegen Frankreich 1870/71 und die darauffolgende Wiederbegründung des Deutschen Kaiserreichs in den Jahren von 1877 bis 1883 errichtet. Allein die Bronzefigur der Germania samt Kaiserkrone und Reichsschwert hat eine Höhe von 12 Metern, den Sockel eingerechnet ist das Bauwerk gar 38 Meter hoch. Weit schöner ist jedoch der Ausblick, den man von seinem Standort weit über den Rhein genießen kann. Von Rüdesheim und Assmannshausen lässt sich das Niederwalddenkmal bequem per Kabinen- bzw. Sesselbahn erreichen.

Vom Bahnhof in **Rüdesheim** ❶ folgen wir dem Rheinsteig-Zubringer über die Obergasse und die Straße »Am Feldtor« stetig aufwärts hinaus in die Weinberge der Lage Berg Rottland, eine der ältesten und besten des berühmten Weinortes. Mittlerweile begleitet uns auch die Markierung der Großen Rüdesheimer Runde, mit der wir nach etwa 160 m links abbiegen. Vor einer kleinen Kapelle, dem Dauterhauser Heiligenhäuschen, verlässt sie uns aber schon wieder nach rechts; wir bleiben ohne Markierung geradeaus und erreichen, unserem Schotterweg folgend, den **Ramstein** ❷, einen von einer eisernen Wetterfahne gekrönten Quarzitfelsen.

Durch eine Senke hindurch geht es stetig längs einer Mauerböschung aufwärts zu einem WW bei einer Rastbank. Dort stoßen wir erneut auf die Große Rüdesheimer Runde, mit deren Markierung wir uns links halten (Ehrenfelsblick 1,9 km). Nach etwa 400 m schlagen wir bei einer Gabelung den rechten Weg ein und halten uns weiter aufwärts, wobei sich uns in einer Wegbiegung ein schöner Blick über die Steillagen Roseneck und Schlossberg hinweg hinüber nach Bingen auf der anderen Rheinseite bietet. Rechts des Weges passieren wir die Steillage Drachenstein. Oben auf dem Querweg gelangen wir bei einer Rastbank zum **Ehrenfelsblick** ❸, eine Infotafel klärt uns über die Historie der Ruine auf, die sich zu unseren Füßen über dem Rhein an den Steilhang schmiegt.

Wir biegen rechts ab und orientieren uns nun an der leider nur lückenhaft vorhandenen Markierung des Rieslingpfades aufwärts auf ein Waldgebiet zu. An dessen Rand treffen wir auf den Rheinsteig, der uns nun bis zum Jagdschloss Niederwald die Richtung vorgeben wird. Er führt uns zunächst in leichtem Auf und Ab zu einer Rastbank an der Hangkante, wo sich ein toller Blick hinüber zur Nahemündung bei Bingen auftut. Ab jetzt säumen immer wieder rote Infostelen unseren Weg, die auf interessante Lokalitäten des Ostein´schen Parks (auch Landschaftspark Niederwald) aufmerksam machen. Im 18. Jh. ließ Graf Johann Friedrich Karl Maximilian von Ostein die bewaldete Anhöhe des Niederwaldes zunächst als Jagdwald erschließen und später zu einem romantischen Landschaftspark umgestalten.

Stetig abwärts gelangen wir aus dem Wald hinaus und durchqueren ein Rebenfeld. Hinter einem Weindepot des Weingutes Altenkirch macht der Weg eine Rechtsbiegung und führt etwas steiler aufwärts auf den Wald zu. Links von uns ragt der Turm des Rossel, unseres nächsten Zwischenziels, über den Bäumen hervor. Im Wald folgen wir der Rheinsteig-Markierung hoch zu einem querenden Schotterweg, auf den wir links einschwenken und dann zum **Rossel** ❹

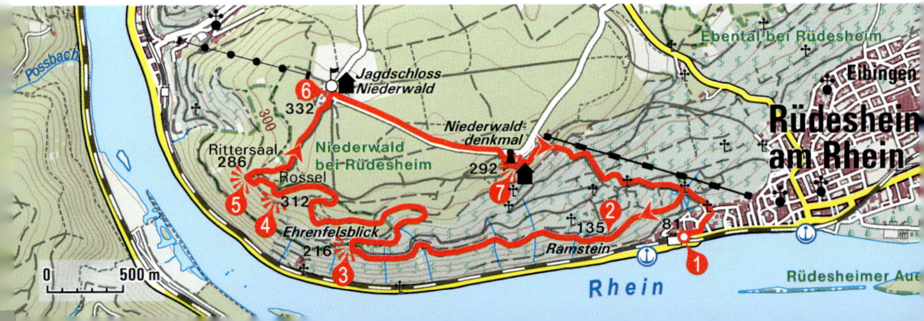

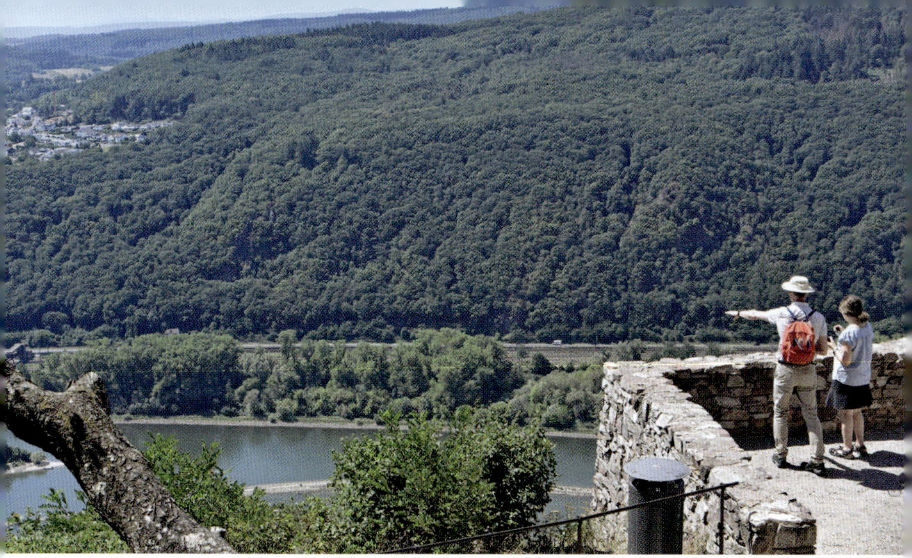

Aussicht vom Rossel ins Rheintal.

gelangen. Dort gehen wir auf Treppenstufen hinunter zur Aussichtsterrasse, genießen den herrlichen Ausblick auf den Rhein mit der Nahemündung und steigen durch den Turm hindurch wieder nach oben.
Beim WW halten wir uns links zum **Rittersaal ❺**, einem weiteren Aussichtspunkt hoch über dem Rheintal, von dort in stetigem leichten Anstieg, vorbei an der Zauberhöhle, zum **Jagdschloss Niederwald ❻**. Wem dessen Speisekarte zu abgehoben (und teuer) erscheint, hebe sich seinen Hunger und Durst für später auf. In jedem Fall verlassen wir hier den Rheinsteig und nehmen jetzt einen Fußweg nach rechts, der ohne Markierung längs des Zufahrtssträßchens entlangführt. Kurz vor dem großen Parkplatz gesellt sich wieder die Große Rüdesheimer Runde zu uns, der wir nach rechts hinunter zum **Niederwalddenkmal ❼** folgen. Vorbei an der gusseisernen Germania auf ihrem mit nationalem Pathos ausgestatteten Sockel flanieren wir über die Anlage und bestaunen die phänomenale Aussicht ins Rheintal. Beim Niederwaldtempel biegen wir mit dem Rheinsteig-Zubringer rechts ab und legen einige Meter hangabwärts im Rebenhaus eine Einkehrpause ein. Auf einer steilen Treppe weiter abwärts hinunter zu einem Querweg und ab da, der zuverlässigen Ausmarkierung des Rheinsteig-Zubringers folgend, zurück zum Abzweig in Richtung Ramstein zu Beginn unserer Tour. Von dort gelangen wir wie auf dem Herweg zurück zum Bahnhof von **Rüdesheim ❶**.

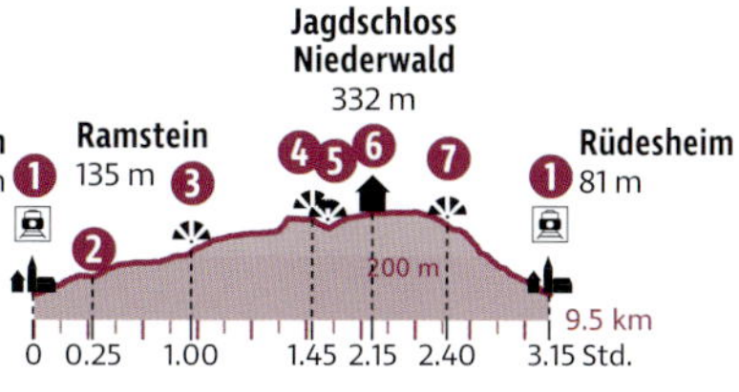

14 Von Rüdesheim nach Assmannshausen

Auf dem Rheingauer Rieslingpfad

1.45 Std. | 5,6 km | ↗140 m | ↘150 m

Mit dem Schiff zurück nach Rüdesheim

Hoch über dem Rhein durch steile, teils terrassierte Weinberge zu wandern und dabei immer wieder unglaublich schöne Ausblicke zu genießen – das ist der Reiz dieser kurzweiligen Tour am Beginn des UNESCO-Weltkulturerbes Oberes Mittelrheintal. Von Rüdesheim nach Assmannshausen folgen wir dem Strom in einer Rechtsbiegung, mit der er sich wieder nach Norden wendet, nachdem ihm ab Wiesbaden bis hierher der Taunus den Weg versperrt hat. Man sollte sich für diese wenn auch nur kurze Wanderung viel Zeit nehmen, denn es gibt viel zu sehen. Fünf der spektakulärsten, weil von einer atemberaubenden Steilheit gekennzeichneten Rüdesheimer Weinlagen liegen ebenso auf unserer Route wie die Nahemündung bei Bingen, der inmitten des Rheins auf einer kleinen Insel stehende Mäuseturm und das bei Rheinschiffern einst gefürchtete Binger Loch. Mit Burg Ehrenfels und Burg Rheinstein passieren wir schließlich zwei der zahlreichen Burgen, für die das Obere Mittelrheintal berühmt ist, bevor wir in der Rotweingemeinde Assmannshausen ankommen. Von dort kehren wir auf einem Ausflugsdampfer auf dem Rhein zurück nach Rüdesheim. Ein schönes Highlight am Ende unserer Tour, nicht zuletzt für alle, die mit Kindern unterwegs sind.

Assmannshausen mit Burg Rheinstein.

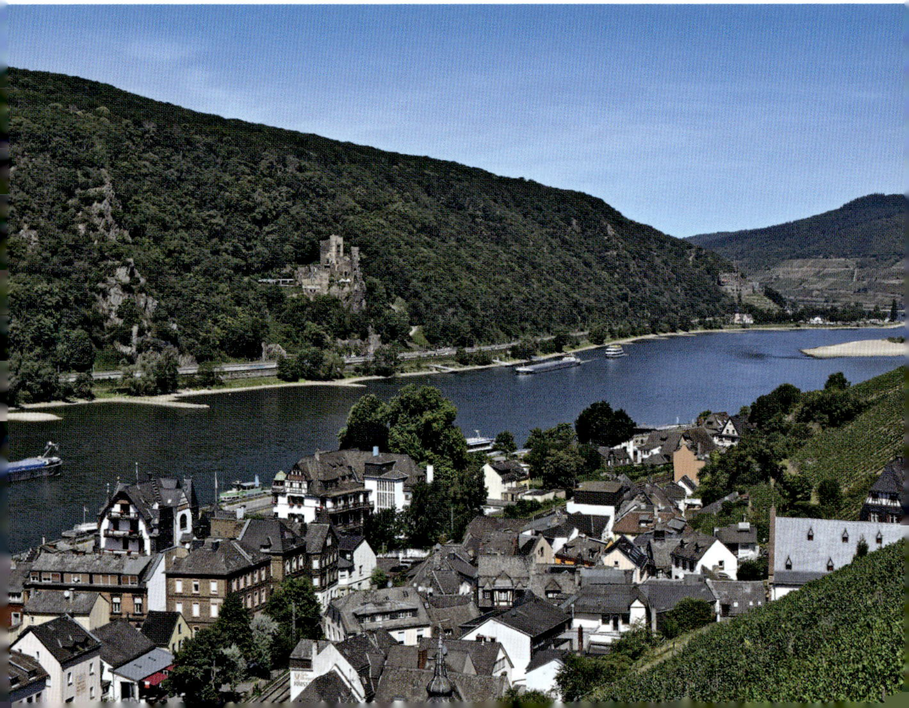

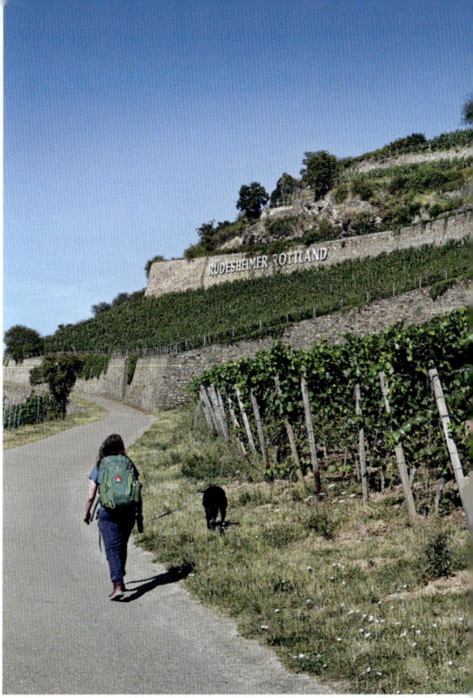

In der Weinlage Rüdesheimer Rottland.

Ausgangspunkt: Bahnhof in Rüdesheim (81 m); Anfahrt mit Regionalbahn Wiesbaden – Koblenz; Navi: 65385 Rüdesheim, Am Rottland 1 (Parkplätze).
Endpunkt: Bootsanlegestelle in Assmannshausen, Brücke 3 (77 m).
Anforderungen: Kurzweilige Tour ohne größere An- und Abstiege, nur die Passage durch die Weinlage Frankenthal hinunter nach Assmannshausen ist etwas steiler; ausschließlich auf geteerten und geschotterten Wegen; auch mit Kindern empfehlenswert.
Markierung: Rheinsteig-Zubringer, ohne Markierung, Große Rüdesheimer Runde/Rheingauer Rieslingpfad (gelber Römer auf grün), Rotweinweg.
Wanderkarte: NaturNavi Blatt 43-555 Rheingau 1: 25.000.
Einkehr: Unterwegs keine Einkehrmöglichkeit; diverse in Assmannshausen, siehe Tour 15.
Weintipps: Siehe Tour 15.
Wissenswertes: Im UNESCO-Weltkulturerbe Oberes Mittelrheintal verkehren die drei Schifffahrtslinien Bingen-Rüdesheimer Fahrgastschifffahrt (www.bingen-ruedesheimer.de), die Köln-Düsseldorfer Deutsche Rheinschiffahrt GmbH (www.k-d.com) und die Rössler Linie (www.roesslerlinie.de). Alle drei fahren den Anleger in Rüdesheim und Assmannshausen mehrmals am Tag an. Fahrpläne und Preise entnehme man der jeweiligen Website.
Variante: Mit der Kabinenbahn von Rüdesheim hoch zum Niederwalddenkmal und von dort auf dem Rheinsteig zur Bergstation der Niederwald-Sesselbahn und weiter hinunter nach Assmannshausen zur Bootsanlegestelle (Länge: 6,3 km, Anstieg: 203 m, Abstieg: 425 m).

Vom Bahnhof in **Rüdesheim ❶** halten wir uns mit dem Rheinsteig-Zubringer über die Obergasse und die Straße »Am Feldtor« aufwärts aus der Stadt hinaus. Gleich hinter dem Ortsrand biegen wir links auf einen nicht markierten Wirtschaftsweg ab, wobei wir uns am Wegweiser in Richtung Ehrenfels/Assmannshausen orientieren. Bei der ersten Gabelung bleiben wir geradeaus und gehen auf die große Schrift »Rüdesheimer Rottland« zu, die in großen weißen Buchstaben weithin sichtbar an einer Böschungsmauer zu lesen ist.

Wir folgen nun konsequent diesem Weg, der sich in leichtem Auf und Ab parallel zum Rhein links von uns durch die Weinberge zieht. Dabei passieren wir rechts oberhalb von uns zunächst den Ramstein, dann die Germania auf dem Niederwald. Eine weitere Schrift an einer Mauerböschung verrät uns, dass wir mittlerweile in der Lage Rüdesheimer Roseneck angekommen sind. Um einen Bacheinschnitt herum gelangen wir zu einer Gabelung, wo ein Weg links hinunter zur Ruine Ehrenfels führt. Da die einstige Zollburg der Mainzer

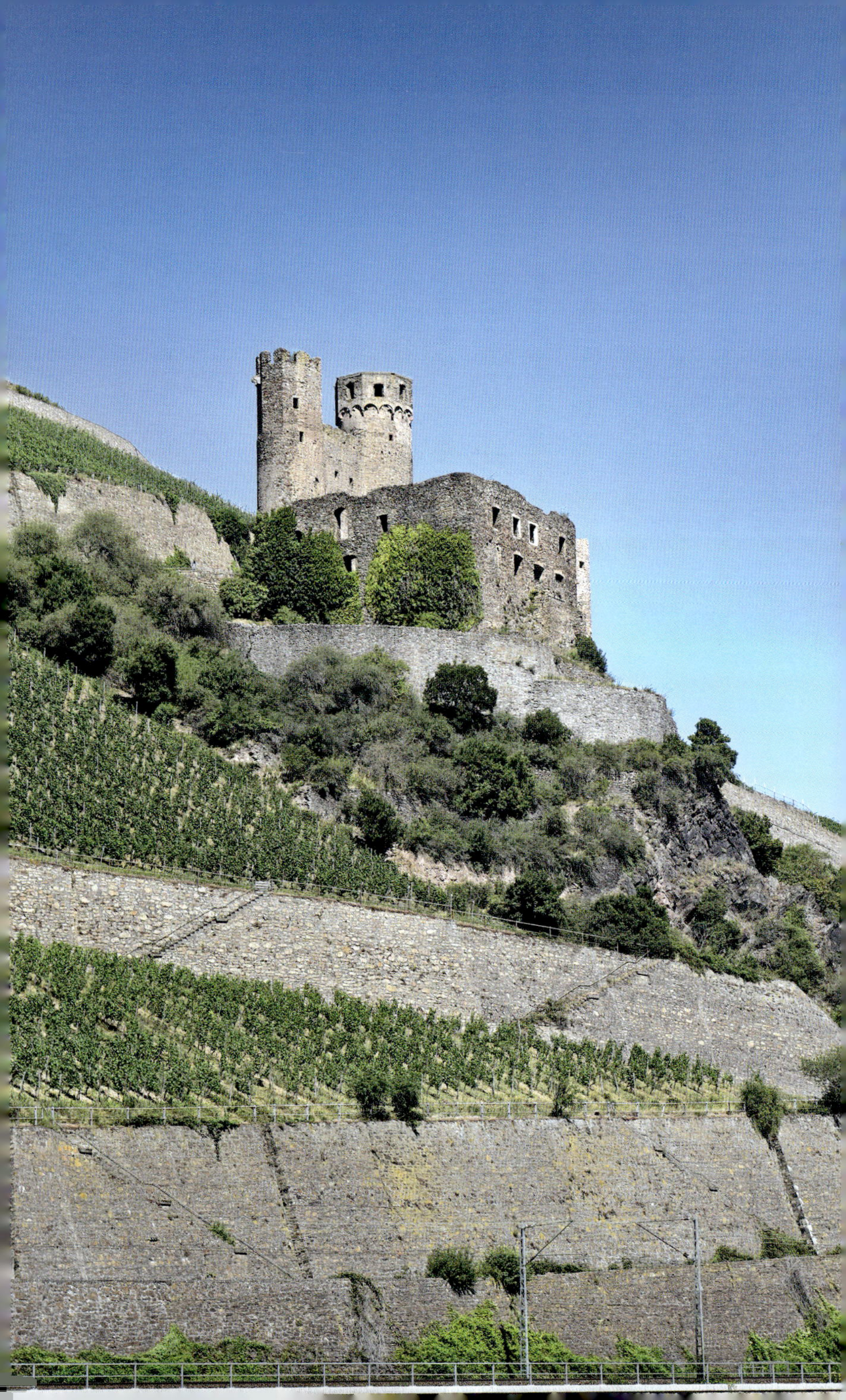

Burg Ehrenfels vom Schiff aus.

Erzbischöfe (erbaut 1220, zerstört 1689 im Pfälzischen Erbfolgekrieg) nicht besichtigt werden kann, halten wir uns dort rechts aufwärts zum **Ehrenfelsblick ❷**, der mit einer Aussichts-Stele und einer Infotafel ausgestattet ist. Weiter aufwärts biegen wir auf dem querenden Weg nach links ab und beenden damit den bisherigen markierungslosen Abschnitt unserer kleinen Tour. Denn nun geleiten uns die Wegzeichen der Großen Rüdesheimer Runde und des Rheingauer Rieslingpfades bis nach Assmannshausen, wobei Letzterer nur sehr mangelhaft ausgewiesen ist. Nun geht es nahezu ebenerdig am Rhein entlang, vorbei an einem Weindepot des Rüdesheimer Weingutes Altenkirch und am Bingerloch-Blick. Dann folgt eine etwa 500 m lange Passage durch einen lichten Laubwald mit gelegentlichen Blicken auf die Burg Rheinstein am anderen Flussufer. Wir verlassen das Gehölz in einer Linksbiegung und halten uns abwärts hinein in die Weinlage Assmannshäuser Frankenthal. Darin nehmen wir bei der ersten Gabelung den links abzweigenden und weiter abwärts führenden Weg, der neben unseren bisherigen Wegzeichen auch mit dem des lokalen Rotweinweges markiert ist. In der folgenden Rechtskehre bietet sich uns bei einer **Rastbank ❸** ein herrlicher Ausblick auf Assmannshausen. Auf einer steilen Treppe geht es schließlich links hinunter in den für seine Rotweine berühmten Weinort. Durch die Höllengasse (sie ist das weit weniger frequentierte Pendant zur Drosselgasse in Rüdesheim) und über die Niederwaldstraße gelangen wir zur Bahnlinie, die wir auf dem Bahnübergang der Straße »Am Alten Bahnhof« überqueren. Rechts abbiegend sind es dann längs der Rheinuferstraße noch etwa 250 m bis zur **Bootsanlegestelle ❹** der verschiedenen Schifffahrtslinien.

Weinwissen

Rheingauer Rieslingpfad
Die schönste Möglichkeit, alle kulturhistorischen und landschaftlichen Highlights der Weinregion Rheingau in einer mehrtägigen Streckenwanderung kennenzulernen, bietet der 120 km lange Rheingauer Rieslingpfad. Er verläuft zumeist auf aussichtsreichen Höhenwegen von Kaub am Rhein bis nach Flörsheim-Wicker am Main, wobei sich seine Wegführung etappenweise mit der des Rheinsteiges deckt. Neben diesem mit einem Rheingauer Römer markierten Hauptweg gibt es zudem einige regionale Alternativwege. Längs der Strecke lässt eine Vielzahl an Straußwirtschaften, Gutsschänken und Weinstuben keine kulinarischen Wünsche offen. Nähere Informationen unter www.rheingau.de.

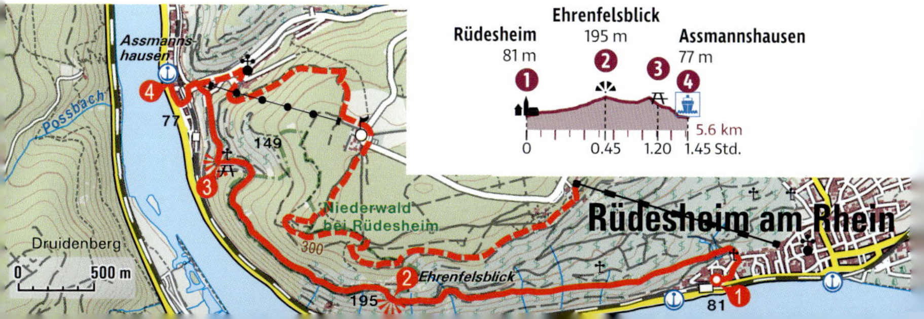

15 Auf dem Assmannshäuser Rotweinweg

Fahr zur Hölle, Riesling!

3.15 Std. | 9,8 km | ↗ 410 m | ↘ 410 m

Spätburgunder vom Feinsten

Dass der Rheingau in erster Linie Rieslingland ist, haben die Touren in diesem Wanderbuch bisher bestens bestätigt. Aber ganz im Westen des Anbaugebietes gibt es ein kleines gallisches Dorf, das der Übermacht der weißen Rebsorte seit langer Zeit Paroli bietet. Die Rede ist natürlich vom malerischen Winzernest Assmannshausen, wo einer urkundlichen Erwähnung zufolge erstmals im Jahr 1470 Reben der roten Sorte Spätburgunder gepflanzt wurden. Dies erwies sich als Glücksfall, denn fast nirgendwo in Deutschland gibt es bessere Bedingungen für das Heranreifen exzellenter Rotweine. Zu verdanken ist dies einem ganz speziellen Terroir, zu dem ein Mikroklima aus sonnenbeschienenen Steilhängen ebenso beiträgt wie die wärmereflektierende Wirkung des Rheins sowie die ideale Zusammensetzung der Böden aus wärmespeichernden Schiefer- und Quarzitgesteinen. Besonders legendär ist die Lage Assmannshäuser Höllenberg, die Hangneigungen zwischen 30 und 60 Prozent aufweist. Dort gedeihen gehaltvolle Weine, die sich durch eine ausgeprägte Frucht- und eine feine Säurestruktur auszeichnen. Aber auch die beiden übrigen Assmannshäuser Lagen Frankenthal und Hinterkirch bringen große Rotweine hervor. Ihnen allen wollen wir auf unserer Tour einen Besuch abstatten, indem wir dem Emblem mit dem Rotweinglas folgen, mit dem der Assmannshäuser Rotweinweg markiert ist. Herrliche Ausblicke ins Obere Mittelrheintal sind dabei garantiert.

Am Assmannshäuser Höllenberg gedeihen hervorragende Spätburgunderweine.

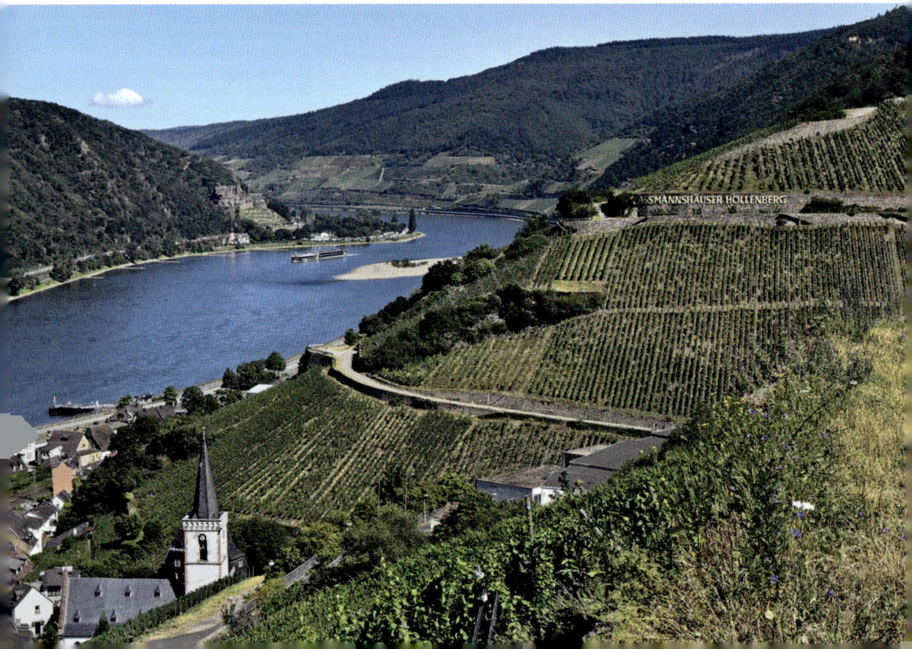

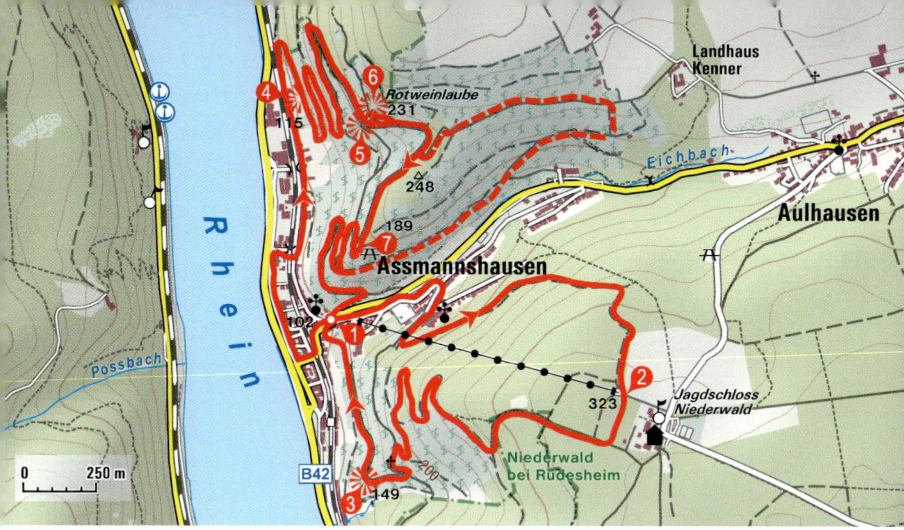

Ausgangspunkt: Ortsmitte Assmannshausen bei der Kirche (102 m); Anreise per Bahn; Navi: 65385 Rüdesheim-Assmannshausen, Niederwaldstr. 65 (Parkplatz Höllenbergstraße).
Anforderungen: Sportliche Tour mit einigen An- und Abstiegen, etappenweise auch steilere Passagen; überwiegend auf geschotterten und geteerten Wegen.
Markierung: Rotes Rotweinglas auf Weiß (Assmannshäuser Rotweinweg).
Wanderkarte: NaturNavi Blatt 43-555 Rheingau 1: 25.000.
Einkehr: Restaurant und Hotel Jagdschloss Niederwald, Niederwald 1, 65385 Rüdesheim, Tel. +49 6722 71060, www.niederwald.de Di.–So. 12–13.30 Uhr u. 18–20.30 Uhr. Zahlreiche Gaststätten in Rüdesheim-Assmannshausen (Rheinuferstraße).
Winzer: **Weingut August Kesseler**, Lorcher Str. 16, 65385 Rüdesheim-Assmannshausen, Tel. +49 6722 9099200, www.august-kesseler.de, VDP. **Weingut Krone**, Niederwaldstr. 2, 65385 Rüdesheim-Assmannshausen, Tel. +49 6722 2525, www.weingut-krone.de. **Weingut Robert König**, Landhaus Kenner 1, 65385 Rüdesheim-Assmannshausen, Tel. +49 6722 1064, www.weingut-robert-koenig.de. **Domäne Assmannshausen**, Stiftung Kloster Eberbach, Höllenbergstr. 10, 65385 Rüdesheim-Assmannshausen, Tel. +49 6723 60460, www.kloster-eberbach.de/de/wein/weingut/domaene-assmannshausen.
Variante: Höllentalschleife (1,9 km).

Unsere Tour beginnt in der Ortsmitte von **Assmannshausen** ❶ bei einem Wegweiser vis-à-vis der Kirche. Sie ist sinnigerweise durchgängig mit einem roten Rotweinglas markiert, was uns die Orientierung erheblich erleichtert. Auf der ersten Etappe hoch zum Niederwald begleitet uns auch das blaue R des Rheinsteigs. Vorbei an der Talstation der Sesselbahn gehen wir die Niederwaldstraße hoch und schwenken hinter dem

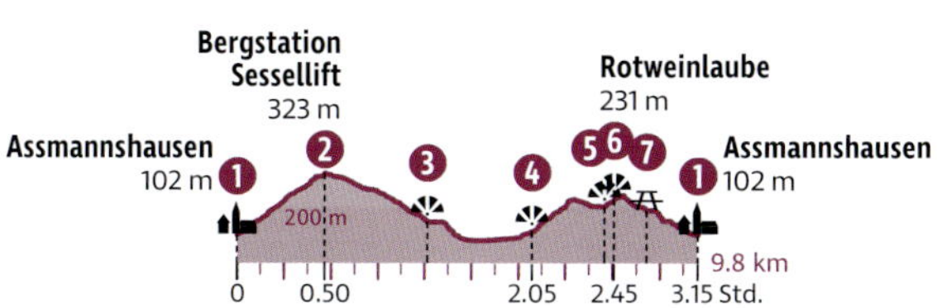

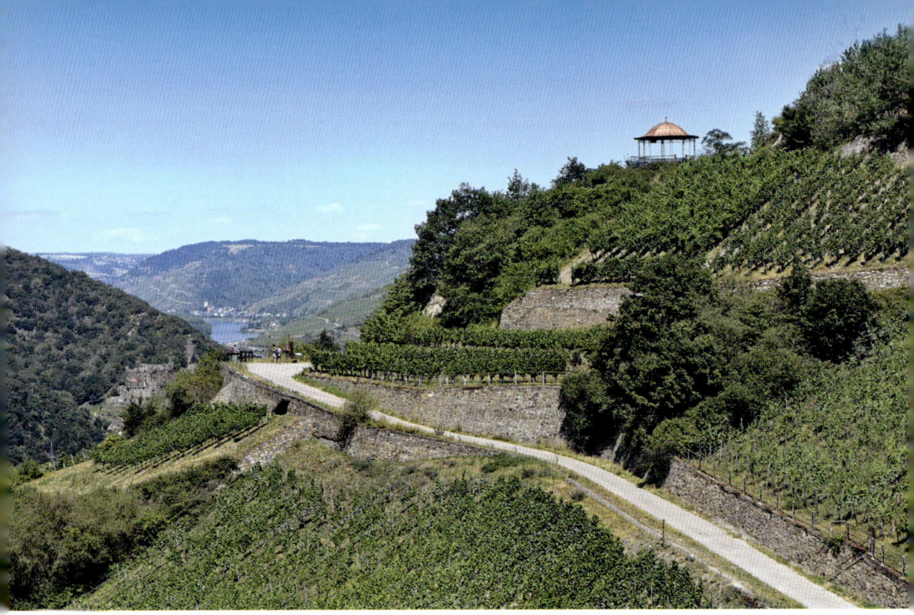

Rotweinlaube oberhalb von Assmannshausen.

Friedhof scharf rechts in die Waldstraße ein. Am Ortsrand bleiben wir in einer Linkskurve der Straße weiter geradeaus und steuern auf einem Schotterweg auf den Wald zu. Nach wenigen Metern unterqueren wir die Trasse der Sesselbahn und beneiden die Fahrgäste, die über unseren Köpfen gemächlich dahingleiten. Bei einer Talfahrt ist der Ausblick über die Dächer von Assmannshausen ins Rheintal phänomenal – man sollte allerdings keine Höhenangst haben. Dann macht unser Weg eine scharfe Linkskurve; wer dort ein Stück geradeaus weitergeht, gelangt zu einem »normalen« Aussichtspunkt in Gestalt eines Pavillons mit Blick zum Assmannshäuser Höllenberg.

Zurück auf unserem Weg wird es jetzt etwas steiler, wobei wir ein zweites Mal die Sesselbahn-Trasse unterqueren. Immerzu unserem roten Rotweinglas (und dem Emblem des Rheinsteigs) folgend, gelangen wir in stetem Aufstieg durch den Wald hinauf zur **Bergstation der Sesselbahn 2**. Wem bereits nach einer Erfrischung zumute ist, gehe auf dem Rheinsteig zum nahe gelegenen Jagdschloss Niederwald und lege dort eine Pause ein. Ansonsten halten wir uns mit unserer Rotweinweg-Markierung am Gatter des Wildparks nach rechts und biegen bei einer Schranke rechts in den Wald hinein ab. Diesen durchschreiten wir stetig bergab, bis wir an die Grenze zu den Weinbergen gelangen. Dort knickt unsere Route scharf rechts ab und führt uns in der Folge in mehreren Serpentinen talwärts durch die Weinlage Assmannshäuser Frankenthal. In der untersten Rechtskurve befindet sich bei einer **Rastbank 3** ein wunderschöner Aussichtspunkt. Links von uns strömt der Rhein durch die Gefällstrecke des einst bei Schiffern berüchtigten Binger Loches und passiert danach die beiden Burgen Rheinstein und Reichenstein. Vor uns der alte Weinort Assmannshausen, dahinter der Steilhang des Höllenberges.

Weiter auf unserem Weg abwärts an den Ortsrand und dort links auf einer Treppe hinunter in das Weindorf. Unten links auf der Niederwaldstraße zum Bahnübergang und weiter in Richtung Rhein. Wir schwenken rechts in die Rheinuferstraße ein und flanieren auf ihr an den zahlreichen Hotels und Restaurants entlang, darunter das altehrwürdige Hotel Krone, in dem einst berühmte Dichter und sogar gekrönte Häupter logierten. Dann rechts auf der Straße »Am Rathaus«, durch die Bahnunterführung hindurch zur Lorcher Straße und dieser nach links ortsauswärts folgen. Sie geht in einen Wirtschaftsweg über, der aufwärts in die Weinberge der Lage Assmannshäuser Höllenberg führt. Dessen Namen hat nichts mit der Hölle zu tun, auch wenn hier blutroter Wein wächst. Er leitet sich vielmehr vom althochdeutschen Wort Halde für Berg ab. Auf dem ersten nach rechts abzweigenden Weg steigen wir hinauf zum **Burg-Rheinstein-Blick ❹** und von dort in zwei weiten Wegkehren weiter aufwärts zum **Aussichtspunkt »Am Fürstenkopf« ❺**. Eine Infotafel erklärt die geologischen Verhältnisse, ferner lädt eine Rastbank dazu ein, den Blick über die beiden Burgen Rheinstein und Reichenstein schweifen zu lassen (daher wird der Ort auch »Zwei-Burgen-Blick« genannt). Etwa 100 m weiter lohnt sich ein Abstecher nach links zur **Rotweinlaube ❻**. Dort erwartet uns einer der schönsten Panoramablicke im gesamten Mittelrheintal – und zudem ein Depot mit gekühltem Wein. Der Pavillon mit dem markanten Kupferdach wurde Mitte der 2000er-Jahre eigens für Filmdreharbeiten errichtet und fand hier, etwas abseits des eigentlichen Drehortes, einen dauerhaften Platz.

Zurück auf dem Rotweinweg halten wir uns links weiter aufwärts und biegen in einer Rechtskurve des Wirtschaftswegs rechts auf einen Schotterweg ab. Dieser bringt uns stetig abwärts, vorbei an einer gemauerten Weinbergböschung mit dem großformatigen Schriftzug »Assmannshäuser Höllenberg«. Dahinter informiert uns eine neben einer **Rastbank ❼** aufgestellte Tafel über das besondere Terroir dieser berühmten Weinlage.
In mehreren Serpentinen setzen wir unseren Rückweg fort. Weiter unten halten wir bei einem Brunnen links auf den Ortsrand von Assmannshausen zu. Dort rechts auf einer Treppe und anschließend auf einem Fußpfad hinunter zur Höllenbergstraße und beim Wegweiser rechts auf der Niederwaldstraße erreichen wir unseren Ausgangspunkt in der **Ortsmitte ❶**.

Weinwissen

Kleine Weinhistorie
Bereits die erste urkundliche Erwähnung Assmannshausens 1108 drehte sich um einen Weinberg und seitdem galt das Augenmerk der Chronisten immer wieder dem örtlichen Weinbau. Überliefert ist beispielsweise eine Verordnung aus dem Jahr 1549 mit dem folgenden Wortlaut: »Die gemeinen- und die Heckenwirte sollen einen ehrlichen, ächten, unverfälschten Rhyengauer verzapfen. Die Wirte, die sothanen, verderblichen Stoff zapfen, sollen von gott und rechts wegen für solchen Unfug mit acht Tagen Bolles* bestraft werden.« Wie viele Weinpanscher diese Strafe aufgebrummt bekommen haben, ist jedoch nicht bekannt.
(*Gefängnis im Rheingauer Dialekt).

16 Rund um Lorch
Wisper Trail »In Vino Veritas«

3.15 Std. | 9,5 km | ↗ 320 m | ↘ 320 m

Wein und Stein

Im äußersten Westen des Rheingaus, an einer der engsten Stellen des Rheins, stürzt der Taunus mit einem extremen Gefälle ins Tal hinab und zwingt den Strom zwischen atemberaubend steile Hänge. Darin eingebettet liegt an der Mündung des Flüsschens Wisper das Städtchen Lorch am Rhein. Wie aus einer Schenkungsurkunde aus dem Jahr 1085 hervorgeht, muss damals bereits Wein angebaut worden sein. Denn ein »vinea bona« (ein guter Weinberg) wird darin explizit erwähnt. Der erste Weinmarkt in Lorch hat der Überlieferung nach 1274 stattgefunden. Heute bewirtschaften neun örtliche Winzerbetriebe die Steillagen rund um die Weinbaugemeinde, die vor allem für den Anbau hochklassiger Rieslinge und Spätburgunder ideale Bedingungen bieten. Neben der intensiven Sonneneinstrahlung sind es besonders die wärmespeichernden Böden aus dem für die Region typischen Schiefergestein, die den Weinen eine mineralische Struktur, Substanz und Finesse verleihen. Dieser Synthese aus Stein und Wein wollen wir auf unserer Tour nachspüren. Dafür entscheiden wir uns für den Wisper Trail »In Vino Veritas« (Im Wein ist Wahrheit), der uns zunächst hoch auf den bewaldeten Rücken des Mandelbergs führt. Schöne Ausblicke von dort oben ins Rheintal gibt es zur Genüge. Auf dem Weg zurück nach Lorch liegen schließlich die berühmten Lagen Kapellenberg und Schlossberg auf unserer Route.

Ausgangspunkt: Lorch, Wanderportal beim Wispergrill (76 m); Anfahrt mit Bahn bis Bahnhof Lorch, von dort etwa 800 m zu Fuß zum Ausgangspunkt; Navi: 65391 Lorch am Rhein, Rheinuferstraße (gebührenpflichtiger Parkplatz beim Wispergrill – Tagesticket 5 Euro).
Anforderungen: Überwiegend moderate An- und Abstiege, etappenweise auch kürzere steilere Passagen; weitgehend auf geschotterten Wegen, im Waldgebiet auf dem Mandelberg auch auf naturnahem Untergrund; auch mit Kindern empfehlenswert.
Markierung: Wisper Trail In vino veritas.
Wanderkarte: NaturNavi Blatt 42-556 Wisper Trails 1: 25.000.
Einkehr: Unterwegs keine; zahlreiche Weinwirtschaften und Restaurants in Lorch.
Winzer: Weingut Altenkirch, Binger Weg 2, 65391 Lorch, Tel. +49 6726 830012, www.weingut-altenkirch.de.

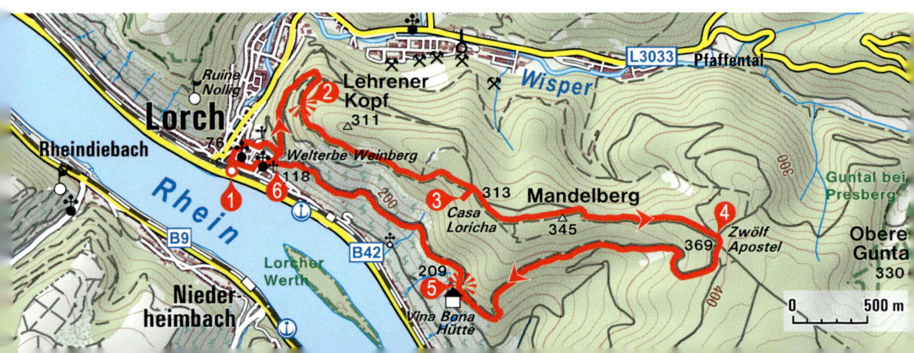

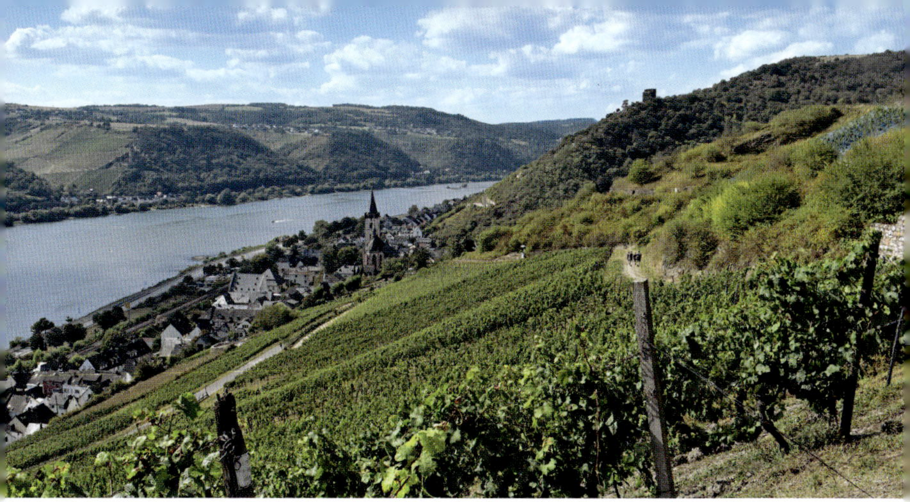

Lorch mit der Weinlage Schlossberg.

Die Weine stammen allesamt aus Lorcher Steillagen, wobei überwiegend Riesling angebaut wird, dazu Spätburgunder, Weißburgunder, Sauvignon Blanc und Gewürztraminer. Eine Spezialität des Hauses ist »Boogie«, ein spritziger Cuvée aus Weißburgunder und Riesling. **Weingut Laquai**, Gewerbepark Wispertal 2, 65391 Lorch, Tel. +49 6726 830838, www.weingut-laquai.de; die Brüder Gilbert und Gundolf Laquai gehören zu den Pionieren bei der Querterrassierung der Steillagen, um die Bewirtschaftung dauerhaft zu sichern. Auch haben sie sich dem nachhaltigen Weinbau verschrieben. Bekannt ist das VDP-Weingut für seine Terroirweine und seine »Großen Gewächse«, die stets zu den besten im Rheingau zählen. **Weingut Mohr – Wein & Kulinarik Rheingau**, Rheinstr. 21, 65391 Lorch, Tel. +49 6726 9484, www.weingut-mohr.de; Jochen Neher und seine Gattin Saynur Sonkaya-Neher haben das seit 1875 bestehende Weingut auf hundertprozentig ökologischen und veganen Weinbau umgestellt. In ihrem Portfolio überwiegt Riesling, ergänzt mit Spätburgunder, Weißburgunder, Muskateller, Silvaner und Scheurebe. **Weingut Weiler**, Weiselberg 9, 65391 Lorch, Tel. +49 6726 9416, www.weingut-weiler.de; die Steillagenweine und die Premiumgewächse sind die Aushängeschilder des Weingutes. Alle Weiler-Weine werden in Eichenholzfässern ausgebaut, die im gutseigenen Schiefergrubenkeller lagern.

Information: Das Städtchen Lorch am Rhein ist der ideale Ausgangsort für Touren ins Obere Mittelrheintal und in den Wispertaunus. Sehenswert ist das als Wohnstätte für den Ritter Johann Hilchen im Jahr 1546 erbaute Hilchenhaus mit seinen fünf in den Himmel aufragenden Giebeln. Heute befindet sich darin die Touristinformation und eine Vinothek. Weitere Sehenswürdigkeiten sind der mittelalterliche Wehrturm Strunk und die Pfarrkirche St. Martin. In Letzterer ist der 15 m hohe gotische Hochaltar von 1483 einen Besuch wert. Er gilt als der größte holzgeschnitzte Altar in Deutschland (www.lorch-rhein.de).

Tipp: Der Geologische Rundwanderweg in Lorch vermittelt auf einer Länge von 1,2 km Wissenswertes über die Erdgeschichte und den Weinbau im Unteren Rheingau. Der Einstieg befindet sich am Friedhof.

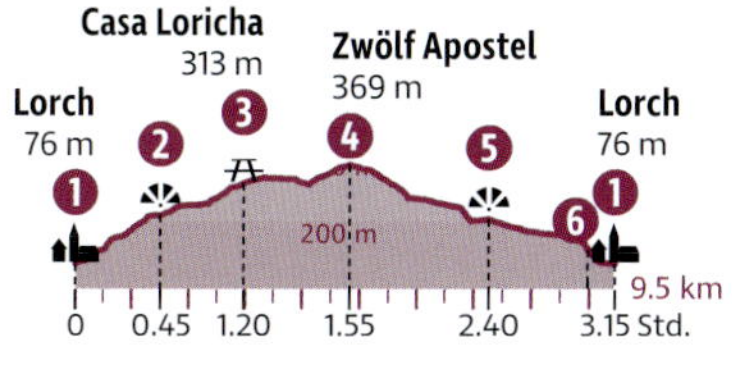

Unsere Tour auf dem Wisper Trail mit dem schönen lateinischen Namen »In Vino Veritas« beginnt bei einem Wanderportal auf dem Parkplatz beim **Wispergrill** in der Rheinuferstraße in **Lorch** ❶. Durch eine Bahnunterführung für Fußgänger gehen wir auf der lang gezogenen Kirchgasse, vorbei an der Pfarrkirche St. Martin, hoch zum Markt (Museumsplatz). Auf der Straße »Römerberg« rechts weiter aufwärts zum Friedhof und an diesem vorbei durch ein Wildschutztor hindurch hinauf zur Aussichtsplattform des Welterbe-Weinberges. Hier befindet sich auch eine Station des Geologischen Rundweges sowie die 6 m lange Stickelbank, die sich für eine kurze Verschnaufpause anbietet. Ein unbefestigter Pfad bringt uns in Serpentinen steil nach oben zu einem Schotterweg, dem wir ein paar Meter nach rechts folgen. Dann gleich wieder nach links zu einer weiteren Station des Geologischen Rundweges mit tollem Ausblick auf Lorch und das Rheintal. In stetigem Anstieg geht es in einen Wald hinein, wobei in der rechten Wegböschung immer wieder das für die Region typische Schiefergestein ansteht.

Bei einer Wegkreuzung weist uns unsere Markierung nach scharf rechts und ab da wandern wir ein kurzes Wegstück nahezu ebenerdig durch den Forst. In einer sanften Rechtskurve dieser Etappe tut sich durch die Bäume hindurch ein **Blick hinüber zur Burg Nollig** ❷ auf, die auf dem gegenüberliegenden Berghang über dem Wispertal thront. Dann nimmt unser Weg wieder etwas an Steigung zu und führt uns oberhalb der Weinberge der Lage Lorcher Schlossberg vorbei, deren würzige Weine für ihr feines Spiel mit Säure und ihre blumigen Aromen geschätzt werden. Nachdem wir erneut in den Wald eingetreten sind, gilt es eine etwas steilere Aufwärtspassage zu bewältigen. Oben bei einem WW folgen wir dem Hinweis etwa 100 m nach rechts zur **Casa Loricha** ❸, einer Rasthütte, die allerdings nur mit einer verhaltenen Aussicht ins Rheintal aufwarten kann. Zurück beim WW halten wir uns nach rechts und überqueren in der Folge nahezu ebenerdig das Plateau des Mandelberges und steigen danach über einen Sattel hinweg zur Anhöhe **Zwölf Apostel** ❹ auf. Beim dortigen WW biegen wir rechts auf einen Schotterweg ab, der sich in einigen Kurven abwärts durch den Wald hinzieht. Nach etwa 1 km (seit dem WW Zwölf Apostel) zweigt unsere Markierung nach rechts ab und führt uns aus dem Wald heraus. Nun stetig am Waldrand entlang bergab bis zur Waldspitze, dort links auf einem unbefestigten Pfad den steilen Abhang hinunter (Vorsicht, Rutschgefahr!) und unten auf dem Schot-

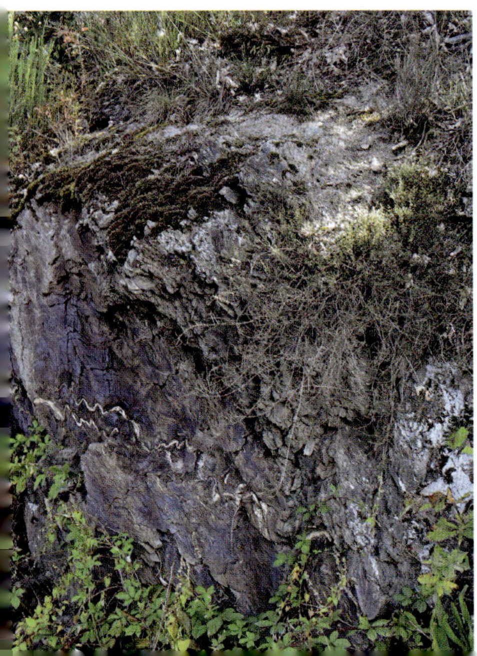

Schiefergestein mit Faltenstrukturen.

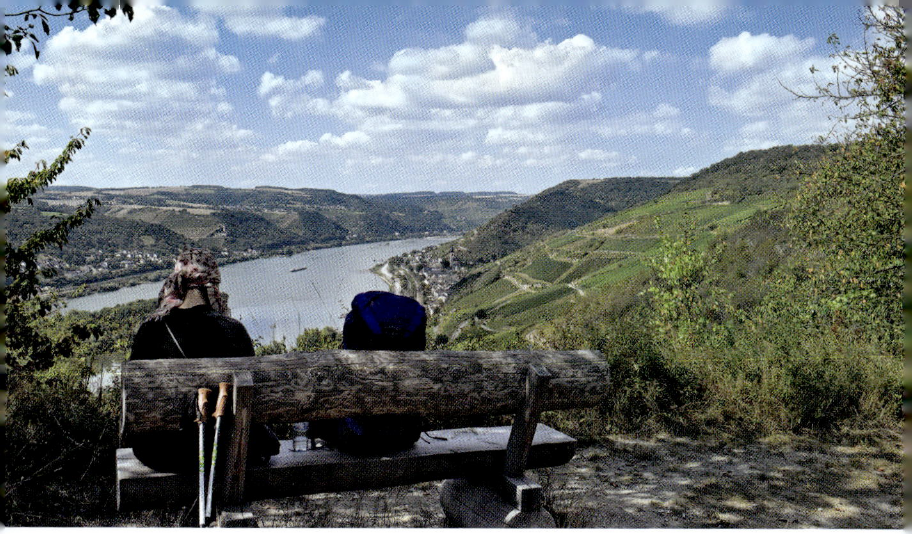

Aussicht von der Vina-Bona-Hütte.

terweg rechts bis zu einem WW. Nun erneut rechts abbiegen und auf einem breiten Schotterweg in den Wald hinein. Darin gelangen wir in leichter Abwärtstendenz zur in einer Wegkehre gelegenen **Vina-Bona-Hütte** ❺. Von der Rastbank an der Hangkante bietet sich uns der vielleicht schönste Ausblick unserer Tour auf Lorch mit seinen Weinbergen sowie das Rheintal mit Burg Hohneck und Schloss Fürstenberg am linken Flussufer. Kurz danach ist der Waldrand erreicht und wir wandern durch die Rebenhänge der Weinlage Lorcher Kapellenberg gemütlich hinunter ins Tal. Das Terroir dieser Lage steht für fruchtige Weine mit einem ausgeglichenen Säurespiel, natürlich vornehmlich solche der Rebsorte Riesling.

Oberhalb von Lorch nehmen wir bei einer Gabelung den links abzweigenden Weg hinunter in den Ort. Etwa 20 m hinter der Geologie-Station mit einer Sitzbank biegen wir links in den **Welterbe-Weinberg** ❻ ab und durchqueren ihn in kurvigem Verlauf, bis wir unten beim Friedhof ankommen. Längs dessen Mauer steigen wir auf einer Treppe hinunter zum Oberweg. Weiter über die Apothekergasse und die Rheinstraße, in der wir am sehenswerten Hilchenhaus vorbeikommen, erreichen wir unseren Ausgangspunkt auf dem Parkplatz beim **Wispergrill** ❶.

Weinwissen

Steillagenweinbau

Die Lorcher Weinberglagen zählen zu den steilsten im Rheingau mit einer Hangneigung bis zu 70 Prozent. Für die Winzer bedeutet dies ausschließlich Handarbeit, Maschinen können im Weinberg nicht eingesetzt werden. Die Trauben profitieren andererseits von diesen extremen Bedingungen, denn das Regenwasser fließt ohne Staunässe ab und das Reblaub trocknet schnell. So sind in Lorch selbst in nassen Jahren die Trauben wesentlich gesünder als in flacheren Lagen. Außerdem geben der Rhein und die dunklen Schieferböden nachts die gespeicherte Wärme ab und sorgen damit für ein für die Reife der Trauben ideales Mikroklima.

17 Zwischen Lorchhausen und Lorch

Wisper Trail Rhein-Wisper-Glück

TOP | 3.30 Std. | 10,5 km | ↗ 440 m | ↘ 440 m

Willkommen im Freistaat Flaschenhals

Ausgangsort dieser Tour ist Lorchhausen, die westlichste und auch am tiefsten gelegene Ortschaft Hessens. Für alle, die aus Richtung Westen von Rheinland-Pfalz anreisen, bildet die zur Stadt Lorch am Rhein gehörige Weinbaugemeinde das Tor zum Rheingau. Dort wollen wir uns dem vielleicht schönsten der 16 Wisper Trails anvertrauen, die allesamt erst vor einigen Jahren ausmarkiert wurden – dem Wisper Trail »Rhein-Wisper-Glück«. Der Name ist Programm, denn seine Routenführung garantiert tatsächlich viele Glücksmomente, die man unterwegs erleben kann. Neben der abwechslungsreichen Streckenführung über offenes Gelände und durch urwüchsigen Wald hindurch sind es vor allem die zahlreichen Aussichtsmöglichkeiten auf die Täler von Rhein und Wisper, die das Herz des Wanderers höher schlagen lassen. Die atemberaubendste davon bietet sich uns von der schönsten Weinsicht bei der Burg Nollig – das vielleicht herrlichste Panorama, das der Rheingau überhaupt zu bieten hat. Auf dem Rückweg nach Lorchhausen flanieren wir schließlich hoch über dem Rhein an den Weinlagen Seligmacher und Rosenberg vorbei. Wieder im Ort empfiehlt sich ein Besuch im Weingut Theodor Nies. Man lasse sich von Winzerin Brigitte Nies bei einem guten Schoppen die Geschichte vom Freistaat Flaschenhals erzählen, dem kurzzeitig nach dem Ersten Weltkrieg die Orte Lorch, Lorchhausen und Kaub angehörten. Eine spannende und auch kuriose Begebenheit – dazu passt am besten ein Flaschenhalswein. Wohl bekomm´s!

Die schönste Weinsicht bei der Burg Nollig.

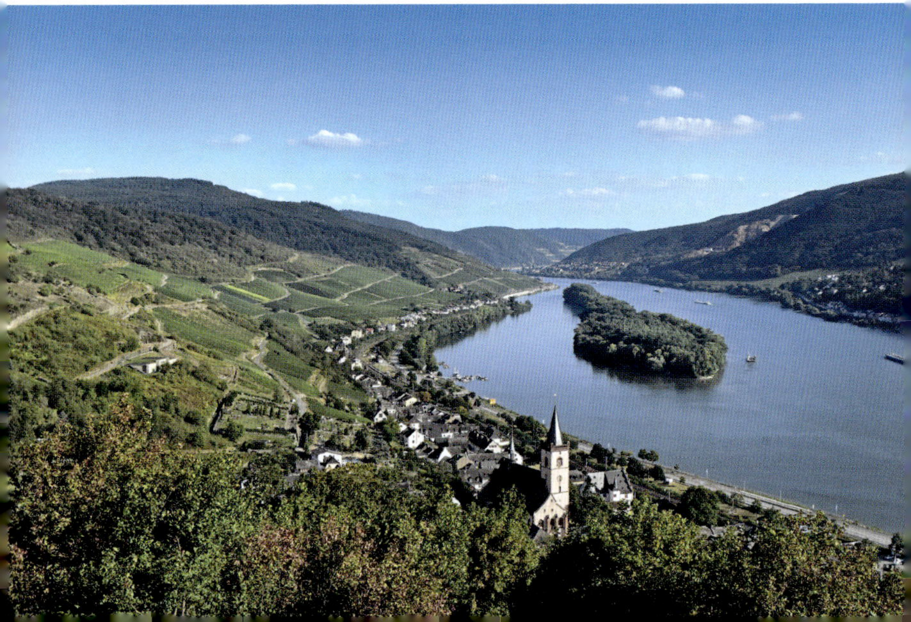

Ausgangspunkt: Lorchhausen Bahnhof (83 m); Anfahrt mit Bahn; Achtung! In Lorchhausen herrscht ein generelles Parkverbot! Autofahrer sollten die Tour in Lorch am Parkplatz Wispergrill beginnen und von dort dem Zuweg zum Rhein-Wisper-Glück folgen. Bitte beachten: Vom Bahnhof in Lorchhausen führen neuerdings zwei Zuwege zum Wisper Trail »Rhein-Wisper-Glück«. Diese Tour folgt dem Zuweg durch den Ort hoch zum Wanderportal oberhalb vom Friedhof.

Anforderungen: Anspruchsvolle Tour mit einigen steileren (dafür kurzen) An- und Abstiegen; überwiegend auf geschotterten, teils geteerten Wegen, etappenweise auf naturnahen Pfaden; auch mit Kindern empfehlenswert.

Markierung: Zubringer, Wisper Trail Rhein-Wisper-Glück, Zubringer.

Wanderkarte: Blatt 42-556 Wisper Trails 1: 25.000 (NaturNavi).

Einkehr: Unterwegs keine; in Lorchhausen: Straußwirtschaft Weingut Nies, Rheinallee 8, 65391 Lorch-Lorchhausen, Tel. +49 6726 699, www.weingut-nies.de, die aktuellen Ausschanktermine u. Öffnungszeiten entnehme man der Website! Ansonsten bietet sich für eine Einkehr ein Abstecher von der schönsten Weinsicht bei der Burg Nollig hinunter nach Lorch an.

Winzer: **Weingut Klaus König**, Talstr. 2, 65391 Lorch-Lorchhausen, Tel. +49 6726 2662, www.koenigswein.de; Klaus und Ursula König sind die Spätburgunder-Spezialisten unter den Lorcher Winzern. Die Trauben dazu liefern jedoch ihre Weinberge in Assmannshausen. Die Weißweine, überwiegend Riesling, stammen dagegen aus Lagen in Lorchhausen, Lorch und Rüdesheim. **Weingut Theodor Nies**, Rheinallee 8, 65391 Lorch-Lorchhausen, Tel. +49 6726 699, www.weingut-nies.de; Familie Nies baut überwiegend Riesling an, dazu Spätburgunder und Silvaner. Dem Wisper Trail »Rhein-Wisper-Glück« hat das Weingut sogar einen eigenen Wein gewidmet, einen halbtrockenen Cuvée aus Silvaner und Riesling.

Information: Freistaat Flaschenhals:

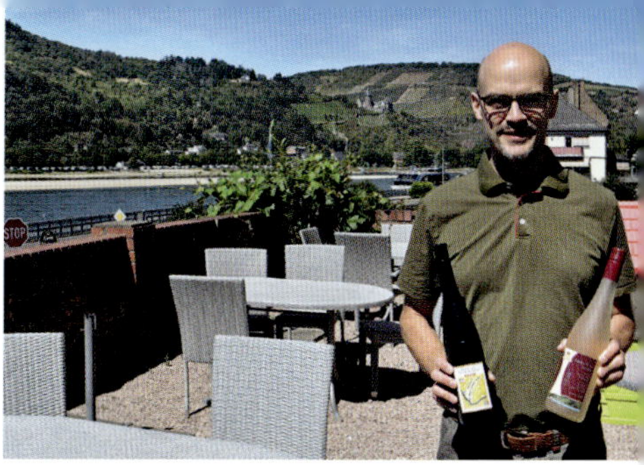

Winzer Jesse Nies mit Flaschenhals-Weinen.

Nach Ende des Ersten Weltkrieges besetzten die Siegermächte 1919 das linke Rheinufer und drei rechtsrheinische Brückenköpfe. Köln stand fortan unter britischem, Koblenz unter amerikanischem und Mainz unter französischem Kommando. Die wie mit einem Zirkel im Radius von 30 km um diese Städte gezogenen Kreise wurden ebenfalls zum Besatzungsgebiet erklärt. Dabei ist den Militärs jedoch ein folgenreicher Fehler unterlaufen. Er führte dazu, dass zwischen dem französischen und dem amerikanischen Brückenkopf ein schmaler unbesetzter Streifen in der Form eines Flaschenhalses verblieb. Darin lagen die Orte Kaub, Lorch, Lorchhausen und einige kleinere Dörfer. Als die Franzosen den Fehler bemerkten, wollten sie das Gebiet ihrer Besatzungszone einverleiben. Doch der damalige Lorcher Bürgermeister Pnischeck leistete Widerstand und schuf aus dem Nichts eine Selbstverwaltung – der inoffizielle Freistaat Flaschenhals war geboren. Aufgrund französischer Repressalien waren die Bewegungsfreiheit der Einwohner und der Warenaustausch jedoch stark eingeschränkt. Obwohl das Nötigste zum Überleben durch Schmuggel beschafft werden konnte, erlitt die Bevölkerung vielerlei Mangel. Im Februar 1923 besetzten die Franzosen dann doch den Freistaat und beendeten den Sonderstatus. Mit Abzug der Besatzer aus den rechtsrheinischen Gebieten Mitte 1924 kam der Flaschenhals wieder zu Deutschland und ab da normalisierten sich die Lebensverhältnisse nach und nach.

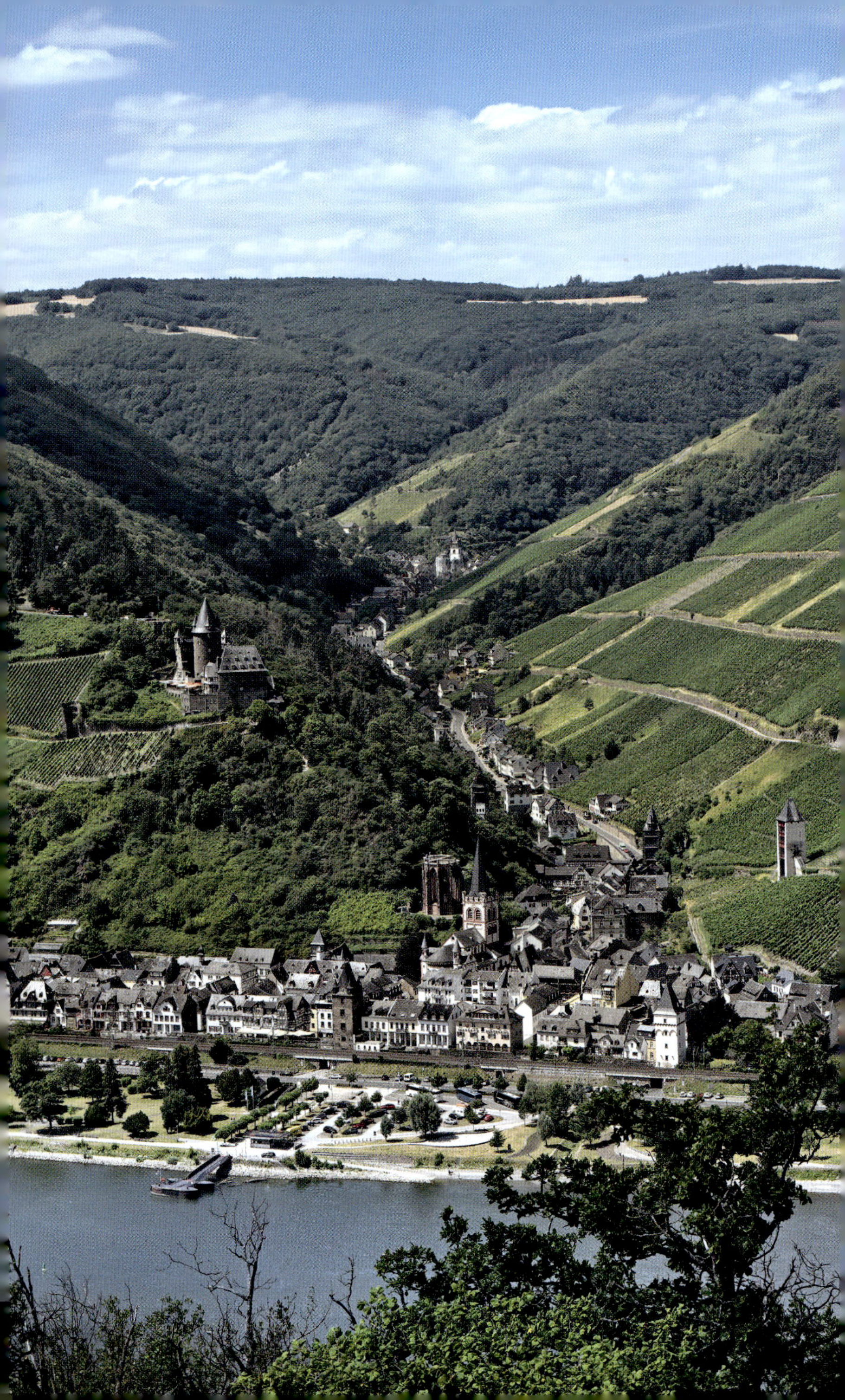

Blick auf Bacharach und das Münzbachtal.

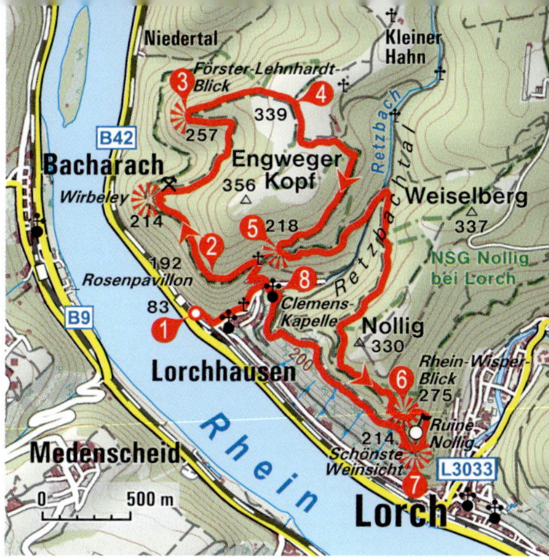

Am Bahnhof in **Lorchhausen ❶** gibt uns zunächst die Markierung des Wisper Trail-Zubringers (gelb) die Richtung vor. Sie weist uns auf der Kauber Straße ortseinwärts und auf Höhe der Bahnschranke nach links in die Straße »Oberflecken«. Auf dieser stetig aufwärts bis zum Friedhof und dann auf dem Talweg weiter ansteigend ans Ortsende. Dort befindet sich bei einem Wanderportal der offizielle Start- und Endpunkt des Wisper Trails »Rhein-Wisper-Glück«. Er ist in beiden Richtungen begehbar; wir entscheiden uns aber für die Variante im Uhrzeigersinn, weil wir uns die Begegnung mit dem Wein für das Ende der Tour aufheben wollen. Wir halten uns daher links, wo es gleich einen von Sträuchern bewachsenen Hang hinaufgeht. Unser Pfad zieht sich entlang an Schieferfelsen, macht dann eine Rechtsbiegung und führt durch eine Ziegenweide hindurch (bei Ein- und Austritt das Tor bitte wieder schließen) halbwegs steil aufwärts. Oben auf dem querenden Schotterweg (hier treffen wir auf den Rheinsteig) bei einem Wegweiser nach links und längs der Hangkante zum **Rosenpavillon ❷**, einem herrlichen Aussichtspunkt über Lorchhausen hinweg ins Rheintal. Weiter auf unserem nahezu ebenerdigen Weg flanierend, ergeben sich immer wieder tolle Blicke auf die am linken Rheinufer gelegene Stadt Bacharach mit der Burg Stahleck. Bevor wir bei der folgenden Gabelung unserer Markierung rechts leicht aufwärts in den Wald hinein folgen, empfiehlt sich ein Abstecher auf dem hier abbiegenden Rheinsteig nach links. Den traumhaften Ausblick auf das Rheintal bei Bacharach vom knapp 100 m entfernten Aussichtspunkt Wirbeley sollte man sich nicht entgehen lassen.

Im Wald passieren wir zwei kleine Höhlen rechts im Hang – Relikte des ehemaligen Erzabbaues in der Region. Nach etwa einem Kilometer gelangen wir in einer spitzen Rechtskehre unseres Weges zum **Förster-Lehnhardt-Blick ❸**, einem Rastplatz mit toller Aussicht auf Kaub am Rhein mit seinen beiden Burgen Pfalzgrafenstein und Gutenfels (siehe Tour 18). Bitte aufpassen, das herrliche Panorama verbirgt sich etwas abseits links des Weges zwischen den Bäumen. Wir setzen unsere Wanderung nach rechts fort,

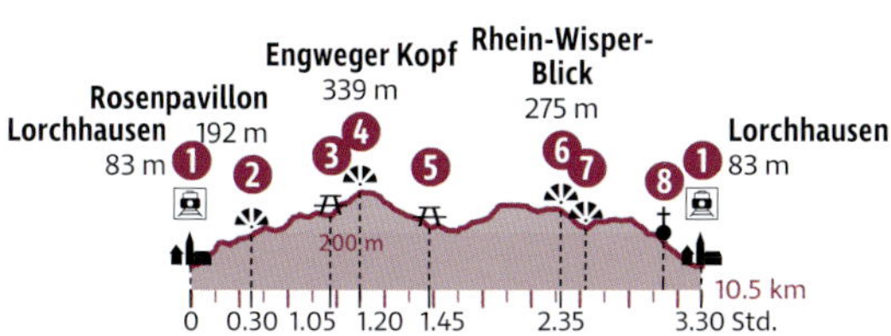

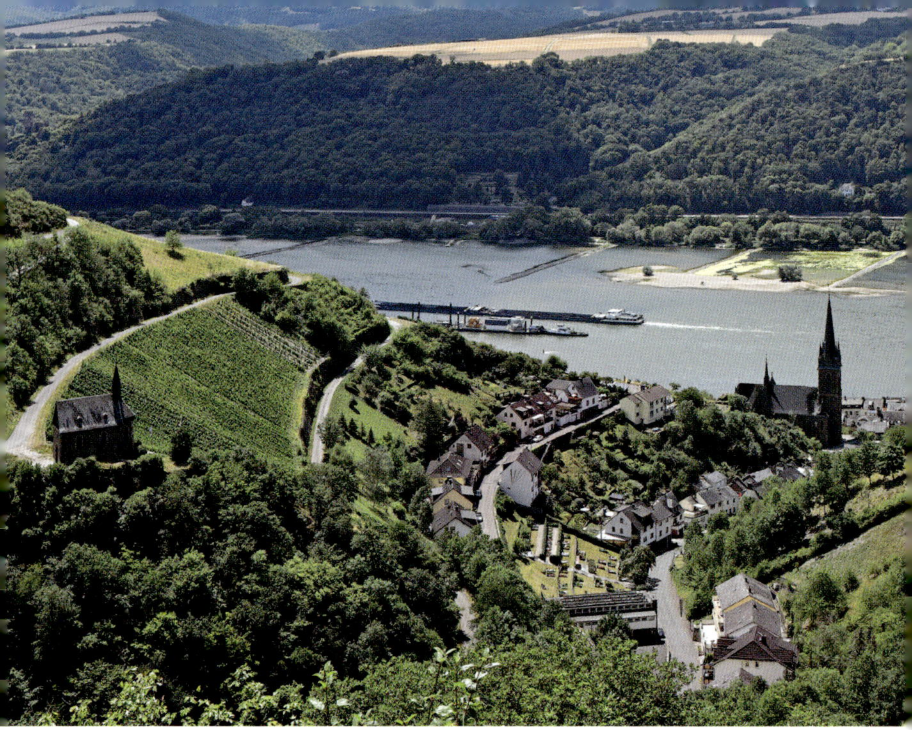

Wunderbarer Blick auf Lorchhausen und die Clemenskapelle.

unser Weg steigt leicht an und führt uns alleenartig zwischen großen Eichen hindurch ans Waldende und weiter mit zunehmendem Anstieg hoch auf die Wiesenhochfläche des **Engweger Kopfes** ❹. Von dessen höchstem Punkt bietet sich uns bei einem Wegweiser ein weiter Blick hinein in den Wispertaunus. Rechts abbiegend halten wir uns nach etwa 170 m auf einem links abzweigenden Wiesenweg den Abhang hinunter durch Buschwerk in einen Wald hinein. Darin auf einem Pfad hinunter zu einem breiten Querweg, dem wir nach rechts stetig abwärts zu einer Wegkehre folgen. Dort hat man vom **Rastplatz Panoramabank** ❺ einen schönen Blick auf die Clemenskapelle und Lorchhausen.

Anschließend scharf links weiter abwärts durch den Wald, vorbei an Steinmauern alter aufgegebener Weinberge. Unten im Retzbachtal gehen wir zunächst einige Meter auf dem geteerten Talweg nach links (er führt zurück nach Lorchhausen), dann aber gleich rechts auf einen Schotterweg, der leicht aufwärts wieder tiefer in den Wald hinein führt.

Es geht nun etwa einen Kilometer stetig leicht aufwärts, bis unser Weg eine Rechtskurve macht, in der sich uns eine freie Sicht ins Rheintal bietet. Danach wandern wir über offenes Gelände, wobei wir zunächst ein Wildtor durchschreiten (hinterher bitte wieder schließen) und dann in einer Rechtskehre den Abhang zu einem querenden Schotterweg hinuntersteigen. Diesem folgen wir nach links weiter leicht abwärts und durchschreiten abermals ein Wildtor (auch dieses bitte wieder schließen); danach scharf links auf einen Pfad, der steil den baumlosen Hang hoch führt. Oben beim Wegweiser nach rechts zu einer kleinen Anhöhe mit einem schönen Rastplatz; von dort geht es einige Meter hinunter zum **Rhein-Wisper-Blick ❻**, einem Pavillon an der Hangkante mit herrlichem Blick ins Rheintal bei Lorch. Das Wispertal ist allerdings nur zu erahnen.

Wir verlassen den Aussichtsplatz auf einem Pfad, der sich in südlicher Richtung in Serpentinen den steilen Abhang hinunterschlängelt. Unten auf dem querenden Schotterweg sehen wir bereits die Burg Nollig vor uns; wir halten uns links und biegen hinter der Linkskurve unseres Weges gleich wieder rechts ab. Eine steile Abwärtspassage (Vorsicht, Rutschgefahr!) bringt uns hinunter zu einem breiten Schotterweg, auf den wir nach rechts einschwenken. Nach einem sanften Anstieg stehen wir kurz darauf vor einem **Aussichtspunkt ❼**, der 2020 zur schönsten Weinsicht im Rheingau gekürt wurde. Der Ausblick von hier oben über Lorch und seine Weinberge hinweg ins Rheintal ist wirklich phänomenal. Glücklich, wer einen guten Wein im Rucksack mitgeführt hat und ihn an diesem herrlichen Ort genießen kann! Am besten einen Riesling der Lage Lorcher Schlossberg, die die steilen Rebhänge zu unseren Füßen einnimmt. Die Burg Nollig, die etwas oberhalb unseres Standortes thront, befindet sich übrigens in Privatbesitz und kann leider nicht besichtigt werden.

Durch ein Wildtor hindurch treten wir die letzte Etappe unserer Tour zurück nach Lorchhausen an. Bei der ersten Gabelung nehmen wir den rechts abzweigenden Weg, der zunächst aufwärts verläuft, dann aber längere Zeit ebenerdig an der Hangkante entlangführt. Dabei flanieren wir an den Weinbergen der Lorchhausener Lagen Seligmacher und Rosenberg vorbei, die links von uns steil ins Tal abfallen. Bei einer Sitzgruppe (die natürlich auch eine tolle Aussicht bietet) oberhalb unseres Ausgangsortes steigen wir auf einem Pfad hinunter zu einem Wirtschaftsweg. Diesem folgen wir nach rechts bis zu einem Weindepot am Wegesrand, wo uns ein Wegweiser nach links zur **Clemenskapelle ❽** weist.

Von dort geht es schließlich auf einem Stationsweg durch ein Wäldchen hindurch hinunter zum Start- und Endpunkt beim Wanderportal des Wisper Trails »Rhein-Wisper-Glück«.

Zurück zum **Bahnhof Lorchhausen ❶** nehmen wir dieselbe Route wie auf dem Herweg.f

Weinwissen

Flaschenhals-Weine

Zum 75. Jahrestag der Gründung des historischen Freistaats Flaschenhals wurde 1994 von engagierten Winzern und Gastronomen die »Freistaat Flaschenhals Initiative« FFI aus der Taufe gehoben. Ihre Mitglieder haben sich verpflichtet, Weine zu erzeugen, die über den gesetzlichen Qualitätsnormen liegen und in Verbindung damit den Gästen gebietstypische Speisen anzubieten. Die Flaschen aller teilnehmenden Weingüter sind mit einem einheitlichen Etikett versehen. Auf diesem ist schematisch der flaschenhalsähnliche Umriss des ehemaligen Staatsgebildes dargestellt. Flaschenhals-Weine gibt es von den Weingütern Germersheimer und Rößler in Lorch, Theodor Nies in Lorchhausen und Bahles in Kaub (www.freistaatflaschenhals.de).

18 Kauber Kulturweg

Abstecher über die Landesgrenze

1.15 Std. | 3,8 km | ↗ 90 m | ↘ 90 m

Spaziergang auf historischen Pfaden

Zwar nicht mehr dem Rheingau zugehörig und bereits in Rheinland-Pfalz gelegen, soll ein kleiner Spaziergang durch die schönste Weinlage von Kaub am Rhein die Tourenauswahl in diesem Weinwanderbuch abrunden. Das romantische Städtchen mit seinen engen Altstadtgassen, der hoch über dem Ort auf steilem Fels thronenden Burg Gutenfels und der auf einer vorgelagerten Rheininsel erbauten ehemaligen Zollburg Pfalzgrafenstein lohnt diesen Abstecher allemal. Neben dem Abbau von Dachschiefer und den Einnahmen durch Lotsendienste auf dem Rhein war früher der Weinanbau ein wichtiger Erwerbszweig der Kauber Bürger. Doch von der einstigen Rebfläche im Umfang von 280 Hektar sind heute nur noch zehn Hektar übrig geblieben. Diese verteilen sich auf die Weinlagen Roßstein, Backofen, Rauscheley, Blüchertal, Pfalzgrafenstein und Burg Gutenfels. Die Letztgenannte ist für eine kleine Wanderung am attraktivsten, weil sie sich an einem Steilhang unterhalb der Burg hinzieht. Der mit zahlreichen Infotafeln ausgestattete Kauber Kulturweg bietet die beste Möglichkeit, viel über die Stadt und ihre Geschichte und ihren Weinbau im Besonderen zu erfahren. Folgen wir ihm also auf steilem Pfad und genießen dabei herrliche Ausblicke ins Obere Mittelrheintal.

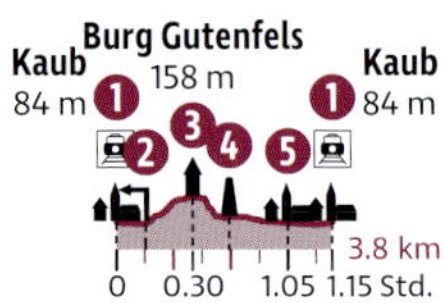

Ausgangspunkt: Bahnhof Kaub (84 m); Anreise mit Bahn; Navi: 56349 Kaub, Bahnstr. 1 (kostenlose Parkplätze vorhanden) oder alternativ auf dem Parkplatz Fähre parken (56349 Kaub, Zollstr. 24).
Anforderungen: Der Aufstieg hoch zur Burg Gutenfels ist sehr steil, ansonsten moderater Wegverlauf; auf geschotterten und geteerten Wegen; auch mit Kindern empfehlenswert.
Markierung: Ohne Markierung, Gutenfelssteig und Panoramaweg Altstadt.
Wanderkarte: NaturNavi Blatt 40-555 Rheinwandern 1, 1: 25.000.
Einkehr: Hotel & Restaurant Zum Turm, Zollstr. 50, 56349 Kaub, Tel. +49 6774 92200, www.rhein-hotel-turm.de sowie zahlreiche weitere Gaststätten in Kaub.
Winzer: **Weingut Bahles**, Bahnstr. 10, 56349 Kaub, Tel. +49 6774 258, www.weingut-bahles.de. **Weingut »Am Löwenkopf«**, Schulstr. 41 + 48, 56349 Kaub, Tel. +49 6774 365, www.weingut-loewenkopf.com. **Weingut Hillesheim**, Blücherstr. 55 b, 56349 Kaub, Tel. +49 6774 919100, www.weingut-hillesheim.de.
Tipp: Eine längere Tour rund um Kaub ist im Rother Wanderbuch Weinwandern Ahr/Mittelrhein beschrieben.

Wir beginnen unsere kleine Tour in die Kauber Weinberge am **Bahnhof ❶** des Weinortes. Wir gehen auf der Bahnstraße ortseinwärts und passieren dabei links von uns die auf einer Insel im Rhein erbaute Burg Pfalzgrafenstein (dorthin verkehrt vom Fähranleger Kaub täglich alle 30 Minuten eine Personenfähre). Die Bahnstraße geht dann in die Zollstraße über, der wir weiter geradeaus folgen. Bei der querenden Hochstra-

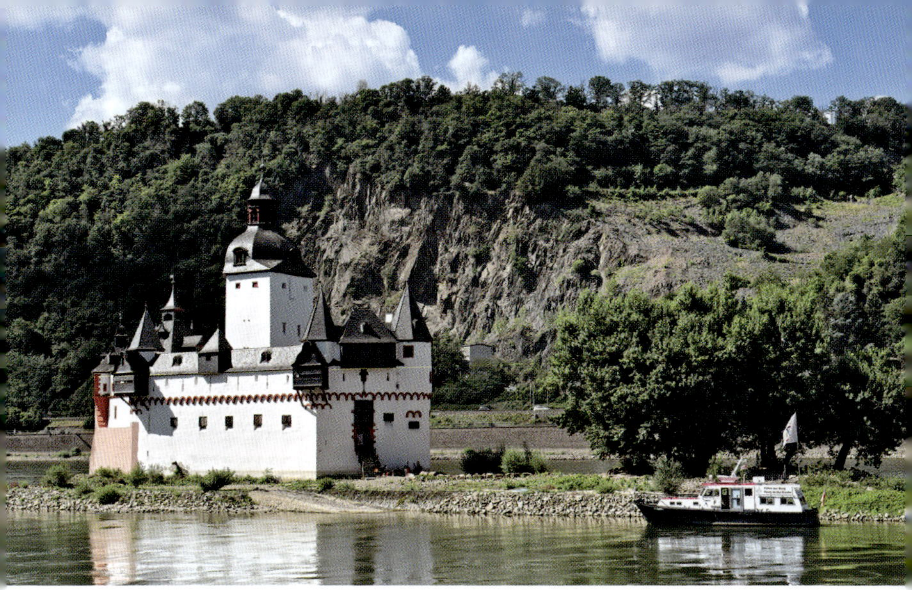

Burg Pfalzgrafenstein.

ße bietet sich ein Abstecher nach links zum **Blücherdenkmal** ❷ an. Es erinnert an die Rheinüberquerung der preußisch-schlesischen Armee unter dem Kommando von General Blücher in der Neujahrswoche des Jahres 1814. Im Ort widmet sich auch ein Museum diesem militärhistorischen Ereignis. Man kann sich aber auch gleich auf der Zollstraße ins Städtchen hinein halten und dort weiter geradeaus dem Schlossweg folgen. Auf dem Zollplatz zwischen dem Hotel Zum Turm und der Jugendherberge finden wir einen Wegweiser und eine Beschilderung des örtlichen Kulturweges hoch zur Burg Gutenfels. Die auf einem Felssporn etwa 110 m über Kaub gelegene Festung bildet im wahrsten Sinn des Wortes den Höhepunkt unserer Wanderung.

Zunächst verlassen wir den romantischen Ort aufwärts über Treppenstufen und biegen oben auf dem Querweg rechts ab. Dann gleich wieder links auf einer lang gezogenen Treppe den steilen Abhang hinauf, vorbei am städtischen Kräutergarten. Nach dieser Aufwärtspassage biegt unser Weg nach rechts ab und bringt uns hinein in die Weinbergterrassen, die bereits vor langer Zeit auf dem Steilhang unterhalb der Burg angelegt wurden. Aber erst seit 2008 wurde hier dem Weinanbau neues Leben eingehaucht; örtliche Winzer, beispielsweise Peter Bahles und Wilfried Kunz (Weingut Zum Löwenkopf) haben aus der Lage Kauber Burg Gutenfels wieder eine Spitzenlage des Anbaugebietes Mittelrhein gemacht. In mehreren Serpentinen geht es dann den terrassierten Steilhang hoch, wobei in nahezu jeder Wegkehre

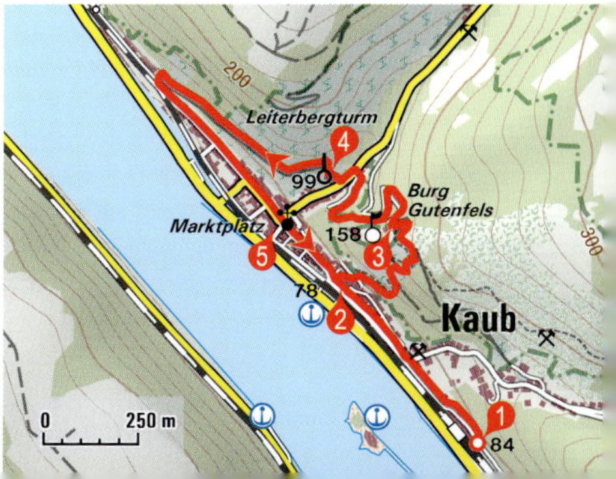

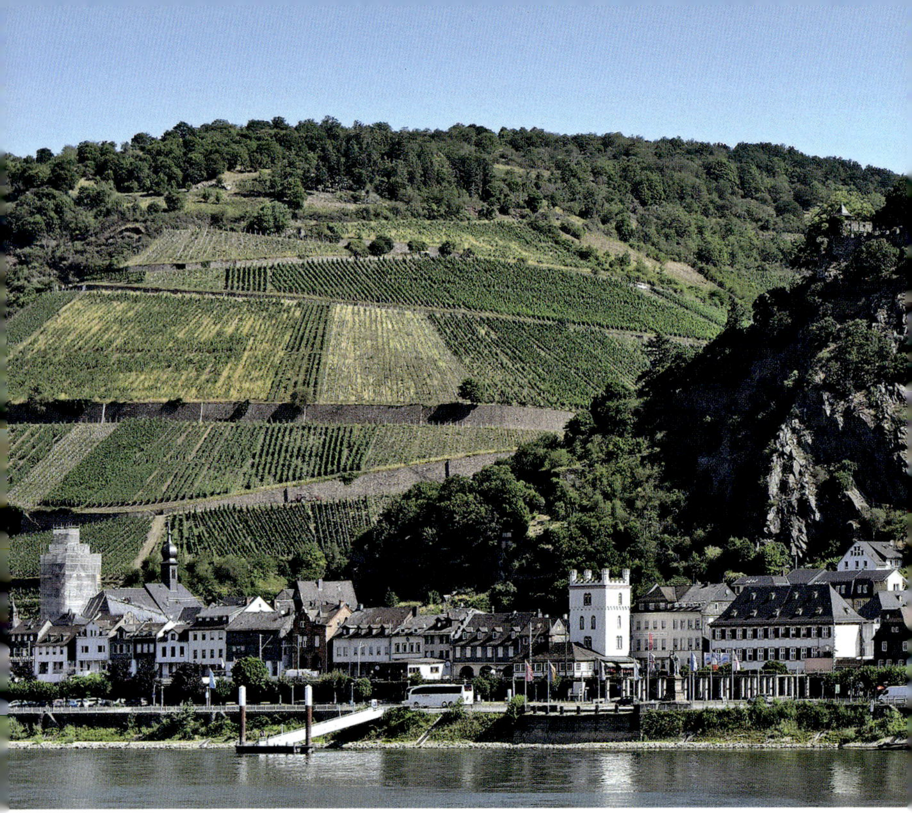

Kaub mit Burg Gutenfels.

eine Rastbank und eine Infotafel des Kulturweges aufgestellt wurden. So haben wir mehrmals die Gelegenheit für herrliche Ausblicke auf das Städtchen Kaub und die inmitten des Rheins gelegene Zollburg Pfalzgrafenstein. Oben angelangt gehen wir durch ein Gittertor (hinterher bitte wieder schließen) und halten uns beim WW dahinter auf dem Kulturweg Gutenfelssteig nach links. Weiter aufwärts führend macht unser Weg nach etwa 70 m eine enge Linkskehre und bringt uns damit hinunter zum Tor von **Burg Gutenfels** ❸. Die Anlage ist heute ein Hotel und kann nicht besichtigt werden. Nun folgen wir dem Zufahrtssträßchen bergab, bis es eine Rechtskurve macht; dort wechseln wir geradeaus auf einen Fußweg, der sich durch den Wald an der Hangkante entlang zieht. Zu einem Pfad geworden führt uns dieser hinunter zu einem Querweg, wo wir die Wahl haben: entweder nach links auf direktem Weg zurück in die Stadtmitte oder nach rechts weiter auf dem Altstadt-Panoramaweg. Wir entscheiden uns für letztere Variante und biegen rechts ab. Auf dem Schlossweg steigen wir hinunter in den Ort und halten uns auf der Blücherstraße leicht abwärts nach links. Dann ist unsere Aufmerksamkeit gefordert, da vorerst keine Panoramaweg-Beschilderung mehr auftaucht. Stattdessen folgen wir dem blauen R des Rheinsteigs nach rechts auf einer Treppe, die durch Häuser hindurch hoch zum **Leiterbergturm** ❹ führt.

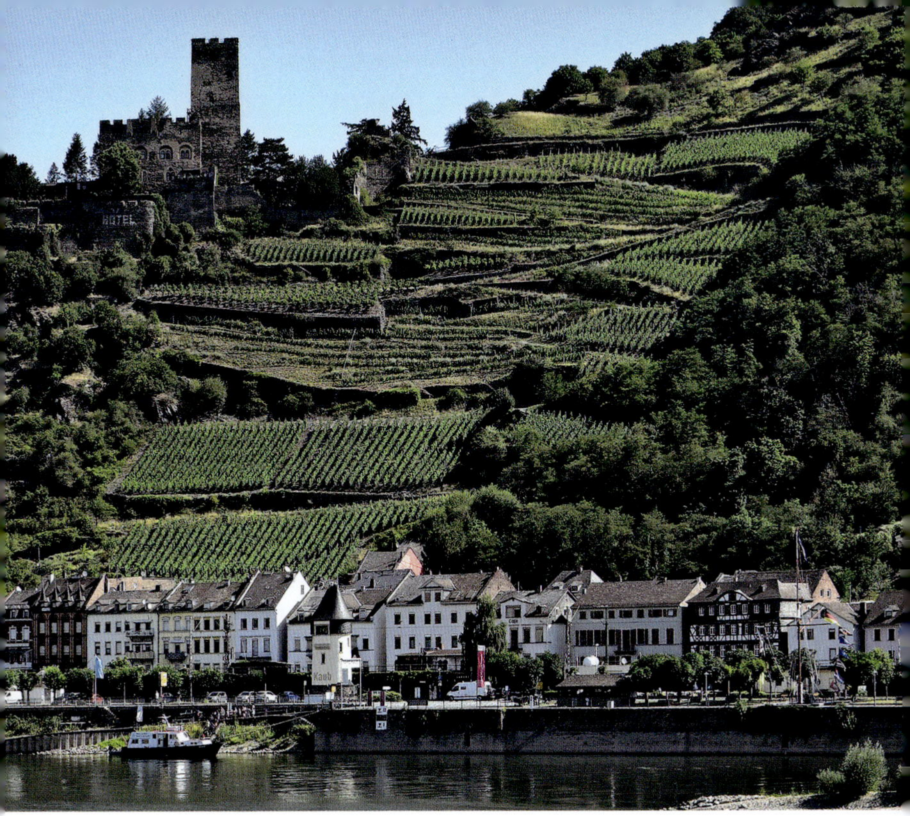

Von dort weiter steil aufwärts durch ein Rebenfeld zu einem Wirtschaftsweg, auf den wir ohne erkennbare Markierung nach links einschwenken (der Rheinsteig biegt nach rechts ab). Dieser Weg bringt uns längs einer Weinbergböschung, vorbei an den Weinlagen Blüchertal und Rauschelay, hinunter an den Ortsrand. Dabei schweift unser Blick über den Rhein bis zur Schönburg bei Oberwesel.

Beim Weingut Lemler biegen wir scharf links in Richtung Altstadt ein und gelangen auf der lang gezogenen Schulstraße zum **Marktplatz** ❺ mit der Doppelkirche St. Trinitatis und St. Nikolaus, welche zwei Konfessionen unter einem Dach beherbergt. Durch die enge Metzgergasse finden wir zurück zum Zollplatz und von dort wie auf dem Hinweg zurück zum **Bahnhof** ❶.

Weinwissen

Die Weinlage Burg Gutenfels lag über viele Jahre brach und wurde erst nach umfangreicher Flurbereinigung seit 2008 neu mit Reben bestückt. Auf ihrem Verwitterungsboden aus Tonschiefer mit geringmächtigen Einlagerungen von Sandstein gedeihen kraftvolle, rassige und elegante Rieslinge. Sie profitieren von der Südwestausrichtung des terrassierten Steilhanges, der eine Steigung von bis zu 60 Prozent aufweist. So bekommen die Trauben genügend Sonne, um lange reifen zu können.

Das Weinanbaugebiet Rheinhessen

Die Römer wollten um die Zeitenwende in ihrer Provinz Obergermanien auf ihr Lieblingsgetränk nicht verzichten und transportierten auch Rebpflanzen im Marschgepäck über die Alpen. Sie sorgten vermutlich für die ersten Anpflanzungen von Reben am Oberrhein, die später von Klöstern übernommen und kultiviert wurden.

Die älteste urkundlich erwähnte Weinlage Deutschlands ist das Niersteiner Glöck. In einer Schenkungsurkunde aus dem Jahr 742 ist der Name der berühmten Lage enthalten, wo heute Spitzenrieslinge angebaut werden. Das größte zusammenhängende Weinanbaugebiet Deutschlands verfügt über knapp 27.000 ha bestockte Rebfläche.

Eine weitere Zahl macht die Bedeutung des Weinbaus für die Region noch anschaulicher. Von 136 Gemeinden wird nur in drei Ortschaften kein Weinbau betrieben. Die 2400 Weinbaubetriebe Rheinhessens produzieren im Schnitt 2,5 Mio Hektoliter Wein im Jahr. Doch wer meint, dass hier nur Masse produziert wird, irrt gewaltig. Das Bild und Ansehen rheinhessischer Winzer, die früher eher für Alltagsweine bekannt waren, hat sich grundlegend verändert. Die neue experimentierfreudige Generation von Jungwinzern und Jungwinzerinnen scheut sich nicht mehr

Weinfeste und Weinevents (Auswahl)

April
- Flonheim, Trullo in Flammen, (letztes WE=Wochenende)

Mai
- Bingen Sektfest (1. WE)
- Flonheimer Weinmarkt (letztes WE)

Juni
- Bodenheimer Albansfest (1. WE)
- Mainz-Hechtsheim, Weinfest im Kirchenstück (letztes WE)
- Nierstein, Weinpräsentation am Roten Hang
- Osthofener Weinmeile (3. WE)
- Westhofen, Traubenblütenfest, (14 Tage nach Pfingsten)

Juli
- Weinfest Nackenheim (letztes WE)

August
- Flörsheim-Dalsheim Weinfest (Mitte des Monats)
- Guntersblum, Kellerwegfest (3. und 4. WE)
- Harxheimer Weinhöfefest (vorletztes WE)
- Niersteiner Winzerfest (1. WE)
- Oppenheimer Weinfest (2. WE)
- Mainzer Weinmarkt (letztes WE)
- Worms Backfischfest (letztes WE)

September
- Mainzer Weinmarkt (1. WE)
- Worms Backfischfest (1. WE)
- Alsheimer Weinwandertag (3. WE)
- Bechtheim Weinfest am Pilgerpfad (2. WE)
- Bodenheim, Weinprobe am Weinlehrpfad (vorletztes WE)
- Ingelheim Rotweinfest (letztes WE)
- Wintersheimer Weinwandertag (1. So.)
- Winzerfest Alzey (Mitte des Monats)

Oktober
- Mainz, Weinforum Rheinhessen
- Gau-Algesheim, Fest des jungen Weins (1. WE)

November
- Wormser Weinmesse

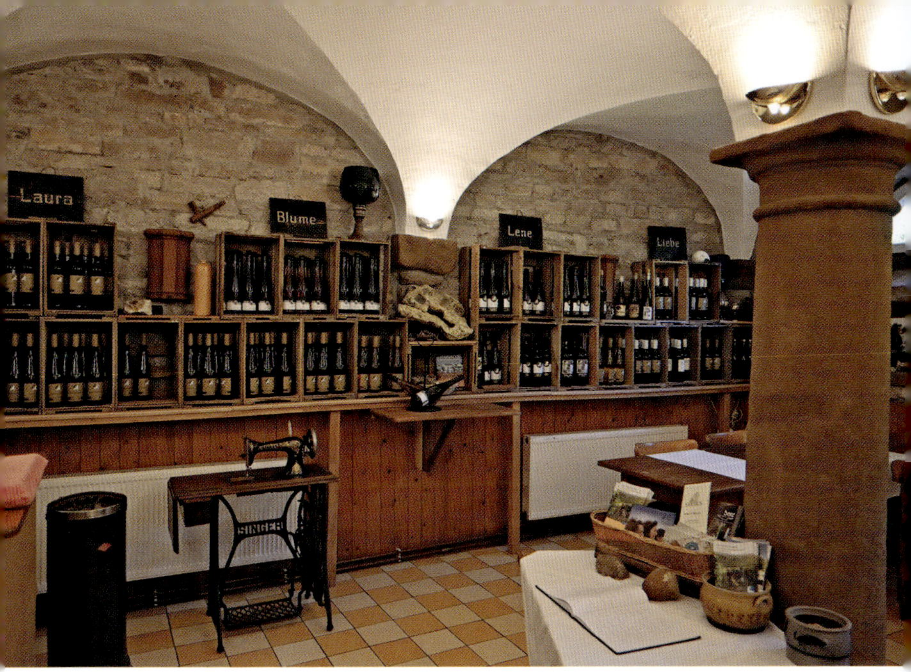

Vinothek im historischen Kreuzgewölbe des Weinguts Moebus in Siefersheim (Tour 29).

vor ihren Kollegen aus dem Rheingau, wo früher die alleinige Heimat edler Rieslinge war. Hervorragend ausgebildet, oft mit internationaler Erfahrung, sorgen sie für eine konsequente Qualitätssteigerung. In schicken Vinotheken, oft in ausgebauten ehemaligen Kuhställen mit Kreuzgewölbe – eine Besonderheit Rheinhessens – bieten sie ihre Kreationen an. Dabei steigt jährlich die Anzahl biodynamischer Betriebe, die Pestiziden und Herbiziden den Kampf angesagt haben.

Unter geschickter Nutzung der neuen Medien wurden Initiativen gegründet, die sich auch über die Grenzen der Region schon herumgesprochen haben.

Ein paar Beispiele: WineFlow: Elf Weingüter aus Flonheim und Umgebung organisieren mit viel Leidenschaft Events, wie z.B. »Trullo in Flammen«. Die Hiwwel Connection aus Sprendlingen-Gensingen organisiert Konzerte, Weinwanderungen und Veranstaltungen. Die Vino Generation aus Wöllstein lädt im Sommer donnerstags zum »Feieroomend«, ein voller Erfolg. Im Weinblick5 oder bei den Weinguerillas sieht man schon an den Namen, dass hier eine neue Generation das früher angestaubte Image runderneuert. 18 Weingüter sind in der Selection Rheinhessen vertreten, in deren Kollektion nur außergewöhnliche Weine (2021 waren es 41) mit dezidiert festgelegten Anforderungen für die Herstellung aufgenommen werden.

Mit 18 % Anbaufläche ist der Riesling in Rheinhessen tonangebend, gefolgt vom Müller-Thurgau mit 15 % und Silvaner sowie Grauburgunder. Das Hauptaugenmerk liegt mit 72 % bei Weißweinen, wobei die Rotweine, auch aufgrund des Klimawandels, an Boden gewinnen.

19 Von Mainz-Laubenheim zur Glockenberghütte

Weinselige Tour im Süden von Mainz

4.15 Std. | 14,2 km | ↗ 170 m | ↘ 170 m

Das Herz der Weinhauptstadt pulsiert in den Vororten

Mainz, die Weinhauptstadt Deutschlands, ist eingebettet in das Land der tausend Hügel, wo links des Rheins Reben wachsen, soweit das Auge reicht. Die Römer brachten vor über 2000 Jahren den Wein hierher und vom Mittelalter bis in die Neuzeit waren Weinanbau und -handel ein wichtiger Erwerbszweig für viele Mainzer Bürger. Doch längst finden sich in der Kernstadt keine Rebflächen mehr, die Mainzer Weinberge liegen vorrangig in den Ortsteilen Hechtsheim, Laubenheim und Ebersheim. Sie gehören alle zur Großlage Mainzer St. Alban, die über eine Fläche von rund 208 Hektar verfügt. Darauf werden überwiegend weiße Rebsorten wie Silvaner und Müller-Thurgau kultiviert, nur ein Drittel ist mit Rotweinen, meist der Sorte Dornfelder, bestanden. Auf unserer Tour von Mainz-Laubenheim zur Glockenberghütte durchwandern wir nahezu die gesamte Großlage St. Alban, in der auch Einzellagen zu den Nachbarorten Gau-Bischofsheim und Bodenheim gehören. Etappenweise bewegen wir uns dabei auf dem Rheinterrassenweg und auf dem Kleinen Mainzer Höhenweg, der von der Mainzer Sektion des Deutschen Alpenvereins DAV angelegt wurde. Wer den Großen Mainzer Höhenweg wandern möchte, muss dagegen in die Alpen fahren, denn er verläuft über fünf Dreitausender und drei Gletscher auf dem Geigenkamm zwischen Pitztal und Ötztal. Da können unsere sanften Hügel zwar nicht mithalten, aber ein guter Schoppen unterwegs ist ja auch nicht zu verachten.

Ausgangspunkt: Bahnhof Mainz-Laubenheim (86 m); Anfahrt mit Bahn; Navi: 55130 Mainz-Laubenheim, Oppenheimer Straße (kostenlose Parkplätze vorhanden).
Anforderungen: Ausschließlich moderate An- und Abstiege; überwiegend auf geteerten Wirtschaftswegen; auch mit Kindern empfehlenswert.
Markierung: Zubringer Rheinterrassenweg/Kleiner Mainzer Höhenweg, ohne Markierung, Rheinterrassenweg, Kleiner Mainzer Höhenweg, Zubringer, Rheinterrassenweg, Kleiner Mainzer Höhenweg/Zubringer.

Wanderkarte: Kühkopf/Hessisches Ried 1. 40.000 (Rheingau-Taunus-Kartographie).
Einkehr: Hofgut Laubenheimer Höhe, Auf der Laubenheimer Höhe 1–3, 55131 Mainz, Tel. +49 6131 622260, www.hofgut-laubenheimer-hoehe.de, mit Vinothek; zahlreiche weitere Gaststätten in Laubenheim und Bodenheim.
Winzer: In Laubenheim: **Weingut Sankt Urban**, Hans-Zöllner-Str. 25, 55130 Mainz-Laubenheim, Tel. +49 6131 86356, www.weingutsturban.de. **Weingut Möhn**, Pfarrer-Goedecker-Str. 13, 55130 Mainz-Laubenheim, Tel. +49 6131

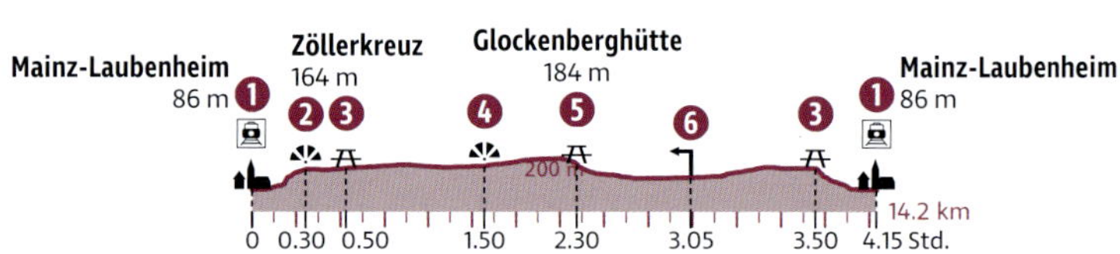

883003, www.weingut-moehn.de. Weinkellerei Delee & Grimm, Am Jungstück 14, 55130 Mainz-Laubenheim, Tel. +49 6131 861160, www.delee-grimm.de. In Bodenheim: **Weingut Duttenhöfer**, Langgasse 17, 55294 Bodenheim, Tel. 06135/3775, www.weingut-dutt.de. **Weingut Kühling-Gillot**, Oelmühlstr. 25, 55294 Bodenheim, Tel. +49 6135 2333, www.kuehling-gillot.de. **Weingut Sauer**, Rheinallee 23, 55294 Bodenheim, Tel. 06135/2319, www.wein-sektgut-sauer.de. **Weingut Kilianshof** Stephan Weber, Schreiberweg 6, 55294 Bodenheim, Tel. +49 6135 5676, www.kilianshof.de. **Weingut Villa Kerz**, Ölmühlstr. 33, 55294 Bodenheim, Tel. +49 6135 2312 oder 5853, www.villa-kerz.de. In Gau-Bischofsheim: **Weingut Anton Escher**, Neustr. 14, 55296 Gau-Bischofsheim, Tel. +49 6135 4040, www.weingut-escher.de. **Weingut Posthof Doll-Göth**, Bahnhofstr. 35, 55296 Gau-Bischofsheim, Tel. +49 6135 2847, www.doll-goeth.de. **Weingut Rainer Wagner**, Am Mittelberg 5, 55296 Gau-Bischofsheim, Tel. +49 6135 931551, www.middelbersch.com. **Wein- und Sektgut Oberst Schultz-Werner**, Bahnhofstr. 10, 55296 Gau-Bischofsheim, Tel. +49 6135 2222, www.schultz-werner-weingut.de.

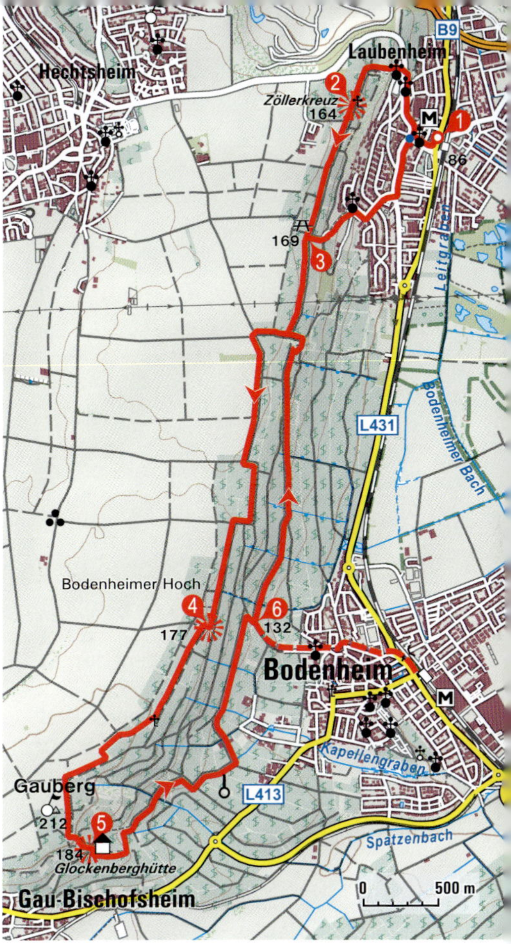

Information: Dass in Mainz so bedeutende überregionale Institutionen wie das Deutsche Weininstitut (DWI) und der Verband Deutscher Prädikatsweingüter (VDP) ihren Sitz haben, unterstreicht die Bedeutung der rheinland-pfälzischen Kapitale als Weinhauptstadt nicht nur von Rheinhessen, sondern von ganz Deutschland. Seit die Römer vor 2.000 Jahren die ersten Reben setzten, hat sich in Mainz eine enge Beziehung zum Wein entwickelt wie kaum in einer anderen deutschen Stadt. Dies belegen zum einen zahlreiche Vinotheken und Weinstuben von der Innenstadt bis in die Vororte, zum anderen wird in der Stadt am Rhein der Wein im Jahreslauf ausgiebig mit Events wie dem »Weinmarathon«, der »Mainzer Weinbörse« und dem »Weinforum Rheinhessen« zelebriert. Die Mainzer Winzer verführen allwöchentlich beim samstäglichen Marktbummel zum »Mainzer Marktfrühstück« und schenken ferner ihre Weine von April bis September an ihrem Weinprobierstand am Rheinufer aus. Mit den »Mainzer Weintagen« (Ende April/Anfang Mai am Rheinufer) und dem »Mainzer Weinmarkt« (Ende August/Anfang September im Stadtpark) feiern die Mainzer zweimal im Jahr ein großes Weinfest (www.mainz.de).

Variante: Bis Bahnhof Bodenheim (Tour verkürzt sich auf 10,4 km).

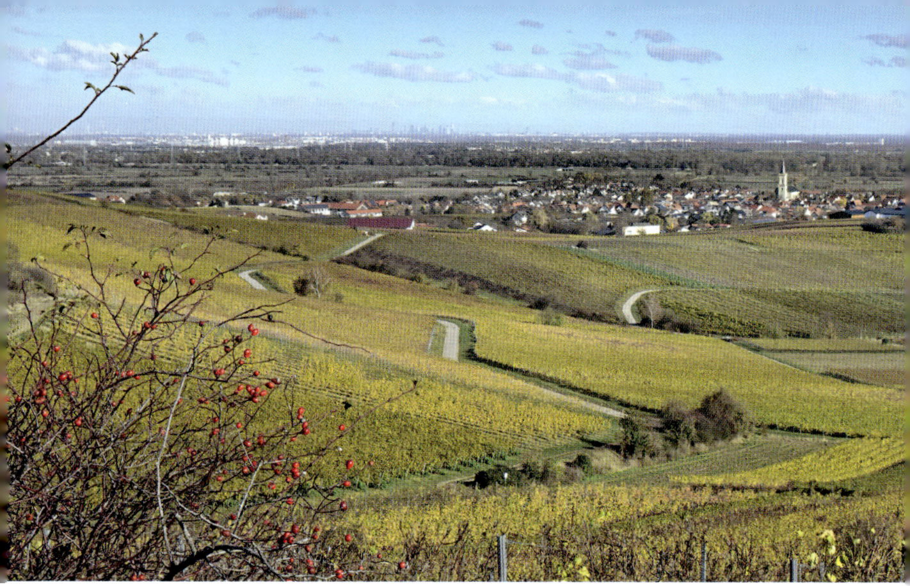

Aussicht von der Glockenberghütte bis zur Frankfurter Skyline.

Vom **Bahnhof Mainz-Laubenheim ❶** begleiten uns die Markierungen des Kleinen Mainzer Höhenweges und des Rheinterrassenweg-Zubringers auf der Oppenheimer Straße bis zum Marktplatz. Dort ohne Markierung rechts auf der Pfarrer-Goedecker-Straße aufwärts bis zum Friedhof; dahinter links in die Straße »Am Bornberg« und auf einer Treppe den steilen Abhang hoch. Oben auf der rebenbestandenen Laubenheimer Höhe angelangt, schwenken wir auf den querenden Rheinterrassenweg nach links ein. An der Hangkante entlangflanierend, kommen wir kurz darauf am **Zöllerkreuz ❷** vorbei, einem schönen Aussichtspunkt in die Rhein-Main-Ebene bis zu Frankfurts Wolkenkratzern.

Wem bereits nach einer Erfrischung zumute ist, kann vorher einen Abstecher nach rechts zur etwas abseits des Weges gelegenen Weinberghütte des Hofgutes Laubenheimer Höhe machen. Dabei durchquert man die Weinlage Johannisberg, während die Weinberge rechts des Weges zur Lage Edelmann gehören. Einen knappen Kilometer weiter stößt bei einem aussichtsreichen **Rastplatz ❸** vom Tal herauf der Kleine Mainzer Höhenweg zu uns. Seiner Edelweiß-Markierung folgen wir nun für die nächste Zeit. Sie führt uns durch die dritte Laubenheimer Weinlage mit dem Namen Klosterberg zu einem T-Kreuz vor einem Waldstreifen, bei dem wir uns rechts halten. Bei der folgenden Wegkreuzung links und nun etwa 900 m am Rebenfeld entlang, das bereits zur Bodenheimer Lage Heitersbrünnchen gehört. Im weiteren Verlauf steuert uns unser Edelweiß zuverlässig durch die Reben. Bei einer **Aussichtswarte ❹** in der Weinlage Bodenheimer Hoch genießen wir den Blick über Bodenheim und die Rheinebene hinweg bis zum Odenwald am Horizont.

In mehreren Richtungswechseln, die alle bestens ausgeschildert sind, erreichen wir den höchsten Punkt unserer Tour (207 m) in der Weinlage Bodenheimer Silberberg und steigen von dort hinunter zur **Glocken-**

berghütte ❺. Der schön gestaltete Platz eignet sich hervorragend für eine längere Rast, aber mitbringen muss man Speis' und Trank schon selbst – es gibt weder eine zeitlich begrenzte Bewirtschaftung noch ein Weindepot. Dafür entschädigt der phänomenale Ausblick über die sanft gewellten Rebenhänge bis ins Rhein-Main-Gebiet mit der Frankfurter Skyline. Der Name der Hütte bezieht sich auf die umliegende Weinlage Glockenberg, die zum nahe gelegenen Gau-Bischofsheim gehört.

Um an unseren Ausgangspunkt zurückzukehren, verlassen wir den Kleinen Mainzer Höhenweg, der sich hier nach rechts wendet, und orientieren uns dafür am Zubringer des Rheinterrassenweges weiter hangabwärts (WW Bodenheim 3,5 km). Ein paar Meter unterhalb biegen wir bei einem Kruzifix links ab und halten uns nach etwa 200 m erneut nach links durch eine Bodensenke hindurch aufwärts (Achtung, hier fehlt eine eindeutige Markierung!). Danach erreichen wir ohne Orientierungsprobleme in stetem Auf und Ab den Rheinterrassenweg, auf den wir bei einem WW nach links einschwenken (Mainz-Laubenheim 4,7 km). Beim nächsten WW – hier stehen auch drei Infotafeln des Bodenheimer Weinlehrpfades – scharf rechts ein paar Meter hinunter zu einer Wegkreuzung bei einer **Sitzgruppe** ❻. Wer die Tour abkürzen möchte, geht hier geradeaus zum Bahnhof im nahen Bodenheim; ansonsten links weiter auf dem Rheinterrassenweg (es lohnt sich aber auch ein Abstecher dorthin wegen des schönen Ortsbildes und der zahlreichen Einkehrmöglichkeiten). Vorbei an einem Tisch des Weines folgt ein etwas längerer Anstieg auf die Hochfläche, wobei wir die Bodenheimer Lagen Burgweg und Mönchspfad durchschreiten. Oben treffen wir nach Umgehung des vom Herweg bekannten Waldstreifens wieder auf den Kleinen Mainzer Höhenweg und halten mit beiden Wegzeichen auf Laubenheim zu.

Beim **Rastplatz** ❸ sagen wir Tschüss zum Rheinterrassenweg und biegen mit dem Edelweiß rechts hinunter in den Mainzer Vorort ab (WW Bahnhof 1,4 km). Ein schön zu gehender Pflastersteinweg bringt uns an einem Brunnen vorbei an den Ortsrand. Über die Straßen »Am Edelmann« und »Im Stossacker« gehen wir hinunter zur Hans-Zöller-Straße und auf dieser, vorbei am Weingut St. Urban, zum Marktplatz. Von dort gelangen wir wie auf dem Herweg zurück zum **Bahnhof** ❶.

Weinwissen

Mainz und Rheinhessen sind seit 2008 Mitglied im »Great Wine Capitals Global Network« (GWC). Ihm gehören derzeit elf bedeutende Großstädte an, die maßgeblich von ihren international bekannten und renommierten Weinanbaugebieten geprägt werden (u.a. Adelaide | South Australia, Bilbao | Rioja, Kapstadt | Cape Vinelands und San Francisco | Napa Valley). Seit seiner Gründung 1999 hat das Netzwerk verschiedene Projekte, Initiativen und Programme entwickelt und initiiert mit dem Ziel, innerhalb dieser internationalen Gemeinschaft den Austausch von Tourismus, Wirtschaftsbeziehungen und Bildungsangeboten zu fördern. Durch die Mitgliedschaft im GWC möchte die Weinregion Mainz | Rheinhessen sich und ihre Weine noch besser im globalen Wettbewerb platzieren (www.greatwinecapitals.com).

20 Von Nackenheim nach Oppenheim

Drei-Sterne-Tour auf dem Rheinterrassenweg

TOP | 4.15 Std. | 13,3 km | ↗ 240 m | ↘ 230 m

Am Roten Hang entlang

Die vielleicht schönste Etappe des 75 Kilometer langen, von Mainz nach Worms führenden Rheinterrassenweges wollen wir auf dieser Tour abwandern. Sie führt von Nackenheim über Nierstein nach Oppenheim – allesamt namhafte Weinorte, deren Weinlagen mit zu den besten in Rheinhessen zählen. Darunter mit der Niersteiner Glöck sogar die älteste urkundlich erwähnte Lage in ganz Deutschland. Der besondere Reiz dieser Wanderung besteht darin, dass wir uns fast bis an ihr Ende am Roten Hang entlang bewegen, wie der Steilabfall des rheinhessischen Plateaus zum Rhein hin genannt wird. Er hat seinen Namen von den roten Ton- und Sandsteinen aus der Rotliegendzeit, aus denen er aufgebaut wird. Deren Wärmespeicherfähigkeit trägt neben der intensiven Sonneneinstrahlung elementar dazu bei, dass hier weltberühmte Weine heranreifen können. Immer wieder ergeben sich unterwegs traumhafte Blicke ins Rheintal zu unseren Füßen, der schönste davon vom Brudersberg, wo man unter schattigen Bäumen wunderbar rasten kann. Wer den passenden Wein dazu nicht im Rucksack mit dabei hat, findet in Nierstein und Oppenheim genügend Möglichkeiten, den ein oder anderen guten Tropfen zu verkosten.

Ausgangspunkt: Bahnhof Nackenheim (84 m); Anreise mit RB Mainz – Worms; Navi: 55299 Nackenheim, Im Brühl 15 (Parkplätze vorhanden).
Endpunkt: Bahnhof Oppenheim (87 m).
Anforderungen: Nennenswerte steilere An- und Abstiege gibt es auf dieser Tour nicht; überwiegend auf geteerten Wirtschaftswegen, etappenweise auf Schotter- und Graswegen; auch mit Kindern empfehlenswert.
Markierung: Rheinterrassenweg-Zuweg, Rheinterrassenweg, Weinerlebnisweg Roter Hang, Rheinterrassenweg-Zuweg, Rheinterrassenweg, Rheinterrassenweg-Zuweg.
Wanderkarte: Kühkopf/Hessisches Ried 1:40.000 (Rhein-Taunus-Kartographie).
Einkehr: Zahlreiche Gaststätten und Weinstuben in Nierstein und Oppenheim.
Winzer: **Weingut Gunderloch**, Carl-Gunderloch-Platz 1, 55299 Nackenheim, Tel. +49 6135 2341, www.gunderloch.de. **Weingut Sans-Lorch**, Mahlweg 4, 55299 Nackenheim, Tel. +49 6135 2344, www.sans-lorch.de. **Weingut Forum Vinum Marbé-Sans**, Am Lörzweiler Weg 1, 55299 Nackenheim, Tel. +49 6135 9331333, www.forum-vinum.de. **Weingut St. Anthony**, Wilhelmstr. 4, 55283 Nierstein, Tel. +49 6133 50911-0, www.st-antony.de. **Weingut Guntrum**, Rheinallee 62, 55283 Nierstein, Tel. +49 613397170, www.guntrum.de. **Weingut Heise am Kranzberg**, Karolingerstr. 15, 55283 Nierstein, Tel. +49 6133 5587, www.weinerlebniswelt-heise.de. **Weingut Raddeck**, Am Hummertal 100, 55283 Nierstein, Tel. +49 6133 58115, www.raddeckwein.de. **Staatliche Weinbaudomäne**, Wormser Str. 162, 55276 Oppenheim, Tel. +49 6133 930305, www.domaene-oppenheim.de. **Weingut Dr. Dahlem**, Rathofstr. 21–25, 55276 Oppenheim, Tel. +49 6133 2001, www.weingut-dahlem.de. **Weingut Dr. Heyden**, Am Gutleuthaus 1, 55276 Oppenheim, Tel. +49 6133 926301, www.heydenwein.de.

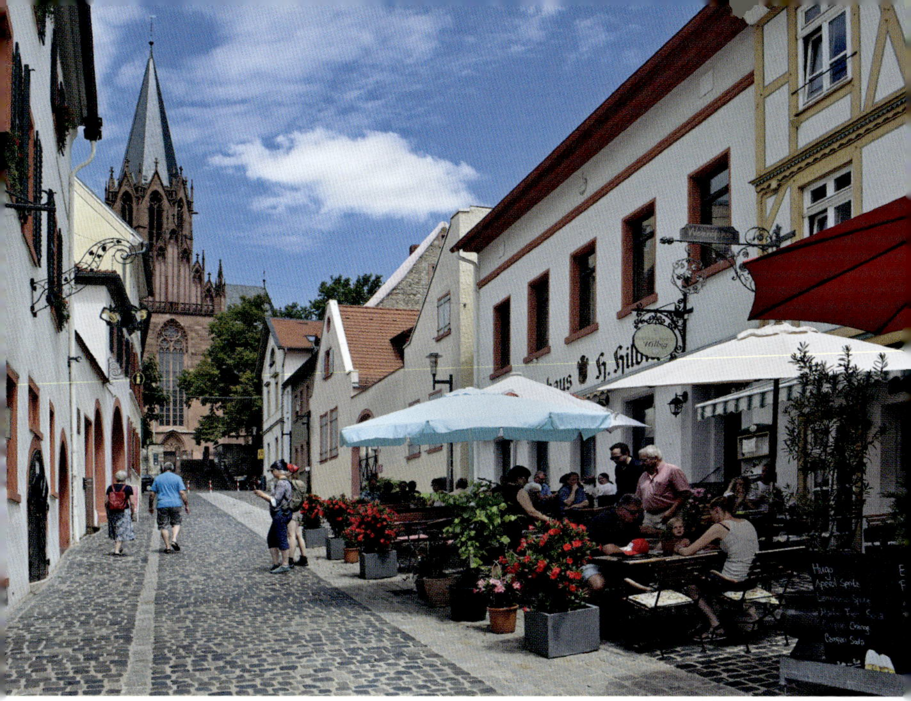

Oppenheim lädt zur Einkehr ein.

Tipp: Beim Verein Roter Hang e.V. in Nierstein ist ein Roter-Hang-Kühlrucksack, ausgestattet mit Proviant sowie mit zwei Flaschen Wein samt Gläsern, erhältlich. Er kann vor Ort erworben oder auch vorab angefordert werden (www.roter-hang.de).

Variante: Bei der Kilianskirche in Nierstein beginnt und endet der bestens markierte Erlebnisweg Roter Hang; er führt auf einer Länge von 7,8 km zu 12 Stationen sowie zu Rastplätzen und Aussichtspunkten; er sollte jedoch unbedingt als eigenständige Tour begangen werden.

Informationen: **Nackenheim:** Die Weinbaugemeinde ist der Geburtsort des Schriftstellers Carl Zuckmayer (1896–1977). Sein Lustspiel »Der fröhliche Weinberg«, das in Nackenheim spielt, stieß nach seiner Uraufführung bei den Einheimischen jedoch nur auf wenig Gegenliebe. Sie empfanden sich darin nämlich als rückschrittlich, einfältig und unmoralisch dargestellt. Als sich die Wogen im Laufe der Zeit wieder geglättet hatten, war man doch stolz auf seinen großen Sohn und ernannte ihn 1952 zum Ehrenbürger von Nackenheim (www.nackenheim.de). **Nierstein** ist mit knapp 1.000 Hektar Rebfläche einer der größten Weinbauorte am Rhein. Am Roten Hang verfügt die Stadt über Weinlagen von Weltruf. Im Ort selber sind das Rheinufer, der mittelalterliche Marktplatz mit Adelshäusern, die romanische Martinskirche und das Paläontologische Museum sehenswert (www.nierstein.de). **Oppenheim:** Neben der die Altstadt überragenden Katharinenkirche und der über den Dächern der Stadt thronenden Burgruine Landskrone ist eine der größten Attraktionen von Oppenheim das Kellerlabyrinth. Diese »Stadt unter der Stadt« kann im Rahmen von Führungen besichtigt werden. Sehenswert ist ferner das Deutsche Weinbaumuseum, das auf 5.000 qm Ausstellungsfläche 2.000 Jahre Weinbaukultur in Deutschland lebendig werden lässt (www.stadt-oppenheim.de).

Vom Bahnhof in **Nackenheim ❶** gehen wir zunächst mit der Markierung des Rheinterrassenweg-Zuweges über die Mainzer Straße hinweg in die Langgasse. Unterhalb der sehenswerten Kirche St. Gereon treffen wir auf den Rheinterrassenweg, der uns nun bis Oppenheim die Richtung vorgeben wird. Wir folgen seiner Route weiter geradeaus auf der Weinbergstraße, machen aber kurz einen Abstecher nach links auf den Platz vor dem Rathaus. An dem Gebäude von 1751 erinnert eine Büste an den Schriftsteller Carl Zuckmayer, der 1896 in Nackenheim geboren wurde.

Beim Weingut Dr. Dietrich schwenken wir links in die Adam-Winkler-Straße ein und statten oben auf der Höhe der **Bergkapelle ❷** einen Besuch ab. Sie liegt etwa 80 m links des Weges, doch der kleine Umweg lohnt sich wegen des herrlichen Ausblickes auf den weinseligen Ort.

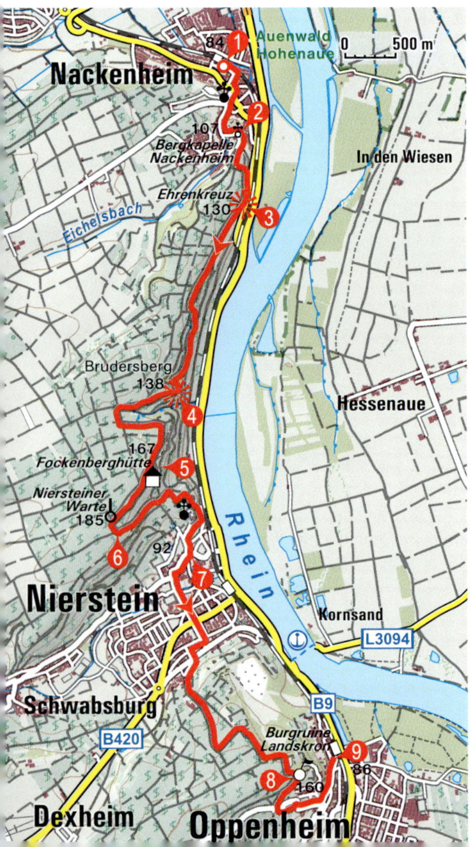

Zurück auf dem Rheinterrassenweg geht es hinauf zum Bergkreuz von 1767 und von dort links über eine kleine Kuppe hinunter zum Rastplatz »Auf der Platte« (hier steht ein Gedenkstein, der an die Flurbereinigung erinnert). Ab jetzt führt unsere Wanderroute auf geteerten Wirtschaftswegen stets an der Hangkante entlang und bietet schöne Ausblicke ins Rheintal. Dabei kommen wir an vielen, teils namhaften, Weinlagen vorbei, die alle vom hiesigen Mikroklima profitieren. Denn die Reben erhalten quasi eine doppelte Portion Sonnenschein – einmal von oben und zum Zweiten durch den Rhein, der wie ein Spiegel die Lichtstrahlen reflektiert. Vor allem hochklassige Rieslinge finden hier die optimalen Wachstumsbedingungen.

Bald ist der Aussichtspunkt **Ehrenkreuz ❸** erreicht, von dem aus man auf den Rhein mit der Insel Kisselwörth blicken kann. Rheinaufwärts ist in einiger Entfernung bereits Nierstein zu erkennen. Ein Blick über die Brüstung auf den Steilabfall zu unseren Füßen offenbart zudem, warum der linksrheinische Ufersaum zwischen Nackenheim und Nierstein als »Roter Hang« bezeichnet wird. Er besteht aus mächtigen Ton- und Sandsteinen, die in der Zeit des Rotliegenden (vor etwa 280 Millionen Jahren) im Saar-Nahe-Becken abgelagert wurden. Die rote Farbe der Gesteine ist auf Eisenverbindungen (Hämatit) zurückzuführen, die sich unter subtropischen Klimaverhältnissen gebildet haben.

Knapp 800 m weiter passieren wir die sogenannte Mistkaut, einst ein

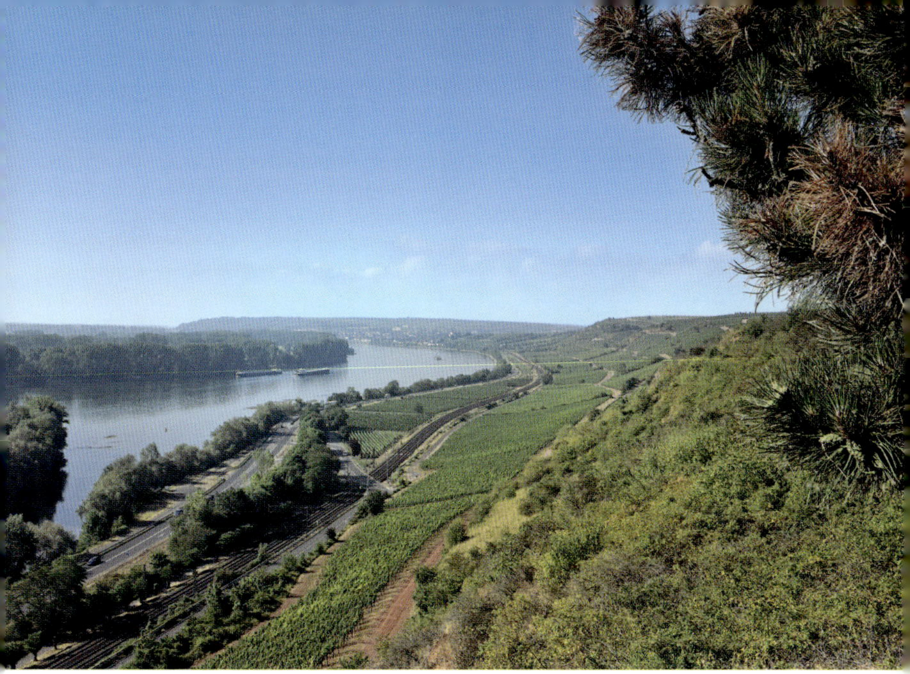

Blick vom Ehrenkreuz bis Nierstein.

Depot für Mist zur Weinbergdüngung, heute ein Rastplatz mit Bänken. Nach einem Linksknick unserer Route gelangen wir zu einem alten steinernen Wanderwegweiser, an dem sich zwei Wege gabeln. Beide führen zwar später wieder zusammen, wir folgen aber dem offiziellen Verlauf unseres Rheinterrassenweges links den Abhang hinunter. Eine große Schrift an der Wegböschung verrät uns, dass wir uns nun in der Weinlage Niersteiner Pettenthal befinden, der steilsten Lage am Roten Hang. Die Rieslinge, die hier gedeihen, genießen Weltruhm.
Vorbei an einem Weinberghäuschen, das rechts oberhalb von uns am Hang liegt, nimmt unser Weg an Steigung zu und führt uns in einer weiten Linkskurve zum Aussichtspunkt auf dem **Brudersberg** ❹. Die 2012 prämierte schönste Weinsicht bietet spektakuläre Ausblicke über das Hessische Ried bis hin zur Frankfurter Skyline und weiter zum Taunus sowie im Südosten bis zum Odenwald. Die Rieslinghütte und zahlreiche Tische und Bänke unter schattigen Bäumen laden zu einer längeren Rast ein. Allerdings sind die Plätze an Wochenenden im Herbst schnell belegt. Unterhalb der Plattform prangt an der Steilwand der weiße Schriftzug »Roter Hang«, wodurch der Brudersberg vom Tal aus

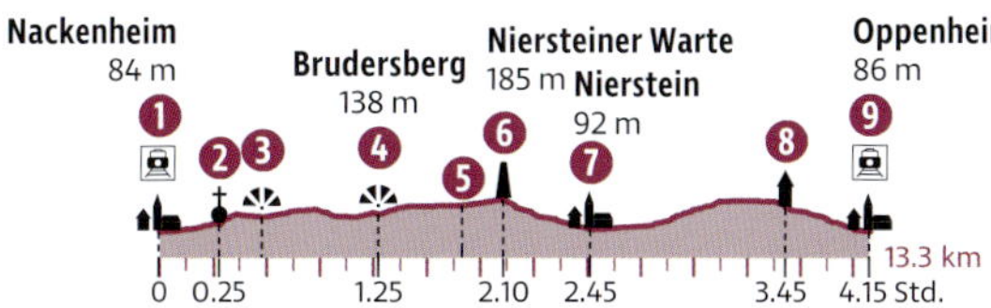

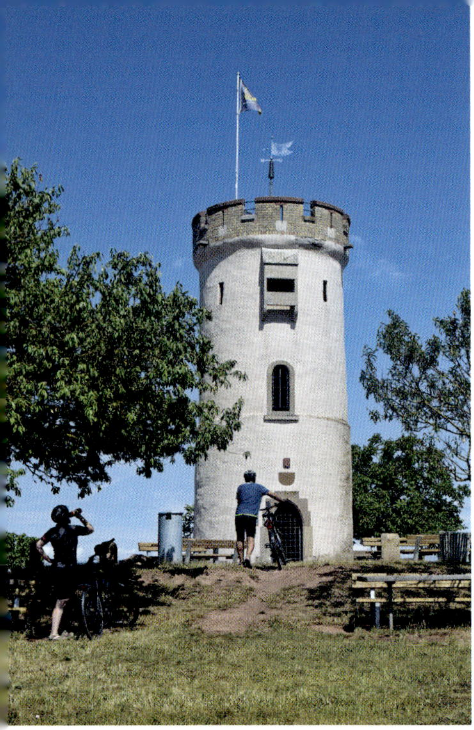

Niersteiner Warte.

schon von Weitem zu lokalisieren ist. Nach unserem Zwischenstopp umrunden wir einen kleinen Bacheinschnitt und erreichen anschließend, wieder an der Hangkante entlangwandernd, eine **Gabelung ❺** vor der Fockenberghütte. Dort machen wir einen kleinen Umweg nach rechts hinauf zur **Niersteiner Warte ❻**, die inmitten der Weinberge liegt. Meist ist der mittelalterliche Signalturm zwar verschlossen (den Schlüssel gibt es gegen Pfand in der Touristinfo des Niersteiner Rathauses), doch auch der Rastplatz davor bietet eine passable Aussicht. Hierher gebracht hat uns der Erlebnisweg Roter Hang, über einen parallel dazu verlaufenden, nicht markierten Weg gelangen wir zurück auf den Rheinterrassenweg. Dessen Markierung folgend, gehen wir hinunter nach Nierstein, wobei wir am Ortsrand an der St.-Kilian-Kirche vorbeikommen. Die Rebflächen um das Gotteshaus gehören zur legendären Niersteiner Glöck, angeblich die älteste urkundlich erwähnte Weinlage Deutschlands. Im historischen Ortskern des Städtchens gibt es zahlreiche Möglichkeiten für eine gemütliche Einkehr. Am Marktplatz in **Nierstein ❼** sind außerdem das Paläontologische Museum und die evangelische St.-Martin-Kirche einen Besuch wert.

Zuverlässig führen uns die Markierungen des Rheinterrassenweges in südlicher Richtung quer durch das Städtchen. Am Ortsende steigen wir auf der Straße »Am Hummertal« hoch zum Galgenberg, wo wir das Weingut Raddeck passieren. Anschließend wandern wir in der Weinlage Niersteiner Paterberg in einer Linksbiegung auf einen Wald zu. An diesem entlang erreichen wir die **Burgruine Landskron ❽**, die über Oppenheim thront. Die im Pfälzischen Erbfolgekrieg 1689 zerstörte Festung dient heute als romantische Kulisse für Open-Air-Konzerte und -Theateraufführungen. Beeindruckend ist die Aussicht über die Stadt mit ihrer imposanten Katharinenkirche hinweg bis zum Odenwald.

Hinunter nach Oppenheim ist es jetzt nur noch ein Katzensprung. Auf Höhe des Friedhofs sagen wir Adieu zum Rheinterrassenweg und folgen seinem Zuweg nach links in das Städtchen hinein. Auf dem Marktplatz empfiehlt sich ein Abstecher zum historischen Rathaus, wo sich auch ein Zugang zum Kellerlabyrinth befindet. Wer Zeit und Lust hat, sollte die Tour mit einer Führung durch die Oppenheimer Unterwelt beenden. Über die Mainzer Straße und die Bahnhofstraße geht es schließlich zum **Bahnhof ❾**, dem Endpunkt unserer Wanderung.

Vom Bismarckturm nach Appenheim

Unterwegs auf der Hiwweltour Bismarckturm

21

3.15 Std. | 10,8 km | ↗170 m | ↘170 m

Von Salamandern und Tigern

Unsere äußerst kurzweilige Wanderung beginnt beim imposanten Bismarckturm oberhalb von Ingelheim, dem Namensgeber der bestens markierten Route. Es lohnt sich unbedingt, ihn zu besteigen und von seiner Plattform in etwa 28 Metern Höhe den phänomenalen Panoramablick auf sich wirken zu lassen. Im weiteren Verlauf passieren wir zwei andere herrliche Aussichtspunkte, erfreuen uns aber besonders an der Vielfalt der Landschaftseindrücke. Denn sonnenbeschienene Weinberge, darunter die legendäre rheinhessische Lage Hundertgulden, müssen sich auf dieser Tour unsere Aufmerksamkeit mit dem schattigen Welzbachtal und dem unter Naturschutz stehenden Laubmischwald auf dem Gau-Algesheimer Kopf teilen. Darin befinden sich kleine Tümpel und feuchte Senken, in denen sich seltene Tierarten wie der Feuersalamander tummeln. Vielleicht läuft uns ja mit etwas Glück einer über den Weg. Wer dann zurück am Bismarckturm das Bergrestaurant Waldeck für eine Einkehr ansteuert, sollte nicht erschrecken, wenn gelegentlich Fauchen und Gebrüll aus dem benachbarten Tiger-Garten Waldeck zu vernehmen ist. Gerade für Familien mit Kindern ist ein Besuch der vier ausgewachsenen Bengal-Tiger am Ende der Tour ein tolles Erlebnis.

Blick über Gau-Algesheim in den Rheingau.

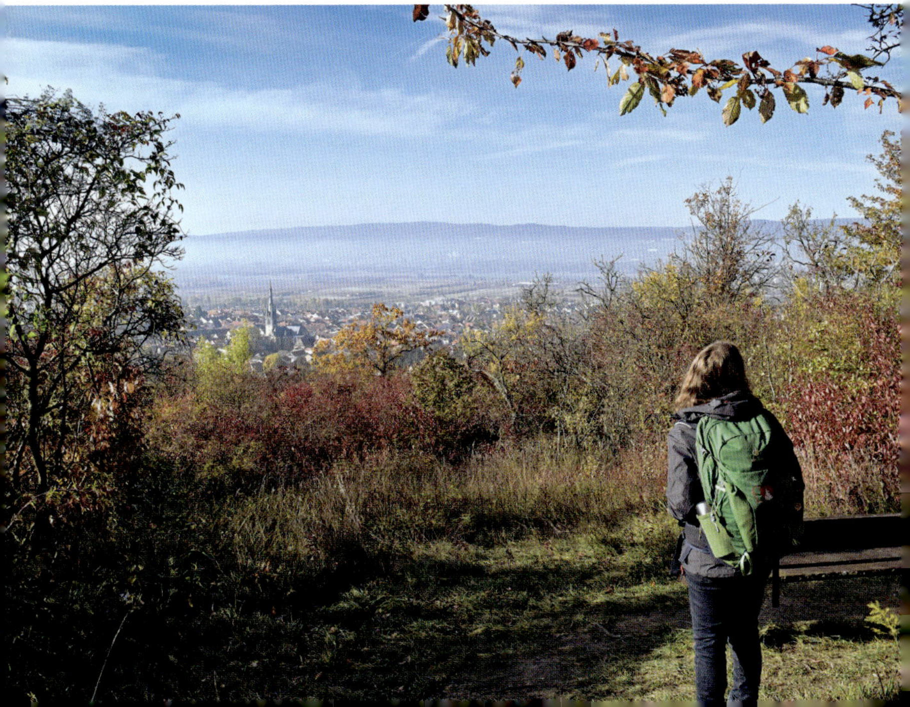

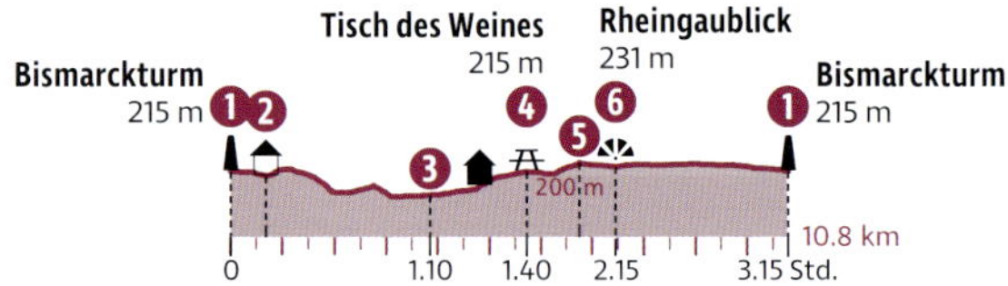

Ausgangspunkt: Bismarckturm (215 m); Anfahrt mit Bahn bis Bahnhof Gau-Algesheim, von dort zu Fuß auf dem Zubringer hinauf zur Schutzhütte GAGA und dort in die Tour einsteigen; Navi: 55218 Ingelheim, Am Bismarckturm (Parkplätze vorhanden).

Anforderungen: Überwiegend moderate An- und Abstiege, nur die Treppenpassage hoch auf den Gau-Algesheimer Kopf ist etwas steiler; meist auf geschotterten Wegen, etappenweise auch auf geteerten Flurwegen und naturbelassenen Pfaden; auch mit Kindern empfehlenswert.

Markierung: Hiwweltour.

Wanderkarte: Rheinhessisches Hügelland 1:40.000 (Rheingau-Taunus-Kartographie).

Einkehr: Bergrestaurant Waldeck, Tel. +49 6725 4313, www.waldeck-ingelheim.de; Brauser´s Bergschänke, Tel. +49 6725 2515; Eppard in der Hundertguldenmühle; 55437 Appenheim, Tel. +49 6725 9990210, www.100guldenmuehle.de; Straußwirtschaft Eberle-Runkel, Niedergasse 23, 55437 Appenheim, Tel. +49 6725 2810, www.weingut-eberle-runkel.de.

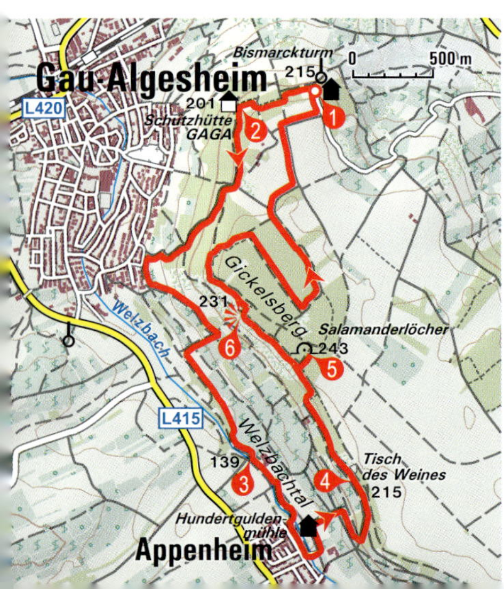

Winzer: **Weingut Pfeiffer**, Appenheimer Str. 26, 55435 Gau-Algesheim, Tel. +49 6725 3369, www.weingut-pfeiffer.de. **Wein- und Sektgut Nikolaushof**, Ockenheimer Str. 8, 55435 Gau-Algesheim, Tel. +49 6725 2872, www.weingut-nikolaushof.de. **Weingut Fleischmann**, Kloppstr. 8, 55435 Gau-Algesheim, Tel. +49 6725 3276, www.fleischmann-weine.de. **Weingut Bischel**, Sonnenhof 15, 55437 Appenheim, Tel. +49 6725 2683, www.weingut-bischel.de. **Weingut Gres**, Ingelheimer Str. 6, 55437 Appenheim, Tel. +49 6725 3310, www.weingut-gres.de. Weingut Knewitz, Rheinblick, 55437 Appenheim, Tel. +49 7625 2949, www.weingut-knewitz.de.

Information: Tigergarten Waldeck: Das Gelände (Tigergehege in 4 Meter Entfernung) ist Mi.–Fr. 15–18 Uhr und Sa./So./Fei. 12–18 Uhr bei freiem Eintritt geöffnet. Führungen in näherem Kontakt zu den Tigergehegen sind kostenpflichtig und nur nach Voranmeldung möglich (www.tiger-garten-waldeck.de oder +49 172 6121741).

Hinweis: Wer Zeit hat, sollte auch den beiden nicht direkt am Wege liegenden Orten Gau-Algesheim und Appenheim einen Besuch abstatten. In Gau-Algesheim ist das ursprünglich spätgotische und um 1700 im Barockstil erneuerte Rathaus sehenswert, dazu die neugotische St.-Cosmas-und-Daniel-Kirche sowie Schloss Ardeck aus dem 12. Jh., in dem sich das Rheinhessische Fahrradmuseum befindet (www.gau-algesheim.de). In Appenheim lohnt es sich, das alte Fachwerkrathaus, den historischen Rechenborn und die evangelische Michaeliskirche zu besichtigen.

Wir beginnen die Hiwweltour Bismarckturm beim namensgebenden **Aussichtsturm ❶** auf dem Westerberg oberhalb von Ingelheim am Rhein. Ihn zu besteigen gehört natürlich zum Pflichtprogramm dieser Wanderung – egal ob vorher oder nachher. Den einmaligen Blick über den Rhein hinweg bis zur Germania bei Rüdesheim und über Ingelheim hinweg bis zum Taunus sollte man sich wirklich nicht entgehen lassen. Vom Turm gehen wir ein paar Meter in nördlicher Richtung abwärts und biegen unten bei einem Wegweiser links ab. Durch ein Waldstück hindurch gelangen wir zum Aussichtspunkt Richardshöhe mit der **GAGA-Schutzhütte ❷**. Eine Panoramatafel an der Hangkante erläutert die Aussicht auf Gau-Algesheim und hinüber in den Rheingau. Sinnigerweise verdankt die an diesem idyllischen Platz stehende Hütte ihren Namen einem Chemieprodukt der heute nicht mehr existierenden Fabrik der Gebrüder Avenarius aus Gau-Algesheim, das nach deren Anfangsbuchstaben GAGA genannt wurde.

Nach einem Linksschwenk wandern wir aufwärts weiter durch den Wald; dabei kommen wir an einer Informationstafel vorbei, auf der zu lesen ist, dass sich hier vor dem Ersten Weltkrieg eine Infanteriestellung des sogenannten Bollwerks Mainz befunden hat (siehe auch Tour 25). Bei der folgenden Wegkreuzung nehmen wir den Weg, der halb rechts abzweigt und uns stetig abwärts aus dem Wald herausbringt. Am Fuß des Abhangs sehen wir zum ersten Mal auf unserer Tour Reben; durch sie hindurch steuern wir den Ortsrand von Gau-Algesheim an und gehen nach einer scharfen Linksbiegung an ihm entlang. Dem querenden Schotterweg folgen wir links leicht aufwärts in die Weinberge hinein (rechts führt ein Hiwweltour-Zuweg zum Bahnhof von Gau-Algesheim). Wer mag, folge bei der nächsten Wegkreuzung dem Hinweis zum »Bodenprofil Kalktertiär« etwa 100 m nach links, ansonsten halten wir uns auf unserer Wanderroute nach rechts über Wiesen hinunter ins Tal. Unten links abbiegen und nun immerzu am Welzbach entlang bis zur **Heinrichsmühle ❸**. Dort macht unsere Route eine Schlaufe um das Anwesen, wobei wir zweimal den Bach überqueren müssen. Nachdem wir einen Grillplatz passiert haben, wechseln wir über einen schmalen Holzsteg nochmals auf das andere Bachufer. Vorbei am Ortsrand von Appenheim halten wir uns beim nächsten Querweg nach links (nach rechts führt ein Hiwweltour-Zuweg in den Weinort hinein) und setzen ein letz-

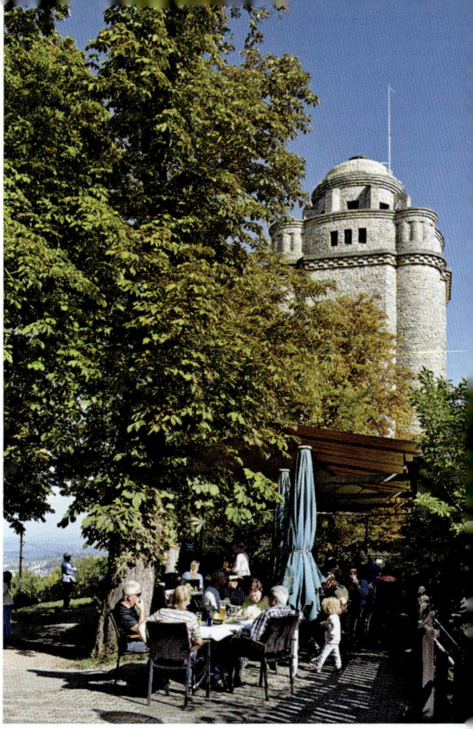

Einkehr beim Bismarckturm.

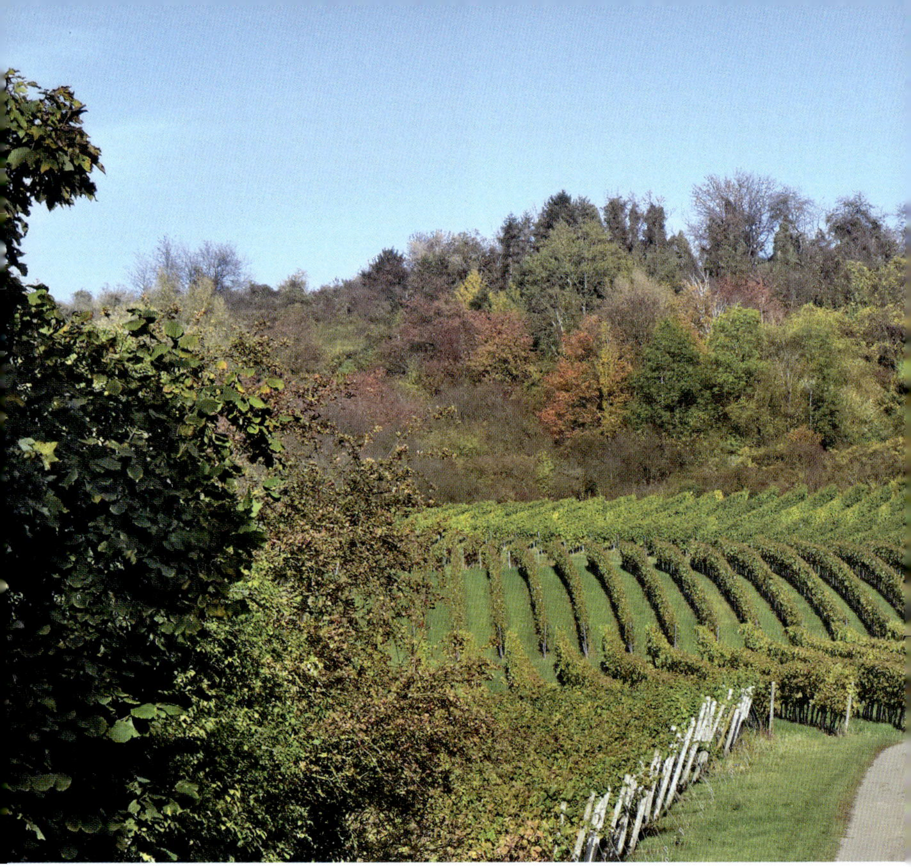

Die Weinlage Hundertgulden.

tes Mal über den Welzbach über. Ein Sträßchen bringt uns links zur Hundertguldenmühle, deren Biergarten zu einer ausgiebigen Rast einlädt. Danach erwartet uns ein nicht allzu anstrengender Anstieg durch die Weinlage Hundertgulden (siehe Weinwissen).

In zwei Richtungswechseln steigen wir nach oben und gehen links oberhalb der Weinlage entlang. Beim **Tisch des Weines ❹** – ein Rastplatz mit langen Tischen und Bänken – legen wir eine kurze Verschnaufpause ein und genießen den schönen Blick hinunter ins Welzbachtal.

Nach etwa 600 m geht es bei einer Rastbank rechts auf einer steilen Treppe hoch in das Waldgebiet auf dem Gau-Algesheimer Kopf. Es steht unter Naturschutz, daher bitte die Wege nicht verlassen! Oben machen wir bei erster Gelegenheit einen kurzen Abstecher nach rechts zum Infopunkt **»Salamanderlöcher« ❺**. Die einst durch Sandabbau entstandenen Gruben sind heute wichtige Feuchtbiotope.

Zurück auf unserer Wanderroute weiter nach rechts bis zur nächsten Gabelung bei einem hölzernen Wegweiser; dort gehen wir zunächst etwa 100 m geradeaus bis zum Aussichtspunkt **Rheingaublick ❻** und kehren dann zurück zu unserer Abbiegestelle. Im weiteren Wegverlauf

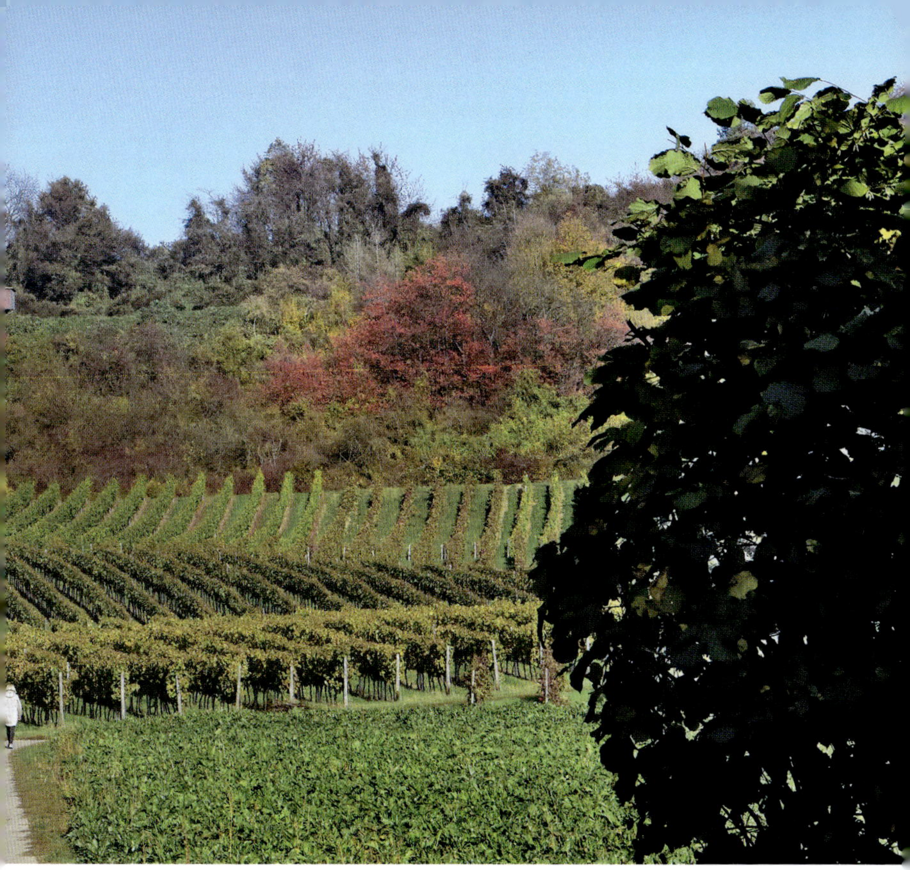

passieren wir eine zweite Infotafel zur Infanteriestellung des Bollwerks Mainz und folgen unserer bestens ausgeschilderten Hiwweltour-Route in einigen Richtungswechseln bis zum Waldrand. Zunächst gehen wir links an diesem entlang, dann in einer weiten Rechtsbiegung über Wiesen und Felder auf einen querenden Feldweg zu. Links abbiegend sehen wir bereits die Spitze des Bismarckturms vor uns, die über den Bäumen herausragt.

Vorbei an der Bergschänke Waldeck schwenken wir links auf das Zufahrtssträßchen ein, das uns wieder zurück zu unserem **Ausgangspunkt 1** bringt.

Weinwissen

Hundertgulden

Der Name der Weinlage stammt vermutlich aus dem 14. Jahrhundert. Damals wechselte der Weinberg mehrfach den Besitzer und jedes Mal musste dafür ein hoher Geldbetrag in Rheinischen Goldgulden bezahlt werden. Die Böden bestehen aus einem besonders kalkhaltigen Kalksteinbraunlehm (auch Terra fusca genannt), der den Weinen eine elegant-feinfruchtige Note und eine hohe Bekömmlichkeit verleiht. Der Hundertgulden ist sogar Deutschlands karbonatreichste Weinlage.

22 Zum Schloss Westerhaus

Unterwegs auf der Hiwweltour Westerberg

3.30 Std. | 12,4 km | ↗170 m | ↘170 m

Wanderfreuden im Unteren Selztal

Ausgehend von dem zu Ingelheim gehörigen Großwinternheim folgen wir der Hiwweltour-Markierung zunächst längs der Selz in den netten Winzerort Schwabenheim. Von dort geht es dann durch die Weinberge der Lage Honigberg hoch auf das Plateau des Westerberges, wobei ein strammer Anstieg zu bewältigen ist. In einer Schlaufe um das Winternheimer Wäldchen herum ist Schloss Westerhaus schnell erreicht, das größte Hofgut in Rheinhessen, das neben seinem Gestüt vor allem für sein Weingut bekannt ist. Es bewirtschaftet ausschließlich als sogenannte Monopollage die Spitzenlage Schloss Westerhaus – hier gedeiht neben Riesling auch ein hervorragender Spätburgunder. Unser Weiterweg führt uns abwärts auf Hohlwegen im mächtigen Löss durch die Rebflächen hindurch, dabei ergeben sich immer wieder schöne Ausblicke ins Selztal bis zur markanten Burgkirche von Ober-Ingelheim. Für eine Einkehr bietet sich auf dem Rückweg nach Großwinternheim die Eulenschänke in der Eulenmühle an; dort stehen die Weine von mehreren regionalen Weingütern, darunter auch Schloss Westerhaus, auf der Getränkekarte.

Ausgangspunkt: Großwinternheim, Parkplatz beim Sportplatz (105 m); Anfahrt mit Bahn bis Bahnhof Ingelheim, von dort mit Bus 75, 640 oder 643 bis Großwinternheim Haltestelle Schlossbergstraße; Navi: 55218 Ingelheim-Großwinternheim, Schlossbergstr. 23.
Anforderungen: Überwiegend moderater Wegverlauf, nur der Anstieg oberhalb von Bubenheim auf das Plateau des Westerberges ist etwas steiler; weitgehend auf geschotterten Wegen, etappenweise auch auf naturnahem Untergrund; für Kinder geeignet.
Markierung: Zubringer Hiwweltour, Hiwweltour, Zubringer Hiwweltour.
Wanderkarte: Rheinhessisches Hügelland 1: 40.000 (Rheingau-Taunus-Kartographie).

Einkehr: Landrestaurant Eulenschänke, Eulenmühle, 55218 Ingelheim-Großwinternheim, Tel. +49 6130 5549390, www.eulenschaenke.com sowie weitere Gaststätten in Ingelheim-Großwinternheim, Bubenheim und Schwabenheim.
Winzer: **Weingut Schuck Sonnenhof**, Außerhalb 6, 55270 Schwabenheim, Tel. +49 6130 1841, www.weingut-schuck.de; **Weingut Mühlenhof**, Mainzer Str. 50, 55270 Schwabenheim, Tel. 049 6130 1859, www.wein-von-seibert.de, geomantisch unterstützter Weinbau; **Weingut Besant**, Käferstr. 16, 55270 Bubenheim, Tel. +49 6130 7186, www.weingutbesant.de; **Weingut Finkenauer-Franz GbR**, Außerhalb 7, 55270 Bubenheim, Tel. +49

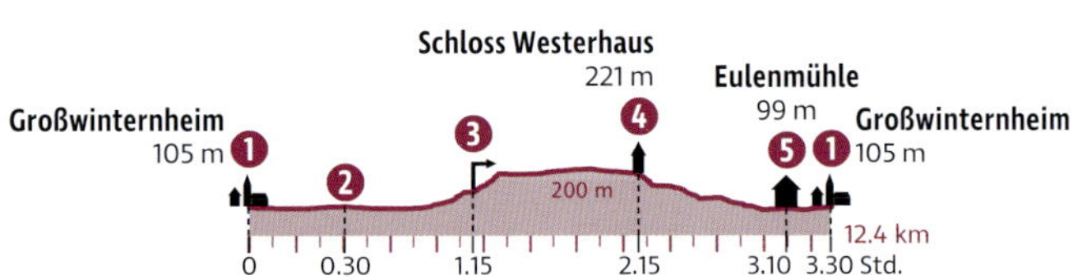

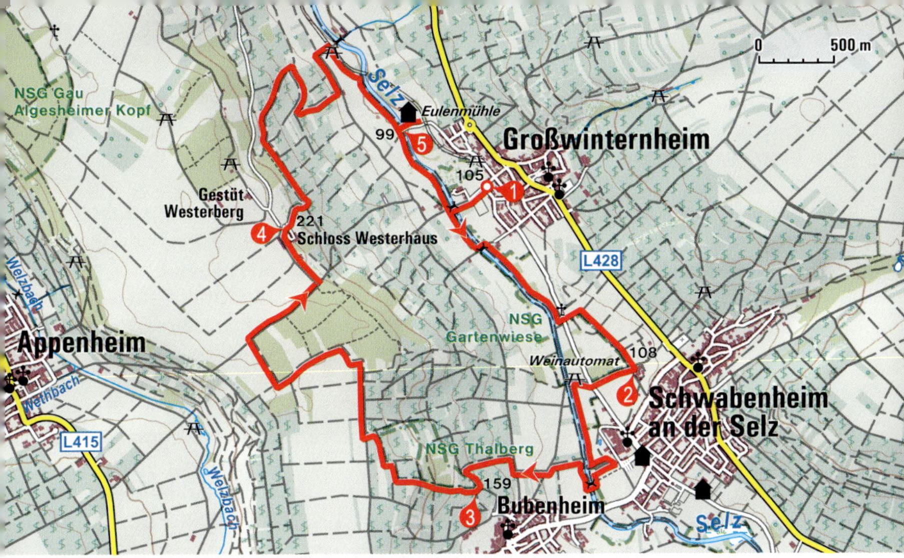

6130 944206, www.finkenauer.de; **Weingut Baum**, Oberhofstr. 16, 55218 Ingelheim-Großwinternheim, Tel. +49 6130 945146, www.lenaundsebastian.com; **Weingut Lunkenheimer-Lager**, Schwabenheimer Str. 34, 55218 Ingelheim-Großwinternheim, Tel. +49 6130 1094, www.ökowein-ingelheim.de, ökologischer Weinbau ÖKOVIN; **Weingut Schloss Westernhaus**: Johannes Graf von Schönburg, Westerhaus, 55218 Ingelheim, Tel. +49 6130 6674, www.schloss-westerhaus.de, VDP.

Tipp: Unbedingt Zeit nehmen sollte man sich für einen Bummel durch die Rotweinstadt Ingelheim. Angeblich soll Karl der Große erstmals den Anbau von Burgunderreben angeordnet haben. Sehenswert sind dessen Kaiserpfalz mit angeschlossenem Museum, die ehemalige Ortsbefestigung mit Wehrtürmen und die Burg- und die Saalkirche, beide evangelisch. Für eine Einkehr bietet sich der Ingelheimer Winzerkeller an, der in der ehemaligen Kelterhalle der Winzergenossenschaft untergebracht ist. Von den zahlreichen Weingütern der Stadt seien empfohlen: **Weingut Adams**, Altegasse 28, 55218 Ingelheim, Tel. +49 6132 790800, www.adamswein.de; **Weingut Dautermann**, Unterer Schenkgarten 6, 55218 Ingelheim, Tel. +49 6132 1279, www.dautermannwein.de; **J. Neus Weingut seit 1881 GmbH & Co. KG**, Bahnhofstr. 96, 55218 Ingelheim, Tel. +49 6132 73003, www.weingut-neus.de; **Weingut Wasem**, Edelgasse 5, 55218 Ingelheim, Tel. +49 6132 2220, www.wasem.de; **Weingut Wasem Doppelstück**, Stiegelgasse 50, 55218 Ingelheim, Tel. +49 6132 43370, www.doppelstueck.com, ein Startup zweier Schwestern, widmet sich dem ökologischen Weinbau.

Vom Parkplatz beim Sportgelände in **Großwinternheim** ❶ bringt uns die gelbe Zuweg-Markierung ortsauswärts zum etwa 250 m entfernten Einstieg in die Hiwweltour Westerberg. Ihrer Beschilderung nach links folgend, gehen wir an der Selz entlang, wobei wir bei erster Gelegenheit auf die andere Seite des Flüsschens wechseln. Wir durchschreiten das Auenwäldchen des Naturschutzgebietes Gartenwiese und biegen danach links ab. Beim nächsten Abzweig halten wir uns nach rechts in Richtung Schwabenheim; am Ortsrand entnehmen wir dem **»Weinautomaten«** ❷ des Weingutes Schuck ein Fläschchen Rieslingschorle, um Kraft für unseren Weiterweg zu tanken (der Automat ist eigentlich ein Weinfass, in dem ein Kühlschrank nebst Kasse aufgestellt wurde). Wer Zeit und Lust hat, sollte einen Abstecher zum romantischen Marktplatz des netten Weinortes machen. Ansonsten zweigt unsere Route nach rechts ab und führt uns wieder zur Selz, der wir flussaufwärts folgen. Den bald darauf einmündenden Schwabenheimer Bach umgehen wir in einer lang gezogenen engen Schlaufe und folgen dann noch für ein paar Meter der Selz. Schließlich überqueren wir das Flüsschen auf einem Steg und gehen am anderen Ufer ein Stück flussabwärts an ihm entlang. Links abbiegend nimmt unsere Wanderroute an Steigung zu und führt uns vorbei an Bubenheim hangaufwärts in die Weinberge am Thalberg. Darin gelangen wir auf einer kurzen etwas steileren Passage hinauf zu einem Schotterweg, der uns links hinunter zu einer **Weggabelung 3** bringt. Dort liegt uns der Ort Bubenheim zu Füßen und wir haben einen schönen Blick auf die Rheingauberge und den Taunus. Um uns herum ziehen sich an den Hängen die Rebflächen der Weinlage Bubenheimer Honigberg entlang. Deren Name hat nichts mit Bienen zu tun, sondern leitet sich vom Adjektiv »hunnisch« oder »heunisch« ab. Im Hoch- und Spätmittelalter wurde nämlich zwischen fränkischen und hunnischen Reben unterschieden, wobei letztere aus dem Hunnenland (dem heutigen Ungarn) stammten.

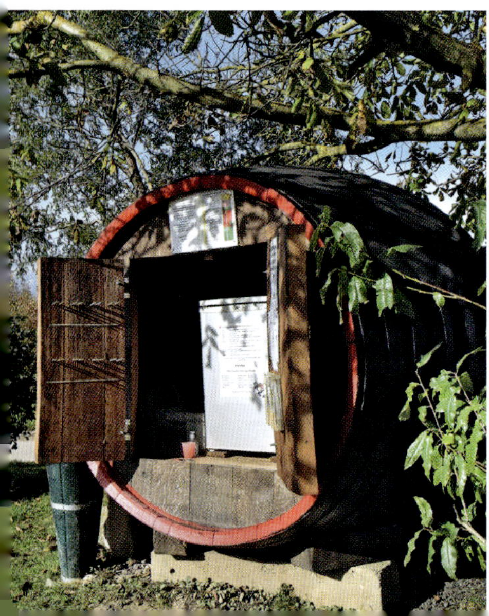

Wir setzen unseren Weg nach rechts fort und erklimmen längs eines Wäldchens, vorbei an der etwas abseits gelegenen Walter-Zoth-Hütte, den einigermaßen steilen Hang. Nachdem wir eine Rastbank unter einem Baum passiert haben, erreichen wir die rebenbestandene Hochfläche des Westerberges. Zunächst durch die Reben hindurch, dann an ihnen entlang, steuern wir das vor uns liegende Winterheimer Wäldchen an. Nun verläuft unsere Route immerzu an dessen Rand entlang, wobei wir ein ausgedehntes Waldeck, das von einer großen Pferdekoppel unterbrochen wird, im Uhrzeigersinn umrunden. Anschließend halten wir uns links über die Ackerhochfläche und gelangen durch alte Stallungen hindurch und vorbei an Pferdeweiden zum **Schloss Westerhaus 4**. Das im 15. Jh. erstmals urkundlich erwähnte Anwesen ist das größte Hofgut in Rheinhessen. Das dazu gehörige Weingut ist seit dem Jahr 1900 im Besitz der Automobildynastie von Opel. Es bewirtschaftet ausschließlich die unterhalb des Schlosses gelegenen Rebenhänge der Weinlage Ingelheimer Schloss Westerhaus, eine Große Lage im Sinne der VDP-Klassifizierung. Bei der Gabelung vor dem Schloss geht es links zum Gestüt,

Weinautomat in Schwabenheim.

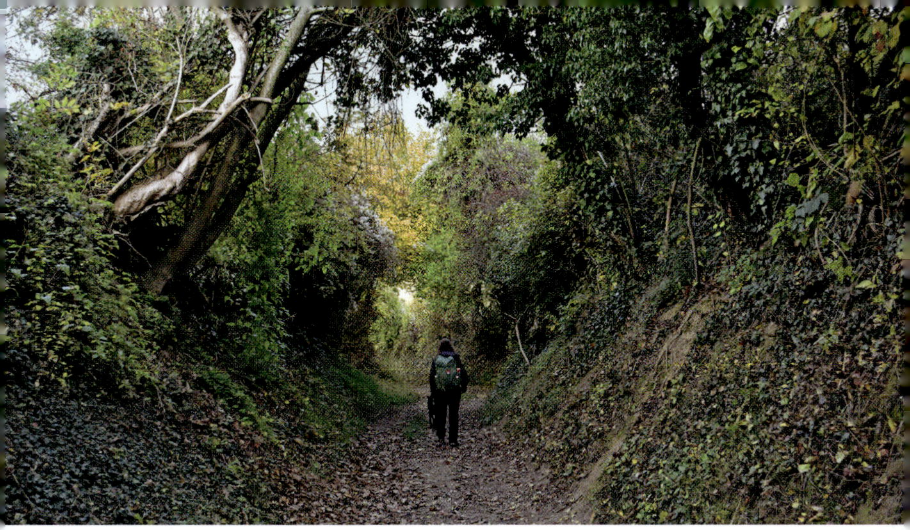

Hohlweg durch mächtigen Löss.

wir folgen aber dem rechts abzweigenden Weg bergab. Weiter unten in den Weinbergen schwenken wir links auf einen Grasweg ein, der uns geradlinig zuerst durch Reben, dann durch ein Wäldchen hindurch führt. Am Ende des Gehölzes biegt unsere Route rechts ab und verläuft dann abwärts; zuerst führt sie durch Reben hindurch, dann geht sie in einen Hohlweg in mächtigem Löss über. Unten biegen wir bei einer Wegkreuzung (Wegweiser Großwinternheim 2,7 km) scharf rechts hinein in die Weinberge ab (geradeaus führt ein Hiwweltour-Zuweg nach Ingelheim). Wir passieren einen Tisch des Weines und durchschreiten in der Folge die Rebflächen in zwei bestens ausgeschilderten Richtungswechseln. Schließlich geht es auf einem Weg mit streckenweisem Hohlwegcharakter hinunter zu einem querenden Flurweg. Links abbiegend erreichen wir ein Wegkreuz, wo wir rechts zum Selzgrund hin einschwenken. Noch vor dem Flüsschen biegen wir erneut rechts ab und folgen ihm nun stetig flussaufwärts bis zur **Eulenmühle 5**, der letzten Einkehrmöglichkeit unserer Tour. Nach weiteren 600 m haben wir wieder den Wegweiser erreicht, bei dem wir in die Hiwweltour eingestiegen sind. Von dort folgen wir dem Zuweg zurück zu unserem Ausgangspunkt auf dem Parkplatz beim Sportgelände 1.

Weinwissen

Monopollage Ingelheimer Schloss Westernhaus

Die Lage Ingelheimer Schloss Westernhaus ist eine Monopollage, die nur vom gleichnamigen Weingut bewirtschaftet wird. Ihr Boden ist im unteren Bereich von Löss bedeckt, nach oben nimmt der Kalkanteil zu, der auf Überreste eines maritimen Riffs mit Muschelbänken aus der Tertiärzeit zurückzuführen ist. Damals befand sich hier ein warmes Meer, in dem Seekühe und Haie lebten. Weil auf diesem kargen Boden ein hervorragender Spätburgunder wächst, wird der Kalk auch als »weißes Gold« bezeichnet. Er ist der Garant für besonders griffige, schlanke Weine mit wenig Alkohol, reichlich Mineralität und Eleganz.

23 Bingen – Rochusberg

Zwischen Rhein und Nahe

2.00 Std. | 6,8 km | ↗140 m | ↘140 m

Wo sich vier Weinbaugebiete berühren

Weinbautechnisch betrachtet hat die Stadt Bingen eine deutschlandweit einmalige Lage, denn dort berühren sich gleich vier Anbaugebiete. Der Rhein bildet die Grenze zu den Weinregionen Mittelrhein und Rheingau, während die Nahe Rheinhessen von dem nach ihr benannten Anbaugebiet trennt. Da Bingen rechts der Nahe liegt, gehört es noch zur nordwestlichsten Ecke von Rheinhessen. Und das ist auch gut so, sonst würde in diesem Weinwanderbuch diese kurze, aber ausgesprochen reizvolle Tour fehlen. Sie führt uns auf den Binger Rochusberg, der von Weinkennern wegen seiner Spitzenlagen Kirchberg, Osterberg und Scharlachberg geschätzt wird. Die Anhöhe weist eine geologische Besonderheit auf, denn sie besteht, einmalig in Rheinhessen, aus Gesteinen des Rheinischen Schiefergebirges. Vor allem der hier anstehende Quarzit hat sich als Glücksfall für den Anbau hochklassiger Weine erwiesen. Er besitzt eine hohe Wärmespeicher-Fähigkeit, die dafür sorgt, dass die Trauben lange reifen können. Genau die richtigen Bedingungen also für mittel- und spätreifende Rebsorten wie Riesling und Silvaner, die hier überwiegend angebaut werden. Die Höhepunkte unserer Wanderung sind neben dem gemütlichen Flanieren durch die weitläufigen Rebenfelder die zahlreichen Aussichtsmöglichkeiten über die Täler von Rhein und Nahe und natürlich die beeindruckende Rochuskapelle, der man am Anfang oder Ende der Tour genügend Aufmerksamkeit widmen sollte.

Ausgangspunkt: Rochuskapelle (181 m); Anfahrt mit Bahn bis Bingen Stadtbahnhof, von dort mit Bus 607 bis Haltestelle Hildegardishaus bzw. zur Haltestelle Rochuskapelle (nur So u. Fei); Navi: 55411 Bingen, Rochusberg 2 (kostenlose Parkplätze vorhanden).
Anforderungen: Leichte Tour ohne größere Höhenunterschiede; überwiegend auf geschotterten Wegen; auch mit Kindern empfehlenswert.
Markierung: Ohne Markierung.
Wanderkarte: Rheinhessisches Hügelland 1: 40.000 (Rheingau-Taunus-Kartographie).
Einkehr: Hildegard Forum, Rochusberg 1, 55411 Bingen, Tel. +49 6721 181000, www.hildegard-forum.de, Di.–

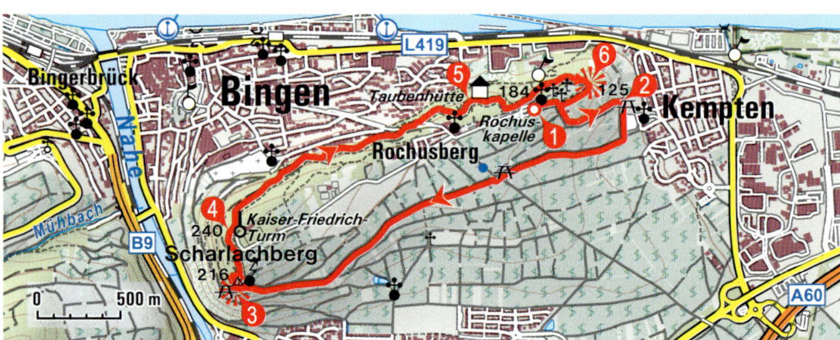

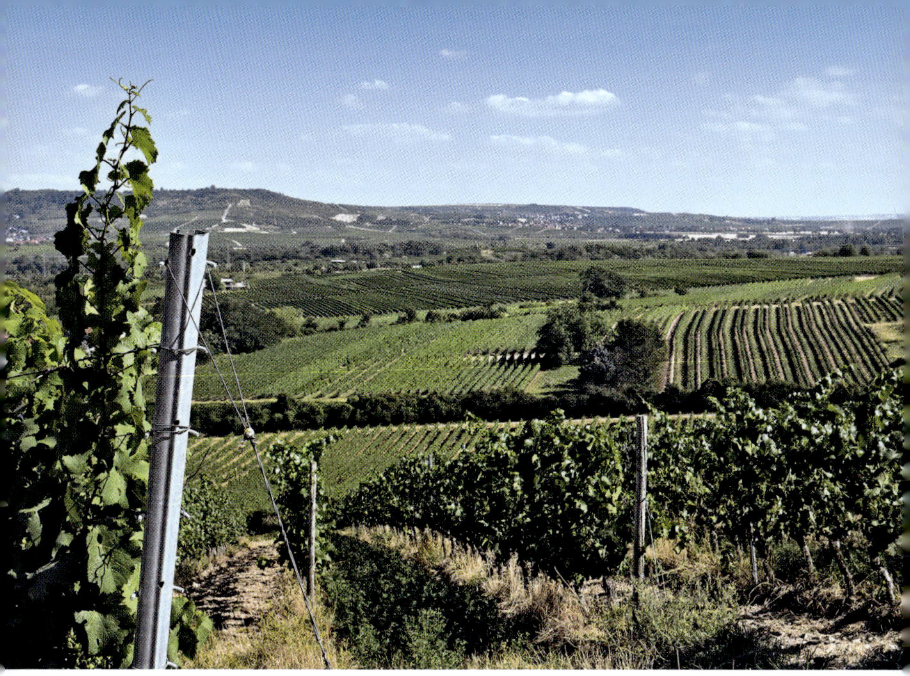

Inoffizielle schönste Weinsicht.

So. 11.30–18 Uhr, Mai –Okt. auch Mo. geöffnet; weitere Einkehrmöglichkeiten in Bingen, Bingen-Büdesheim und Bingen-Kempten.

Winzer: **Weinkellerei Reh Kendermann**, Am Ockenheimer Graben 35, 55411 Bingen, Tel. +49 6721 9010, www.reh-kendermann.de; **Wein- und Sekthaus Schlossberghof**, Schlossbergstr. 39, 55411 Bingen, Tel. +49 6721 707538, www.schlossberghof-bingen.de; **Weingut Hildegardishof**, Ockenheimer Chaussee 12, 55411 Bingen-Büdesheim, Tel. +49 6721 45672, www.weingut-hildegardishof.de; **Weingut Riffel**, Mühlweg 14A, 55411 Bingen-Büdesheim, Tel. +49 6721 994690, www.weingut-riffel.de; **Weingut Wendel**, Helmutstr. 9, 55411 Bingen-Büdesheim, Tel. +49 6721 41215, www.weingut-wendel-bingen.de; **Weingut Hemmes**, Grabenstr. 13 & 34, 55411 Bingen-Kempten, Tel. +49 6721 12420, www.weingut-hemmes.de; **Weingut Dreikönigshof**, Dreikönigsstr. 5, 55411 Bingen-Kempten, Tel. +49 6721 14009, www.weingut-dreikoenigshof.de, hier bekommt man einen bestückten Weinrucksack.

Tipp: Sowohl der Weinlehrpfad Bingen-Büdesheim (4,7 km) wie auch der Historische Weinlehrpfad Bingen-Kempten (2,8 km) vermitteln anhand einer Reihe von Infotafeln viel Wissenswertes über den hiesigen Weinbau.

Information: Es lohnt sich unbedingt, diese eher kurze Tour mit einer ausgiebigen Besichtigung von Bingen zu kombinieren. Besonders sehenswert ist die hoch über die Stadt thronende Burg Klopp, dazu die Basilika St. Martin und das Museum am Strom, das mit einer großen Ausstellung über Hildegard von Bingen aufwarten kann. Schön ist es auch, am Rheinufer vom Alten Weinkran bis zum Mäuseturm zu spazieren, der etwas außerhalb auf einer kleinen Rheininsel steht (www.dein-bingen.de).

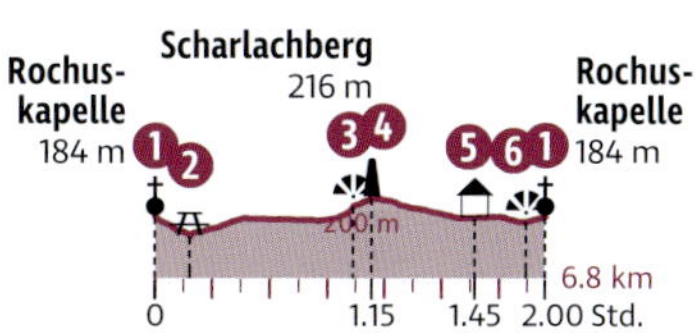

Wir starten unsere Tour in die Weinlagen des Rochusberges auf dem Parkplatz der **Rochuskapelle ❶**, die man unbedingt besichtigen sollte. Das dem Schutzheiligen der Pestkranken geweihte Gotteshaus ist auch ein Ort der Verehrung der Heiligen Hildegard von Bingen (siehe Tour 12). Mit oder ohne ihre Hilfe werden wir unseren Weg auch ohne Markierungen finden. Vorbei am kleinen Friedhof nehmen wir den Weg durch die Rebfläche der Weinlage Kirchberg hinunter zum Oblatenkloster St. Rupert. Danach halten wir uns nach links weiter abwärts zu einem in einer Wegkehre gelegenen **Rastplatz ❷** mit schönem Blick hinüber zu Schloss Johannisberg auf der anderen Rheinseite. Der Biegung nach rechts folgend steigen wir hinunter an den Ortsrand von Bingen-Kempten, wo wir weiter hangabwärts den Friedhof und die katholische Dreikönigskirche passieren. Unten auf dem Querweg nach rechts und in leichtem Anstieg durch die weiten Rebflächen, rechts von uns die Lage Kirchberg, links von uns die Lage Kapellenberg. Bei der Holzskulptur des Binger Schambes, eines lokalen Originals, biegen wir zunächst rechts, dann aber gleich wieder nach links ab. Diesem geschotterten Weg folgen wir stetig abwärts, wobei wir jetzt die Lagen Osterberg (links von uns) und Rosengarten (rechts des Weges) durchschreiten. Beim steinernen Wernerkreuz schwenken wir nach rechts ein und gelangen in einer etwas steileren Passage hoch zum Rondell auf dem **Scharlachberg ❸**. Dort liegen uns die Rebflächen der gleichnamigen Weinlage ebenso zu Füßen wie Münster-Sarmsheim und die zu Bingen gehörigen Orte Büdesheim und Dietersheim. Am Horizont reicht der Blick über das rheinhessische Hügelland bis zum Donnersberg in der Pfalz. Wir verlassen den Platz nach rechts zwischen Wald und Weinbergen hindurch und biegen bei erster Gelegenheit links ins lichte Gehölz ein. Nach etwa 300 m ist in einer Rechtsbiegung unseres Weges der **Kaiser-Friedrich-Turm ❹** erreicht. Es lohnt sich, seine mehr als 100 Stufen hochzusteigen, denn dafür wird man mit einem fulminanten Ausblick ins Rheintal mit Nahemündung bei Bingen, Mäuseturm, Burg Ehrenfels und Niederwalddenkmal belohnt. Danach biegen wir links ab und folgen nun längere Zeit diesem Weg in stetiger Abwärtstendenz längs der Hangkante des bewaldeten Rochusberges. Immer wieder ergeben sich dabei durch das Laub der Bäume hindurch schöne Blicke auf die gegenüberliegende Rheinseite. Beim nächstmöglichen

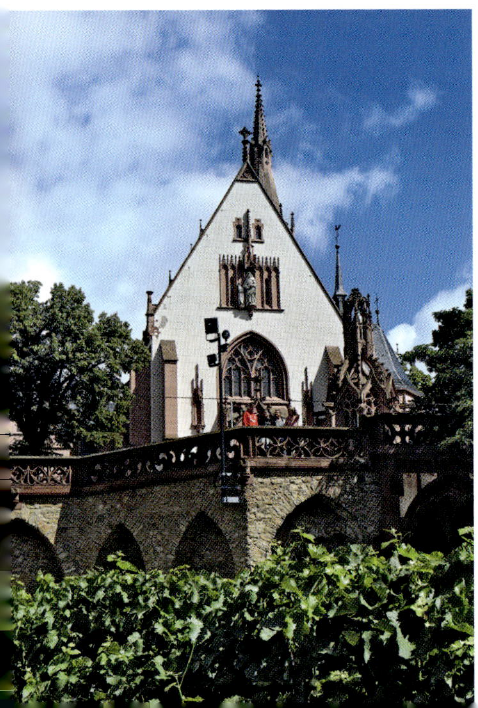

Rochuskapelle.

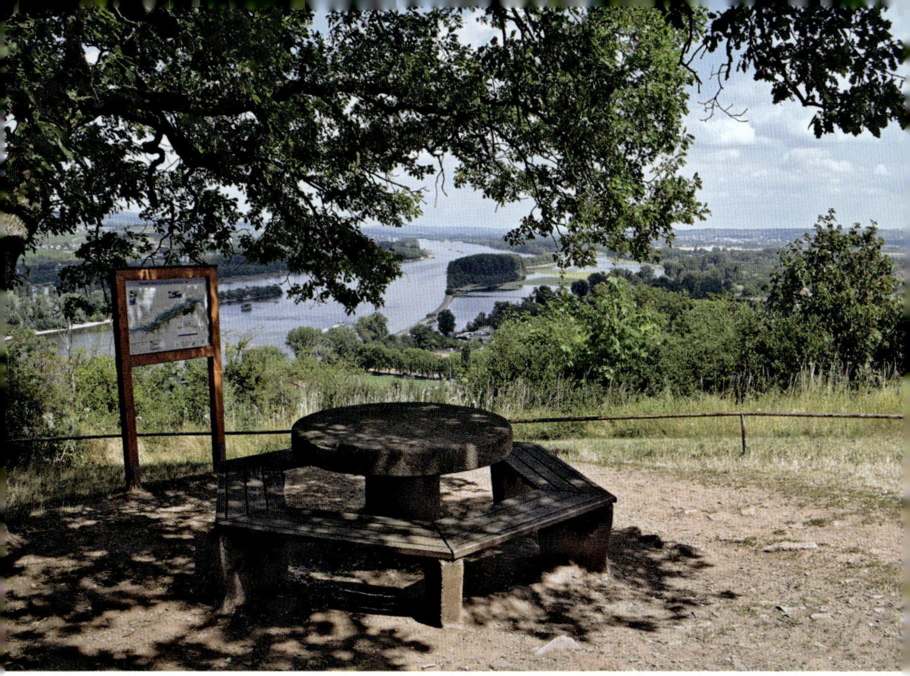

Rastplatz am Kempter Eck.

Abzweig wechseln wir links hinunter auf einen Querweg, auf den wir nach rechts einschwenken. Nachdem wir eine Rastbank mit schönem Blick auf Burg Ehrenfels und den Rossel passiert haben, halten wir uns bei einer Gabelung links hinunter zur Rochusallee, die wir leicht versetzt überqueren. Dann hinunter zu einem Querweg und auf diesem rechts hoch zur **Taubenhütte** ❺, einem Pavillon an der Hangkante mit mäßiger Aussicht ins Rheintal. Von dort wandern wir hoch zum Kastanienweg, der uns, indem wir uns links halten, zur Rochuskapelle zurückbringt. Links an ihr vorbei gelangen wir in den Park, wo wir zunächst den Goetheblick ansteuern und dann den **Rastplatz am Kempter Eck** ❻ am östlichen Ende der Anlage. Dort genießen wir den herrlichen Ausblick über den Inselrhein hinweg bis zu den Höhen von Taunus und Odenwald im Osten. Anschließend kehren wir durch den Park zu unserem Ausgangspunkt auf dem Parkplatz bei der **Rochuskapelle** ❶ zurück.

Weinwissen

Der Binger Bleistift
Mit »Binger Bleistift« wird in Rheinhessen der Korkenzieher bezeichnet. Dieser Scherzname bezieht sich auf folgende Anekdote: Angeblich soll im Jahr 1752 eine Sitzung des Binger Stadtrates unterbrochen worden sein, weil keiner der Ratsherren einen Bleistift zur Hand hatte, um damit Protokoll zu führen. So begab man sich in den Ratskeller, um die Gespräche erst einmal bei einem Glas Wein fortzuführen. Als der Bürgermeister vergeblich nach einem Korkenzieher kramte, um die erste Flasche Wein zu öffnen, und suchend in die Runde blickte, förderten alle Ratsherren einen Korkenzieher zutage.

24 Rund um Stadecken-Elsheim

Hiwweltour zur Stadecker Warte

3.30 Std. | 12,0 km | ↗130 m | ↘130 m

Auf den Spuren des Selztal-Terroirs

Die Doppelgemeinde Stadecken-Elsheim zählt zu den größten Winzerorten im Herzen von Rheinhessen. Die Wurzeln des Weinbaues reichen zurück bis in das achte Jahrhundert, später besaßen Adelsfamilien, darunter die Grafen von Leiningen, Weinlagen nördlich und südlich des Selztales. Dazu war die Burg Stadeck ein landesherrlicher Domänenbetrieb mit Weinbau. Heute gibt es in beiden Ortsteilen mehr als 30 Winzerbetriebe, allesamt Familienunternehmen mit teils langer Tradition. Eine bemerkenswerte Dichte für einen Ort mit etwas mehr als 5000 Einwohnern. Neben weithin geschätzten Qualitätsweinen ist die Region auch für ihren hervorragenden Sekt bekannt, was ihr den Namen »rheinhessische Champagne« eingebracht hat. Letztendlich ist es das außergewöhnliche Terroir des Selztales, das den Winzern so qualitativ hochwertige Weine und Sekte beschert. Eine wichtige Komponente davon, die Böden, können wir auf unserer Tour näher in Augenschein nehmen. Dazu wurden längs der Strecke zwei Bodenprofile angelegt, das eine im Tonmergel, das andere im Kalksandstein. Aber keine Angst – neben diesen geologischen Einblicken überwiegen unterwegs liebevoll angelegte Rastplätze und wunderbare Aussichten. Eben eine Wanderung für Genießer!

Ausgangspunkt: Stadecken-Elsheim, Parkplatz an den Tennisplätzen (106 m); Anfahrt mit Bahn bis Bahnhof Nieder-Olm, von dort mit Bus 75, 640 oder 650 bis Haltestelle Stadecken-Elsheim Ehrensäule; Navi: 55271 Stadecken-Elsheim, Burggrabenstr. 17.

Anforderungen: Überwiegend naturnahe und geschotterte Wege; keine steileren An- und Abstiege; auch mit Kindern empfehlenswert.

Markierung: Zubringer Hiwweltour, Hiwweltour, Zubringer Hiwweltour.

Wanderkarte: Rheinhessisches Hügelland 1: 40.000 (Rheingau-Taunus-Kartographie).

Einkehr: Unterwegs keine; im Weingut Hedesheimer Hof (siehe Winzer) kann jedoch ein Picknick-Rucksack, bepackt mit Weck, Woscht und Woi bestellt werden. Damit lässt sich unterwegs bestens auf einem der zahlreichen Rastplätze eine Pause einlegen. Einkehrmöglichkeiten in Stadecken-Elsheim finden sich auf www.stadecken-elsheim.de/tourismus-wein/gastronomie/.

Winzer: Aus der Fülle der örtlichen Winzerbetriebe seien die folgenden hervorgehoben: **Weingut Hedesheimer Hof**, Schildweg 2, 55271 Stadecken-Elsheim, Tel. +49 6136 2487, www.hedesheimer-hof.de; Winzer Michael Beck ist Mitglied der wohl jüngsten deutschen Winzertruppe »Simply Wine« und setzt ausschließlich auf Handlese. Neben dem Anbau der klassischen Rebsorten sind die Spezialität des Hauses hochwertige nach der klassischen Methode hergestellte Winzersekte. **Weingut Schott**, Auf der Peterwiese 17, 55271 Stadecken-Elsheim, Tel. +49 6136 3630, www.weingut-schott.de; Winzer- und Kellermeister Jürgen Schott baut neben Riesling und den Burgundersorten auch Spezialitäten wie St. Laurent, Chardonnay, Perle und Gewürztraminer an. **Weingut Eppelmann**, Kirchgasse 10, 55271 Stadecken-Elsheim, Tel. +49 6136 2778, www.eppelmann.de; die jun-

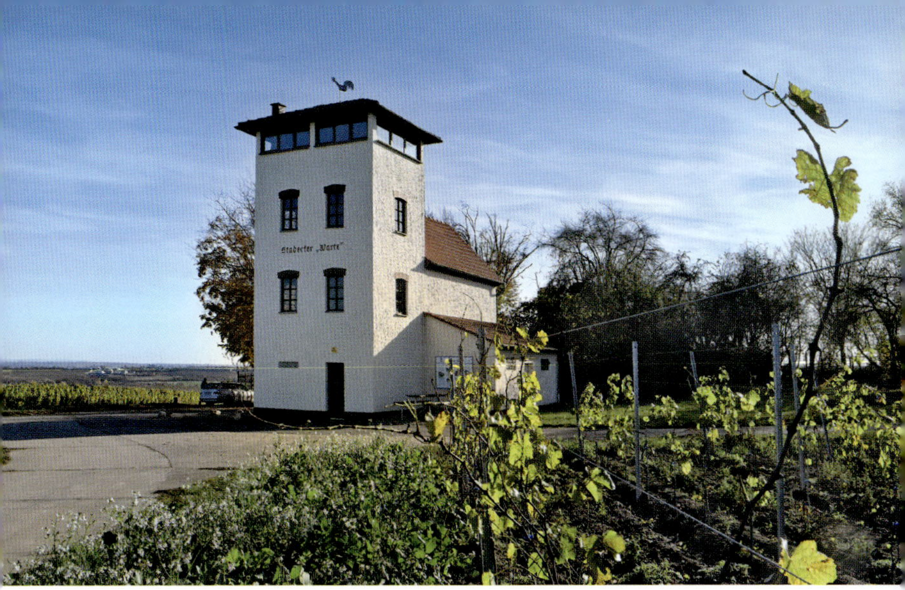

Stadecker Warte.

ge Generation der Familie Eppelmann stellt den Betrieb auf einen rein ökologischen Anbau um, wobei die ersten Jahrgänge der neuen Bioweine bereits vorliegen. Im Angebot überwiegen Riesling und Spätburgunder. Schöne Vinothek, von deren Terrasse im ersten Stock man in die Weinberge der Lage Elsheimer Blume blicken kann. **Weingut Boller-Klonek**, Oppenheimer Str. 13, 55271 Stadecken-Elsheim, Tel. +49 6136 2238, www.weingut-boller-klonek.de; Der Familienbetrieb, dessen Anfänge sich bis ins 18. Jh. zurückverfolgen lassen, produziert seit 2012 ausschließlich vegane Weine. D.h. zur Klärung des Weines werden keine tierischen Hilfsmittel wie z.B. Gelatine verwendet. Angebaut werden auf knapp 10 Hektar Fläche verschiedene Rebsorten, darunter bei den Weißweinen Riesling, Silvaner und Müller-Thurgau, bei den Rotweinen Dornfelder, Regent und Spätburgunder. Für den Besuch der saisonal betriebenen Straußwirtschaft ist eine telefonische Voranmeldung erforderlich.

Information: Die Gemeinde Stadecken-Elsheim ging 1969 aus dem Zusammenschluss der bis dato selbstständigen Dörfer Stadecken und Elsheim hervor. Der ältere der beiden Ortsteile ist das 1144 erstmals urkundlich erwähnte Elsheim. Es gehörte im Mittelalter zu den freien Reichsdörfern des Ingelheimer Grundes. Ferner stammten die Vorfahren des deutschen Barockmalers Adam Elsheimer (1578–1610) von dort. Der Name des anderen Ortsteils leitet sich von der Wasserburg Stadeck ab, die 1276 Graf Eberhard I. von Katzenelnbogen errichten ließ. Auf dessen Geheiß mussten die Einwohner des nahe gelegenen Hedenheim ihr Heimatdorf verlassen und sich im Schutze der Burg ansiedeln. Die Wasserburg ist heute noch erhalten, von Hedenheim zeugt dagegen nur noch die Stadecker Flurbezeichnung »Im Altdorf«.

Variante: Vom Parkplatz auf dem Bilderweg zum Hiebergturm und von dort weiter auf dem Adam-Elsheimer-Rundweg nach Elsheim; von dort ohne Markierung durch den Altort von Stadecken zurück zum Parkplatz. Die Tour bietet einige tolle Aussichtspunkte und schöne Rastplätze (8,2 km). Längs des Bilderweges können in einer Art Freiluftgalerie Gemälde und Fotos dreier ortsansässiger Künstler/-innen besichtigt werden.

Wir starten in **Stadecken** ❶ auf dem Parkplatz bei den Tennisplätzen, wo uns ein Wanderportal auf unsere Hiwweltour einstimmt. Zunächst geht es jedoch auf dem etwa 1,2 km langen Zuweg (gelb markiert) am Naturschutzgebiet Woogwiesen/ Bruchwiesen vorbei zum offiziellen Start- und Endpunkt der Tour an der Oppenheimer Straße (L413). Dort entscheiden wir uns beim **Wegweiser** ❷, die in zwei Richtungen ausgeschilderte Route im Gegenuhrzeigersinn abzuwandern. Daher folgen wir dem hier nach Süden abzweigenden Schildweg und biegen vor dem Weingut Helenenhof rechts in den Ort hinein ab. Unsere Markierung führt uns zuverlässig durch das Wohngebiet, das wir nach Passieren eines Weihers bereits wieder verlassen. Nun flanieren wir eine Zeitlang gemütlich am renaturierten Saubach entlang, dessen Ufer von einer Baumreihe flankiert wird. In einer **Linksbiegung** ❸ des Weges verabschieden wir uns vom Saubachgrund und gehen stattdessen am Graben des Partenheimer Baches entlang. Nachdem wir einen querenden Asphaltweg etwas versetzt überquert haben, gelangen wir mit mäßiger Steigung hinauf in die Weinberge der Lage Stadecker Spitzberg. Ein letzter etwas steilerer Anstieg bringt uns hinauf zu einem großen **Pavillon** ❹ an der Hangkante. Wunderschön ist der Blick von hier oben über die sanft abfallenden Rebenhänge und über das Selztal hinweg zu den Rheingaubergen am Horizont.

Wir setzen unsere Wanderung nach rechts fort und halten uns bei der nächsten Wegkreuzung rechts abwärts. Unten biegen wir links ab und folgen diesem Weg in einer weiten Linkskurve. Dabei kommen wir zunächst am Pilgerweinberg vorbei, dann am Bodenprofil »Tonmergel am Stadecker Spitzberg« mit benachbarter Picknick-Pergola. Anschließend führt uns unsere Wanderroute mit einigen bestens ausgeschilderten Richtungswechseln auf die Hochfläche und dort weiter zur **Stadecker Warte** ❺. Einst diente das Gebäude als Beobachtungsposten, von dem durch eine Schussanlage Detonati-

Weinberg-Pavillon mit Wellenliegen.

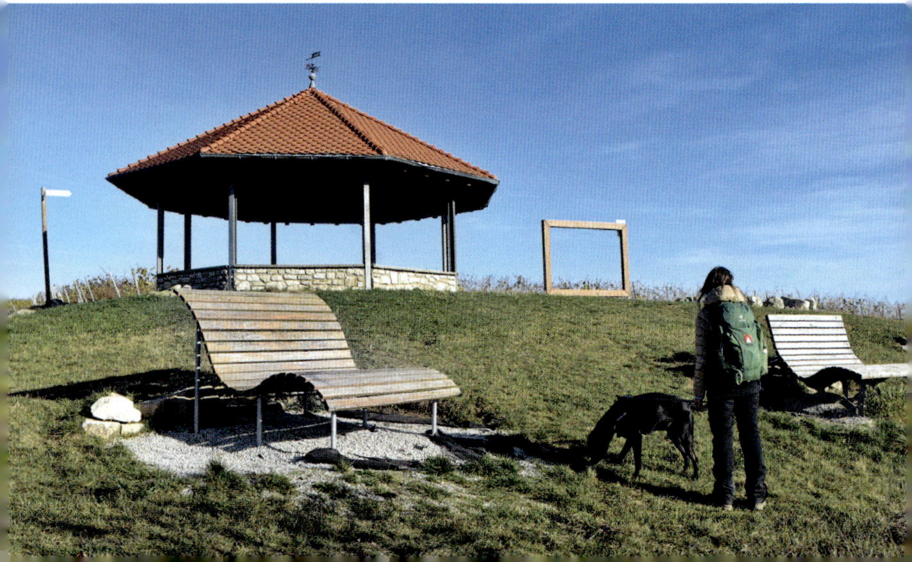

onen ausgelöst wurden, um Starenschwärme aus den Weinbergen zu vertreiben. Heute bietet die von Rebflächen umgebene Warte Wanderern einen famosen Ausblick ins Selztal. Rechts abbiegend folgen wir unserer Markierung bis zu einem Wäldchen und dort rechts den Rebenhang hinunter. Mittlerweile haben wir die Weinlage Stadecker Lenchen erreicht, wo auf Löss und Kalkmergel vor allem die Rebsorten Silvaner, Grauer Burgunder und Riesling angebaut werden. Der Name leitet sich vermutlich von dem veralteten Wort »Berglehne« für einen Berghang ab.
In einer Linksbiegung geht es gleich wieder bergan, wobei wir das Bodenprofil »Kalksandstein am Stadecker Lenchen« passieren. Danach biegen wir vor einem Tisch des Weines rechts ab und wandern über die rebenbestandene Hochfläche zum **Wingertshäuschen Schindegaul ❻**. Dort folgen wir der markierten Wanderroute weiter kurz durch ein Rebenfeld, dann durch einen Waldstreifen hindurch und schließlich erneut hinaus in die Rebenflur. Nach Erreichen des östlichsten Punktes unserer Tour halten wir uns ein Stück abwärts und wenden uns dann wieder nach Westen (links). Über die Wein- und Feldflur geht es in mehreren (gut beschilderten) Richtungswechseln einige Zeit abwärts, dann ebenerdig zwischen Wald und Reben entlang. Über einen kurzen steilen Anstieg gelangen wir zum **Rastplatz Auf dem Ermel ❼**. Danach treten wir in ein Waldgebiet ein und biegen

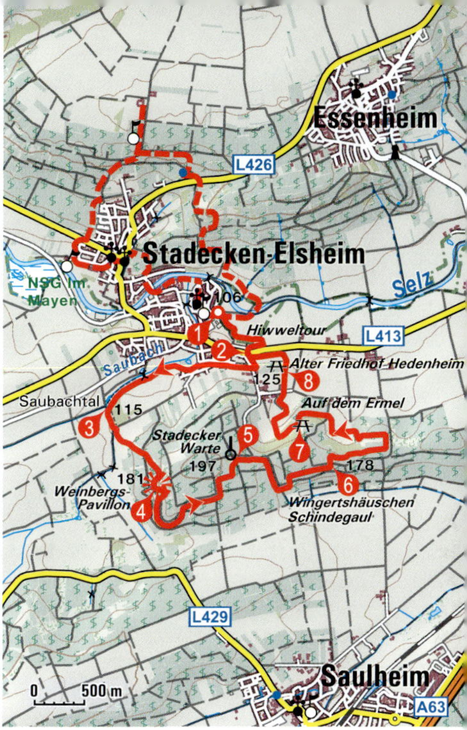

darin rechts auf einen querenden Weg ab. Dieser bringt uns in etwas steilerem Verlauf hinunter auf die Feldflur. Unten im Tal durchqueren wir die Pferdekoppeln eines großen Reitstalles und steuern dann auf die Landstraße (L413) zu. Dabei passieren wir den Alten Friedhof der Wüstung **Hedesheim ❽**, eine der ältesten Begräbnisstätten Rheinhessens. Auf einem Fuß- und Radweg kehren wir längs der Straße zurück zum Start- und Endpunkt unserer Hiwweltour beim **Wegweiser ❷** und von dort auf dem Zuweg zurück zu unserem **Ausgangspunkt ❶** auf dem Parkplatz bei den Tennisplätzen.

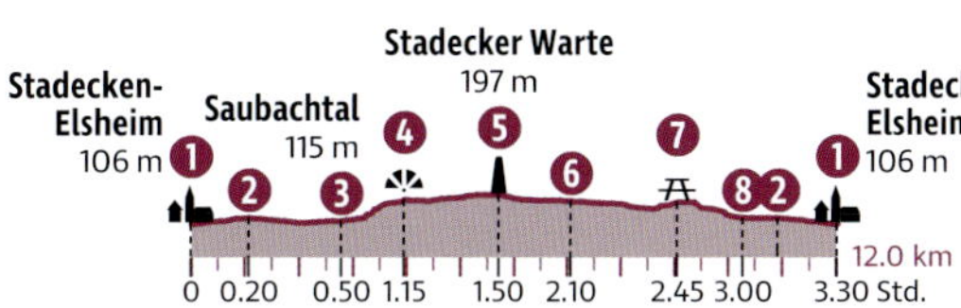

25 Über den Zornheimer Berg
Kurzweilige Hiwweltour

2.30 Std. | 8,4 km | ↗150 m | ↘150 m

Obst und Wein und weite Blicke

Eingebettet in eine der schönsten Landschaften im Land der tausend Hügel, zählt Zornheim mit zu den höchstgelegenen rheinhessischen Weinbaugemeinden. Die Lage auf dem sogenannten Sonnenplateau mit seinen nach Westen und Süden zum Selztal hin stark abfallenden Hängen bietet den Reben ideale Wachstumsbedingungen. Eine Schenkungsurkunde des Klosters Fulda aus dem Jahr 771 belegt, dass die Weinkultur hier eine lange Tradition hat. Heute bewirtschaften acht Winzerbetriebe eine Fläche von etwa 140 Hektar, die sich in fünf verschiedene Weinlagen aufteilt. Diese werden zur Großlage Gutes Domtal zusammengefasst, die wiederum zum Bereich Nierstein im Anbaugebiet Rheinhessen gehört. Auf den Lösslehm- und Kalkmergelböden gedeihen besonders die Rebsorten Riesling und Silvaner, dazu Weine der Burgunderfamilie. Andererseits profitiert von den fruchtbaren Böden auch der Obstanbau in der Region, wie auf unserer Wanderung unschwer zu beobachten ist. Weitere Highlights dieser Tour sind neben einigen liebevoll eingerichteten Rastplätzen besonders die herrlichen Ausblicke ins Umland und bis zur Frankfurter Skyline. Dazu verraten zehn längs der Strecke installierte Infotafeln viel Wissenswertes über Flora, Fauna, Geschichte und Geologie am Wegesrand.

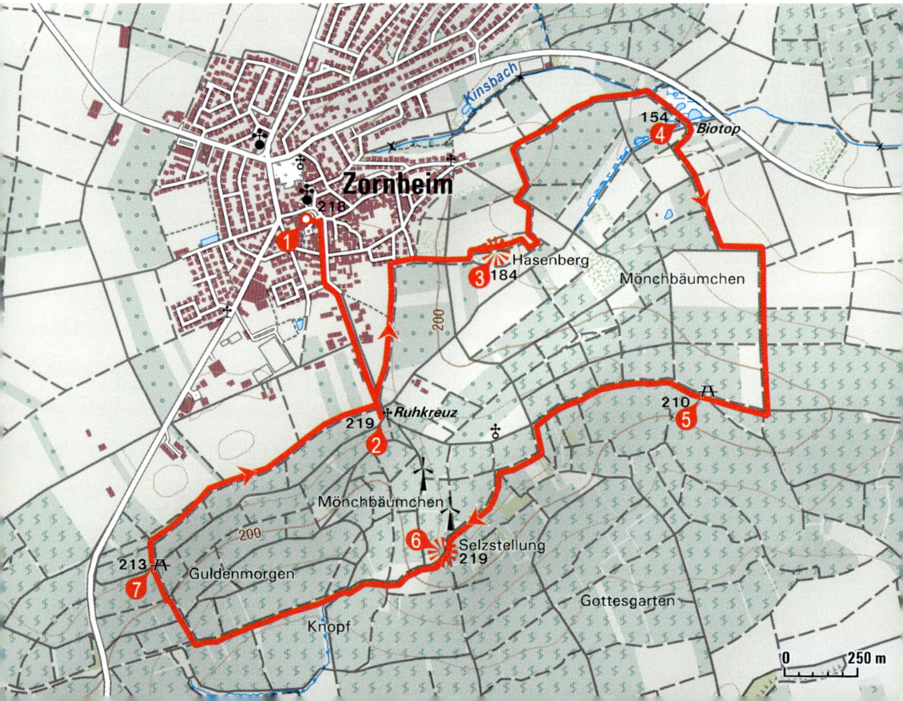

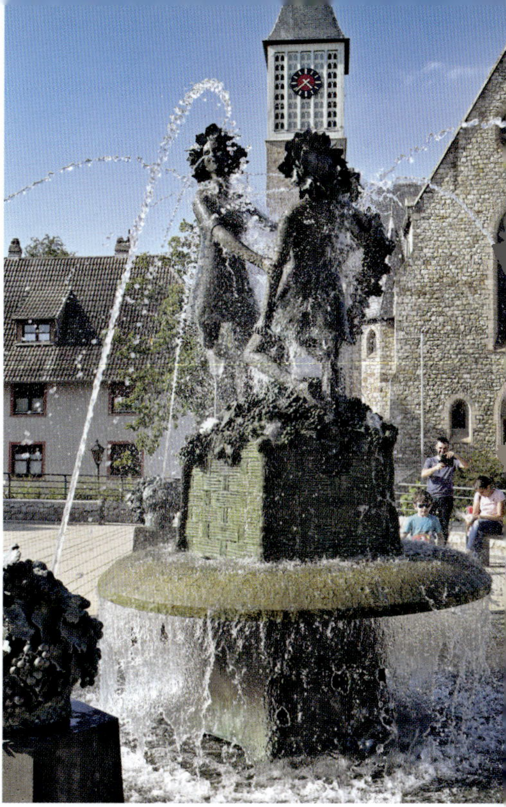

Der Drei-Grazien-Brunnen beim Startpunkt am Lindenplatz in Zornheim.

Ausgangspunkt: Zornheim, Lindenplatz (218 m); Anfahrt mit Bahn bis Hauptbahnhof Mainz, von dort mit Bus 67 bis Haltestelle Zornheim Hahnheimer Straße (an Wochenenden vom HBF Mainz mit Straßenbahn 50 oder 53 bis Hechtsheim/Mühldreieck, von dort mit Bus 66 bis Haltestelle Zornheim Nieder-Olmer Straße; Navi: 55270 Zornheim, Lindenplatz 3 (Parkplätze vorhanden).
Anforderungen: Überwiegend auf naturnahen Wegen; weitgehend moderater Wegverlauf, nur der Abstieg vom Selzer Berg und der Anstieg auf dem Rückweg zurück nach Zornheim sind etwas steiler; auch mit Kindern empfehlenswert.
Markierung: Zubringer Hiwweltour, Hiwweltour, Zubringer Hiwweltour.
Wanderkarte: Rheinhessisches Hügelland 1: 40.000 (Rheingau-Taunus-Kartographie).
Einkehr: Unterwegs keine, in Zornheim: Zornheimer Weinstuben, Röhrbrunnenplatz 1, Tel. +49 6136 45616, www.zornheimer-weinstuben.de, Mo. u. Di. Ruhetag; Zornheimer Bürgerstube bei Tasos, Obere Pfortenstr. 4, Tel. +49 6136 952321, Mi. Ruhetag.
Winzer: **Weingut Schittler & Becker**, Hahnheimer Str. 30, 55270 Zornheim, Tel. +49 6136 44790, www.schittler-becker.de; fast alle Weinberge der Familie Schittler-Becker liegen am Zornheimer Berg, wo auf Lösslehm- und Kalkböden qualitätsvolle Weine gedeihen. Zum Weingut gehört eine Gutsschänke, die saisonal geöffnet ist. **Weingut Münzenberger**, Lindenplatz 9, 55270 Zornheim, Tel. +49 6136 44573, www.weingut-muenzenberger.de; Familie Münzenberger betreibt bereits seit dem 17. Jh. Weinbau in Zornheim, wo sie auch heute noch die meisten Rebflächen bearbeitet. Ihr Schwerpunkt liegt auf Riesling und Weinen der verschiedenen Burgunder-Rebsorten. **Weingut Keßler**, Sörgenlocher Weg 3, 55270 Zornheim, Tel. +49 6136 9269335, www.kesslerwein.de; Kellermeister Johannes Keßler hat sich dem umweltbewussten Weinbau verschrieben. Sein seit 2005 biozertifiziertes Weingut ist Mitglied im Anbauverband Demeter. Neben den traditionellen Rebsorten (vor allem Riesling und Silvaner) setzt das Weingut auf nachhaltig produzierte PIWI-Weine, die besonders resistent gegen Pilzkrankheiten sind (was den Einsatz von Pflanzenschutzmitteln auf ein Minimum reduziert). Zum Weingut gehört eine eigene Vinothek.

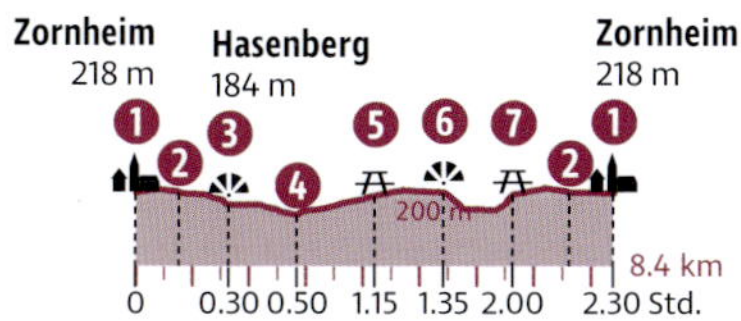

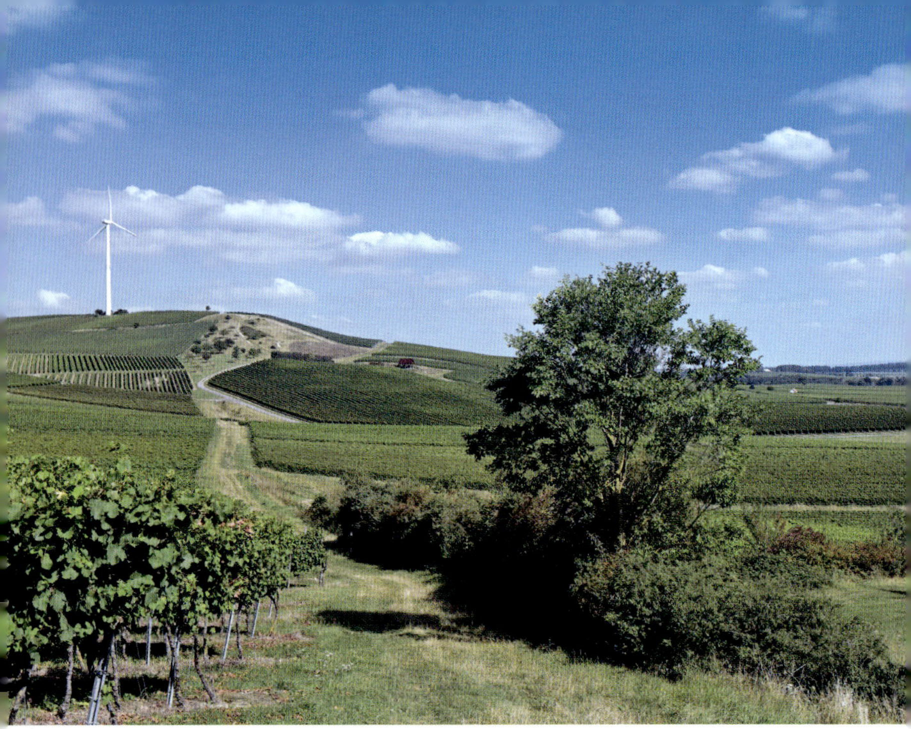

Selzer Berg.

Vom originellen Drei-Grazien-Brunnen auf dem Lindenplatz in **Zornheim ①** halten wir uns mit dem Zubringer auf der Euleffstraße und über die Neugasse leicht aufwärts ans Ortsende. Dort finden wir beim neuen Weinpavillon den Start- und Endpunkt unserer bestens ausgeschilderten Hiwweltour. An den Wochenenden während der Wandersaison wird hier von Winzern der IG WeinErlebnis Zornheimer Berg Wein ausgeschenkt.

Zunächst steuern wir das am Rand der Rebflächen gelegene **Ruhkreuz ②** an. Es wurde im Kriegsjahr 1918 errichtet, was der auf dem Sockel eingravierten Inschrift »Vor Pest, Hunger und Krieg bewahre uns o Herr« einen tieferen Sinn gibt. Etwas abseits befindet sich eine Stele, die den Aussichtspunkt für die schönste Weinsicht 2020 markiert. Der Blick schweift über die Weinlagen Dachgewann und Mönchbäumchen hinweg weit hinein ins rheinhessische Hügelland. Mit den Bäumchen im Namen der letztgenannten Lage sind übrigens die Rebstöcke gemeint, die einst von Mönchen des Klosters Eberbach im Rheingau hier angepflanzt wurden. Zurück am Startpunkt folgen wir unserer Wanderroute in nördlicher Richtung an Zornheim vorbei und bewältigen nach einer Rechtsbiegung den nicht allzu steilen Anstieg auf den **Hasenberg ③**. Er bietet einen wunderschönen Ausblick über die leicht gewellte Landschaft bis zur Rhein-Main-Ebene am nordöstlichen Horizont.

Abwärts gelangen wir hinunter zu einem querenden Wirtschaftsweg, auf dem wir links am Jubiläumswald vorbeikommen. Dahinter biegen wir rechts ab und durchschreiten leicht aufwärts die Obstgemeinschaftsanlage Zornheim, eine Plantage aus Apfel-, Kirsch- und Zwetschgenbäumen. In einer Rechtsbiegung geht es dann hinunter zu einem Flurweg, der uns in einem Rechtsknick zum **Biotop Rohrwiesen** ❹ bringt, einem Feuchtgebiet, das Fröschen und Vögeln, darunter dem Steinkauz, ideale Lebensbedingungen bietet.

Von dort führt uns unsere Hiwweltour-Markierung über eine kleine Senke hinweg hoch in die Weinberge zum **Wingertshäuschen auf dem Winkel** ❺. Die Rastbank davor steht sogar unter schattenspendenden Sträuchern. Wer bei der folgenden Wegkreuzung geradeaus weiter geht, gelangt abkürzend zurück zu unserem Startpunkt und passiert dabei die neue Kapelle in den Zornheimer Weinbergen.

Wir folgen aber unserer ausgeschilderten Wanderroute nach links zur **Selzstellung** ❻, einem weiteren herrlichen Aussichtspunkt. Eine Infotafel erläutert den weniger idyllischen Kontext dieses Geländepunktes. Nämlich dass die deutsche Wehrmacht vor dem Ersten Weltkrieg mehrere Festungslinien baute, um potenzielle feindliche Vorstöße aus dem Westen aufhalten zu können. Eine davon war die Selzstellung in Rheinhessen; Zornheim war die am stärksten ausgebaute vorderste Front des Bollwerks Mainz. Zu sehen ist davon heute nichts mehr, denn nach dem verlorenen Krieg mussten alle Festungsanlagen aufgrund des Versailler Vertrages gesprengt werden.

Steil geht es dann den von zwei Windrädern bestandenen Selzer Berg hinunter in eine Senke, wo sich auf dem ersten nach links abzweigenden Weg ein Abstecher zu einer offenen Schutzhütte mit einer alten Weinkelter anbietet. Mittlerweile sind wir in der Weinlage Guldenmorgen angekommen, deren Namensgebung sich möglicherweise auf die besondere Fruchtbarkeit des Bodens (gulden = gülden, golden) bezieht oder andererseits auf die Abgabe, die früher an den Grundbesitzer zu entrichten war (Gulden = Münze). Die Sprachforscher sind sich da nicht ganz einig. So oder so halten wir uns durch die Reben hindurch nach rechts und gelangen in einem etwas steileren Anstieg, vorbei am **Weinberghäuschen am Hohberg** ❼, auf die Hochfläche. Wir biegen nach rechts ab und flanieren nun oberhalb der Weinberge entlang und stoppen kurz bei einer Kompassrosette, mit deren Hilfe wir entfernte Orte und Geländepunkte identifizieren können. Schnell sind wir dann wieder am Start- und Endpunkt unserer Hiwweltour beim Weinpavillon ❷ angelangt. Zurück zum Lindenplatz in **Zornheim** ❶ nehmen wir dieselbe Strecke wie auf unserem Hinweg.

Weinwissen

Alle Zornheimer Weingüter sowie Winzerbetriebe aus Hahnheim, Mainz-Ebersheim, Mommenheim, Nieder-Olm und Selzen haben sich zum Verein WeinErlebnis Zornheimer Berg e.V. zusammengeschlossen. Gemeinsam möchten sie Zornheim und den Wein über die Ortsgrenze hinaus bekannter machen. Der vom Verein betriebene Weinpavillon an der Hangkante zum Selztal ist während der Wandersaison von März bis Oktober ein beliebter Treffpunkt. An jedem Wochenende des genannten Zeitraums schenkt ein anderes Weingut seine Weine aus (www.weinerlebnis-zornheimerberg.de).

26 Von Wörrstadt nach Rommersheim

Hiwweltour Neuborn-Wörrstadt

3.00 Std. | 11,2 km | ↗180 m | ↘180 m

Zum roten Aussichtsturm im Rebenmeer

Von einem Aussichtspunkt zum nächsten schlängelt sich diese Hiwweltour, erst über die Höhe der Großlage Adelberg und anschließend hinunter ins Tal des Neuborner Bachs, wo uns das hübsche Fachwerkörtchen Rommersheim erwartet. In einer traditionellen Waldgaststätte, an der Quelle des Baches, können wir die Tour gemütlich ausklingen lassen.

Ausgangspunkt: Bahnhof Wörrstadt. Erreichbar mit der Regionalbahn von Alzey und von Mainz. Parkmöglichkeit am Bahnhof oder am Wanderparkplatz Neuborn, am Ortsende vor den Weinbergen.
Anforderungen: Rundtour auf befestigten Weinbergwegen mit ein paar Auf- und Abstiegen. Größtenteils ohne Schatten.
Markierung: Durchgängig markiert mit dem geschwungenen gelben (Zubringerweg) und dem blau-grünen h der Hiwweltouren.
Karte: Mainz und Rheinhessen, LVermGeo, 1:50.000. Rheinhessen Süd, Meki Landkarten GmbH, 1:30.000.
Einkehr: Rommersheim: Woifässje des Weinguts Ullmer (siehe unten), Fr. bis Sa. ab 18 Uhr, So. ab 17 Uhr. Zum gläsernen Trinkhorn, Tel. +49 6732 6005808, www.zum-trinkhorn.de, Mi. bis Sa. ab 18, So. 12–14 und ab 18 Uhr. Wörrstadt: Waldgaststätte Neuborn, Tel. +49 6732 1028, www.waldgaststätte-neuborn.de, im Sommer am So. 11–18 Uhr. Böhm's Weingewölbe, Tel. +49 6732 9659096, www.weingut-boehm.de, Do.–Sa. ab 17, So. ab 11.30 Uhr.
Winzer: Wörrstadt: **Weingut Reith**, Obere Laugasse 1, Tel. +49 6732 63976, www.reithwein.com, hier wird noch von Hand gelesen. Der Betrieb ist in Umstellung auf biologischen Anbau. Unser Tipp: ein trockener Spätburgunder Barrique, der erste Wein, den der Jungwinzer nach seinem Studium in Geisenheim kreiert hat. **Weingut Weinmann**, Rommersheimer Str. 105, Tel. +49 6732 933958, www.mein-weinmann.de, in der Symbiose aus Rheinhessen und Pfalz werden auch Pfälzer Weine des Elternhauses der Winzerin ausgebaut. Im mehrfach prämierten Weingut bei Weinmanns gibt es Werktags- und Sonntagsweine. Das Weingut mit seiner Weintankstelle liegt am Ende der Tour. **Weingut Ullmer**, Hauptstraße 5, Tel. +49 6732 61179, www.weingutullmer.de, aus dem Kuhstall wurde eine beliebte Weinstube (siehe oben). Eine Spezialität ist der Rubin 08, ein Likörwein ähnlich einem Portwein. **Weingut Böhm**, Schlagstraße 2–4, Tel. +49 6732 65309, www.weingut-boehm.de, Stefan Böhm widmet sich vom Aussterben bedrohter Weinsorten, wie z.B. Weißer Räuschling. Zu empfehlen ist der Grüne Adelfränkisch, auch in seinem Restaurant (siehe oben) zu verkosten.

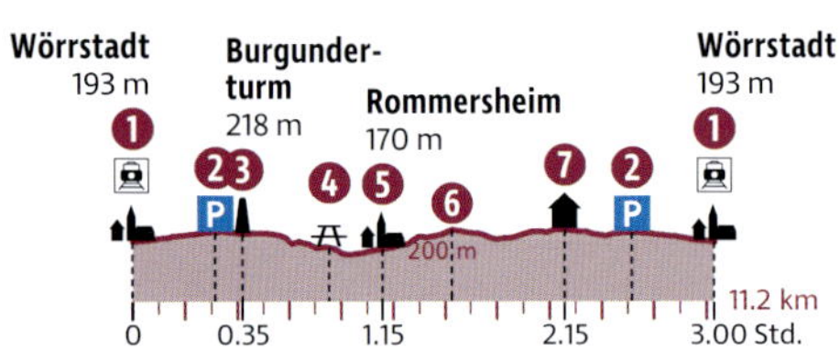

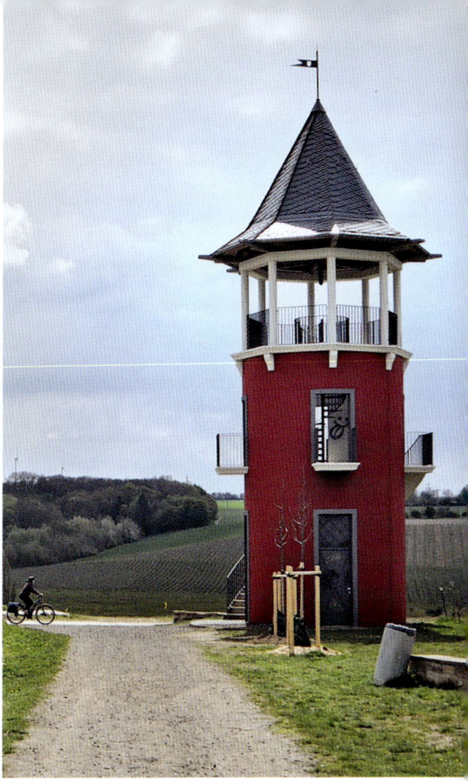

Der Burgunderturm.

Vom Bahnhof in **Wörrstadt ❶** aus gehen wir über die Hermannstraße in Richtung Ortszentrum. Nach Überquerung der Wilhelmstraße treffen wir auf eine Grünanlage und folgen ihr nach rechts. Es sind die Überbleibsel einer alten mit Ulmen (Effen) bestandenen Befestigungsanlage am ehemaligen Dorfgraben rund um den alten Ortskern. Wir passieren das Denkmal zur Befreiung des Rheinlands von 1930 und stoßen auf die belebte Friedrich-Ebert-Straße, halten uns links und gehen sofort wieder rechts weiter auf dem Grünzug. Nach Rechts-Links-Versatz überqueren wir die Kreuznacher Straße und gelangen nach längerer Gerade zum **Wanderparkplatz Neuborn ❷**. Wer mit dem Pkw anreist, beginnt von hier die Tour, die uns nun mit blau-grünem h den Weg weist. Gleich zu Beginn der Weinberge der Einzellage Kachelberg sticht uns der rot angemalte **Burgunderturm ❸** ins Auge, wo wir uns mit einem Rundblick einen guten Überblick unserer Tour verschaffen können. Beim Blick über die rheinhessischen Hügel sollte man meinen, dass die Rheinhessen für die Energiewende gut vorgesorgt haben. Hier wird Windenergie in großem Stil erzeugt. Nach ein paar Richtungswechseln durch das Rebenmeer lädt an der hübsch gestalteten Schönen Aussicht eine gemütliche Sitzgruppe ein. Ein Grasweg leitet über zu einem Wirtschaftsweg, den wir wieder nach links verlassen und bergan zur nächsten aussichtsreichen **Picknickstation Greifenberg ❹** wandern. Am »Tisch des Weines« ist selbst für eine größere Wandergruppe genug Platz. Bei einer Weinbergsumlegung im Jahr 1978 wurden hier drei römische Sarkophage aus dem 4. Jh. n. Chr. freigelegt.

Ein Wiesenweg leitet zu einem Pfad über, der an einem Teich vorbei zum Rommersheimer Bach führt, der

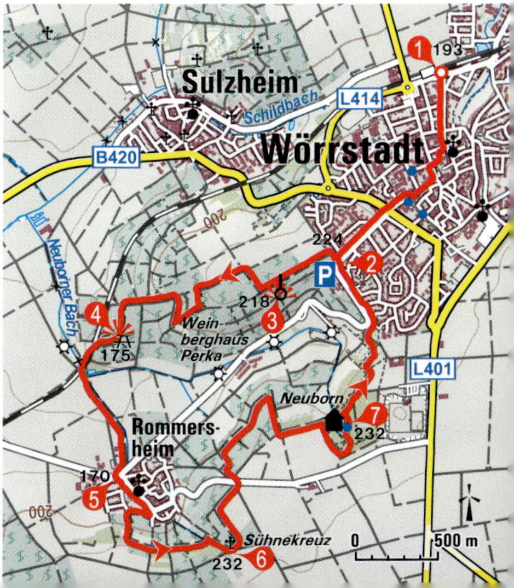

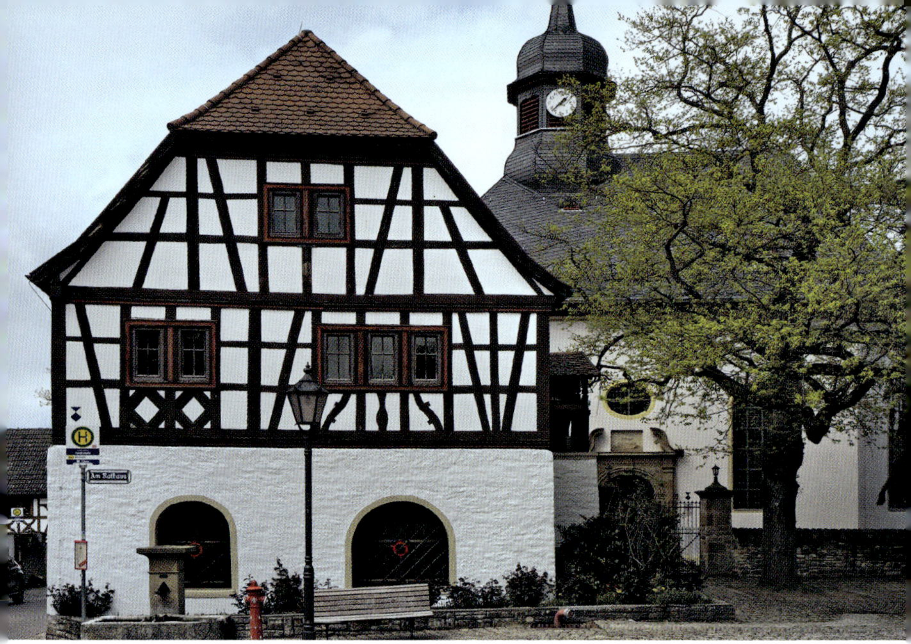

Rathaus in Rommersheim.

uns bis in den Ort begleitet. Über die Hauptstraße betreten wir den Weinort **Rommersheim 5**, der auch gleich nach wenigen Metern mit der Weinstube Woifässje aufwartet, die allerdings nur eingeschränkte Öffnungszeiten anbietet (siehe oben). Liebevoll restaurierte Fachwerkhäuser, allen voran das alte Rathaus, prägen das pittoreske Ortsbild, das von zwei uralten Eichen beschattet wird.

Vor dem Ortsende zieht unser Weg nach rechts in die Weinberge und knickt nach links ab. Und wieder lädt am Rastplatz Lorlenberg ein herrlicher Aussichtsplatz ein, der uns einen wunderschönen Blick auf das Weindorf und die zurückgelegte Strecke bietet. Eine Infotafel erzählt die Geschichte der Gemeinde, dessen ursprünglicher Name Eichloch schon 824 in einer Urkunde des Klosters Lorsch erwähnt wurde.

Vor dem alten **Sühnekreuz 6**, das der Legende nach an den Tod eines Ritters erinnern soll, biegen wir links ab auf die Hochebene. Und wieder schickt uns die Hiwweltour mit einigen Richtungswechseln durch die Reben, bevor wir an den Familienbäumen des Wörrstädter Jubiläumswaldes links abbiegen. Dahinter leiten uns die Logos durch einen fast dschungelartigen Wald zur traditionsreichen **Waldgaststätte Neuborn 7**, die Mitte des letzten Jahrhunderts noch ein beliebtes Tanzlokal war. Direkt am Gebäude links am Brunnen vorbei durchqueren wir auf urigen Pfaden den Talgrund und passieren einen Parkplatz. Am Grillplatz vorbei geht es auf Graswegen zurück, bis wir auf die Rommersheimer Straße treffen. Links an der Straße entlang, am Weingut Weinmann vorbei, erreichen wir wieder den kleinen **Wanderparkplatz Neuborn 2**, wo wir nach rechts auf bekanntem Weg zurück zum Bahnhof **Wörrstadt 1** marschieren.

Auf dem Kulturweg Petersberg

Zu einem Kraftort mit Geschichte

27

2.15 Std. | 8,3 km | ↗120 m | ↘120 m

Kulturhistorische Wanderung im Zentrum Rheinhessens

Der weithin sichtbare spitze Kegel des Petersbergs war im Mittelalter kirchliches Zentrum für die Gemeinden im mittleren Rheinhessen. Die aussichtsreiche Tour bringt uns zu den gut dokumentierten Resten der ehemaligen Peterskirche, inmitten eines geschützten Biotops, das sich besonders zur Blütezeit der Weinberg-Tulpen im April von seiner schönsten Seite zeigt. Eine mächtige spätgotische Simultankirche und alte Fachwerkbauten gibt es in der historischen Langgasse von Bechtolsheim zu besichtigen.

Ausgangspunkt: Marktplatz von Gau-Odernheim. Zu erreichen mit Bus 660 von Mainz und Alzey. Gebührenfreie Parkplätze an der Petersberghalle.
Anforderungen: Schattenloser Rundgang auf befestigten Weinberg- und Wiesenwegen.
Markierung: Teils markiert mit dem Symbol des Kulturwegs Petersberg.
Karte: Mainz und Rheinhessen, LVermGeo, 1:50.000. Rheinhessen Süd, Meki Landkarten GmbH, 1:30.000.
Einkehr: Unterwegs keine Möglichkeit. Gau-Odernheim: Restaurant Zum Römer (Tel. +49 6733 7770, www.zumroemer.com) tgl. 11.30–14 und ab 17 Uhr.
Hinweis: Achtung: Die Renaturierungsschleife der Selz nach Wegpunkt 5 ist etwas überwuchert. Wem das zu ungemütlich ist, folgt in Bechtolsheim nach dem Gänsebrunnen der Beschilderung durch die Sulzheimer Straße und wandert auf ausgeschildertem Weg zurück.
Weintipps: Gau-Odernheim: **Weingut Büsser-Paukner**, Mainzer Str. 50, Tel. +49 6733 6001, www.ae-wein.de, lobende Erwähnung im Gault&Millau 2021 findet der »komplexe Merlot mit großem Tiefgang … ein Meisterstück«. Das Winzerpaar bewirtschaftet auch ein Areal in der Lage »Am Lieberg«, bekannt für Wildtulpenbestände. **Weingut Johanneshof**, Hansengasse 13, Tel. +49 6733 588, www.johanneshof-becker.de, vorwiegend Burgundersorten und Riesling werden auf 23 ha, viele als PIWI (s. Info S. 161), angebaut. **Weingut Achim Christ**, Albiger Str. 39, Tel. +49 6733 960075, weingut-achim-christ.de, auf dem mediterranen Gutshof werden die Trauben abgebeert (ohne Stiele geerntet), was gut für die Bekömmlichkeit ist. Bechtolsheim: **Weingut Ernst Bretz**, Langgasse 35, Tel. +49 6733 356, www.weingutbretz.de, die Liste der Auszeichnungen des jahrhundertealten Traditions-Weinguts würde den Rahmen sprengen. Nur zwei davon, Winzer des Jahres 2020/2021 bei der Bundes-Weinprämierung der DLG, bester Regent Erzeuger 2021. Der Regent Barrique ist eine Verführung.

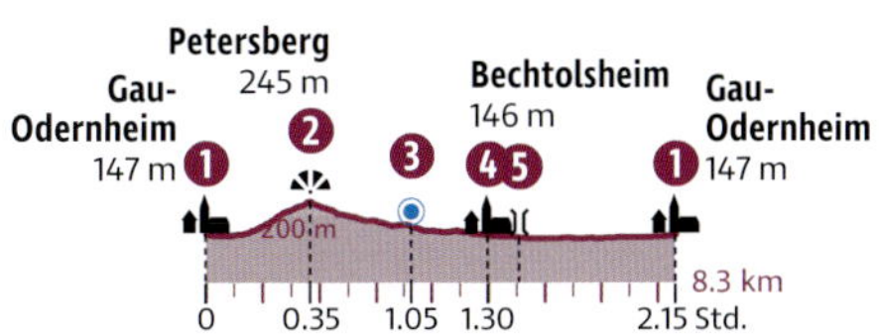

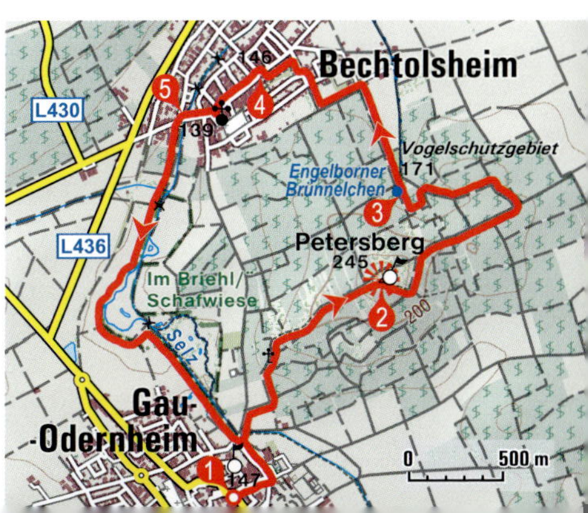

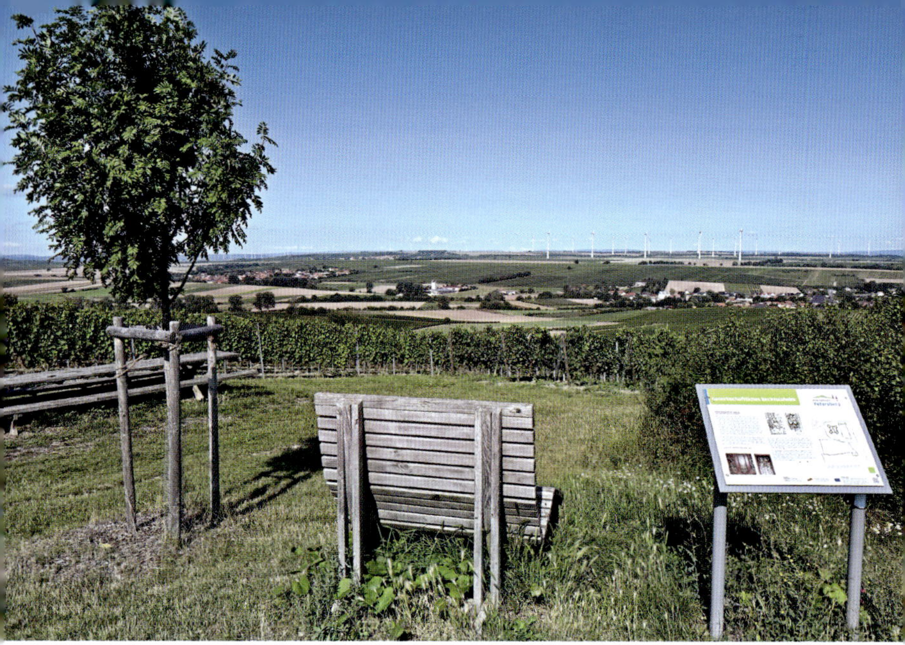

Auf dem Petersberg.

Am Parkplatz zur Petersberghalle in **Gau-Odernheim ❶** finden wir einen Plan des Kulturweges, dem wir bis Bechtolsheim folgen. Wir wandern durch die Mühlstraße in nordwestlicher Richtung an der Halle vorbei. Nach dem Kindergarten biegen wir rechts ab, überqueren die Selz und biegen an erster Möglichkeit rechts ab in die Feldflur. Auf dem Herrgottspfad, auf dem die Prozessionen zum Petersberg verlaufen, geht's nun gemächlich bergan. Oberhalb des tonnenförmigen Weinberghäuschens an der Sitzgruppe finden wir eine Infotafel zur Gau-Odernheimer Frühgeschichte. Der Ort fand um 875 seine erste urkundliche Erwähnung. König Rudolf von Habsburg verlieh 1286 dem einstigen »Otternheim« die Stadtrechte, was den Bau einer Befestigungsanlage erforderlich machte, von der jedoch nur noch wenige Reste vorhanden sind.

Wir gehen unterhalb des Unterstandes auf dem Wiesenweg weiter, der sich kurz darauf in einen urigen von dichtem Strauchwerk eingefassten Pfad verwandelt. Mit zunehmender Höhe genießen wir die prächtige Aussicht auf unser Zwischenziel Bechtolsheim und in einiger Entfernung den Donnersberg im Südwesten. Fast oben angekommen folgen wir an der Gabelung dem rechten Zweig und wandern die letzten Stufen zum Gau-Odernheimer Hausberg, dem **Petersberg ❷**, hinauf. Nördlich von uns die Einzellage Klosterberg, im Süden der Herrgottspfad. Zahlreiche Tafeln erläutern die kulturhistorische Bedeutung dieses exponierten Ortes, der im Mittelalter von einer dreischiffigen Basilika mit 30 m Länge und 18 m Breite gekrönt wurde. Nur noch die Mauern der Krypta erinnern an die heilige Stätte. Seit 1877 versuchen Heimatforscher und Archäologen sich ein Bild vom einstigen Aussehen der Anlage zu machen. Wir schwelgen im herrlichen Panoramablick über die

sanften Hügel Rheinhessens hinüber zu Donnersberg, Taunus und Odenwald.
Auf der Rückseite des Berges wandern wir an der Aussichtsbank vorbei den Trampelpfad bergab und biegen nach der »Rheinhessenschaukel« links ab. Am Ende des Weinbergs gehen wir links den Grasweg hoch, finden wieder Wegzeichen des Themenweges und wandern an der T-Kreuzung rechts bergab. Wir folgen dem Kulturweg zweimal nach links und biegen an der Kreuzung von vier Wegen nochmals links ab. In leichtem Auf und Ab uns zweimal rechts haltend steuern wir direkt auf das Engelborner **Brünnelchen ❸** zu, wo wir neben der plätschernden Quelle gemütlich verweilen können. In nordwestlicher Richtung leitet uns der Kulturweg zwischen Acker und Rebfläche nach Bechtolsheim. In Höhe des Wohnhauses biegen wir links ab und nehmen den nächst möglichen Weg nach rechts an der Hecke entlang. Dabei verlassen wir nun den Kulturweg, der nicht durch den Weinort führt. Wir folgen der zweiten links abgehenden Straße, wandern rechts über den Spielplatz und biegen auf dem anschließenden schattigen Pfad links ab.
Bei nächster Gelegenheit verlassen wir den idyllischen Weg nach rechts und stoßen auf die historische unter Denkmalschutz stehende Langgasse, wo wir links abbiegen und sofort auf das Renaissancerathaus von **Bechtolsheim ❹** treffen. Wir passieren das Weingut Bretz und werfen einen Blick auf die 1487 erbaute spätgotische Simultankirche des Ortes. Der eigenwillige Glockenturm daneben hat keine Verbindung zur Kirche und ist Eigentum der Gemeinde. Am Gänsebrunnen gehen wir geradeaus weiter und biegen erst nach Überquerung der **Selz ❺** links ab. Nun geht es gemütlich auf Graswegen mit wunderbaren Ausblicken zum Petersberg am Bach entlang. An einer Renaturierungsschleife bleibt uns nichts anderes übrig, als dem gut ausgetrampelten Pfad durch teilweise hohes Gras und Dickicht zu folgen. Auf dem anschließenden Feldweg biegen wir links und nach 150 m nochmals links ab und steuern wieder den umwachsenen Flusslauf in Talmitte an. Davor biegen wir rechts ab und wandern neben mächtigen Eschen und Weiden am Fluss entlang. Wir stoßen auf unseren Hinweg und gehen zurück in die Ortsmitte von **Gau-Odernheim ❶**.

Weinwissen

PIWI

Umweltschonende Verfahren haben auch bei vielen Winzern Einzug gefunden. Die Anbauflächen von pilzwiderstandsfähigen (PIWI) Sorten wächst ständig. Zurzeit sind in Deutschland 3 Prozent der angebauten Weinbauflächen damit bestückt. Vor allem Biobetriebe setzen oft auf diese Verfahren. Die Reben mit natürlicher Resistenz gegen Rebschädlinge entstanden durch eine Kreuzung amerikanischer und asiatischer Wildreben. In Frankreich waren sie schon vor 150 Jahren bekannt. Im Zuge der vermehrten Anwendung von chemischen Dünge- und Schädlingsbekämpfungsmitteln gerieten sie allerdings wieder in Vergessenheit und erleben heute eine Renaissance. Zu den PIWI-Sorten gehören, um nur einige zu nennen, Cabernet Blanc, Solaris, Souvignier Gris und der Regent als häufigste Vertreter.

28 Zur »Insel« des Martinsberges

Rundtour an einem vergangenen Meer

1.30 Std. | 5,6 km | ↗100 m | ↘100 m

Wandern und Geologie

Die mystische Ruine der Beller Kirche ist Ausgangspunkt eines außerordentlich informativen Rundweges auf dem Strandabhang der ehemaligen Steigerberg-Insel. Zehn Tafeln lassen das Tertiärmeer vor unseren Augen buchstäblich zum Leben erwecken. Auf dem höchsten Punkt der einstigen Insel, auf dem Martinsberg, schweift der Blick bis zu den Höhenzügen des Rheingaus im Norden.

Ausgangspunkt: Beller Kirche in 55599 Eckelsheim. Von Alzey verkehrt die Buslinie 425 im Zweistundentakt nach Eckelsheim, Ausstieg Villa Bäder. Parkplätze gegenüber der Kirchenruine.
Anforderungen: Gemütlicher Spaziergang durch Felder und Weinberge.
Markierung: Der Rundgang am Beginn der Tour, beim Strandpfad der Sinne, ist gut markiert.
Karte: Mainz und Rheinhessen, LVermGeo, 1:50.000. Rheinhessen Süd, Meki Landkarten GmbH, 1:30.000.
Einkehr: Unterwegs keine Möglichkeit. Eckelsheim: Kulturhof, Tel. +49 6703 301458, www.kulturhof-eckelsheim.de, Do.–Sa., ab 18 Uhr, So. 11.30–14 und ab 17 Uhr, 30 Gesellschafter betreiben das Restaurant in der alten Hofreite.
Winzer: Eckelsheim: **Weingut Wolf**, Brunnenstraße 2, Tel. +49 6703 1346, www.weingut-peter-wolf.de, bei Familie Wolf wird in 7. Generation Weinbau betrieben, regelmäßig eines der besten Sortimente Rheinhessens, mit dem Rosa Chardonnay steht eine wenig angepflanzte Sorte im Angebot. **Weingut Zöller**, Brunnenstraße 12, Tel. +49 6703 1273, www.weingutzoeller.de, traditionsreiches Weingut mit breiter Palette, besonders gemundet hat uns der mineralische Riesling Porphyr mit dem Namen des Gesteins, auf dem die Reben gedeihen.

Wir parken gegenüber der **Beller Kirche ❶** kurz nach dem Ortsausgang von Eckelsheim in Richtung Wendelsheim. Widmen wir uns zuerst der spätgotischen Kirchenruine der Kirche, von der leider nicht viel überliefert ist. In einer Urkunde ist vom Baubeginn im Jahr 1490 vom »Altar Unserer Lieben Frau in den Bellen« (= Pappeln) die Rede. Bis zur vorletzten Jahrhundertwende wurde alljährlich am 8. September, zu Mariä Geburt, der Beller Markt auf freiem Feld neben der Kirche abgehalten, ein Jahrmarkt mit überregionaler Bedeutung. Nach der Reformation verfiel das Bauwerk, wurde aber nicht wie so oft andernorts, als Steinbruch ge-

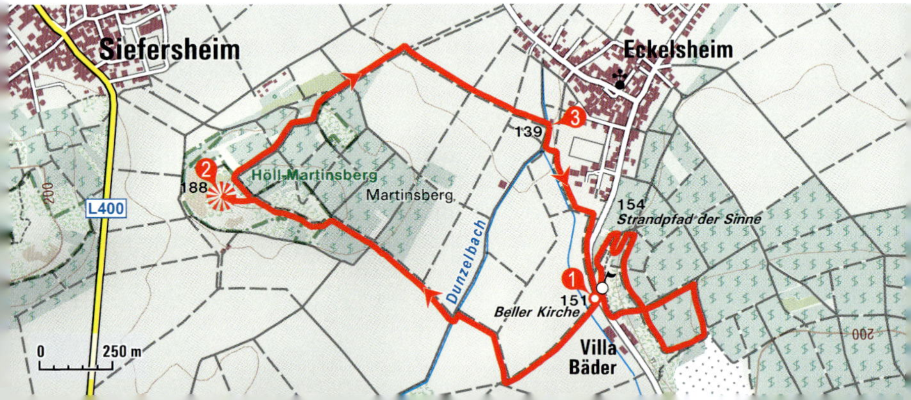

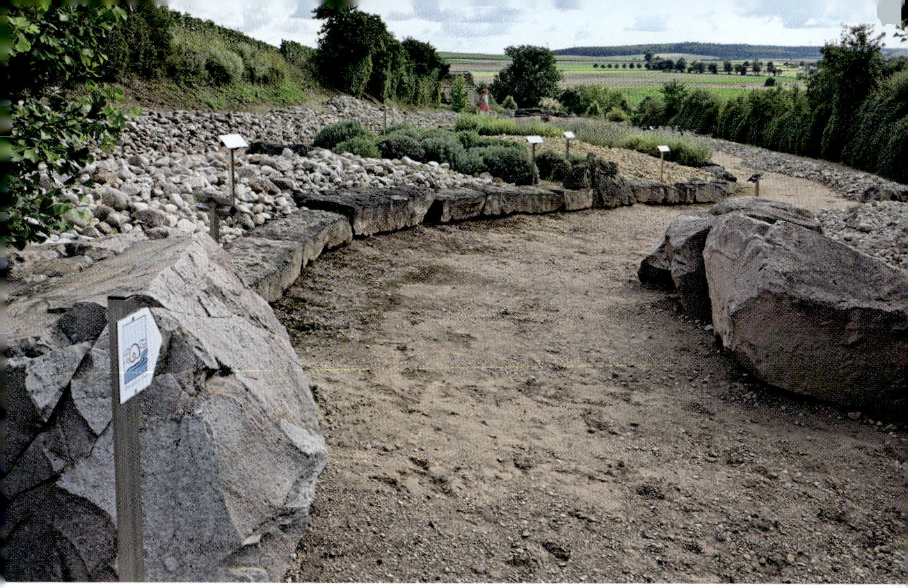

Strandpfad der Sinne.

nutzt. Genug mit Historie, der Strand ruft. Oberhalb der Kirchenruine halten wir uns links, wo uns Tafel 1 zum Strandpfad der Sinne willkommen heißt.

Wir folgen den Pfeilen des Kulturweges, der uns in zwei großen Schleifen Interessantes zu Geologie, Landschaftsentwicklung, Kultur und Wein nahebringt. Gleich zu Beginn lädt der Strandspaziergang dazu ein – wenn möglich barfuß –, Natur mit allen Sinnen zu erleben. Pflanzen und Steine sind sorgfältig mit Bezug zur Erdgeschichte aufeinander abgestimmt. Sehr eindrucksvoll ist die Rekonstruktion vom Blick zu den Inseln des einstigen Tertiärmeeres. Durch eine Glasscheibe mit einem künstlich gestalteten Horizont blicken wir hinüber zum Martinsberg, den wir im Anschluss erkunden, ohne zu schwimmen. Nachdem wir Tafel 10 erreicht haben, überqueren wir an der Kirchenruine die Straße und wandern geradeaus in die Feldflur. Nach knapp 400 m, kurz vor einer Gehölzgruppe, teilt sich der Weg. Wenige Meter davor biegen wir im 90-Grad-Winkel rechts ab und folgen dem Wiesenweg durch die Felder. Am Ende steuern wir, wobei wir uns links halten, auf den Bach im Tal zu, nach dessen Querung wir im Links-Rechts-Versatz auf Grasweg bergauf marschieren. Dort wo der befestigte Weg beginnt, wenden wir uns nach links ins Naturschutzgebiet und ziehen im Halbrund um den Hügel mit schönen Ausblicken auf Wonsheim. Der Weg verjüngt sich zu einem Pfad durch eine wunderschöne Heidelandschaft, die im Hochsommer in voller Blüte steht. Zahlreiche Schmetterlingen umschwirren die Blütenkelche. Oben stoßen wir wieder auf Weinberge und machen einen Abstecher nach links zum höchsten Punkt des **Mar-**

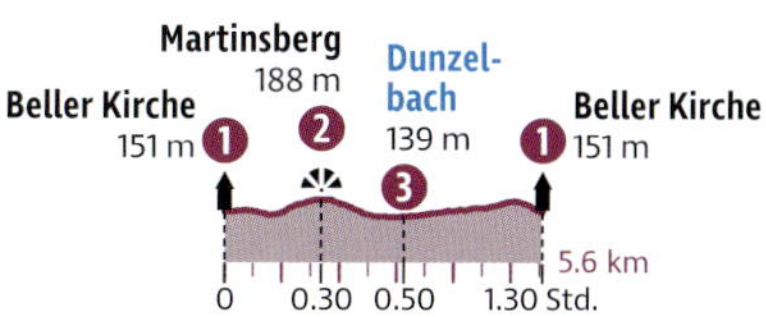

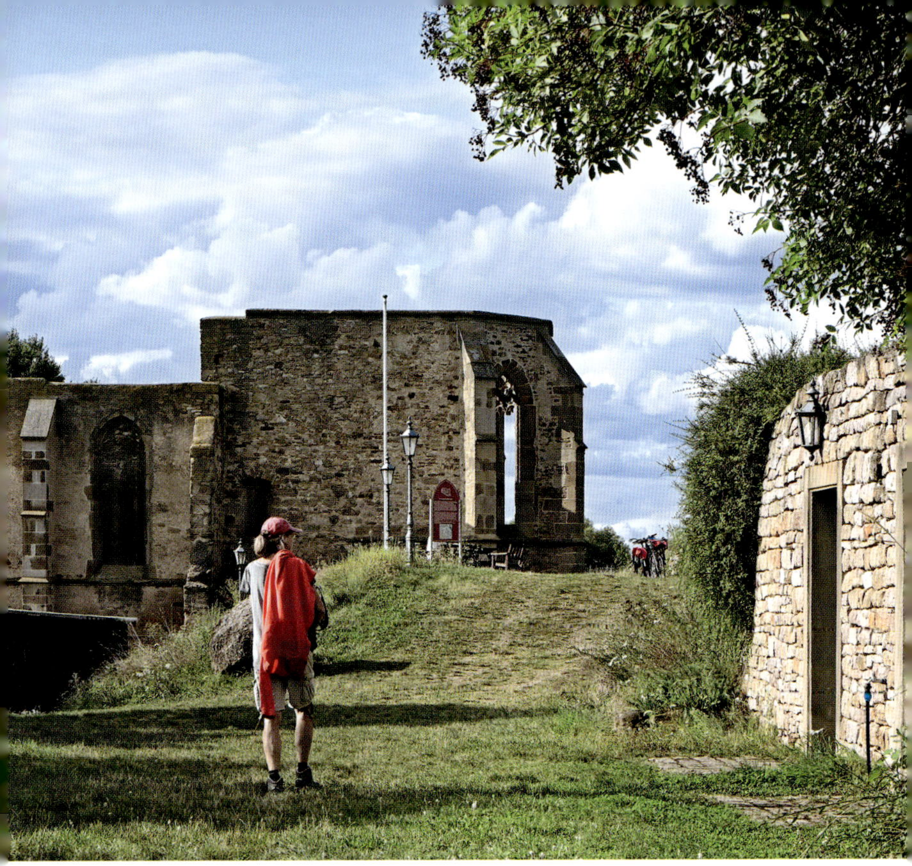

Start- und Zielort: die Beller Kirche.

tinsbergs ❷, der wie wir schon erfuhren, im Tertiärmeer als Insel aus den Fluten ragte. Auch die Lagenbezeichnung orientiert sich an diesem Namen. Eine altertümliche metallene Sitzbank lädt ein, den herrlichen Rundblick zu genießen. Zu unseren Füßen das benachbarte Weindorf Siefersheim, im Norden grüßt der Rheingau.

Zurück am Abbiegepunkt halten wir uns links und gehen weiter, bis wir an erster Möglichkeit beim Blick auf die Häuser von Eckelsheim rechts abbiegen. An der Gabelung nehmen wir den rechten, leicht ansteigenden Zweig, den wir aber sofort, nach gut 50 m, wieder nach links bergab verlassen. Wir benutzen die Baumgruppe im Tal als Fixpunkt und steuern geradewegs darauf zu. Davor biegen wir rechts ab und wandern auf grasigem Weg Richtung Dorf. Am Ende, an der T-Kreuzung nach den Pferdekoppeln, biegen wir am **Dunzelbach ❸** rechts ab, verlassen aber den asphaltierten Weg sofort wieder nach links durch einen Durchgang der bachbegleitenden Hecke. Wir wenden uns nach rechts und folgen auf dem Wiesenweg dem Lauf des Baches. Am Ende biegen wir links ab und nehmen sofort den ersten unbefestigten Weg nach rechts, der uns zurück zum Parkplatz gegenüber der **Beller Kirche ❶** führt.

Zum Siefersheimer Horn

Auf der Hiwweltour Heideblick

29

3.00 Std. | 10,4 km | ↗ 220 m | ↘ 220 m

TOP

Eine beschwingte und aussichtsreiche »Küstentour«

Eine der schönsten Hiwweltouren der Rheinhessischen Schweiz führt am einstigen Kliff des Tertiärmeeres zum zauberhaften Weindorf Neu-Bamberg. Durch eine grandiose Heidelandschaft, die sich zur Blütezeit im Spätsommer in ein lila Blütenmeer verwandelt, zieht sich der Weg hoch zum Siefersheimer Horn, an dem sich einer der schönsten Ausblicke Rheinhessens eröffnet. Sonntags bei gutem Wetter kann man dies auf der Winzeralm noch mit einem Gläschen Wein toppen. Überall laden »Bänkelche« ein zum Rasten und Genießen. Unser Favorit.

Ausgangspunkt: Siefersheim-Mitte. Von Alzey verkehrt die Buslinie 440 im Stundentakt nach Siefersheim. Ausstieg am Gemeindehaus in Ortsmitte. Autofahrer: Wanderparkplatz Am Gänsborn am östlichen Ortsrand (Am Gänsborn 1, 55599 Siefersheim).

Anforderungen: Gemütlicher Spaziergang durch Felder und Weinberge.

Markierung: Zu großen Teilen folgen wir der Markierung Hiwweltour Heideblick, die fast identisch ist mit der Bänkelches-Route.

Karte: Mainz und Rheinhessen, LVermGeo, 1:50.000. Rheinhessen Süd, Meki Landkarten GmbH, 1:30.000.

Einkehr: Neu-Bamberg: Gaststätte Zur Junkermühle, Tel. +49 6703 1037, www.junkermuehle.net, Mo. und Fr. ab 17 Uhr, Sa. und So. ab 11 Uhr, Di. Ruhetag. Siefersheim: Winzeralm, am Goldenen Horn, Ausschank im Sommerhalbjahr an Wochenenden von 13–18 Uhr (solange die Fahne weht).

Winzer: Siefersheim: **Weingut Moebus**, Wonsheimer Str. 13, Tel. +49 6703 665, www.weingut-moebus.de, die Vinothek im historischen Kreuzgewölbe ist allein schon einen Besuch wert und kann für Feiern angemietet werden. **Weingut Seyberth**, Sandgasse 8, Tel. +49 6703 705, www.weingut-seyberth.de, in der historischen Hofreite wird nach biodynamischen Regeln des Demeter-Verbandes im Einklang mit der Natur gewirtschaftet, besonders erwähnenswert ist der Silvaner Heerkretz aus dem »Lavendeleck«, in der Selection Rheinhessen vertreten. **Weingut Faust**, Gartenfeldstraße 7, Tel. +49 6703 1791, www.weingut-kh-faust.de, Besonderheit ist das »Schmuckstück«, ein Riesling mit Prädikat, im Barrique ausgebaut. **Weingut Sommer**, Mühlweg 19, Tel. +49 6703 3977, www.weingut-sommer.com, schon seit 2008 erfolgt der Anbau biologisch, was sich in zahlreichen Auszeichnungen in Gault&Millau u.a. widerspiegelt. **Weingut St. Martinshof**, Am St. Martinshof, Tel. +49 6703 3070708, www.stmartinshof.de, ein Jungwinzer der schon diverse Auszeichnungen eingeheimst hat. **Weingut Zimmermann**, Mühlweg, Tel. +49 170 2429537, www.weingut-zimmermann.de, Weingut mit Hofausschank, der auch die bei Wanderern beliebte Winzeralm betreibt.

Tipp: Die »Siefersheimer Kräuterhexen« Christine Moebus, Katrin Klemmer und Martina Schott führen an jedem 1. Sonntag im Monat von April bis September Kräuterwanderungen auf abwechslungsreichen Routen rund um Siefersheim durch. Zum Schluss dürfen die Kräuter in Form von Tapas probiert werden und im typisch rheinhessischen Kreuzgewölbe kann man die Weine der Rheinhessischen Schweiz dazu verköstigen. www.kraeuter-hexen.de.

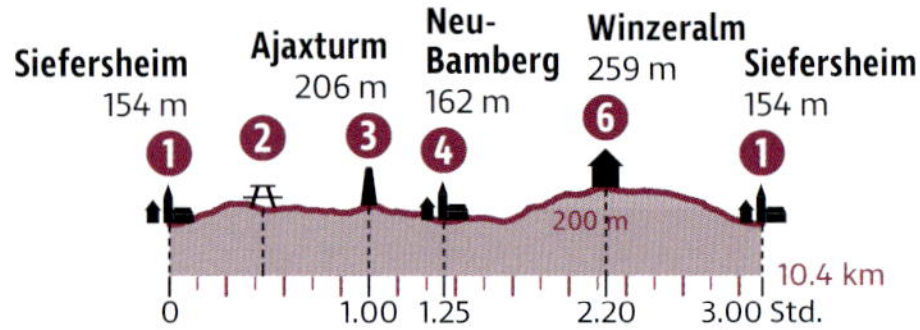

An der Bushaltestelle beim Gemeindehaus von **Siefersheim ❶** ziehen wir die Wöllsteiner Straße hinunter und biegen an erster Möglichkeit rechts ab in die Sandgasse. Kurz nach Siedlungsende der Kreuzung folgen wir der Markierung der Hiwweltour mit dem weißen h auf blaugrünem Grund nach links. Das Logo wird uns bis Neu-Bamberg den Weg weisen und ist auf dieser Strecke identisch mit der Siefersheimer Bänkelches Route mit dem Weinglas. Auch der Küstenweg, der dem Verlauf der ehemaligen tertiären Küste folgt, verläuft hier.

Kurvenreich geht es durch die Weinberge gemächlich bergan. Nach der ehemaligen Kliffstufe und einem Weinberghäuschen biegen wir links und wieder rechts ab und folgen oben im Naturschutzgebiet Wonsheimer Höll dem spitzwinklig nach links bergab führenden Weg (Ajaxturm 2,2 km). Kurz darauf treffen wir auf den wunderschön mit Blumen geschmückten **Rastplatz Wonsheimer Hölle ❷**. Man kann sich kaum dem Charme diese Platzes entziehen und muss hier einfach verweilen. Mit schönen Ausblicken auf Wonsheim und die dahinterliegenden Hügel führt die Tour weiter zwischen Reben und Ackerflächen zum **Ajaxturm ❸** oberhalb des Appelbachtales. Eine tragische Geschichte erzählt man sich über die Entstehung des Turms. Zu Beginn des 19. Jh. umwarb ein reicher und allseits begehrter Bauernsohn die Tochter eines Müllers. Sie war nicht abgeneigt gegen die Bemühungen des attraktiven Jungbauern. Der starrköpfige Vater lehnte die Verbindung jedoch ab und verlobte seine Tochter mit einem Weinhändler. An Herzeleid verstarb sie kurze Zeit später. An der Stelle, wo der Bauernsohn sich einst mit seiner Liebsten immer getroffen hatte, errichtete er den Turm, dessen Wappen (auf der Vorderseite) an den Hund erinnert, der das Paar begleitet hatte.

Nach der Umrundung des Galgenbergs biegen wir an der Wegkreuzung links ab und wandern hinunter nach **Neu-Bamberg ❹**. Direkt oberhalb des Appelbachs führt ein

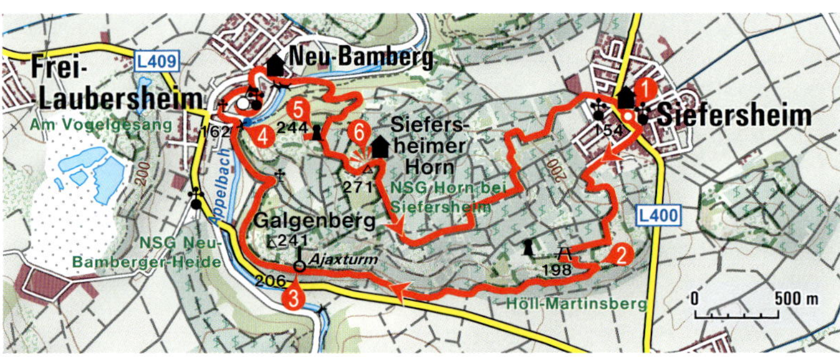

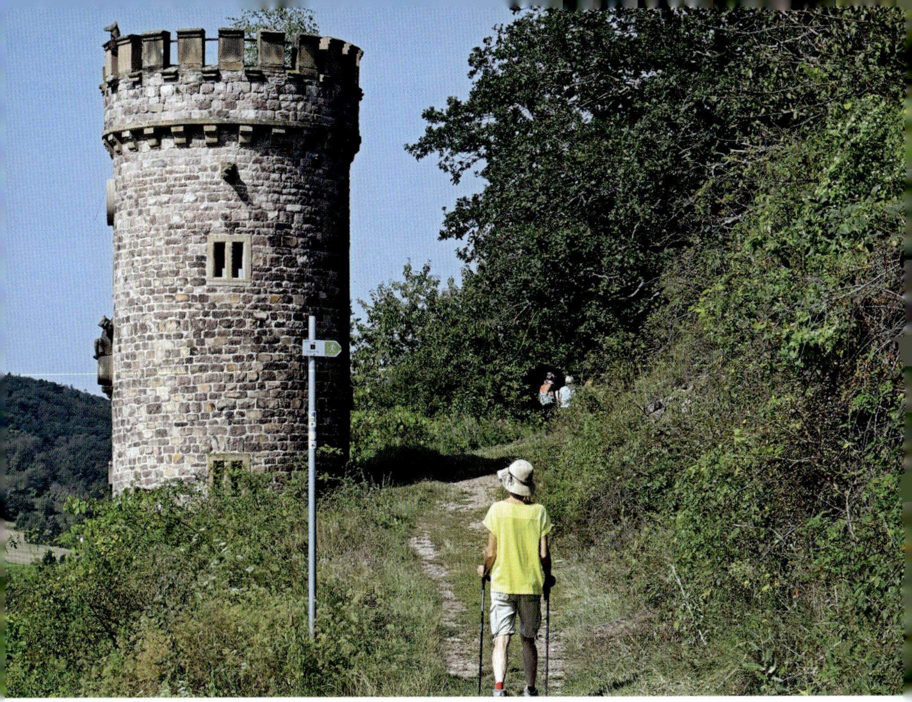

Der Ajaxturm.

kleiner Stichweg nach rechts zu einer schattigen Sitzgelegenheit neben einem alten Schwenkbrunnen, an dem man herrlich dem Rauschen des Bachs lauschen kann.

Vor den ersten Häusern (an der Sitzgruppe) schwenkt der Hiwwelweg nach rechts. Wir statten jedoch dem hübschen Dorf mit wunderschönen historischen Gebäuden einen Besuch ab und gehen nach der Bachüberquerung geradeaus weiter. Wir biegen nach dem Weinbaubetrieb Baumgärtner, wo wir uns am »Weinomat« versorgen können, links ab in die Wasserpforte. Am Kreuz in Dorfmitte verlängern wir noch um ein paar Schritte und bewundern die Kandelpforte, einen herrlichen Uhrturm der mittelalterlichen Ortsbefestigung aus dem 14. Jh.

Zurück am Kreuz wandern wir links die Schlossgasse hoch, passieren das ehemalige Wasserhaus aus hessischer Zeit und biegen am Ende rechts ab zur Burgruine. Die um 1250 von den Raugrafen aus dem Nahegau errichtete Burg, ging später in den Besitz der Mainzer Erzbischöfe über und wurde 1668 vom Pfälzer Kurfürst zerstört. Schön rasten lässt es sich im äußeren Burghof unter schattigen Kastanien. Wir umrunden Kirche und Burgruine, schlendern an den Resten der Stadtbefestigung vorbei den Burgweg hinab, biegen auf der Durchgangsstraße und sofort nochmal, bei den alten Steinbrecher Maschinen, rechts ab. Wer im hübschen Innenhof der historischen denkmalgeschützten Junkermühle einkehren möchte, geht zuvor auf der Wöllsteiner Straße noch 400 m geradeaus weiter. Über eine alte Bahnbrücke überqueren wir erneut den Appelbach und können uns kurz darauf entscheiden, ob wir den mehr als 1 km längeren Weg am Appelbach

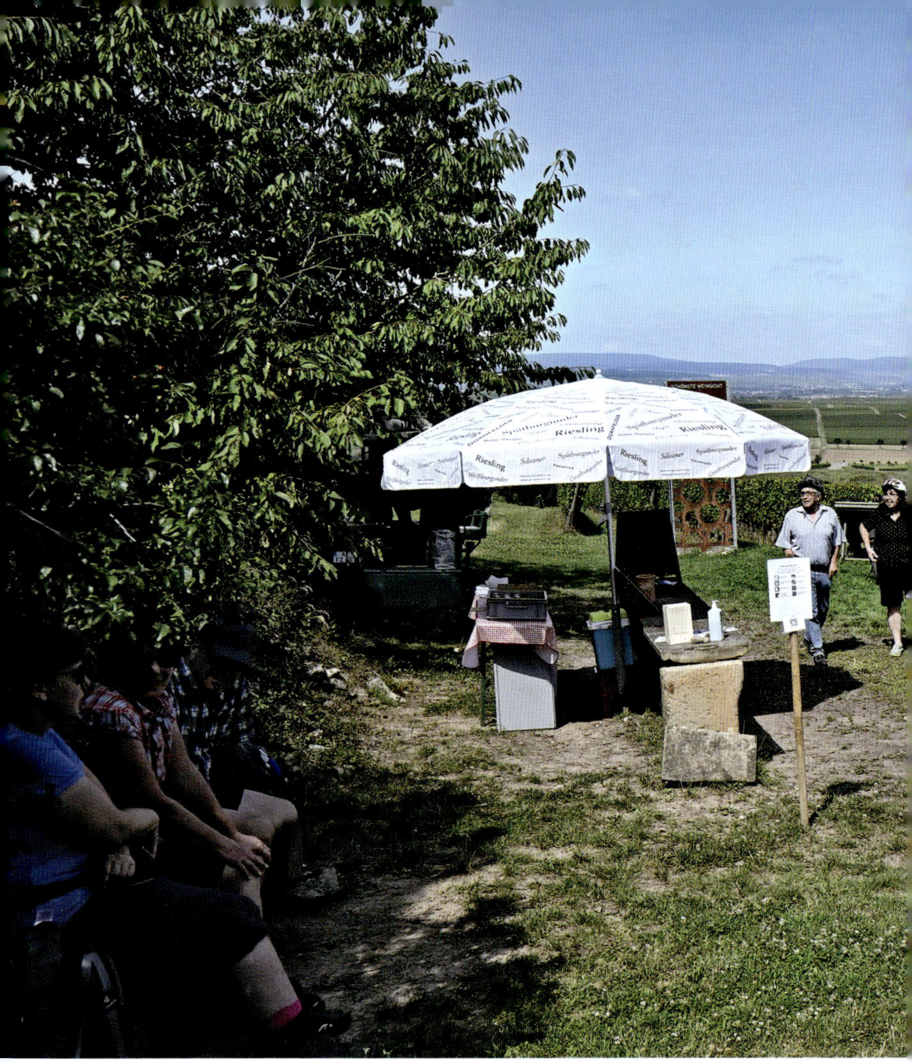

Einer der schönsten Weinstände Rheinhessens: die Winzeralm bei Siefersheim.

entlanggehen (siehe Markierung), oder sofort nach der Bachüberquerung rechts die Stufen hinauflaufen. In diesem Fall benutzen wir an der ersten Verzweigung den linken Ast und treffen kurz darauf wieder auf die von links kommende Hiwweltour, der wir nun weiter bergauf folgen. Am **Adlerdenkmal** 5 lohnt vor allem im Sommer ein Stopp, um die lila Teppiche aus blühendem Heidekraut zu bewundern. Weiter führt uns der Weg durch die mediterran anmutende Heidelandschaft. Kurz nach Überschreitung des Siefersheimer Horns, dem höchsten Punkt unserer Wanderung, eröffnet sich beim Austritt aus dem Wald ein herrliches Panorama, das zumindest an sommersonnigen Wochenenden, wenn die Fahne gehisst ist, noch getoppt wird durch einen der

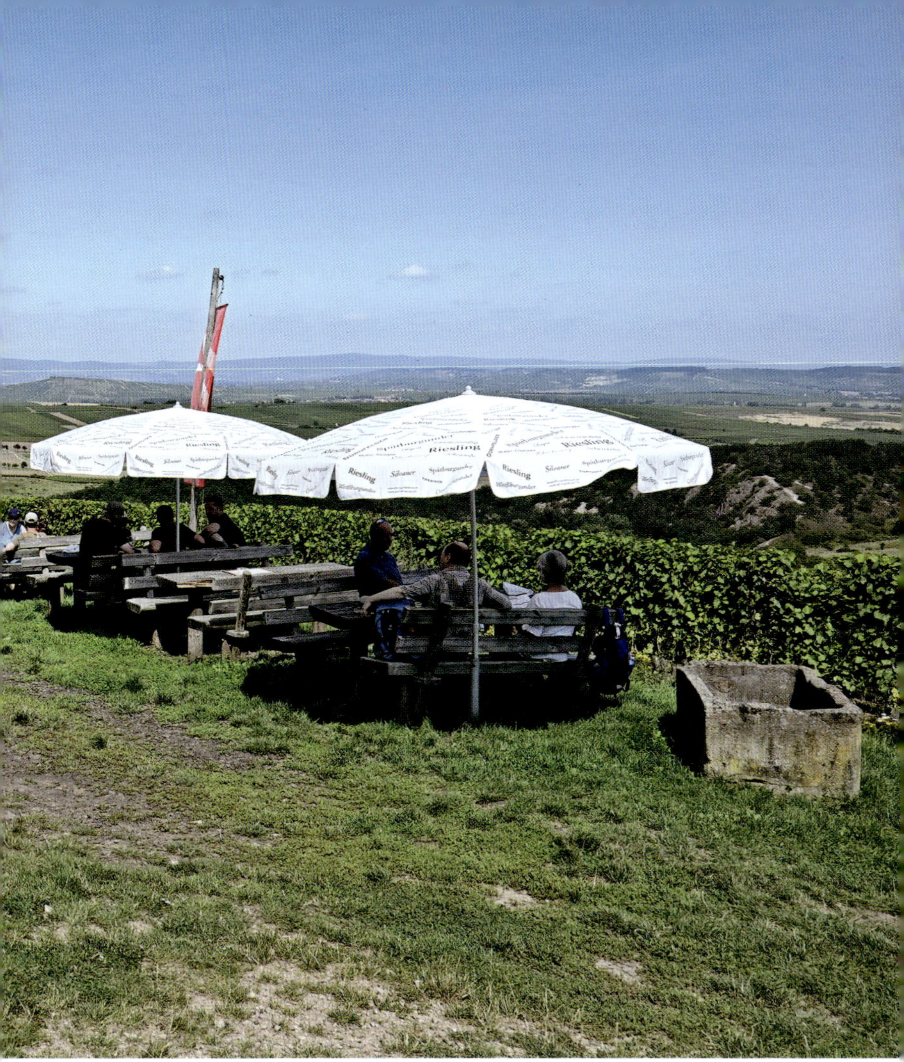

schönsten Weinstände Rheinhessens im Anbaugebiet Goldenes Horn. An Jörg Zimmermanns **Winzeralm** ❻ kommt keiner vorbei. Dieser Verlockung kann man einfach nicht widerstehen und gönnt sich ein Gläschen und einen Snack, das bei feiner Aussicht bis hinüber zu Taunus und Odenwald genossen wird. Nach herrlichem Weg an der Südflanke der ehemaligen Insel im Tertiärmeer (siehe Tour 28) stoßen wir auf das Teersträßchen, das hinunter nach Siefersheim führt. Wir verlassen hier die ausgeschilderte Hiwweltour und biegen sofort wieder links auf einen Grasweg ab. Nach zweimaligen Rechts-Links-Knick finden wir das gelbe K des Küstenweges und folgen ihm nach rechts. Er führt uns am Friedhof vorbei zurück in den alten Ortskern von **Siefersheim** ❶.

30 Von Flonheim zum Lonsheimer Türmchen

Hiwweltour Aulheimer Tal

3.30 Std. | 12,8 km | ↗ 250 m | ↘ 250 m

Traumhafte Rundtour zum schönsten Trullo Rheinhessens
Eine Runde, die wirklich alles bietet, was das Wanderherz begehrt. Ein schattiger, üppig begrünter Talgrund geht über in das Naturschutzgebiet des Aulheimer Tals, das durch seine Steinformationen und Vegetation fast mediterran daherkommt. Danach geht es hoch in die Weinberge zum 250 Jahre alten Trullo und über Wälder, Weinberge und überwachsene Steinbrüche wieder zurück. An sommerlichen Wochenenden bieten sich Möglichkeiten zum Umtrunk.

Ausgangspunkt: Adelberghalle in Flonheim. Von Alzey verkehrt die Buslinie 446 nach Flonheim-Marktplatz. Parken am Wanderparkplatz (55237 Flonheim, Berliner Straße 16).

Anforderungen: Gemütliche Runde mit gemächlichen An- und Abstiegen. Sonne und Schatten im Wechsel.

Markierung: Weißes h auf blau-grünem Grund der Hiwweltour Aulheimer Tal.

Karte: Mainz und Rheinhessen, LVermGeo, 1:50.000. Rheinhessen Süd, Meki Landkarten GmbH, 1:30.000.

Einkehr: Weinausschank am Landjugendhäuschen, Samstags Mitte Aug. bis Okt., www.wine-flow.de. Naturfreundehaus Schauinsland, April–Okt., So und feiertags ab 10 Uhr. Flonheim: Restaurant Espenhof (Tel. siehe Winzer), Do. bis So. ab 18 Uhr. Restaurant Dohlmühle, Tel. +49 6734 941010, www.dohlmuehle.de, Mi.–Mo. ab 18 Uhr, So. auch 12–14 Uhr. Haus Thiel, Tel. +49 6734 413, www.haus-thiel.de, Do. ab 18, Fr.–So. ab 17 Uhr. Weincafé Strubel-Roos, Tel. +49 6734 6129, www.strubel-roos.de, Sa. und So. 14–18 Uhr.

Picknickplatz beim Kuckucksturm.

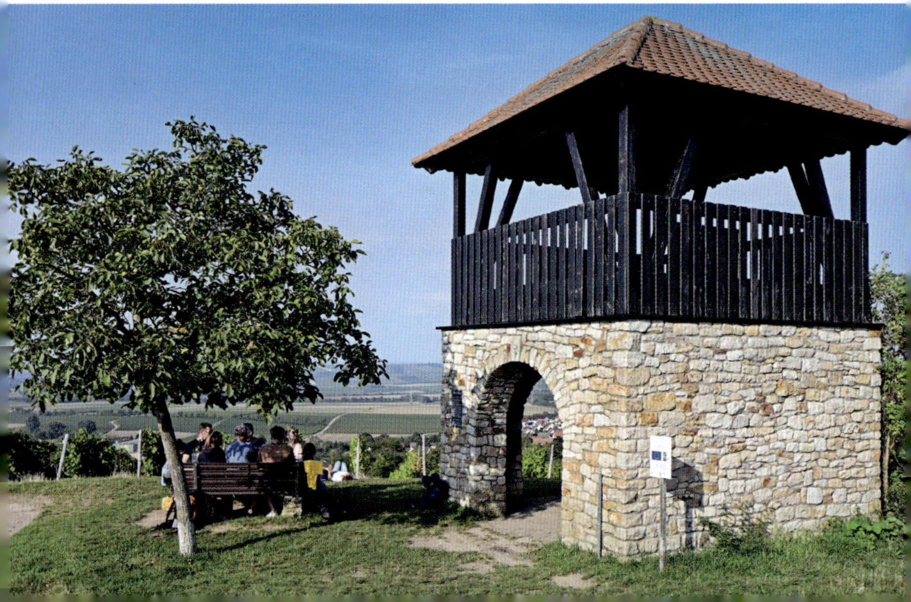

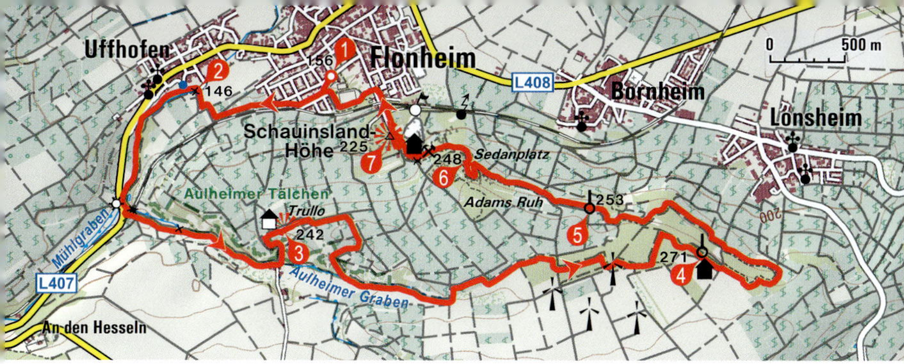

Winzer: Flonheim: **Weingut Meyerhof**, Meyerhof, Tel. +49 6734 8714, www.weingut-meyerhof.de, biologisch bewirtschaftetes Weingut, ausgezeichnet als eine der besten Vinotheken Deutschlands. **Weingut Christ**, Am Grabentürchen 11, Tel. +49 6734 8898, www.weingut-christ.de. Im gemütlichen mediterranen Innenhof mit Palmen und Zitronenbäumen an der Flonheimer Wehrmauer kann man den Wein stilvoll verkosten. **Weingut Espenhof**, Weingut & Vinothek, Hauptstraße 76, Tel. +49 6734 962730, www.espenhof.de, kreativer unkonventioneller Jungwinzer mit zahlreichen Auszeichnungen und Erwähnungen in der Fachpresse. **Weingut Klosterhof**, Schulgasse 2, Tel. +49 6734 1208, www.klosterhof-flonheim.de.

Hinweis: Unter www.wine-flow.de Infos über aktuelle Weinveranstaltungen.

Vom Marktplatz in **Flonheim ❶** gehen wir über die Alzeyer Straße, das Adlergässchen und die Neugasse zum Flonheimer Park (Markierung Hiwweltour Zubringerweg). Neben dem Gasthaus Adelbergstube finden wir Infotafeln über die Hiwweltour halten uns rechts und wandern diagonal durch den kleinen Park. Am Parkausgang steuern wir die Adelbergstraße an, wo wir wieder ein gelbes Zubringerschild finden. Am Ende der Straße geht es auf dem Wiesenweg der ehemaligen Wiesbachtalbahn weiter. Wer Interesse hat, besucht links in 100 m Entfernung den jüdischen Friedhof mit 60 alten Grabsteinen aus Flonheimer Sandstein, einer regionalen Gesteinsart, die uns im Verlauf der Tour noch erläutert wird. Nach einem Richtungswechsel zum Dörfchen **Uffhofen ❷** biegen wir dort nach einem prächtigen Bauerngarten am Wiesbach links ab und wandern nun für einige Zeit durch die schattige Aue des leise dahinplätschernden Bächleins. Am Ende der Bachetappe nach dem Linksschwenk treffen wir auf einen Fahrradweg. Hier biegen wir rechts ab und verlassen ihn nach wenigen Metern nach links. Jenseits der Straße sehen wir das historische Weingut Geistermühle, in dem der Müller laut einer Urkunde schon 1728 Wein gepresst haben soll. Durch das

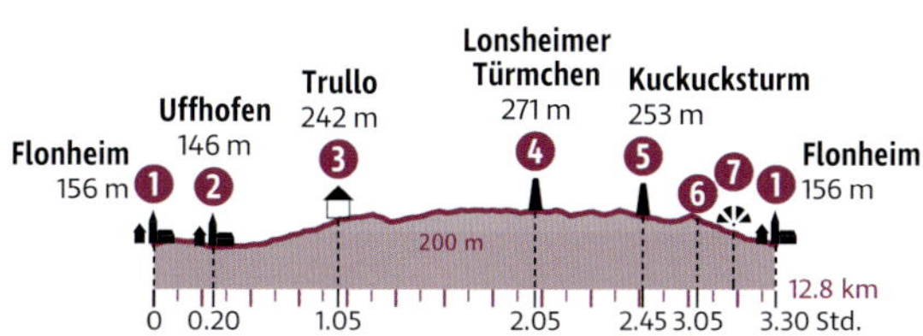

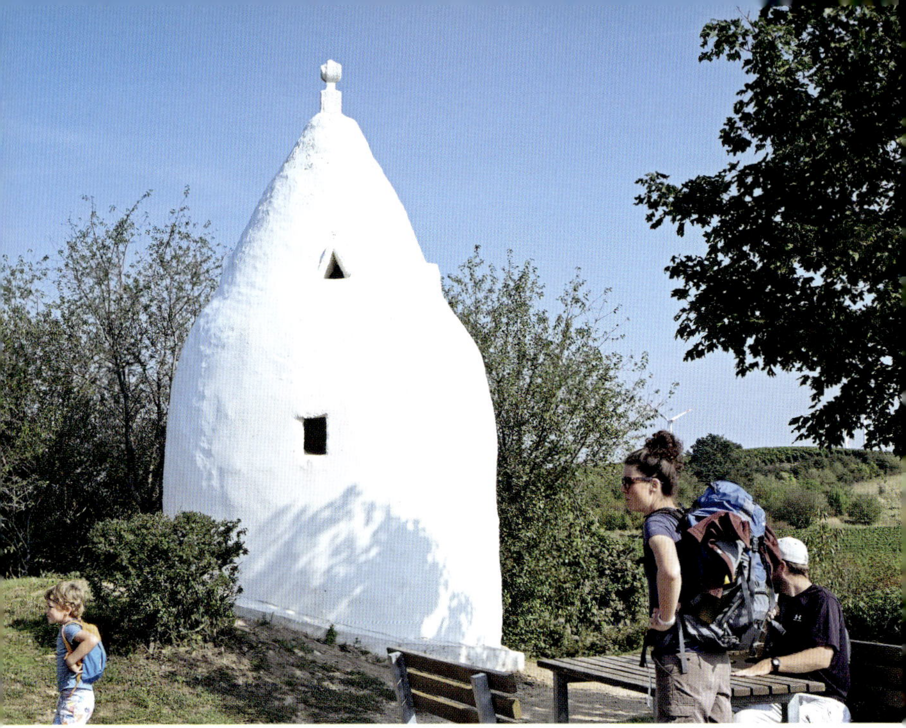

Der Flonheimer Trullo.

Tal des Aulheimer Grabens, einem Naturschutzgebiet mit seltenen Pflanzenarten die man sonst nur im mediterranen Raum findet, führt der Weg nun sanft bergan. Unter den abgetragenen tertiären Schichten tritt hier in Form eines ehemaligen Lavastroms aus dem älteren Erdmittelalter das Gestein Andesit zum Vorschein, das früher abgebaut wurde. Darüber die Felsformation der Rabenkanzel, wo einer Sage zufolge Hexen in die Tiefe gestürzt wurden.
An der Aulheimer Mühle biegen wir links ab und betreten die Weinlage Erbes-Büdesheimer Vogelsang. Eine informative Tafel erläutert die Entstehung von Flurnamen und andere historische Zusammenhänge. Nach der Rechtskurve des Weges können wir uns die lange Schleife ersparen, indem wir rechts den unbefestigten Weg zwischen den Weinbergen hochmarschieren. Er führt in Verlängerung direkt zum **Flonheimer Trullo ❸**, einem der schönsten Trulli Rheinhessens aus dem Jahr 1756. Bis heute ist nicht geklärt, ob die Rundhäuser aus Apulien Vorbild waren für jene in Rheinhessen (siehe Weinwissen). Im Innern erwartet uns an heißen Tagen eine erfrischende Kühle. Picknickgruppen daneben laden zur aussichtsreichen Rast ein.
Weiter geht es durch die Reben an der Schutzhütte Eichbach-Wäldchen vorbei, wo sich anschließend der Weg nach einigen Richtungswechseln wieder absenkt und ins Aulheimer Trockental mündet. Der von Hecken und Sandsteinmauern gesäumte Naturweg führt schließlich an einem Weinberg links hoch. Nach einem Schlenker durch die Rebflur geht es auf Gras weiter hinauf, am Waldrand entlang, bis uns die Logos an der

Kreuzung nach rechts in den Wald schicken. Für eine kürzere Variante könnte man hier links abbiegen und stößt kurz vor Adams Ruh wieder auf die Hiwweltour. Nach knapp 100 m verlassen wir das Sträßchen und folgen auf federnden Waldwegen im Zickzack unserem blau-grünen h. Plötzlich und unvermittelt taucht das **Lonsheimer Türmchen** ❹ inmitten der Bäume auf. Über eine enge und dunkle Wendeltreppe können wir den Turm erklimmen, wobei umgebende Bäume allerdings die Sicht versperren. An heißen Tagen lässt es sich an den schattigen Tischen angenehm rasten.

Unser Weg dreht im Jungwald auf naturbelassenen Pfaden noch eine letzte Schleife, bevor es in entgegengesetzter Richtung zurückgeht. Aussichtsreich verläuft der Grasweg nun zwischen Waldsaum und Weinflächen. Ein steingepflasterter Weg führt uns nochmal kurz waldeinwärts und bringt uns zum Wanderparkplatz Oswaldhöhe. An der Kreuzung dahinter gehen wir nach rechts zum nächsten aussichtsreichen und einladenden Picknickplatz am **Kuckucksturm** ❺. Auf dem Betonsträßchen ziehen wir, die Richtung beibehaltend, weiter und verlassen es an Adams Ruh nach links, wo uns wieder ein fußschonender Grasweg aufnimmt. Anschließend im Wald heißt es etwas aufpassen, damit wir den scharfen Abzweig nach links nicht verpassen. Auf dem urwüchsigen »Schlangenpfad« geht es nun mitten durch den aufgelassenen Hauck'schen Steinbruch, wo über Jahrhunderte der gelbe Flonheimer Sandstein aus dem Rotliegenden, abgelagert vor ca. 290 Mio. Jahren, abgebaut wurde.

Am **Sedansplatz** ❻ wenden wir uns nach rechts, steigen ein paar Stufen hinauf zum Rheinhessenblick und wandern bald an der Oberkante des nächsten Steinbruchs entlang. Am Rastplatz neben der Weinbergstraße biegen wir rechts ab – nach links sind es 100 m bis zum Landjugendhäuschen (siehe Einkehrmöglichkeit) – und folgen dem urigen Pfad zum Naturfreundehaus Schauinsland, wo wir (sonntags) die Tour ausklingen lassen können. Dahinter machen wir noch einen kurzen Schlenker nach links, wo ein schmaler Naturpfad zur **Schauinsland**-Höhe ❼ führt, die einen Ausblick auf Flonheim bietet. Kurz nach der alten Bahnbrücke zweigt nach links ein Fußpfad (Stahlberg) ab, der uns im Wäldchen oberhalb des Sportplatzes zur Adelberghalle in **Flonheim** ❶ zurückbringt.

Wer noch Lust hat, besucht den alten Ortskern mit vielen Häusern aus dem 17. und 18. Jh., der komplett unter Denkmalschutz steht.

Weinwissen

Rheinhessische Trulli

Nur in Rheinhessen begegnet man in den Weinbergen den seltsamen steinernen Weinberghäuschen, die nach oben konisch zulaufen. Die 3 bis 5 Meter hohen Bauwerke sind in Kragbauweise errichtet, wobei die Steine bei jeder Lage weiter nach innen versetzt sind. Die meist weiß getünchten, fensterlosen Hütten sorgen im Hochsommer für erfrischende Kühle und schützen die Winzer vor Regen. Vermutlich italienische Steinbrecher aus Apulien – nur dort kennt man diese Häuschen – brachten im 18. Jh. die traditionellen Bauwerke nach Rheinhessen. Heute sind sie ein Wahrzeichen der Region und werden von den Jungwinzern auch gerne zu Events im Weinberg touristisch integriert.

31 Wein und Geologie in Alzey-Weinheim

Rundgang durch eine tertiäre Meeresbucht

3.00 Std. | 10,9 km | ↗160 m | ↘160 m

Im Schatten des Viadukts

Wer inmitten der rheinhessischen Reblandschaft die geologischen Grundlagen des Landschaftsaufbaus studieren möchte, erfährt eine Menge darüber auf diesem informativen und gemütlichen Rundweg durch die tertiäre Weinheimer Bucht. Zahlreiche naturkundliche und auch kulturhistorische Tafeln gestalten den kurzweiligen Gang der »Weinheimense Route« durch die Rebflur, der am Ende zu einer originellen Weinstube führt.

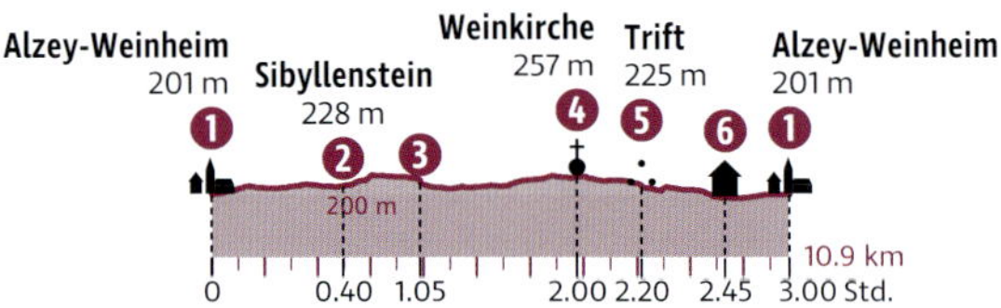

Ausgangspunkt: Hauptstraße 97, 55232 Weinheim. Von Alzey Bahnhof verkehrt die Buslinie 428 nach Weinheim, Ausstieg Kapellenberg. Parken in der Hauptstraße, oder am Tourbeginn beim Friedhof. Wer zum Schluss in der Poppenschenke einkehren möchte, parkt gegenüber und beginnt dort mit der Tour.

Anforderungen: Leichte Wanderung auf Weinberg- und Graswegen. Kein Schatten.

Markierung: Vorwiegend Küstenweg Rheinhessen mit gelbem K, auf der weinheimense-Route.

Karte: Mainz und Rheinhessen, LVermGeo, 1:50.000. Rheinhessen Süd, Meki Landkarten GmbH, 1:30.000.

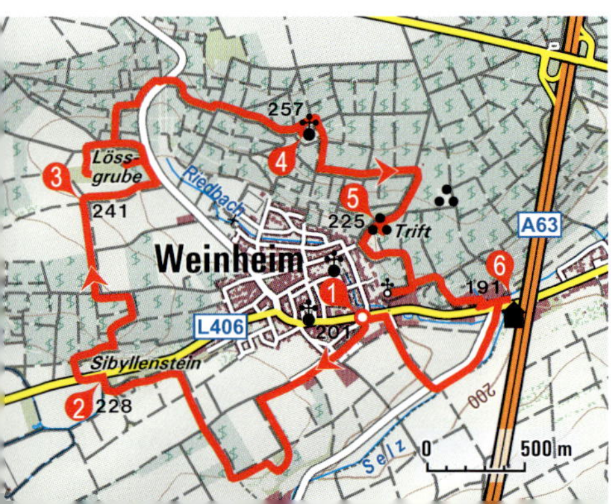

Einkehr: Poppenschenke des Weinguts Meiser, Sa. ab 15, So. ab 11, Mo. und Fr. ab 17 Uhr. Gasthaus Porth, Tel. +49 6731 41318.

Winzer: Alzey-Weinheim: **Weingut Born**, Gutenbornerhof, Tel. +49 6731 41400, www.weingut-gutenbornerhof.de. Wolfgang Born baut auch seltene, vom Aussterben bedrohte Rebsorten an, wie Faberrebe oder Dunkelfelder, besonderes Highlight; Weinprobe mit Übernachtung auf dem Campingplatz am Weingut. **Weingut Marx**, Hauptstraße 83, Tel. +49 6731 41313, www.weingut-marx.de, das Weingut im traditionellen Sandsteinhaus, auf dem der Vino Lok Glasverschluss erstmals kreiert wurde, der fruchtige Sauvignon Blanc hat uns besonders gemundet. **Weingut Heiligenblut**, Hauptstraße 114, Tel. +49 6731 41852, www.heiligenblut-wein.de, traditionsreiches Weingut am Heiligen Blutberg, die Brüder Hannemann bauen vor allem Riesling, Silvaner und Scheurebe aus – mit Etiketten wie vor 100 Jahren. **Weingut Alexander Gysler**, Großer Spitzenberg 8, Tel. +49 6731 41266, www.alexander-gysler.de, »Ehrliche Weine« mit eigener Handschrift kreiert Alexander Gysler, was ihm schon diverse Auszeichnungen eingebracht hat, die Namen seiner Weine wie Sonnentau, Funkenflug und Feldstärke lassen auch einiges erwarten.

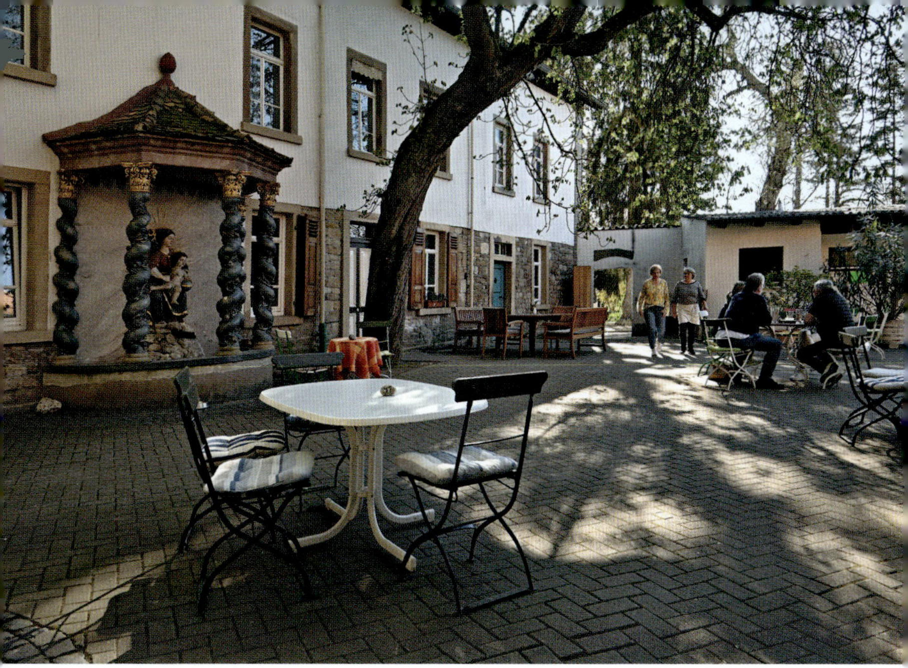

Poppenschenke des Weinguts Meiser.

Wir starten im alten Ortskern in der Hauptstraße von **Alzey-Weinheim ❶** und gehen die Fritz-Erler-Straße hoch, die wir aber sogleich nach links auf den Fußweg zum Friedhof wieder verlassen. Schon bald finden wir das gelbe K des Küstenweges, das uns am Gutenbornerhof vorbeiführt, der gerne von Campern besucht wird. Auf der Höhe orientieren wir uns links, gehen an der solitär stehenden Kastanie weiter geradeaus und umrunden den ehemaligen Steinbruch der Grube Neumühle, wo Material aus dem Rotliegenden abgebaut wurde, das von Meeresablagerungen des Tertiärmeeres überdeckt war. Während des Abbaus fand man hier viele Haifischzähne in den Meeressandablagerungen. Leider wurden solche Gruben oft hinterher mit Bauschutt verfüllt.

Wir folgen den Wegsymbolen wieder auf den Höhenzug, überqueren ihn und marschieren auf den talwärts sichtbaren Wald zu. Davor geht es links weiter – die Wegezeichen sind hier nicht ganz eindeutig – bis zum **Labyrinth Sibyllenstein ❷**, das von zwei Steinsäulen markiert ist. Kinder haben mit Sicherheit Spaß, die Irrgänge der Hecken zu erkunden.

Wir überqueren die Straße, und halten uns vor der Weinbergsbrache des Sibyllensteins links . Die von Trockenmauern aus Flonheimer Sandstein (siehe Tour 30) umrahmte Fläche ist heute Landschaftsschutzgebiet und hat sich inzwischen mit Beweidung von Schafen und Ziegen zu einer artenreichen Wiese mit Streuobstbestand gewandelt.

Wir umrunden das Areal, wandern oberhalb weiter und informieren uns dabei über das Rotliegende der Saar-Nahe-Senke, dessen Sand- und Tonsteine den Untergrund weiter Teile Rheinhessens gestalten. Darüber lagerten sich meist tertiäre Meeres- und Flusssedimente ab.

Nach einigen Richtungswechseln im Weinberg, zuletzt am Mobilfunkmast, ziehen wir talwärts. An einer Gehölzgruppe klärt uns eine Infotafel über das **Färberwaid ❸** auf, aus dem in früheren Jahrhunderten der blaue Farbstoff, das Wald-Indigo, gewonnen wurde. Vermutlich nutzten es schon die Kelten für Tätowierung und Kriegsbemalung.

Weiter führt der weiche Wiesenweg hinunter zur Kreisstraße und knickt davor links ab. Wir wandern kurz parallel zur Straße und machen nach links einen Abstecher zu einer Lößgrube, wo wir über die eiszeitliche Lößüberdeckung unserer Landschaft informiert werden.

Zurück am Weg halten wir uns links und gehen am Wasserrückhaltebecken vorbei. Am Ende des Waldes führt nach links ein weiterer Stichweg zu den einstigen Austernbänken im Zeilstück. Leider ist das Areal umzäunt und nur von einer Sichtkanzel aus einsehbar. Da der ausgeschilderte Weg nun gut 1,5 km auf betoniertem Weinbergweg verläuft, ersparen wir uns diese eher langweilige Schleife, gehen nach dem Abstecher nach rechts zurück und biegen hinter dem eingezäunten Grundstück rechtwinklig nach links ab auf einen Wiesenweg, der zwischen den Weinreben bergauf führt. Oben, auf dem Wirtschaftsweg, biegen wir rechts ab und wenden uns vor der Ortsverbindungsstraße nach links. Nach ein paar Metern finden wir wieder das Logo des Küstenwegs, überqueren die Straße und wandern gegenüber weiter durch das Rebenmeer des Anbaugebiets Kapellenberg bis zu Deutschlands einziger **Weinkirche ❹**. Das luftige mit Weinreben überwucherte Bauwerk, in dem seit 2008 Veranstaltungen, Gottesdienste und sogar Trauungen und Taufen

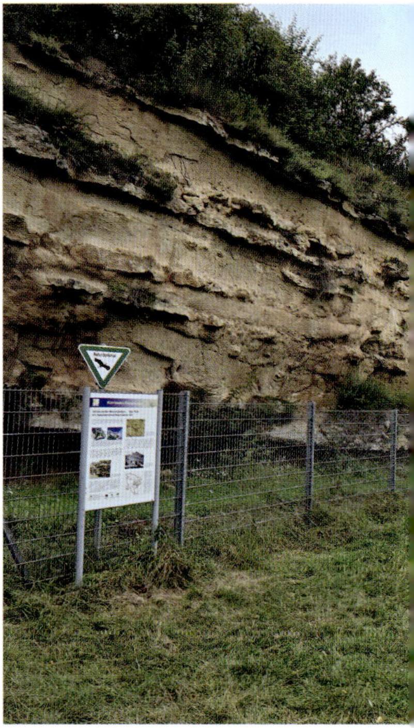

Tertiäre Meeresbucht an der Trift.

abgehalten werden, ist inzwischen ein Wahrzeichen Alzey-Weinheims. Vor allem an Christi Himmelfahrt füllt sich die filigrane Gebetsstätte mit Leben.

Wir biegen dahinter rechts ab und erreichen nach zweimaligem Richtungswechsel eine der bedeutendsten Forschungsstätten Rheinhessens, die **Trift ❺**. Nirgendwo sonst treten die Schichten der tertiären Meeresbucht so deutlich zutage wie hier. Die reichhaltige Fossilfundstätte ist heute umzäunt, um sie auch für zukünftige Generationen zu bewahren.

Die Route führt nun in Richtung Weinheim, zweigt aber am Siedlungsrand nochmal links ab und leitet uns ein letztes Mal steil bergauf. Nach dem Rechtsknick lohnt sich ein

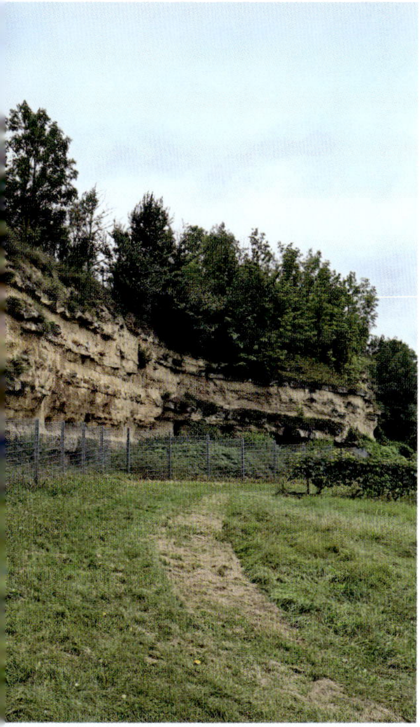

kleiner Abstecher bei der steinernen Weinflasche des Weinguts Heiligenblut nach rechts, wo wir leider nur durch den Zaun einen Blick auf die Kapelle zum Heiligen Blut erhaschen können. Zurück an der Kreuzung gegenüber der Einfriedungsmauer des Weinguts verlassen wir nochmals die ausgewiesene Route und wandern links hoch bis zum Ende der Mauer. Auch wenn der Verkehrslärm der nahen Autobahn etwas lästig ist, so ist der Ausblick auf die gigantische Autobahnbrücke dennoch beeindruckend. Sie zählt mit 1260 Metern zu den längsten Talbrücken Deutschlands. Im eingefriedeten Areal des Weinguts dürfen wir den zinnengekrönten Weinbergsturm bewundern, den Vorfahren der heutigen Gutsbesitzer um 1890 errichteten.

Am Kunstwerk »Kommen und Gehen« des Alzeyer Kunst- und Kulturwanderweges biegen wir rechts ab und ziehen entlang der Weinbergsmauer talwärts. Wir queren die Weinheimer Landstraße am Weingut Schmucker, biegen links ab und besuchen, sofern geöffnet, die originelle Straußwirtschaft **Poppenschenke 6**, wo man im herrlichen Innenhof oder im Garten unter schattigen Bäumen die Tour ausklingen lassen kann.

Wir gehen zurück zur Kreuzung und biegen links ab auf den Fahrradweg nach Mauchenheim. Nach etwa 500 m, neben einer Ruhebank, überqueren wir nach rechts die Straße und wandern über die Kuppe, nun mit Blick aus anderer Perspektive auf das Weingut Heiligenblut, zurück nach Weinheim.

Der Weinbergweg mündet direkt auf die Hauptstraße von **Alzey-Weinheim 1**, wo wir unseren Ausgangspunkt wieder finden.

Weinwissen

Scheurebe

Eine rheinhessische Züchtung, die meist als Prädikatswein in den Handel kommt. Im Jahr 1916 erschuf der Rebenzüchter Georg Scheu in der Landesanstalt für Rebenzüchtung in Alzey die neue Rebsorte. Lange dachte man, es wäre eine Kreuzung aus Riesling und Silvaner.

Erst seit 2012 ist bekannt, dass Bukettrebe und Riesling die Kreuzungspartner waren. Ihr Flächenanteil an deutscher Rebfläche liegt bei 1,4 Prozent. In Rheinhessen hat die Traubensorte die weiteste Verbreitung gefunden. Ihre edelsüßen Varianten mit beeindruckendem Pfirsicharoma versprechen meist lange Haltbarkeit.

32 Rund um Mauchenheim im Tal der Selz
Auf dem Geschichtsweg Pfalz-Rheinhessen

4.15 Std. | 15,1 km | ↗ 220 m | ↘ 220 m

Wein und Geschichte

Eine Menge historischer Bezüge erfährt man auf den zahlreichen Täfelchen der drei Geschichtswege am Ursprung der Selz. Über die ehemalige Staatsgrenze zwischen dem Großherzogtum Hessen und dem Königreich Bayern wandern wir durch die Reblandschaft eines verlassenen Klosters und finden auch noch Spuren Napoleons.

Ausgangspunkt: Bürgerhaus Mauchenheim (An der Mühlwiese, 67294 Mauchenheim). Von Alzey Bahnhof verkehrt die Buslinie 426 nach Mauchenheim. Parken am Bürgerhaus, am Ende der Straße An der Mühlwiese.
Anforderungen: Längere Tour auf Wiesen-, Wald- und Weinbergwegen, im letzten Drittel etwas betonlastig.
Markierung: Vorwiegend auf dem Geschichtsweg Pfalz-Rheinhessen, der (in Reihenfolge) mit grünem, rotem und blauem G markiert ist.
Karte: Mainz und Rheinhessen, LVermGeo, 1:50.000. Rheinhessen Süd, Meki Landkarten GmbH, 1:30.000.
Einkehr: Morschheim: Zur Dorfschänke, Tel. +49 6352 4897, Mi.–Mo. ab 17 Uhr.
Variante: Bei der Tafel »Aufstand der Pfälzer« geradeaus. Bei Tafel 23 (Feudalherrschaft) links, stößt man im Tal wieder auf den Hauptwanderweg an der Selz. Damit verkürzt sich der Weg um etwa 5 km.
Winzer: Mauchenheim: **Weingut Sioner Klosterhof**, Hauptstraße 2, Tel. +49 6352 4841, www.sioner-klosterhof.de, die Weißburgunder Spätlese trocken aus dem Jahrgang 2020 war unser Favorit. **Weingut Heinz**, Am Heerpfad, Tel. +49 160 96842356, www.weingut-heinz.net, des Winzers Liebling ist der Ars Vivendi, ein Cuvée der Acolon-Rebe, und Dornfelder im Barrique ausgebaut. **Weingut Lindenhof**, Hauptstraße 44, Tel. +49 6352 7190048, www.unger-lindenhof.de, stimmungsvolle Weinprobe im historischen Gewölbekeller.

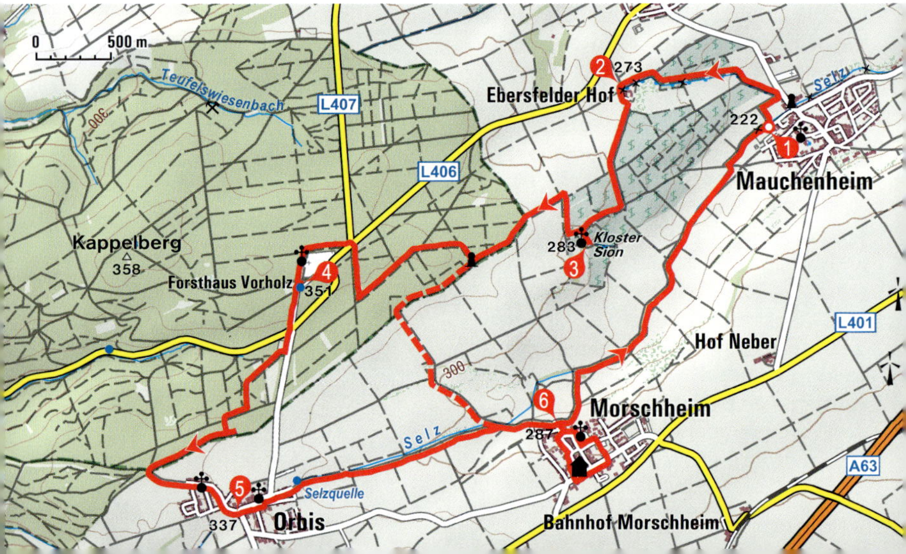

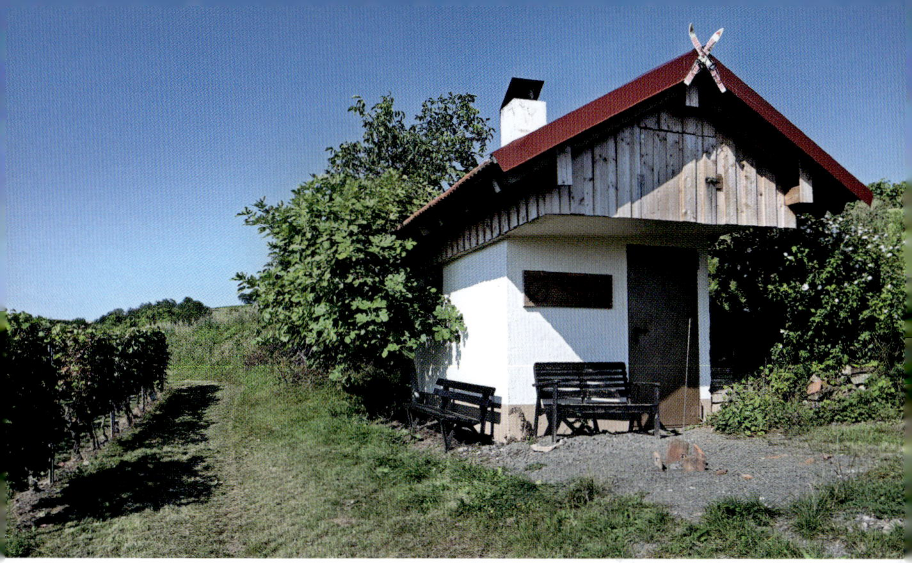

Das schmucke Weinberghäuschen kurz vor dem ehemaligen Kloster Sion.

An der Seitenlinie des Fußballplatzes von **Mauchenheim ❶** finden wir einen kleinen Übergang, der im Gebüsch über die Selz leitet. Wir halten uns rechts und wandern unmittelbar wieder links durch die Felder. Nach gut 100 m geht es wieder nach rechts, wo ein rot-weißes Flatterband die Umfriedung einer Ausgrabungsstätte andeutet. Eine Tafel klärt uns auf, dass hier in römischer Zeit eine herrschaftliche Palastvilla mit 100 m Länge und 50 m Breite gestanden hat. Fast 500 Jahre haben die Römer die Geschichte und Kultur Rheinhessens geprägt und auch den Wein zu uns gebracht. Gegenüber der Infotafel zeigt uns das grüne G des Mauchenheimer Geschichtsweges die Richtung. Erst auf gepflastertem Weg, später auf grasigem Grund geht es sanft bergauf. **Am Ebersfelder Hof ❷** biegen wir links ab und werfen durchs Tor einen Blick auf den herrlichen Aussiedlerhof. Sollten Sie die Möglichkeit haben, so besichtigen Sie die sehenswerte historische Birnenpresse innerhalb der privaten Hofanlage.

An der Kreuzung auf der Höhe weist ein alter Grenzstein auf historische Bezüge hin. Die Inschriften GH für Großherzogtum Hessen und KB für Königreich Bayern sind die Kürzel für die Territorien, die nach den Zeiten Napoleons hier das Sagen hatten. Während der nördliche Teil bis zum Rhein hessisch war, wurde die Pfalz vom Hause Wittelsbach regiert. Ob Hessen oder Bayern, tatsächlich lebten viele Menschen in großer Armut, sodass die eingemeißelten Logos im

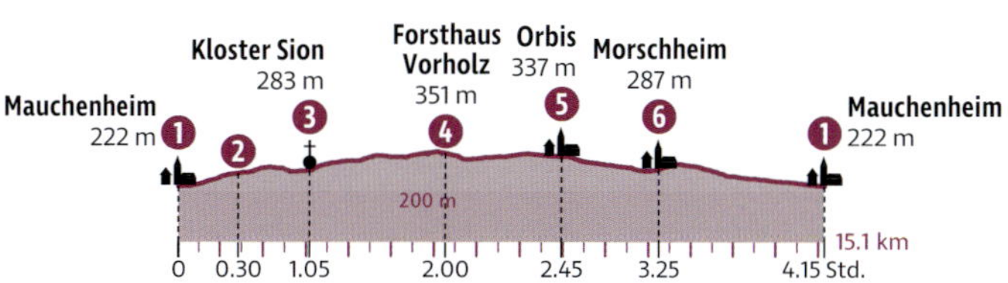

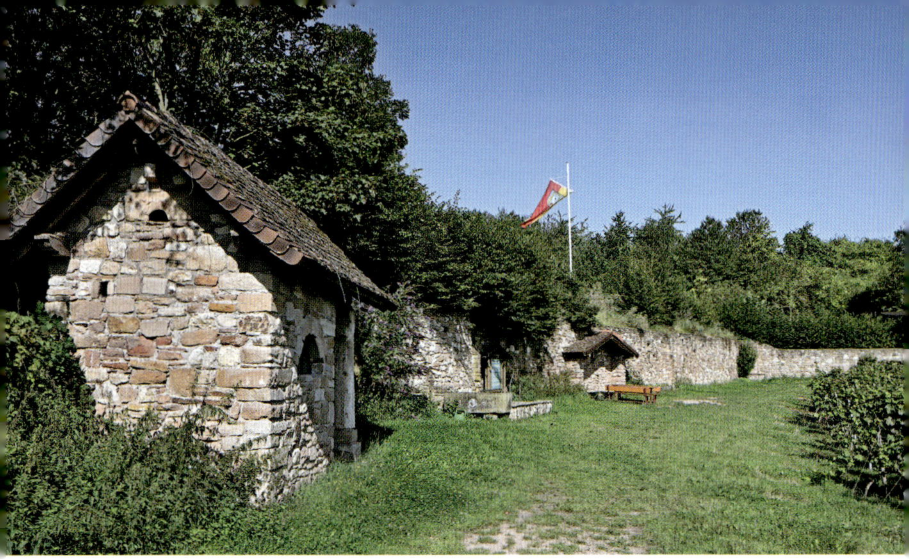

Die rekonstruierte Mauer des einstigen Klosters Sion.

Volksmund auch als »Großer Hunger (GH)« und »Kein Brot (KB)« übersetzt wurden. In Folge kam es zu großen Auswanderungsströmen. Später auf Tafel 26 erfahren wir mehr darüber.

Wir ignorieren hier das grüne G, orientieren uns stattdessen am Schild in Richtung Klostermauer und ziehen geradeaus weiter. Oberhalb eines schmucken Weinberghäuschens biegen wir rechts ab und schlendern auf dem Wiesenweg zwischen den Reben hinüber zur Mauer des einstigen **Klosters Sion** ❸. Die Nonnen des 1247 gegründeten Zisterzienserinnenklosters konnten sich bis 1318 gegen die Übernahme durch das Männerkloster wehren. Nach der Reformation verließen 1570 die letzten Schwestern das Kloster und die Gebäude verfielen in den späteren Kriegswirren. Nur die wiedererrichtete Mauer eines Nebengebäudes erinnert noch an klösterliche Zeiten. Heute ist es ein wunderbarer Platz, um sein Picknickbrot auszupacken.

Wir gehen zurück zu den Stufen, halten uns links und folgen kurzfristig der Wegmarkierung des Kneipp-Napoleonwanderweges auf die Höhe. Wieder an einem Grenzstein biegen wir links ab und steuern den Waldrand vor unseren Augen an. Wir sind inzwischen auf dem Morschheimer Geschichtspfad, der mit einem roten G gekennzeichnet ist.

Wir wandern weiter am Waldrand entlang, genießen die Aussicht hinüber zum Donnersberg und ins Selztal und biegen an der Tafel über die Pfälzischen Aufständischen der Revolution von 1848 rechts ab, wo uns der Napoleon-Wanderweg waldeinwärts leitet. Der Pfad knickt nach 150 m links ab und mündet auf einen Forstweg.

Nach längerer Gerade biegen wir am Jägersitz rechts ab, überqueren nach knapp 400 m die Straße und folgen den Wegesymbolen. An erster Möglichkeit biegen wir links ab und durchqueren einen Ruheforst mit einem Waldaltar. Am Ende verlassen wir am **Forsthaus Vorholz** ❹ für ein paar Schritte den Wald und können uns gegenüber an den Picknickbänken eine Pause gönnen.

Am Napoleonstein, der 1810 zu Ehren

seiner Tochter Marie Luise errichtet wurde, verlassen wir den ausgeschilderten Wanderweg und wandern auf dem Teersträßchen weiter. Nach Überquerung der Landesstraße biegen wir am verlassenen Sportplatz rechts ab und beschreiten nach der Hütte den halb links an der Schranke vorbeiführenden Grasweg. Kurz nach einem Hochsitz treffen wir auf einen querenden Weg (blauer Strich) und biegen links ab. Ein überwachsener Pfad führt zu einem Forstweg, wo wir nach rechts abbiegen. Nach 200 m geht links ein Pfad ab. Er führt uns zum Waldrand, wo wir erst in südwestlicher Richtung entlangmarschieren und dann in spitzem Winkel nach links das Örtchen **Orbis ❺** ansteuern. Nach dem Dorfbrunnen gehen wir geradeaus weiter und orientieren uns an den Schildern in Richtung Selzquelle. Dort vorbei geht es nun erst auf angenehmem Grasweg, später auf dem Fahrradweg entlang der Selz. Wer Lust hat, dreht eine kleine Runde durch das beschauliche **Morschheim ❻** mit einigen historischen Gebäuden und einem schönen Bürgergarten neben der Kirche (Zugang über Johansgasse).

Zurück am Dorfrand oberhalb der Talaue, biegen wir rechts ab, wandern das Asphaltsträßchen hinunter und biegen hinter dem Fluss rechts ab. Der Fahrradweg gibt uns die Richtung vor. Kurz nach dem Mühlstein vollzieht der Radweg einen Rechts-Links-Schwenk. Ab hier können wir unseren Füßen etwas Linderung gönnen, indem wir geradeaus auf dem Wiesenweg weiterwandern. An der Kreuzung folgen wir dem unteren der beiden Wege, weiterhin am Gewässer entlang und gelangen wieder zum Sportplatz von **Mauchenheim ❶**.

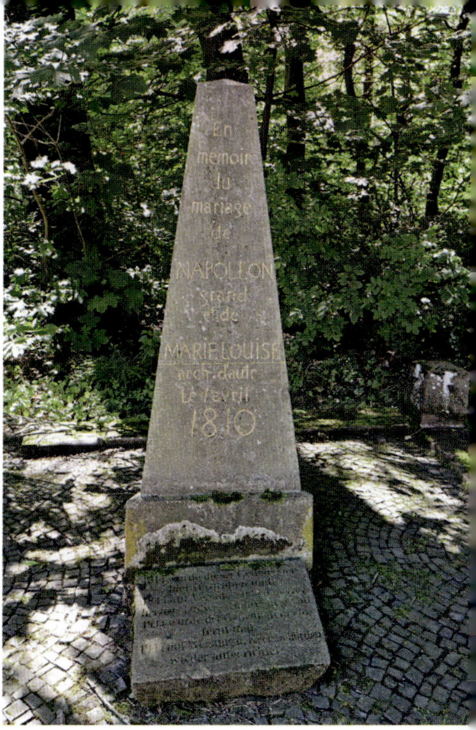

Oben: Napoleonstein.
Unten: Kirche in Morschheim.

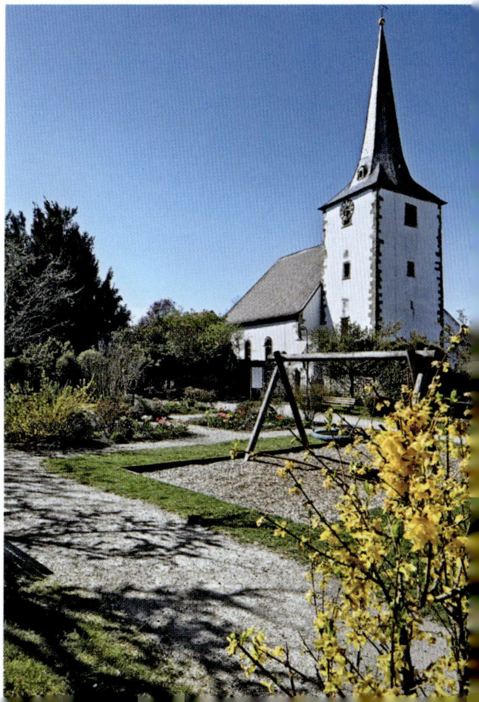

33 Zu den Vögelsgärten in Guntersblum
Aussichtsreiche Themenwegrunde

2.45 Std. | 11,8 km | ↗180 m | ↘180 m

Einmal rund um den berühmten Kellerweg
Zwischen einladenden Weinberghäuschen und tief eingekerbten Lösshohlen führt uns die Tour zu zwei interessanten sakralen Bauwerken. Da ist zuerst die mystische, mit Efeu umrankte Kirchenruine Maria Magdalena, die uns in ihren Bann zieht. Am Schluss der Tour staunen wir über die prächtigen »Sarazenentürme« der evangelischen St.-Viktor-Kirche.

Ausgangspunkt: Bahnhof in 67583 Guntersblum. Mit der S6 von Worms. Parkmöglichkeit vor dem Bahnhof.
Anforderungen: Rundgang auf befestigten Weinbergwegen, Gras- und Hohlwegen, kaum Schatten.
Markierung: Durchgängig gut markiert mit dem Logo des Themenwegs Guntersblumer Vögelsgärten.
Karte: Mainz und Rheinhessen, LVermGeo, 1:50.000. Rheinhessen Süd, Meki Landkarten GmbH, 1:30.000.

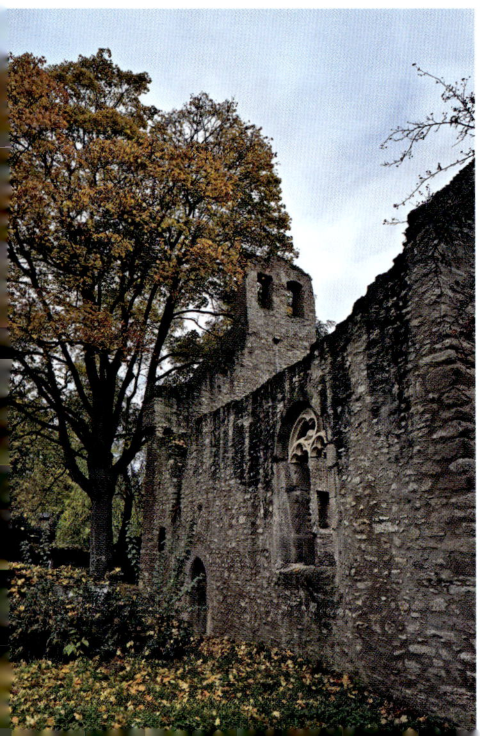

Einkehr: Unterwegs keine Möglichkeit. Mitte Mai bis Oktober ist sonntags die Weinbar am Römerturm (am Ende der Tour) geöffnet. Schinderhannes Weinstall (siehe Weingut Frey) März bis Ende April und Mitte Sept. bis 1. Advent, Fr. bis So. ab 18 Uhr.
Winzer: Guntersblum: **Weingut Burghof Oswald**, Alsheimer Str. 11, Tel. +49 6249 2392, www.burghof-oswald.de, mit Gutsschänke im Burghof, familiäres Qualitätsweingut, dessen Vinothek ausgezeichnet wurde. Julia Oswald wurde 2020 von der DLG zur Jungwinzerin des Jahres gekürt, in der Selection Rheinhessen vertreten. **Weingut K. H. Frey**, Hauptstraße 81, Tel. +49 6249 2234, www.frey-wein.de. Das Versuchsweingut der deutschen Landesanstalt für Rebenzüchtungen baut 35 Rebsorten an, darunter auch solche, die untypisch für Rheinhessen sind. **Weingut Hiestand**, Nordhöfer Str. 19, Tel. +49 6249 2266, www.hiestand.wine. Im Keller No. 4 des berühmten Kellerweges baut Gunther Hiestand seine Weine aus, die bei Fallstaff schon viele Sterne sammelten, darunter der blumige Biogewürztraminer vom Jahrgang 2018. **Weingut Janß**, Eimsheimer Str. 54, Tel. +49 6249 670547, www.rheinterrassenhof.de. Anbau ohne Glyphosat hat sich Familie Janß auf die Fahnen geschrieben, die Gutsschänke Reblausstube mitten in den Weinbergen kann für private Feiern gemietet werden.

Die Kirchenruine Maria Magdalena.

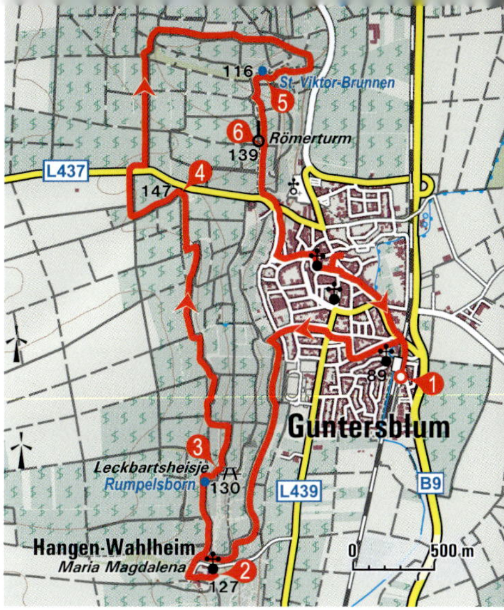

Wir beginnen unsere Runde am Bahnhof von **Guntersblum ❶**, wandern kurz in nördlicher Richtung längs der Gleise und schwenken nach links in die Mühlstraße, wo wir gelbe Schilder des Zuwegs zum Rheinterrassenweg finden. An der Durchgangsstraße gehen wir rechts und sofort wieder links in die Straße Am Weiberdeich. Wir queren den berühmten Kellerweg – mehr dazu am Ende – und treffen auf die Infotafeln unserer Tour. Dort finden wir das Logo mit dem grünen Vögelchen und dem blau-grünen Band, das uns den größten Teil des Weges anzeigt.
Wir marschieren links hinauf in die Weinberge der Einzellage Himmelthal und wandern mit prächtiger Aussicht ins Tal und den Odenwald gegenüber genüsslich am Rand der Anhöhe entlang. Nach dem Anstieg biegen wir an der von Insekten bevölkerten Lösswand, nun entgegen der Beschilderung links ab und machen einen Abstecher zur romantischen Kirchenruine **Maria Magdalena ❷** im Weiler Hangen-Wahlheim. An zweiter links abgehender Möglichkeit finden wir Hinweisschilder, die uns den Weg zeigen. Die spätgotische Pfarrkirche wurde erstmals 1496 erwähnt und vermutlich im Pfälzischen Erbfolgekrieg 1689 zerstört. Zurück an der markanten Lösswand gehen wir geradeaus weiter. An der Rump-Herborn-Quelle halten wir uns rechts und gelangen zum **Leckbartsheisje ❸**, wo es sich mit Aussicht auf den Melibokus gegenüber herrlich picknicken lässt.

Wir nehmen den ersten links abgehenden Weinbergweg und lassen uns vom grünen Vögelchen weiter durch die Rebflur lotsen. Am hübschen **Jugendstil-Wasserhochbehälter ❹** – man begegnet in Rheinhessen häufig diesen kunstvoll gestalteten altertümlichen Wasserhäusern – biegen wir scharf links ab. Nach Überquerung der Straße marschieren wir einen herrlichen Lösshohlweg hinauf, der sich wieder zum Grünzug des Sasselbachs hinabsenkt, wo der Weg nach Osten abknickt. Nach erneutem Richtungswechsel betreten wir die Streuobstwiesen der Vögelsgärten und gönnen uns im Schatten am **St.-Viktor-Brunnen ❺** ein wohlverdientes Päuschen gemäß der Aufschrift aus dem Jahr 1815 im Tympanon »Den ermideten Arbeitern zum Verquicken gewidmet«. Durch eine wildromantisch überwachsene

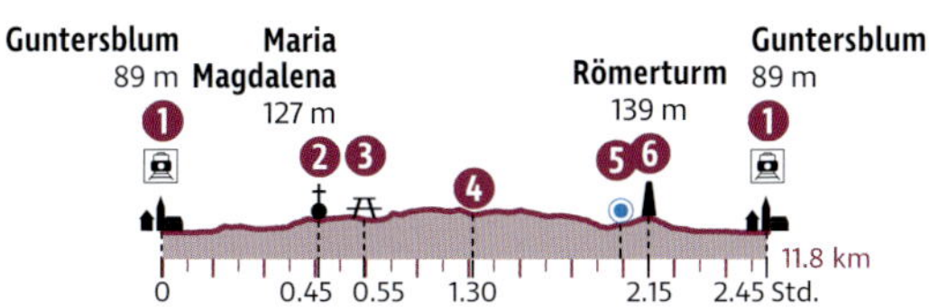

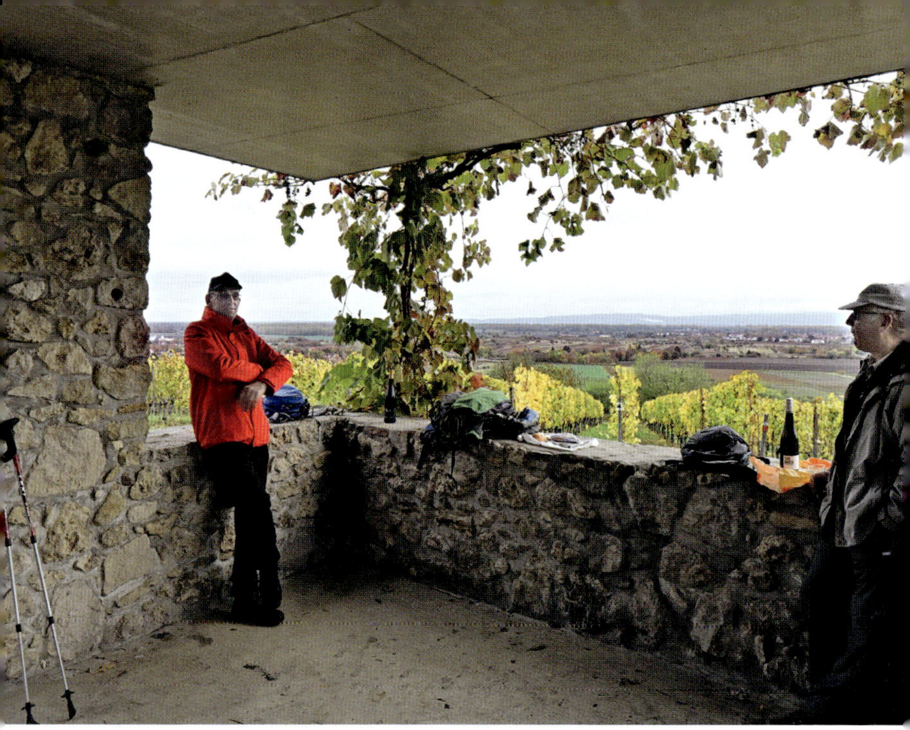

Ausblick vom Römerturm.

Hohle führt uns die Wegmarkierung wieder hinauf in die Weinberge des Anbaugebiets Vögelsgärten, wo am **Römerturm ❻** ein letzter Aussichtspunkt mit weitem Blick erreicht ist. Wir stoßen auf die Straße und biegen gegenüber dem jüdischen Friedhof links ab. Am Weingut Dr. Schnell verlassen wir den Vögelsgärten-Wanderweg und wandern nun auf dem berühmten unter Denkmalschutz stehenden Kellerweg weiter. Eines der bekanntesten rheinhessischen Weinfeste verwandelt die Straße alljährlich im August in ein einziges Weinlokal, wo zahlreiche Winzer ihre Rebsäfte zum Verkosten anbieten.

An hübschen alten Weinscheuern vorbei geht es zum Platz am Julianenbrunnen, wo wir davor links in die Julianenstraße abbiegen und Richtung Ortsmitte gehen. Am Marktplatz biegen wir rechts ab zur Kirche, die mit den beiden »Sarazenentürmen«, wie man sie eher in orientalischen Ländern findet, aus der umgebenden Bebauung markant hervorsticht. Sie zählt zu den Heidenturmkirchen, deren Bauweise vermutlich von zurückgekehrten Kreuzfahrern im 12. Jh. beeinflusst wurde. Schon um 1100 existierte die Kirche als dreischiffige Basilika und erhielt um 1840 nach mehrmaligem Wiederaufbau ihre heutige Gestalt.

Durch die Kirchstraße ziehen wir geradeaus weiter. Wer Lust hat, macht noch in der Alsheimer Straße einen Abstecher nach links zum prächtigen klassizistischen Anwesen von Schlossgut Schmitt, das der Graf von Leiningen Ende des 18. Jh. erbauen ließ.

Über Mittelstraße und Hauptstraße erreichen wir wieder den Bahnhof von **Guntersblum ❶**.

Von Osthofen nach Alsheim

Auf dem Rheinterrassenweg

34

3.45 Std. | 13,4 km | ↗160 m | ↘160 m

Wein und Romanik

Durch die ausgedehnte Reblandschaft führt uns der Rheinterrassenweg aussichtsreich zur romanischen Basilika von Bechtheim. Durch das »Alsheimer Hohlwegeparadies« geht es hinab zu einem der bedeutendsten Weinbauorte im Wonnegau, der ebenfalls mit einer der vier Rheinhessischen Heidenturmkirchen (s. Tour 33) aufwartet.

Ausgangspunkt: Bahnhof in 67574 Osthofen. Von Worms Bahnhof verkehrt Linie S6 nach Osthofen. Parken am Bahnhof Osthofen.
Endpunkt: Bahnhof in Alsheim.
Anforderungen: Gemütliche Wanderung über die sanften rheinhessischen Hügel auf teilweise betonierten Weinbergwegen.
Markierung: Vorwiegend auf dem Rheinterrassenweg mit dem blau-grünen Logo.
Karte: Mainz und Rheinhessen, LVermGeo, 1:50.000. Rheinhessen Süd, Meki Landkarten GmbH, 1:30.000.
Einkehr: Bechtheim: Bechtheimer Hof, Tel. +49 6242 9908338, Mo. und Do.–Sa. ab 17 Uhr, So. ab 11 Uhr. Alsheim: Zum alten Kelterhaus, Tel. +49 6249 5702, www.zumaltenkelterhaus.de, Mi.–Sa. ab 16, So. ab 11 Uhr. Osthofen: Restaurant Vis-à-Vis des Weinguts Spiess (siehe Winzer), Mi.–Sa. ab 18, So. ab 17 Uhr.
Tipp: Am dritten Sonntag im September findet die älteste Rheinhessische Weinwanderung in Alsheim statt, wo unter anderem ein Weinstand an der Weißmühle einlädt.
Winzer: Osthofen: **Weingut Schützenhof**, Friedrich-Ebert-Straße 79, Tel. +49 6242 1413, www.weingut-schuetzenhof.de. Im Sommer sitzt man zu bestimmten Terminen gemütlich unter 130 Jahre alten Kastanienbäumen, auch Neuzüchtungen wie Cabernet Dorsa oder Sauvignon Sary stehen auf der Karte. **Weingut Grittmann**, Alter-Westhofer-Weg 32, Tel. +49 6242 7108, www.grittmannhof.de. Familie Grittmann bietet im Sommer die Mittwochsstraußwirtschaft an (ab 17 Uhr). **Weingut Borntaler Hof**, Aussiedlerhof Lang, Tel. +49 6242 1354, www.borntaler-hof.de. **Weingut Helenenhof**, Westhofener, Landstr. 14, Tel. +49 6242 1494, www.weingut-helenenhof.de), Michael Wechsler bezeichnet sich als Weinhandwerker, er bebaut 15 ha in Osthofen, aber auch im Nachbarort Westhofen, besonders der Weiße Riesling aus Kalksteinlage hat uns überzeugt. **Weingut Steinmühle**, Eulenberg 18, Tel. +49 6242 1478, www.weingut-steinmuehle.de, das Weingut aus der Steinmühle beliefert sogar das Deutsche Generalkonsulat in Pakistan mit seinen biozertifizierten Weinen. **Spiess Weinmacher**, Friedrich-Ebert-Straße 53, Tel. +49 6242 60899, www.spiess-osthofen.de. Vor allem die Lagenrieslinge werden in der Fachpresse hochgelobt, zu verkosten im hauseigenen Restaurant Vis-à-Vis, im wunderbaren Ambiente eines alten Kreuzgewölbes.

Winzerin bei der Weinlese.

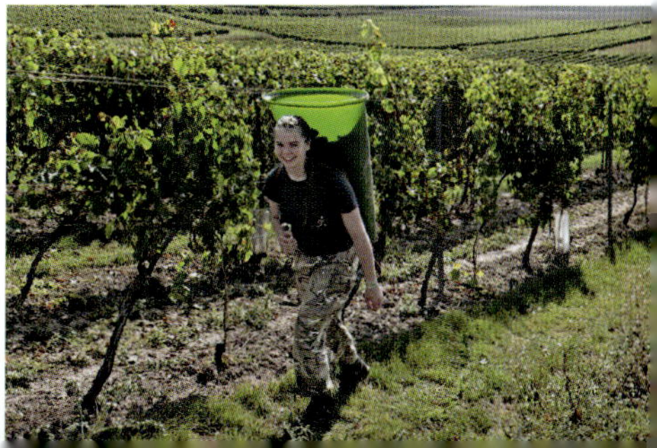

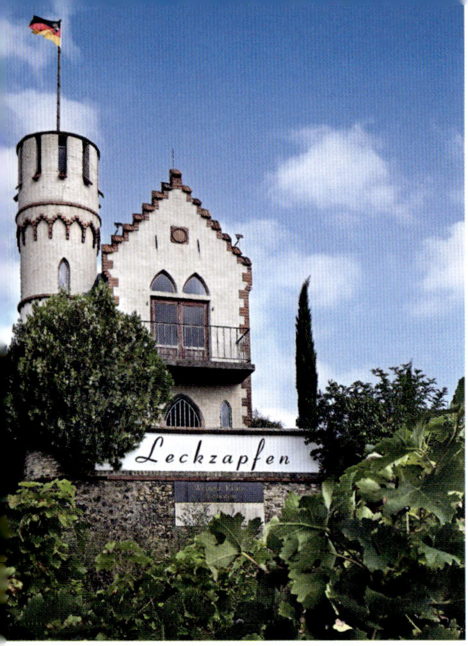

Leckzapfen.

Vom Bahnhof in **Osthofen ❶** sind wir in wenigen Schritten in nördlicher Richtung am Seebach. Wir biegen links ab und folgen dem Lauf des Bächleins bis zur Brücke an der Ludwig-Schwamb-Straße. Das Logo des Rheinterrassenweges nimmt uns hier auf und führt uns nach rechts zum Ortsende, wo wir unterhalb der Miniaturburg im Weinberg, dem **Leckzapfen ❷**, an der Infotafel links abbiegen auf den Rad- und Fußgängerweg. Das 2011 zum »schönsten Weinberghäuschen Rheinhessens« gekürte Bauwerk wurde 1891 vom Guts- und Mühlenbesitzer Gustav Weißheimer auf seinem Weinberg erbaut. Der Name erinnert an die Zapfen, die früher die Weinfässer schlossen.

Auf schattigem Heckenweg geht es geradeaus weiter, bis wir am Gut Chapeau vom Dalberg rechts abbiegen. Wir lassen den Ort hinter uns und schreiten auf schnurgeradem Weinbergweg den Dienstberg hoch. Kurz nach Überschreiten der Kuppe, vor der Straße, biegen wir links ab, wo uns nochmal ein gerades Stück Weg durch die endlose Rebflur des Anbaugebiets Klosterberg bevorsteht. Mit ausgedehnter Fernsicht bis hinüber zum Taunus geht es fast eben über die Höhe, bis uns ein Grasweg nach rechts vom wanderfeindlichen Beton befreit. Nach kurzem Anstieg senkt sich der Weg wieder ab und der nächste Weinort mit zwei Kirchtürmen liegt uns pittoresk zu Füßen.

Kurz nach dem Ortseingang, an der alten Bahnbrücke, passieren wir den Bechtheimer Hof, dessen Terrasse bei gutem Wetter zur Einkehr einlädt. Durch die Kuhpfortenstraße geht es hinab zum alten Ortskern von **Bechtheim ❸**, wo wir kurz nach dem Kuhbrunnen und dem einstigen Altenheim Haus Sieglinde mit den weintrinkenden Bacchanten am Giebel rechts abbiegen in die Riederbachstraße. An erster Möglichkeit links passieren wir den Ägidiusbrunnen, queren den Lambertuspark und statten der prächtigen romanischen Basilika einen Besuch ab. Das dreischiffige Gotteshaus wurde im 12. Jh. vom Hochstift Lüttich errichtet. Reliquien des vor allem im holländischen und belgischen Raum verehrten St. Lambertus lockten im Mittelalter viele Pilger an und Bechtheim

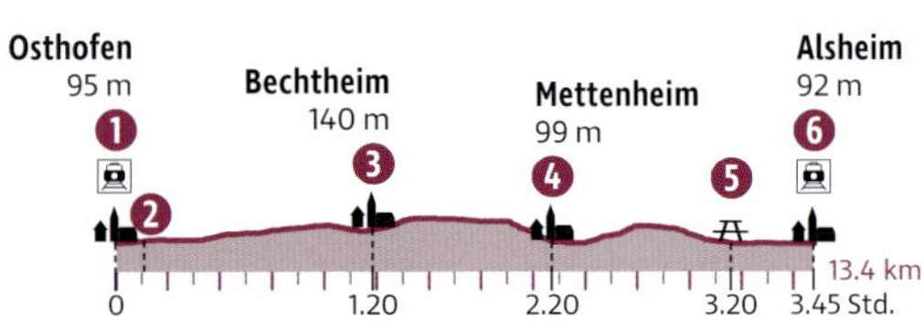

wurde zu einem beliebten Wallfahrtsziel. Wir ziehen hinunter zum Platz Am Markt, halten uns rechts und verlassen über die Straße Steig bei der Warte den Ort. An alten landwirtschaftlichen Geräten vorbei geht es durch die Weinlage Rosengarten weiter an einem Jugendstil-Wasserspeicher vorbei. Kurz danach sind mehr als zwei Dutzend verschiedene Traubensorten aufgereiht, die im Herbst zum Naschen, bzw. Probieren und Vergleichen einladen. Nach einer langen Geraden mit herrlichem Ausblick biegen wir am Nussbaum bei der Ruhebank links ab und gehen nach etwa 500 m rechts talwärts. An der nächsten Bank benutzen wir den links abgehenden Lutherweg, der uns auf grasigem Hohlweg zum nächsten Weinort hinabführt. Kurz vor dem Ort leitet die Markierung nach links. Wir drehen jedoch eine Runde durch das hübsche Dorf und ziehen weiter, wobei wir uns rechts halten. An der Hauptstraße von **Mettenheim** ❹ biegen wir links ab und bewundern das historische Rathaus aus dem 16. Jh., die Barockkirche und das ehemalige gräfliche Rentamt daneben. Hinter dem Friedhof gehen wir links hoch, an der ersten Verzweigung rechts und ziehen dort, wo der geteerte Weg aufhört, rechts

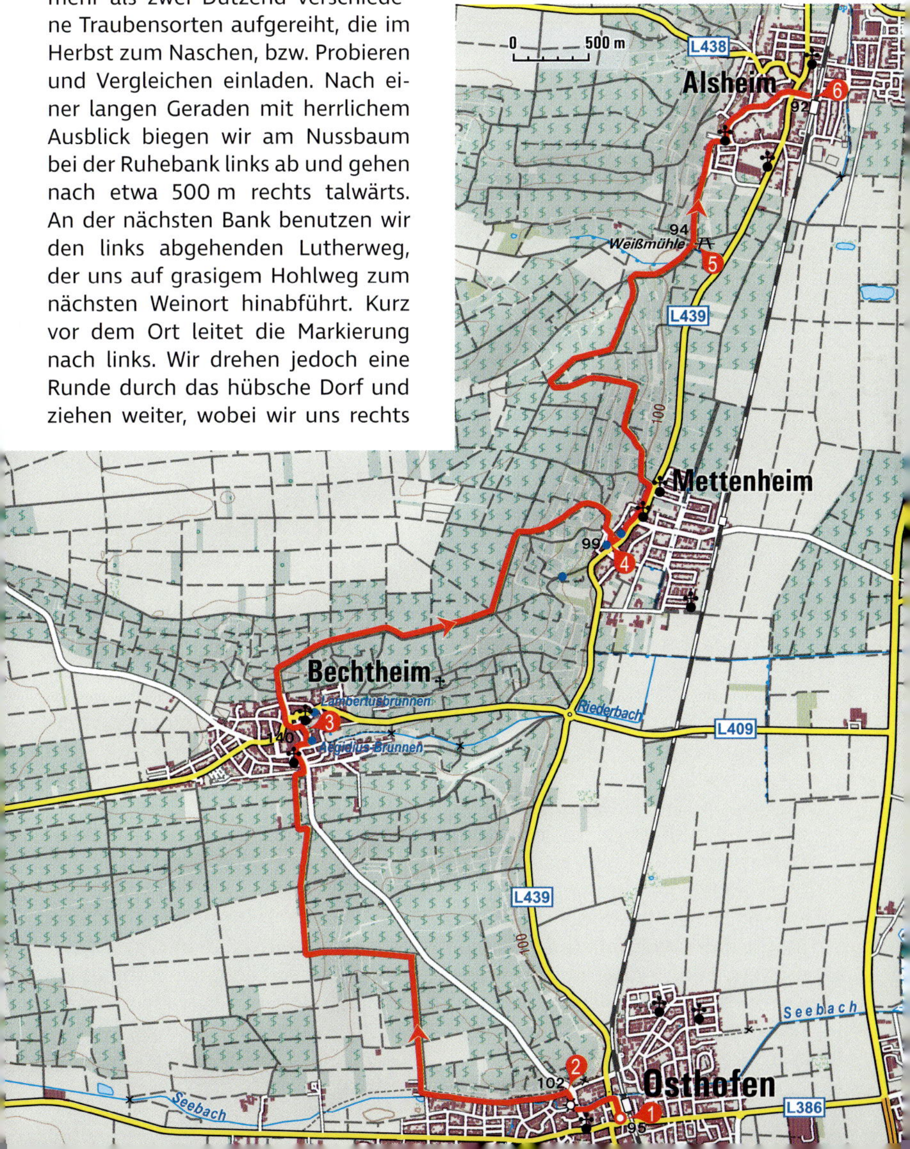

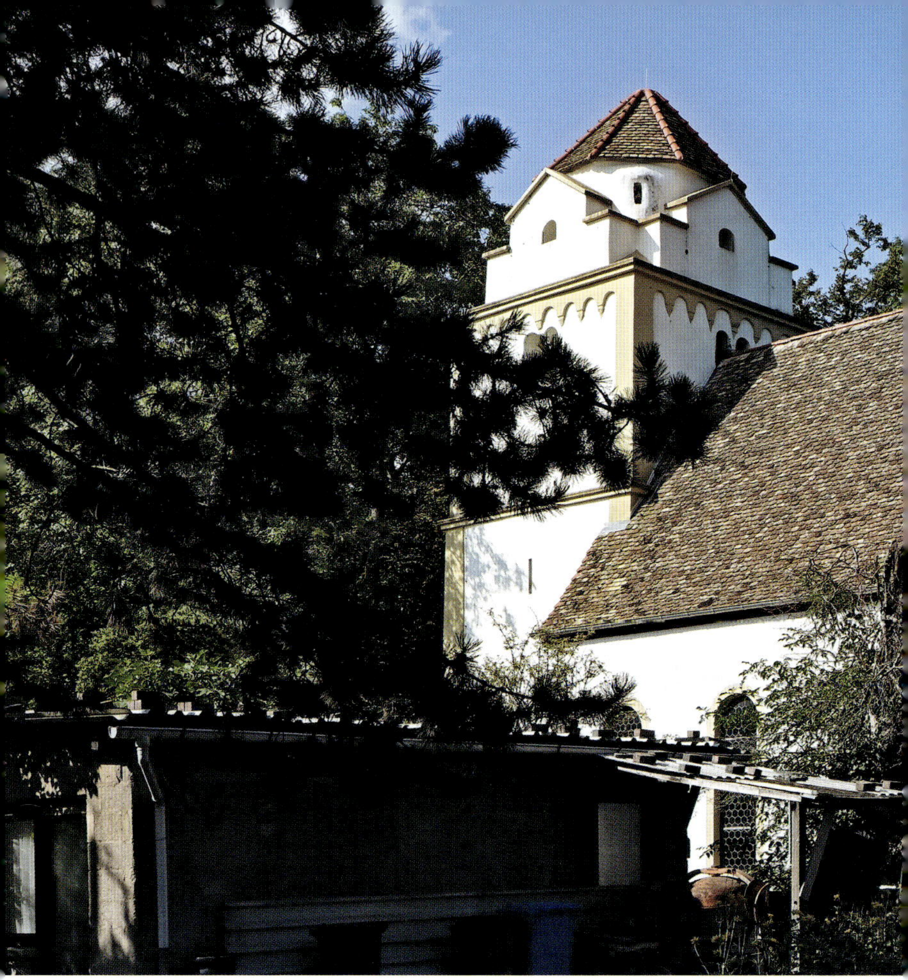

Bonifatiuskirche in Alsheim.

weiter bergauf. Nach 100 m knickt der Weg nach links und über den Mettenheimer Panoramaweg treffen wir wieder auf unseren Rheinterrassenweg und biegen in spitzem Winkel rechts ab. Durch die imposante Goldbergshohle mit meterhohen Lösswänden geht es wieder hinab, zur nächsten Rastmöglichkeit am Brunnen der **Weißmühle ❺**. Wir halten uns links und wandern auf grasigem Pfad (Lutherweg) weiter, passieren das zauberhafte Restaurant Zum alten Kelterhaus und gehen am Ende rechts ein paar Stufen hinab. Wir biegen links ab, besichtigen die interessante Bonifatiuskirche und den historischen Friedhof daneben unter Buchen- und Eichenbäumen. Das Gotteshaus zählt zu den Rheinhessischen Heidenturmkirchen (s. Tour 33) und wurde um das 11. Jh. errichtet. Am Weingut Balzhäuser biegen wir rechts ab in die Taubertstraße, queren am alten Rathaus die Hauptstraße und wandern direkt zum Bahnhof von **Alsheim ❻**, von wo uns die S-Bahn zurückbringt.

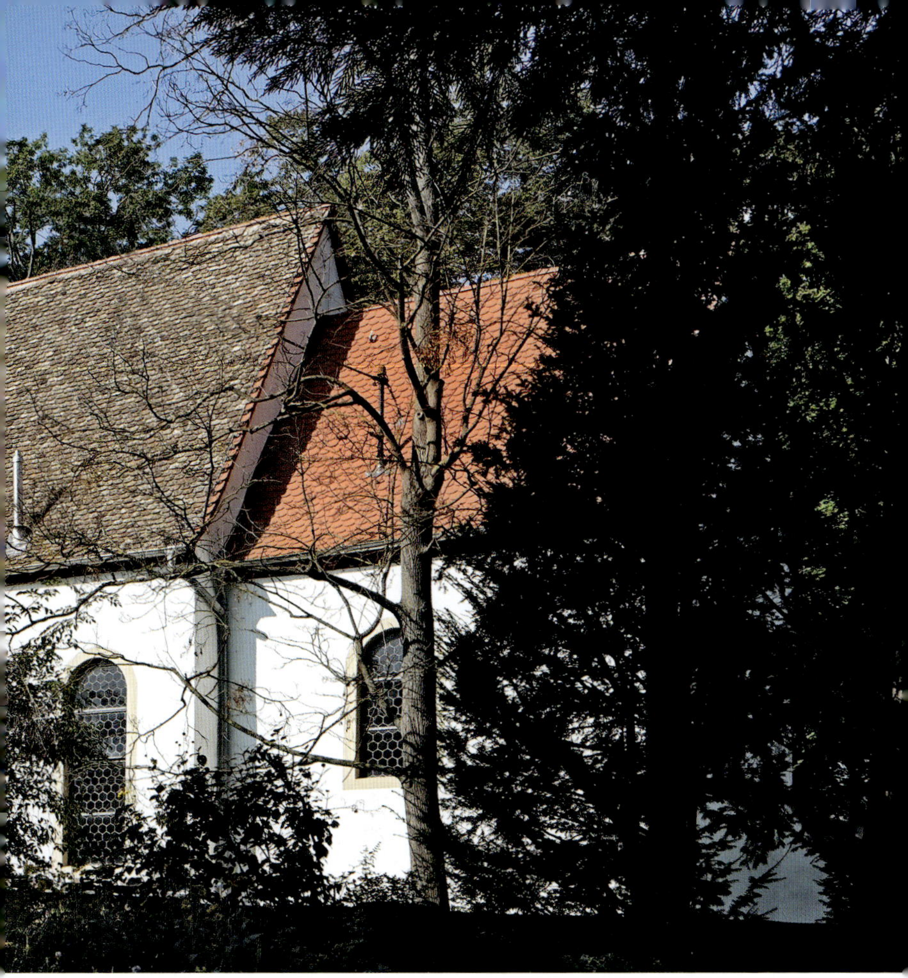

Weinwissen

Rheinhessische Weingewölbe

Viele Weinproben in Rheinhessen finden in stilvollem Ambiente in Räumen statt, die fast sakralen Charakter ausstrahlen. In ehemaligen Kuhställen, die im 19. Jh. wegen Brand- und Seuchengefahr aus Stein in Gewölbeform errichtet wurden, werden heute edle Tropfen serviert. Viele Weingüter waren oft bis in die 70er-Jahre des vorigen Jahrhunderts gemischte landwirtschaftliche Betriebe, auf denen auch Wein angebaut wurde. Der Strukturwandel führte dazu, dass der Viehbestand aufgelöst wurde und die prächtigen Bauwerke nutzlos waren. So besann man sich darauf, die wundervolle Architektur mit neuem Leben zu füllen und es entstanden die einmaligen rheinhessischen Vinotheken und Restaurants im »Kuhstall«. Ein wunderbares Beispiel bietet das Restaurant Vis-à-vis des Weinguts Spiess (s. S. 125).

35 Westhofener Wingertsheisjer
Parade der schönsten Weinberghäuschen

TOP | 2.15 Std. | 8,4 km | ↗150 m | ↘150 m

Weinbergarchitektur

Die kurze Weinbergrunde macht uns bekannt mit einer rheinhessischen Besonderheit. Die steinernen, zum Teil jahrhundertealten Weinberghäuschen findet man in dieser Art nur in diesem Weinanbaugebiet. Von einem »Heisje« geht's zum nächsten und jedes hat seinen eigenen Stil. Eine Tour, an der auch Kinder ihren Spaß haben.

Ausgangspunkt: Marktplatz von 67593 Westhofen. Erreichbar von Alzey und von Worms mit Bus 430. Parkplatz Nickelgarten am Beginn der Tour.
Anforderungen: Schattenloser Rundgang auf befestigten Weinbergwegen.
Markierung: Durchgängig gut markiert mit dem Symbol des Themenweges Westhofener Wingertsheisjer.
Karte: Mainz und Rheinhessen, LVermGeo, 1:50.000. Rheinhessen Süd, Meki Landkarten GmbH, 1:30.000.
Einkehr: Unterwegs keine Möglichkeit. Westhofen: Landgasthaus Zur Linde, Tel. +49 6244 679, www.zur-linde-westhofen.de, Mo. Ruhetag. Mehrere Weingüter bieten abwechselnd Straußwirtschaften an.
Winzer: Westhofen: **Weingut Dreihornmühle**, An der Brennerei 35, Tel. +49 6244 884, www.dreihornmuehle.de. Im ehemaligen Mühlenanwesen mit 500-jähriger Tradition werden Weine mit diversen nationalen und internationalen Auszeichnungen ausgebaut. **Weingut Hirsch-Stabel**, Am Markt 15, Tel. +49 6244 4898, www.hirsch-stabel.de, direkt am Marktplatz, dem Ausgangspunkt der Wanderung, auch bekannt bei Feinschmecker und Gault&Millau, Spezialität ist der Gelbe Muskateller. **Weingut Klein** (Osthofener Str. 48, Tel. +4 96244 235, www.weingut-christian-klein.de), in der Straußwirtschaft kann man von September bis Mitte Oktober die Weine verkosten, im Hofladen gibt es selbst angebautes Obst. **Weingut Rettig**, Gundheimer Str. 1, Tel. +49 6244 4928, www.weingut-rettig.de, durch diverse Auszeichnungen der Fachpresse genießt es einen ausgezeichneten Ruf.

Marktplatz in Westhofen.

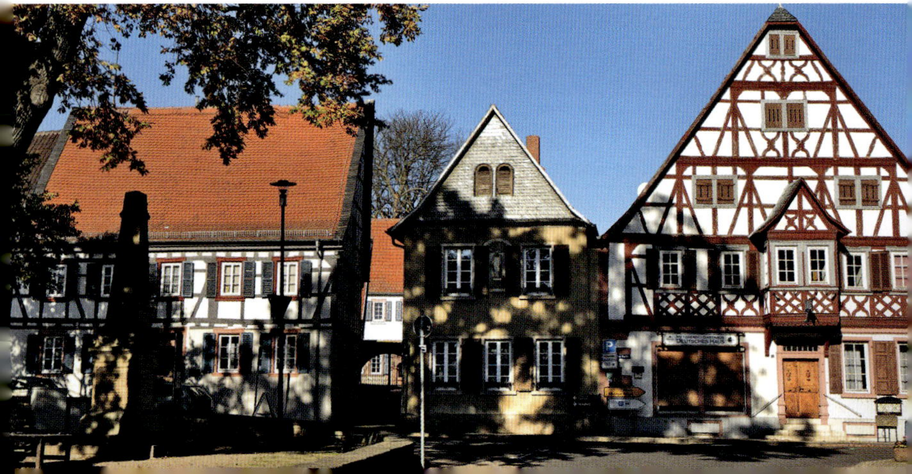

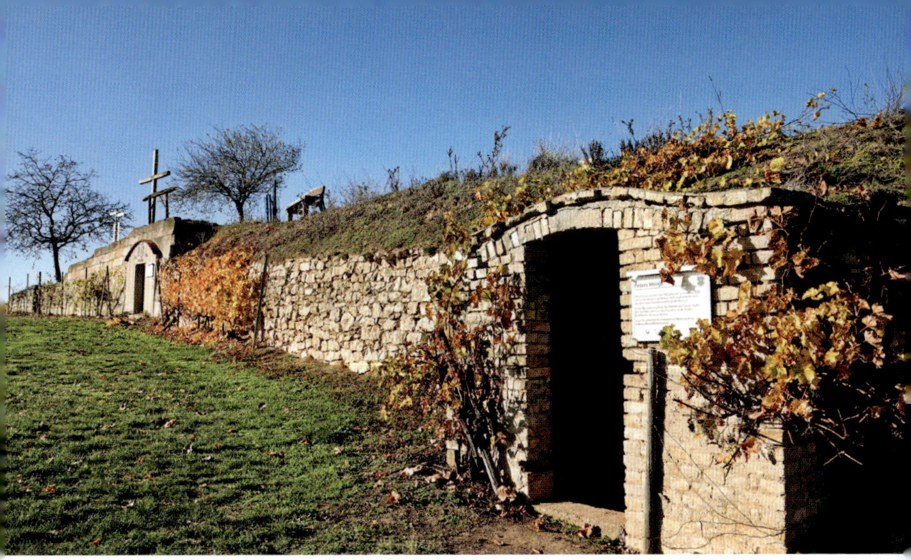

Unterirdische Weinbergshäuschen.

Wir starten unsere Tour am Marktplatz von **Westhofen** ❶, dessen Gesamtanlage unter Denkmalschutz steht. Am prächtigen Fachwerkhaus, das einst die Gaststätte Deutsches Haus beherbergte, ziehen wir die Mainzer Straße hoch in Richtung Friedhof. Am Parkplatz Nickelgarten beschreiten wir den von Mauern gesäumten Weg bis zum Kastanienbaum. Wir folgen nach links dem Wegzeichen einer Nordic-Walking-Tour, die uns sogleich auf einem Grasweg in die Reblandschaft führt. Schon bald stoßen wir auf das erste Wingertshäuschen, vor dem wir rechts den Hain hochgehen. Davor das Wegzeichen mit dem stilisierten Häuschen und drei farbigen Wellen. Ihm folgen wir auf der gesamten Strecke. Die Wingertshäuschen, auch Trulli genannt, findet man in dieser Form nur in Rheinhessen und in Apulien. Von dort stammt auch der Name. Ob die italienischen Trulli auch als Vorbilder dienten, ist nicht belegt. Manche der Häuschen wurden schon im 18. Jh. errichtet. Am Rosa Heisje vorbei ziehen wir im Zickzack durch die Weinreben der Einzellage Kirchspiel, treffen wieder auf den zuvor verlassenen Weg und gehen nach links an der Ruhebank Heisje Blick vorbei. Durch die eindrucksvolle Kirschbühl Hohle, deren Lösswände von Insekten und Kleinstlebewesen gut besiedelt sind, wie die vielen Löcher zeigen, steigen wir gemächlich an bis zum Linksknick am Missionsheisje. Nach dem Richtungswechsel nimmt der **Juliusturm** ❷ unsere Blicke in Anspruch. Das in mittelalterlichem Stil – aber erst im 20. Jh. – erbaute Türmchen trägt den Namen des Westhofener Heimatforschers Julius Grünewald und kann bestiegen werden. Nach den

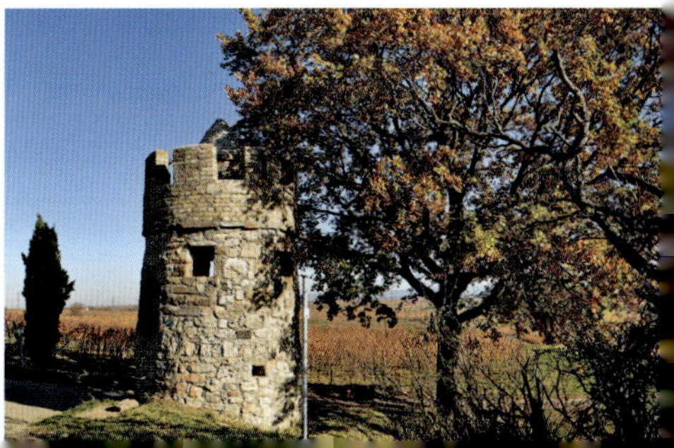

Juliusturm.

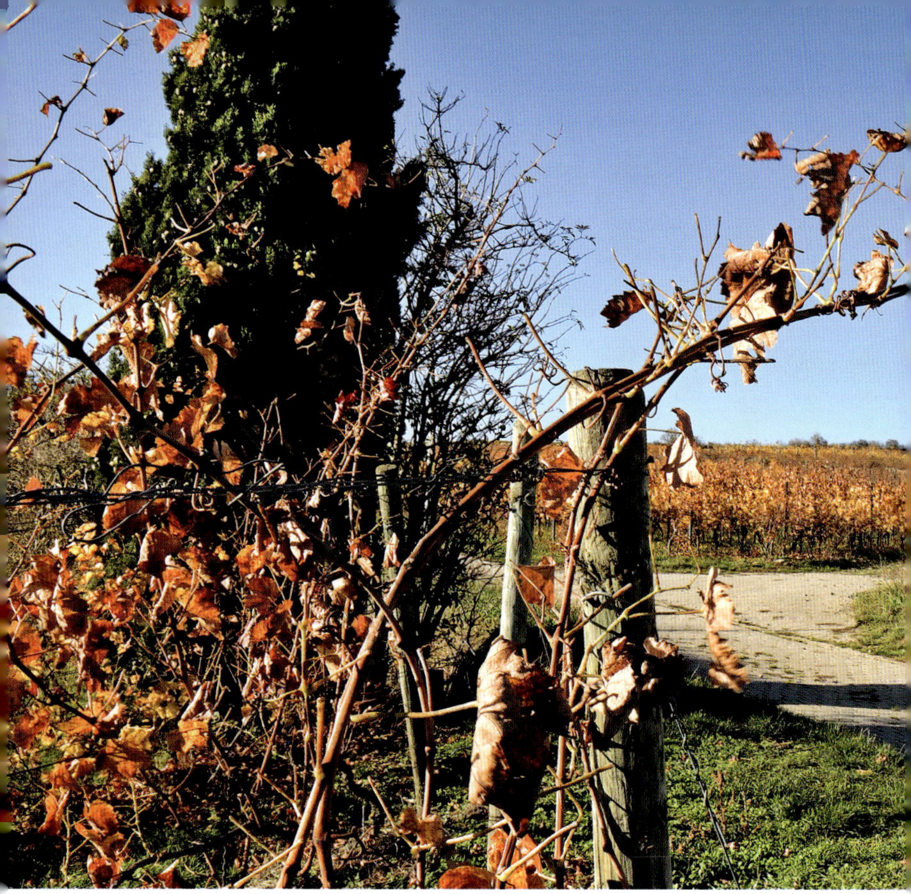

Das Ausgezeichnete Heisje.

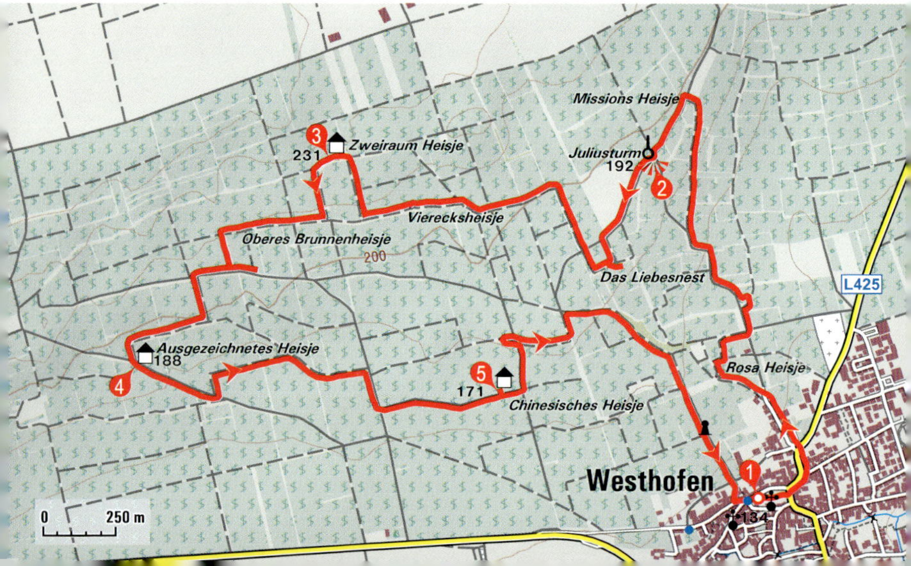

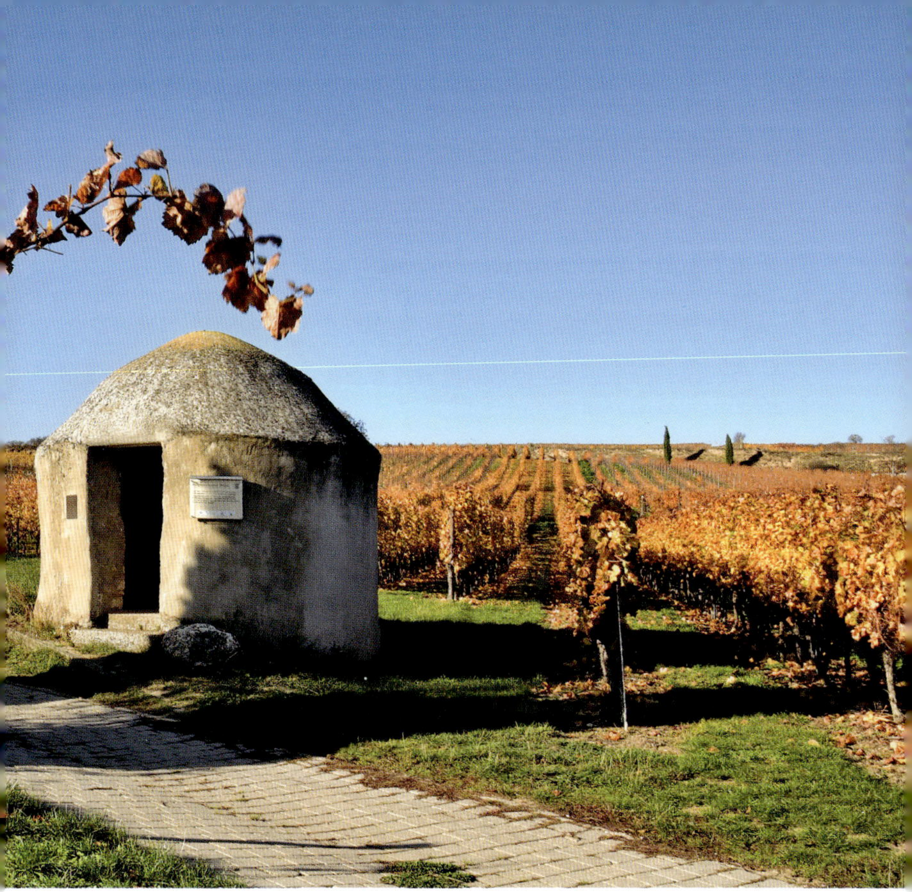

beiden Zypressen führen wir einen Schlenker aus nach links zu einem Feldkreuz mit wunderbarem Blick übers Land. Unterhalb in der Weinbergsmauer finden wir wieder zwei der originellen Weinbergsbauten integriert. In gemächlichem Anstieg mit mehrfachem Richtungswechsel folgen wir der Markierung und erreichen in der Lage Westhofener Brunnenhäuschen am **Zweiraum Heisje** ❸ den höchsten Punkt unserer Tour. Nach dem Oberen Brunnenheisje folgt erneut ein Zickzack-Parcours durch die Reben, bis wir am **Ausgezeichneten Heisje** ❹ den Rückweg antreten. Stets den Kirchturm von Westhofen im Blick, wandern wir am **Chinesischen Heisje** ❺, dessen Dach an einen chinesischen Hut erinnert, vorbei. Am kunstvoll ornamentierten Jugendstil-Trinkwasserreservoir vorbei schlendern wir geradeaus, zuletzt durch eine schulterenge Gasse, hinab zum Marktplatz von **Westhofen** ❶.

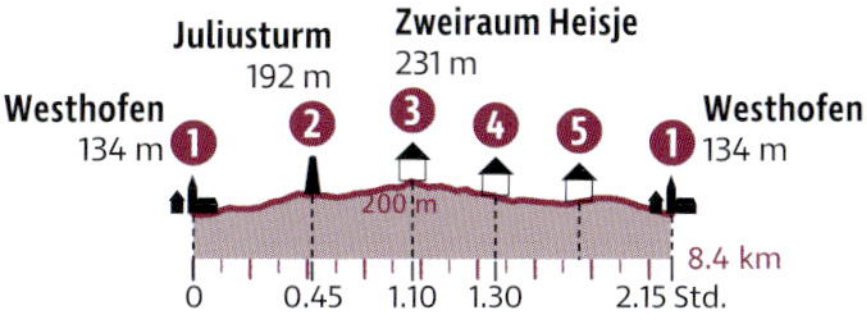

36 Von Herrnsheim nach Osthofen

Kunst im Weinberg

3.30 Std. | 12,5 km | ↗100 m | ↘110 m

Skurrile Figuren bereichern die Reblandschaft

Nachdem Martin Luther auf dem Reichstag in Worms vor Kaiser und Fürsten kein Gehör fand, reiste er zurück auf die Wartburg. In Gedenken an den großen Reformator wandern wir ein kleines Stück seiner damaligen Strecke. In der Mitte des Weges dürfen wir gespannt sein, was auf dem Abenheimer Skulpturenweg auf uns wartet.

Ausgangspunkt: Hauptstraße von Worms-Herrnsheim. Mehrere Buslinien verkehren von Worms Hbf nach Herrnsheim. Parkmöglichkeit am Ortseingang auf dem Fahrweg.
Endpunkt: Osthofen, Bahnhof.
Anforderungen: Unterhaltsame Wanderung auf Weinberg- und Feldwegen ohne Schatten.
Markierung: Durchgängig markiert mit dem Symbol des Lutherweges. In Abenheim dem Skulpturenweg folgen.
Karte: Mainz und Rheinhessen, LVermGeo, 1:50.000. Rheinhessen Süd, Meki Landkarten GmbH, 1:30.000.

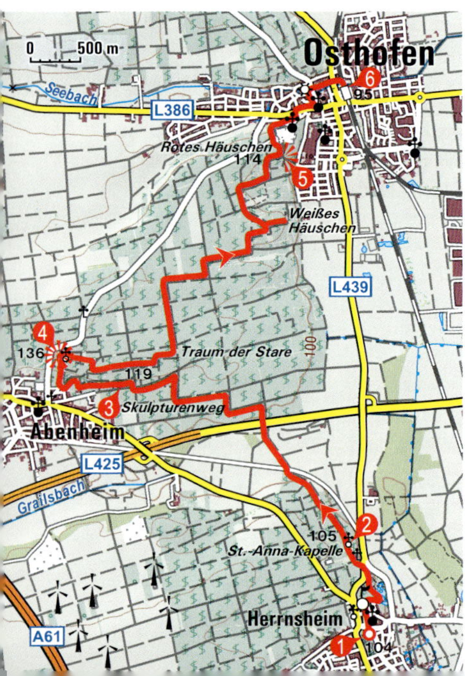

Einkehr: Abenheim: Zum Klausenberg, Tel. +49 6242 4633, www.zum-klausenberg.de, Mi. Ruhetag, sonst ab 17, Fr.–So. ab 12 Uhr. Osthofen: siehe Tour 34.
Hinweis: Wer mit der Bahn über Worms anreist, kann dort die Tour beginnen und folgt 4,2 km dem Martin-Luther-Weg durch Wormser Vororte oder nimmt den Bus nach Worms-Herrnsheim.
Winzer: Herrnsheim: **Weingut Röß**, Herrnsheimer Hauptstraße 76, Tel. +49 6241 51453, www.weingut-roess.de, traditionsreiches Weingut, dessen Reben unter anderem rund um die St.-Anna-Kapelle gedeihen, die im Besitz der Familie ist. **Weingut Hartmann**, Fahrweg 31, Tel. +49 6241 56579, www.hartmann-herrnsheim.de. Neben exotischen Tropfen wie Gelber Muskateller bietet Familie Hartmann auch landwirtschaftliche Produkte im Hofladen an. **Weingut Hans-Josef Schäfer**, Am Untertor 77, Tel. +49 6241 58894, www.vinotom.de. Der Jungwinzer mit »obercoolen« Weinen aus nachhaltiger Produktion ist auch Veranstalter des berühmten Herrnsheimer Weinsommers. Abenheim: **Weingut Cleres**, Wonnegaustraße 59, Tel. +49 6242 99772, www.cleres.de. Mit dem Picknickensemble im Klausengarten verwöhnt der Winzer Wanderer, stilvolle Vinothek im Gewölbekeller. **Weingut Kron**, Rheinbergstraße 24, Tel. +49 6242 7839, www.weingut-kron.de. Passend zum Namen gibt es Kaiser-, König- und Fürstenweine, die im Eichelmann oder Feinschmecker erwähnt werden.

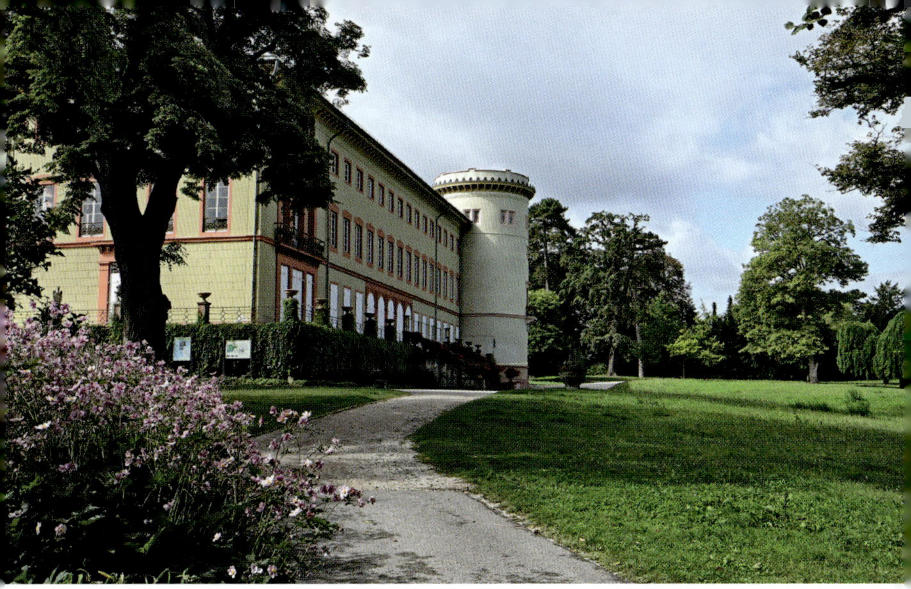

Schloss Herrnsheim.

Vom Parkplatz am östlichen Ortsrand von **Herrnsheim ❶** wandern wir über die Schmiedgasse hoch zur Ortsmitte, die Wanderzeichen vorerst ignorierend, und biegen auf der Hauptstraße rechts ab. Prächtige Bauwerke schmücken die zum Schloss führende Straße. Zum einen das barocke Pfarrhaus von 1730 mit seinem zweiläufigen Treppenaufgang und gegenüber die prächtige gotische Peterskirche. Auch das Gebäude des traditionellen Weinguts Müsel fügt sich wunderbar in das architektonische Ensemble.

Wir durchschreiten das schmiedeeiserne Tor des ursprünglich um 1460 erbauten Schlosses Herrnsheim, das nach Zerstörungen erst zu Beginn des 19. Jh. seine heutige Gestalt erhielt. Aus dieser Zeit stammt auch der 10,5 ha große Landschaftspark, der vom bekannten Gartenarchitekten Ludwig von Sckell angelegt wurde. Wir halten uns erst rechts, dann links und drehen so eine Runde durch den Schatten spendenden Park, der mit einheimischen und exotischen Bäumen bestückt ist.

Am nördlichen Tor verlassen wir die Anlage, queren die Straße und wandern an der Verzweigung den eingekerbten Grasweg hinauf, wobei wir uns rechts halten. Oberhalb der Böschung lugt die **St.-Anna-Kapelle ❷** herunter, die um 1900 im byzantinischen Stil von einem Weinhändler errichtet wurde. Die kleine Feldkapelle darunter mit einer Marienplastik stammt vermutlich aus dem 18. Jh. Weiter führt uns der Weg auf den Spuren Martin Luthers durch

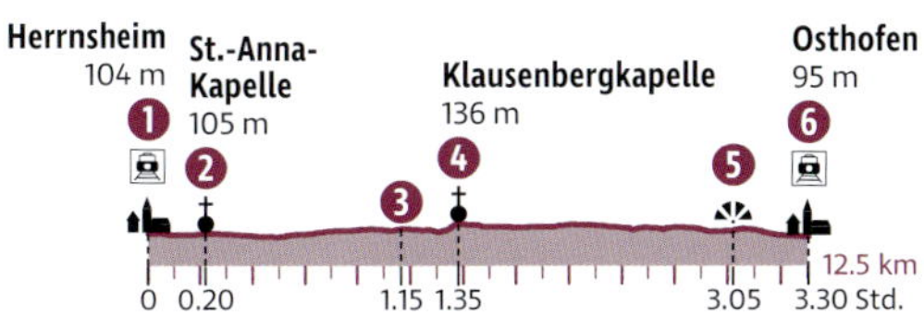

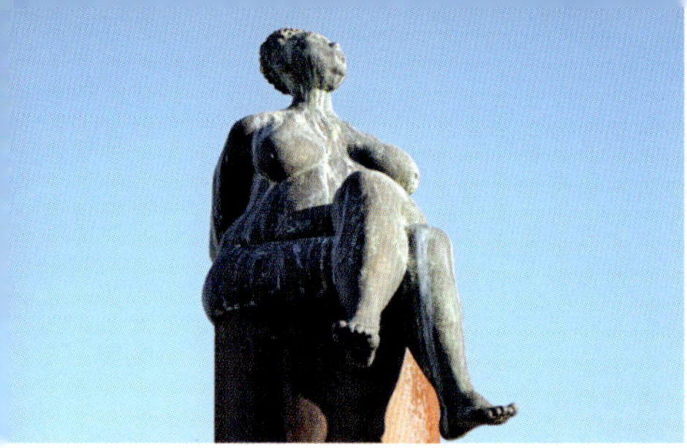

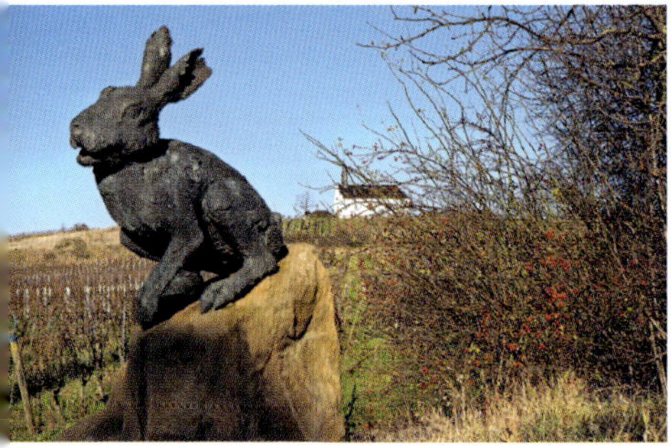

Skulpturenweg-Werke: »Wonnefrau« und »singender Hase«.

die Reblandschaft. Wir queren eine alte Bahntrasse und wandern über die Brücke der vielbefahrenen L425, deren Geräusch jedoch mit zunehmendem Eintauchen in die Weinberge schon bald wieder abebbt. Nach einigem Zickzack durch die Flur treffen wir kurz nach der Skulptur des heiligen Kilian, des Schutzpatrons der Winzer, auf die erste Plastik des **Abenheimer Skulpturenweges ❸**. Dädalus und kurz dahinter dessen Sohn Ikarus aus der griechischen Mythologie, die ihrem König Minos durch die Lüfte entfliehen wollten. Eher zum Schmunzeln ist die nächste Skulptur des »singenden Hasen«. Um ihn nicht zu verfehlen, muss man allerdings am unteren Ende des Weinbergs, an der Kreuzung, ein paar Schritte in Richtung Ort gehen. Vom Hasen aus führt uns ein neu gestalteter Kreuzweg hinauf zur **Klausenbergkapelle ❹**, wo ein paar Bänke zur Rast oder einfach zum Ausblick einladen. Die ehemalige Klosterzelle wurde schon 975 erwähnt und ist bis heute Station der Jakobspilger nach Santiago de Compostela.

Wir achten sorgfältig auf die Markierungszeichen des Skulpturenweges, die uns nach der Kapelle wieder im Rechts-Links-Versatz durch die Reblandschaft leiten. Nach dem Summstein, mit dem Tisch des Weines daneben, gehen wir den kurzen Hohlweg bergab und schwenken nach links. Spätestens jetzt lohnt es sich, das Vesperbrot auf der wunderbar gestalteten Rastfläche des Abenheimer Weinguts Cleres auszupacken und im Schaukelstuhl zu verspeisen. Nach ausgiebiger und aussichtsreicher Rast begegnen uns noch die Turmspringerinnen und die gut beleibte »Wonnefrau«, bevor wir am Traum der Stare die Richtung wechseln und wieder dem Lutherweg nach links folgen. Wer Lust hat, macht auf der Höhe am Wegweiser einen Abstecher zum 200 m entfernten Weißen Häuschen, einem Weinberghäuschen am Rand der Reben mit einem Tisch des Weines daneben.

Hinter einer Gehölzgruppe biegen wir an der Weinbergkreuzung rechts ab, wo ein Hohlweg abwärts führt. Nach einigen Richtungswechseln steuern wir auf das schmucke **Rote Häuschen ❺** zu. Dort gehen wir links vorbei, umrunden den Friedhof und wandern durch den Schießgraben linker Hand der Bergkirche ortseinwärts. Auf der Friedrich-Ebert-Straße angekommen, halten wir uns rechts und verlassen sie an der Kleinen Kirche nach links in die Ludwig-Schwamb-Straße. Nach 150 m, an der Brücke über den Seebach, biegen wir rechts ab und folgen dem Holzmühlpfad längs des Bächleins zum Bahnhof von **Osthofen ❻**.

Zellertalweg

Rundgang um das Tal der Pfrimm

37

3.00 Std. | 11,1 km | ↗200 m | ↘200 m

TOP

Von der Weinrast zum Schwarzen Herrgott

Wie ein verbindender Fluss verläuft die Pfrimm zwischen den Weinbaugebieten der Pfalz und Rheinhessen. Das Tal wird umrahmt von Weinbergen, durch die ein Panoramaweg führt, der immer wieder bezaubernde Blicke eröffnet. Wer Lust hat kann sich auf dem Historischen Rundweg in Einselthum an zahlreichen Schildern über die rheinhessische ländliche Bauweise informieren.

Ausgangspunkt: Bockenheimstr. 21, 67591 Wachenheim. Von Worms oder Alzey mit der Regionalbahn bis Monsheim, dort mit Bus 921 nach Wachenheim. Parkmöglichkeit in der Wormser Straße, am Friedhof.

Anforderungen: Leichte Wanderungen auf Weinberg- und Graswegen. Wenig Schatten.

Markierung: Vorwiegend Zellertalweg mit blauem Z.

Karte: Mainz und Rheinhessen, LVermGeo, 1:50.000. Rheinhessen Süd, Meki Landkarten GmbH, 1:30.000.

Einkehr: Mölsheim: Weinrast Mölsheim (Winzer aus Zellertal und Flörsheim-Dalsheim), Mai bis Okt., So. und Feiertag ab 11 Uhr. Gutsschänke Alte Brennerei, Tel. +49 6243 5364, www.alte-brennerei-moelsheim.de, Fr. und Sa. ab 18 Uhr. Einselthum: Weller's Weinhäusel, Tel. +49 6355 2323, www.wellers-weinhaeusel.de, Di. und Fr.–Sa. ab 17.30, So. ab 11 Uhr. Niefernheim: Weinbar Bremer (siehe unten), in der Saison Do. und Fr. ab 17.30 Uhr.

Winzer: Niefernheim: **Weingut Bremer**, Brückenstraße 2, Tel. +49 6355 8639166, www.weingutbremer.de. Die Frauenpower der drei Schwestern garantiert Spitzenweine, die in der hauseigenen Weinbar verköstigt werden können. **Weingut Schwan**, Rottmannsgasse 2, Tel. +49 6355 965400, www.pfalz-riesling.de. Hier wird nachhaltiger Wein nach dem Prinzip Fair'n Green

Weinrast Mölsheim.

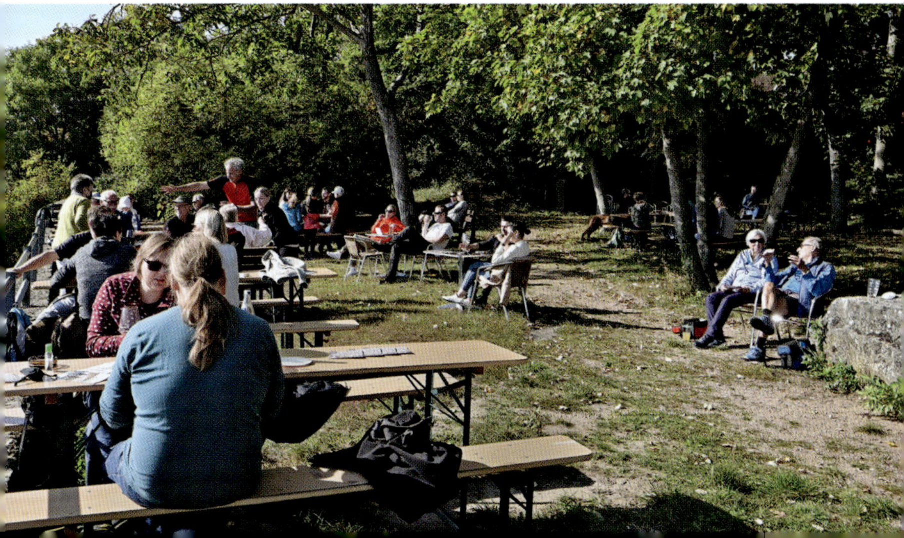

auch aus der berühmten Lage Schwarzer Herrgott produziert, originelle Ideen wie die Rebstockpatenschaft oder der Kinderwingert kommen gut an. Einselthum: **Weingut Martinspforte**, Hauptstraße 36, Tel. +49 6355 989105, www.martinspforte.de. Die besten Tropfen werden in der Reihe Edition Jean vermarktet, darunter der mit Gold ausgezeichnete Cabernet Cubin Rosé von 2020, seit Jahren zählt das Weingut zum erlauchten Zirkel »Haus der prämierten Weine«. Wachenheim: **Westwind Weine**, Hauptstraße 38, Tel. +49 6243 8610, www.westwind-weine.de, die Vinothek in kubistischer Architektur ist allein schon ein Genuss für die Sinne, da schmeckt ein Manzoni Bianco, eine Mischung aus Riesling und Weißburgunder, umso besser. **Schlossgut Lüll**, Hauptstraße 41, Tel. +49 6243 5510, www.schlossgut-luell.de. Im denkmalgeschützten Schloss aus dem 14. Jh. werden vorwiegend Burgunder und Riesling ausgebaut. **Weingut Heinz**, Hauptstraße 15, Tel. +49 6243 7438, www.weinbau-heinz.de. Fast jeder Wein mit Auszeichnung, eine Seltenheit: der Blaue Silvaner mit hofeigener Gutsschänke.

Von der Bushaltestelle bzw. Wormser Straße in **Wachenheim ❶** wandern wir auf der Verbindungsstraße nach Mölsheim talwärts, überqueren die Pfrimm und biegen knapp 50 m dahinter links ab. Das blaue Z des Zellertalwegs weist uns auf dieser Tour größtenteils den Weg. Erst durch Schilf, danach durch die Weinberge gewinnen wir rasch an Höhe und biegen an der Ruhebank vor Mölsheim links ab. Nach wenigen Minuten knickt der Weg nach rechts in Richtung Ort und, sofern geöffnet (siehe S. 197), versäumen wir nicht, nach rechts die **Weinrast Mölsheim ❷** aufzusuchen. Die Aussicht unter schattigen Bäumen aufs Tal der Pfrimm sollte man sich nicht entgehen lassen, selbst wenn der Ausschank nicht geöffnet hat.
Weiter geht es am Friedhof nach rechts zur Kirche und einem zauberhaften klassizistischen Weinberghäuschen gegenüber.
Wir biegen links ab und betreten den herrlichen Panoramaweg über dem Tal im berühmten Anbaugebiet Schwarzer Herrgott, der vom rheinhessischen Anbaugebiet in den Pfälzer Teil übergeht. Schon bald zeigt sich das weithin sichtbare Ehrenmal für die Gefallenen des ersten Weltkriegs. Interessant ist das nächste Bauwerk auf unserer Tour, die **Wingertschnegg ❸**. Der gleichnamige Verein hat sich zum Ziel gesetzt, den weltberühmtesten Wein zu keltern. Dabei sind die Reben in Form einer Weinbergschnecke angelegt, was für ein zirkulierendes Mikroklima im Innern sorgt. Bei diesem sogenannten Schneggewoi nimmt der Öchslegrad von außen nach innen zu.

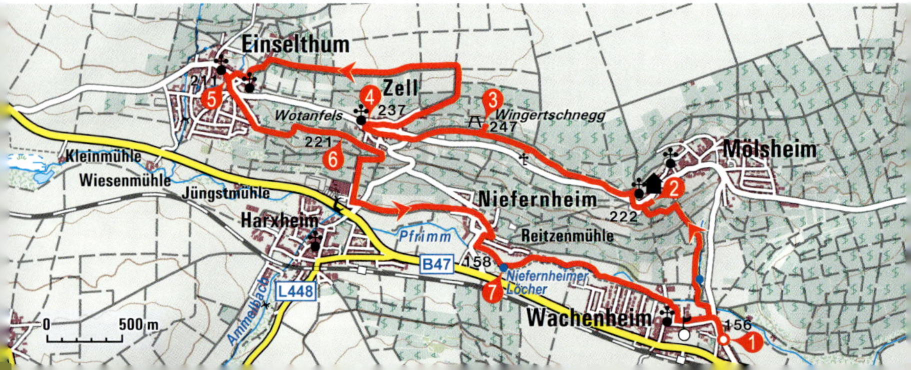

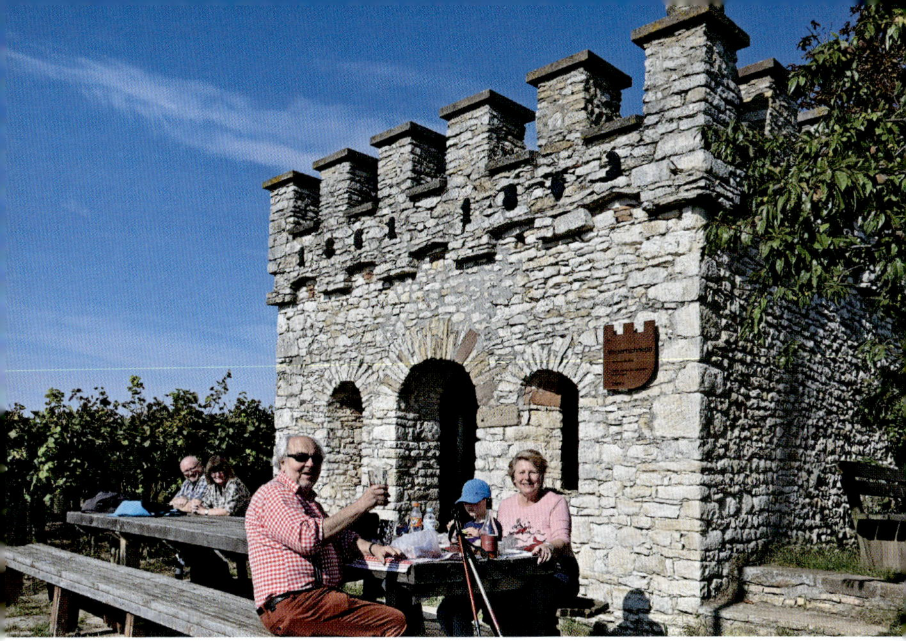

Rast bei der Wingertschnegg.

Wir ziehen weiter zum alten Wallfahrtsort und Weinort **Zell ❹**, vorbei am historischen Restaurant und Hotel Der Schwarze Herrgott, bis zu den beiden Kirchen. Genau dazwischen wenden wir uns scharf nach rechts und wandern bergauf. Am Mobilfunkmast biegen wir links und kurz darauf noch mal links ab und genießen wieder auf herrlichem Höhenweg das Panorama. Donnersberg, Pfälzer Berge und die flachwelligen Hügel der rheinhessischen Schweiz bilden eine herrliche Kulisse.
Das blaue Z führt uns im Anbaugebiet Klosterstück hinab nach **Einselthum ❺**, wo kurz nach Ortsbeginn eine Infotafel über die Geschichte einzelner Häuser und des gesamten Ortes informiert. Wer Lust hat, geht die Hauptstraße noch weiter hoch und informiert sich auf 18 Schildern an den Häusern über Geschichte und Bauweise rheinhessischer Parallel- oder Vierseithöfe.
Ansonsten biegen wir in der Ortsmitte am Weingut Bescher links ab und verlassen hier vorübergehend den ausgewiesenen Zellertalweg. Durch die Hauptstraße ziehen wir weiter bis zum Linksknick und biegen rechts ab in die Straße Am Vogelsgesang. Kurz vor deren Ende an der Ruhebank gehen wir nach links und setzen unsere Tour auf einem Grasweg zwischen den Rebzeilen im Gebiet Kreuzberg fort. An der nächsten Bank biegen wir links ab (Muska-

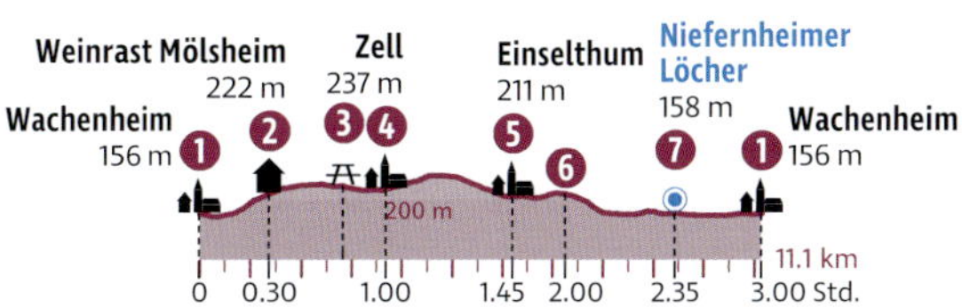

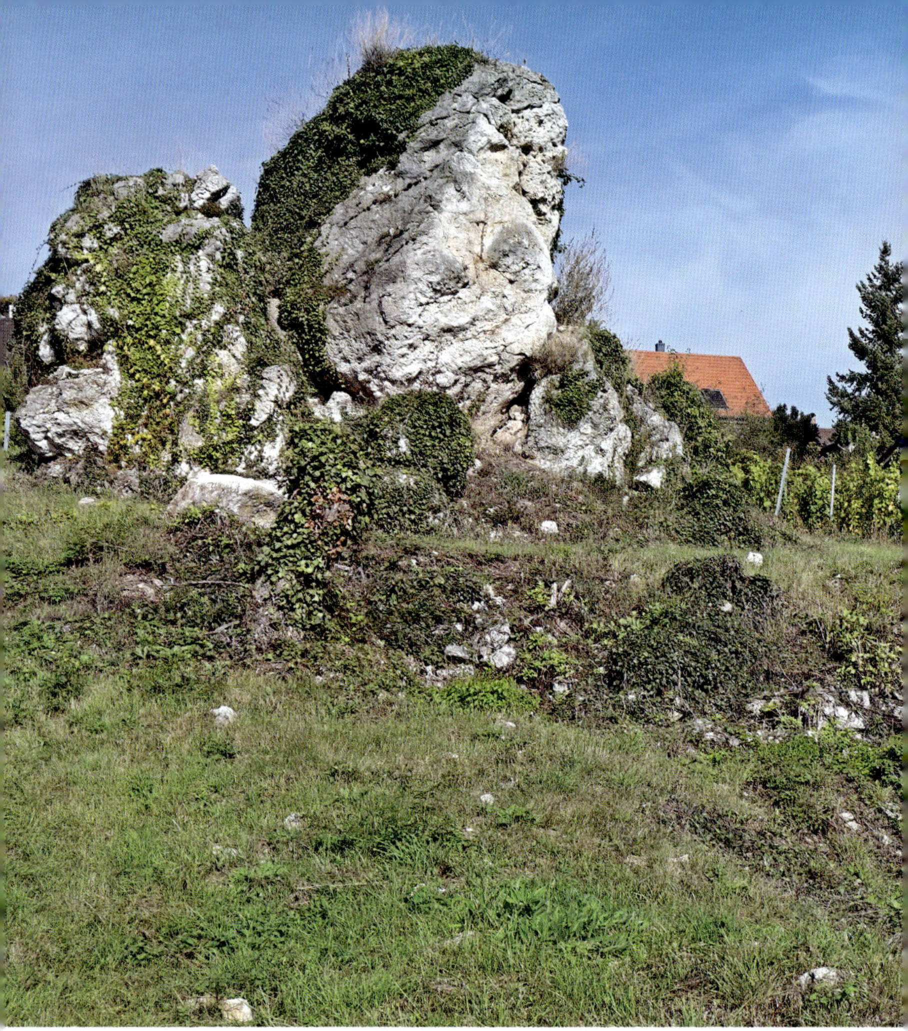

Der Wotanfels.

tellerweg) und wenden uns oberhalb des Gebüschs wieder nach rechts. Wir erreichen den isoliert zwischen den Weinbergen stehenden **Wotanfels ❻**, an dem der Legende nach der heilige Philipp in einer Klause (einer Zelle, daher der Name Zellertal) neben einer Quelle wirkte.

Kurz darauf treffen wir wieder auf den Zellertalweg und folgen ihm talwärts in Richtung Harxheim. Dort biegen wir links ab, überqueren die Zeller Straße und wandern auf dem Fahrradweg weiter nach Niefernheim. Am Weingut Puder in der Ortsmitte an der Linde geht es schließlich rechts hinunter zur Pfrimm. Direkt nach der Brücke leitet uns das blaue Z nach links, wo wir in düsterem Wald zu den geologisch interessanten **Niefernheimer Löchern ❼** kommen, um die sich einige Legenden ranken. Neben dem Nibelungenschatz, den angeblich

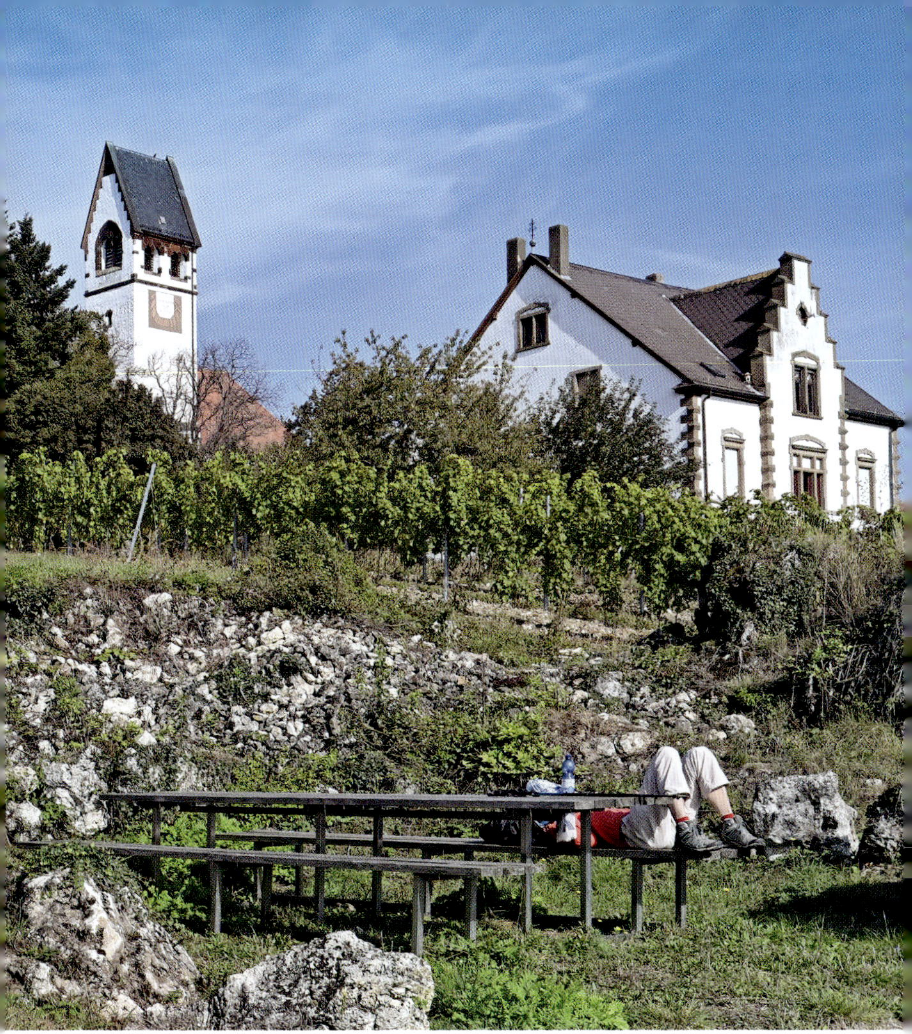

Hagen von Tronje hier versenkt haben soll, erzählt man sich auch von einer mit einem Schatz beladenen Kutsche, die hier verschwand. Ursache des geheimnisvollen Gewässers sind Quellen am Schnittpunkt einer Verwerfung zweier Schichten im Untergrund. Von den einst fünf Quelltöpfen ist nur noch einer vorhanden. Weiter geht es auf romantischem Pfad entlang der Pfrimm, der uns wieder zurück nach **Wachenheim ❶** bringt. Wir machen noch entgegen der Markierung einen kleinen Schlenker zum sehenswerten Schlossgut Lüll, dessen Entstehung bis ins 14. Jh. zurückreicht. Dazu biegen wir an der Mühlgasse nicht nach links (Zellertalweg), sondern nach rechts ab. An der Hauptstraße wenden wir uns nach links und passieren das Schloss und Weingut, dessen Hof durch den Tordurchgang betreten werden kann.

Das Weinanbaugebiet Bergstraße

Badische Bergstraße

Der badische Anteil an der Weinregion erstreckt sich von Wiesloch, wo sich im Süden das Anbaugebiet des Kraichgaus anschließt, bis zur Landesgrenze bei Laudenbach im Norden. Schon im 8. Jh. wird Weinbau in einer Urkunde des Klosters Lorsch erwähnt. Auf 395 ha findet man Weinbau in Lagen zwischen 120 und 250 Metern auf den westlich exponierten und sonnenverwöhnten Hängen, mancherorts auch in Steillagen. Böden auf tiefgründigem Löss, Lösslehm und auf den Verwitterungsböden aus Porphyr, Granit und Gneis mit einem kleinen Anteil von Buntsandstein bieten eine breite Vielfalt für kraftvolle Weine.

Zwei Großlagen bestimmen die Anbaugebiete. Von Wiesloch bis Heidelberg ist es die Großlage Mannaberg, nördlich anschließend die Großlage Rittersberg mit 14 Einzellagen. Größter Weinbauort ist Schriesheim mit allein vier Einzellagen, die wir auf Tour 47 durchwandern. Die Skulptur eines Winzers mit Bütte gegenüber dem Rathaus in Schriesheim verkündet »Schdolz bin isch uf Schriese, uf soin gude Woi«.

Den größten Anteil nimmt der Riesling ein, gefolgt von Silvaner, Müller-Thurgau, Weiß- und Grauburgunder. Eine Besonderheit an der Bergstraße ist der Rote Riesling, der als Cuvée aus der historischen Rebsorte mit Weißem Riesling gekeltert wird.

Hessische Bergstraße

Mit rund 463 ha Rebfläche ist der hessische Anteil am Bergsträßer Wein etwas größer als sein südlicher Nachbar. Zu den Weinlagen zwischen Heppenheim und Seeheim-Jugenheim zählt eine kleine Exklave bei Roßberg sowie die sogenannte Odenwälder Weininsel zwischen Groß- und Klein-Umstadt, auch Kleine Bergstraße genannt.

Erst seit 1971 existiert das kleinste Weinanbaugebiet Deutschlands, das zuvor zur Badischen Bergstraße gehörte. Über 600 Winzer betreiben den Weinbau meist als Familienbetrieb, oft auch nur im Nebenerwerb. Bekannteste Großlagen sind – von Norden nach Süden – der Auerbacher Rott, Bensheimer Wolfsmagen und Heppenheimer Schlossberg. Noch mehr als in Baden bestimmt der Riesling mit 39 % die Rebflächen und sorgt in manchen Jahren für herausragende Ergebnisse.

Burgundersorten und Müller-Thurgau stehen an zweiter Stelle bei ei-

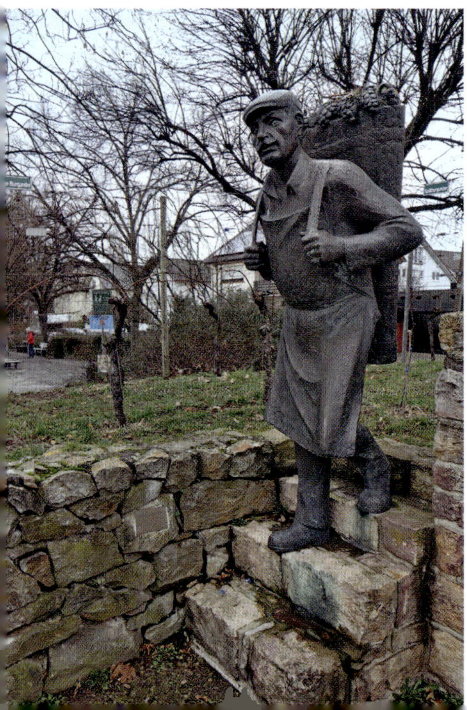

Skulptur gegenüber dem Rathaus in Schriesheim (Tour 47).

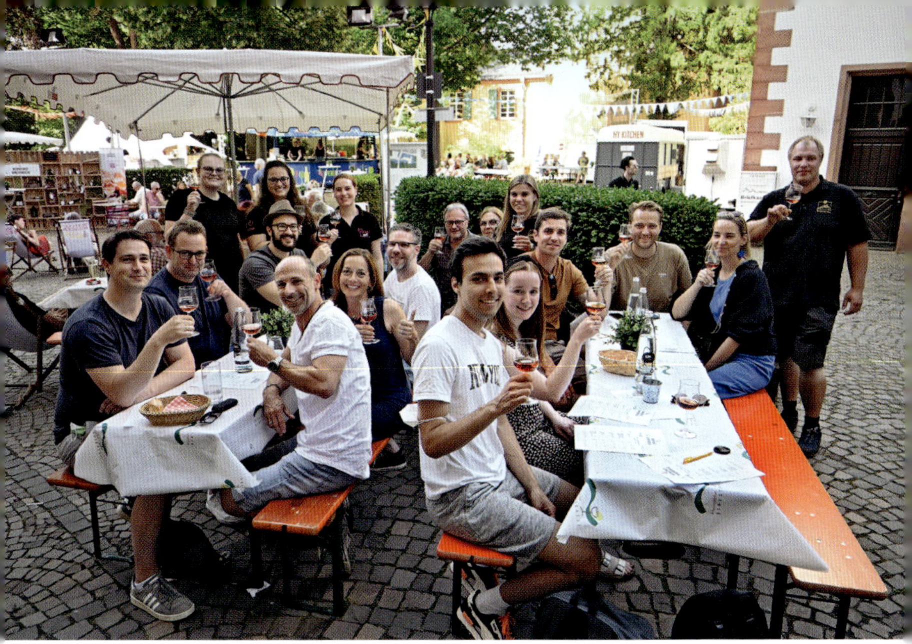

Weinheimer Weinfest (Tour 46).

nem Weißweinanteil von 79 %. Immer mehr internationale Rebsorten wie Sauvignon Blanc, Auxerrois oder Syrah ergänzen die herkömmlichen Weine.
In einigen Weingütern liegt der Anbau in innovativen Frauenhänden, die mit kreativen Cuvées auch junges Publikum ansprechen, wie das Beispiel der landesübergreifenden Jungwinzerinnen der Gruppe Vinas aus Heppenheim zeigt.

Weinfeste und Weinevents (Auswahl)

Februar

- Schriesheim, Rotweinwanderung (1. Sonntag)

März

- Schriesheim, Mathaisemarkt, 1. und 2. WE (=Wochenende)

Mai

- Bergsträßer Weinlagenwanderung zwischen Alsbach und Heppenheim

Juni

- Zwingenberg, Weinfest (an Pfingsten)
- Heppenheim, Bergsträßer Weinmarkt

Juli

- Heppenheim, Bergsträßer Weinmarkt

August

- Heppenheim, Wein- und Sektfest (letztes WE)

September

- Bensheim, Bergsträßer Winzerfest (1. und 2. WE)
- Darmstädter Weinfest 1. (WE)
- Heidelberger Herbst (letzter Samstag)
- Groß-Umstadt, Winzerfest (Mitte des Monats)

Oktober

- Weinheimer Weinmeile (2. Samstag)
- Weinheim-Lützelsachsen (Winzerfest 1. WE)

38 Zur Kleinen Bergstraße in Klein-Umstadt
Geopark-Pfad Landschaft, Mensch und Umwelt

2.15 Std. | 7,9 km | ↗140 m | ↘140 m

Abwechslungsreiche Runde mit Lernfaktor
Rundgang um die Kulturlandschaft an der Kleinen Bergstraße mit zahlreichen informativen Tafeln zu Geologie, Klima und Weinbau. Auf den südexponierten Weinbergen gedeihen schon seit dem Mittelalter sehr gute Weine auf den mineralreichen Böden, die über Löss und Porphyr entstanden sind.

Ausgangspunkt: Bahnhof Klein-Umstadt. Von Frankfurt und Darmstadt mit der Regionalbahn zu erreichen. Parkmöglichkeit am Bahnhof.
Anforderungen: Leichte Wanderung auf Weinberg- und Graswegen mit wenig Schatten.
Markierung: Vorwiegend gelbes L des Geopark-Pfades und U2.
Karte: Wanderkarte Bachgau Maintal (GNBO Blatt 1, 1:20.000), Hessischer Odenwald Nord (Meki Landkarten GmbH, 1:30.000).

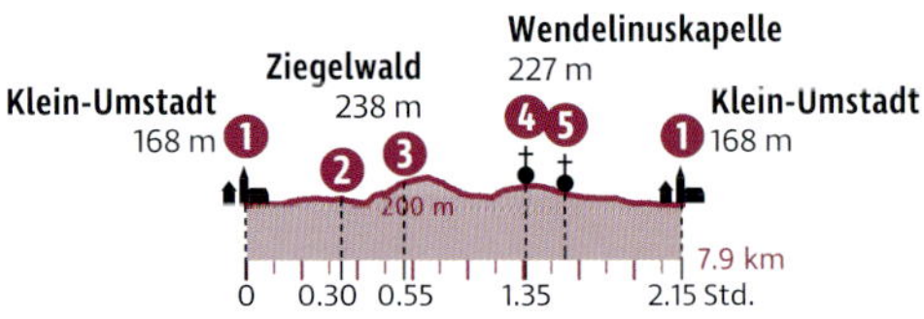

Einkehr: Klein-Umstadt, Gaststätte Bürgerhaus, So. 11–14 Uhr, sonst ab 17 Uhr, Mo. und Mi. Ruhetage.
Winzer: siehe Tour 39.

Die Wendelinuskapelle beim Stachelberg.

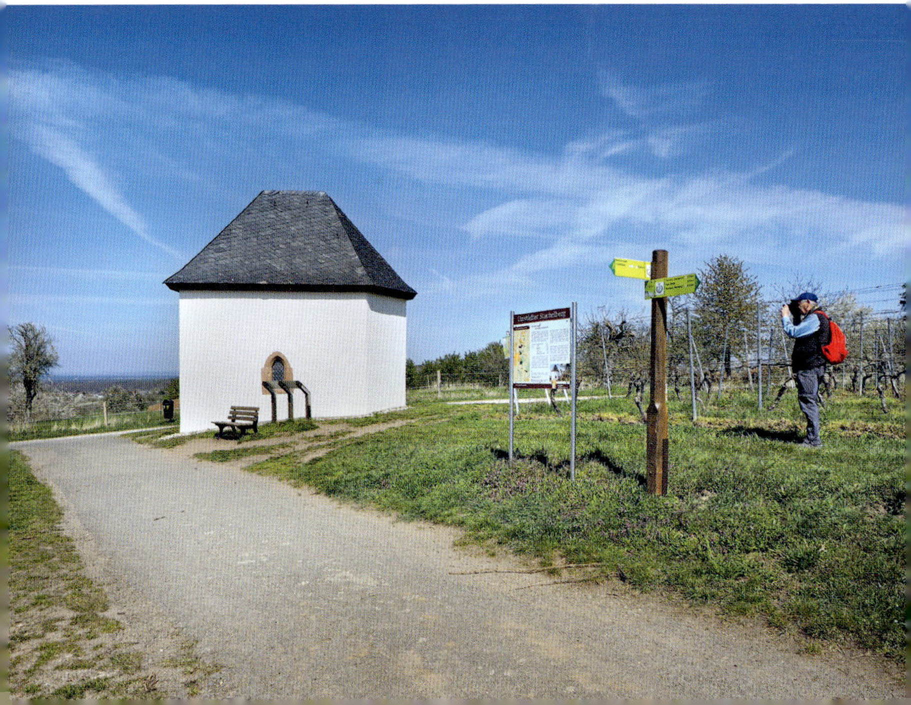

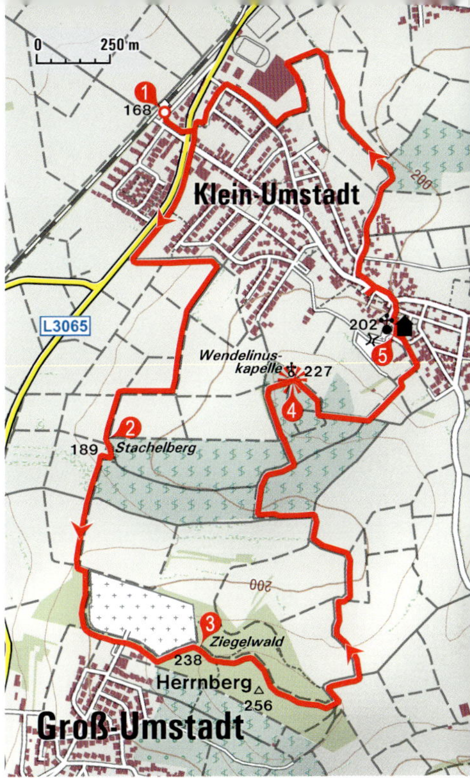

Gegenüber dem Bahnhofsgebäude von **Klein-Umstadt ❶** finden wir eine Infotafel, die uns einen geologischen Überblick der Kleinen Bergstraße verschafft. Da für uns Weinfreunde auch der geologische Untergrund der Weinlagen von Bedeutung ist, lassen wir uns gerne aufklären und orientieren uns am gelben L des Geopark-Parcours mit kleinen Abweichungen. Dazu wandern wir links hinauf zur Durchgangsstraße, überqueren sie und folgen dem Fahrradweg nach rechts in Richtung Groß-Umstadt aus dem Ort. Nach dem Abzweig nach links, geht es an der Bebauungsgrenze entlang bis zu einem geteerten Wirtschaftsweg, auf dem wir wiederum nach rechts abbiegen und die Feldflur beschreiten. Schon hier, nach wenigen Höhenmetern, werden uns weite Blicke auf die Vorberge des Odenwaldes im Süden und die Hochhaustürme der Stadt Frankfurt im Nordwesten beschert. Am Ende der Gehölzgruppe (die Markierung ist hier nicht ganz eindeutig) biegen wir rechts ab auf den Grasweg und wandern an erster Möglichkeit links hoch. Unter Walnussbäumen des Anbaugebiets **Stachelberg ❷** erwartet uns die zweite Tafel über den geologischen Aufbau der Landschaft um Klein-Umstadt. Wir erfahren, dass wir uns auf tertiär überdecktem Rhyolith (auch bekannt als Quarzporphyr) bewegen, der die Granitgneise des einstigen Variszischen Gebirges überlagert. Ein paar Gesteinsproben daneben erläutern die Theorie auf der Tafel.

Kurz dahinter knickt der Geopfad nach links ab. Wir schlagen ab hier einen größeren Bogen und folgen der U2-Route nach rechts, die sofort wieder links abknickt und auf den Wald zuläuft. Davor weist uns die Markierung nach links und taucht in den Wald ein. An der südlichen Ecke des Friedhofes verlassen wir U2 wieder und ziehen links an der Kapelle vorbei. Am oberen Ende des Areals gehen wir zuerst nach links, weiterhin am Zaun des Friedhofs entlang, bevor wir nach rechts in den **Ziegelwald ❸** eintauchen. In einigen Windungen schlängelt sich der Waldweg durch den vielfältigen Mischwald des Herrnberges. An einer Verzweigung halten wir uns rechts und folgen dem Weg bis zum Waldaustritt. Hier biegen wir links ab und genießen das Panorama über das Klein-Umstädter Anbaugebiet bis hinüber zum Spessart. Das U2-Wanderschild nimmt uns wieder auf und geleitet uns nach links bergab entlang einer Obstwiese und Weidefläche von zotteligen Hochlandrindern. Im Talgrund, am

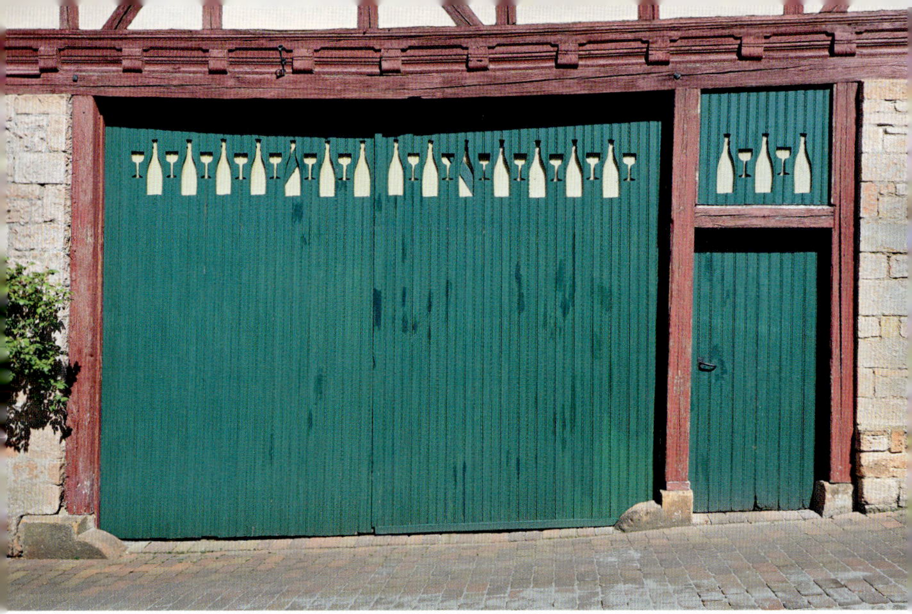

Scheunentor eines Winzerhofes.

asphaltierten Wirtschaftsweg, biegen wir links ab, gehen nach wenigen Metern rechts die Rampe hinauf und biegen auf dem Wiesenweg zwischen den Reben rechts ab. Oben geht es erneut nach rechts, wo uns an Tafel 3 das Mikroklima am Stachelberg erläutert wird, das für den Weinbau eine besondere Bedeutung hat. Kurz dahinter geht es links hinauf zur **Wendelinuskapelle ❹** und damit der höchsten Stelle unserer Tour mit fantastischem Rundblick. Die kleine Kapelle stammt vermutlich aus dem 15. Jh., obwohl auf einer Gravur im Eingangsbereich die Zahl 1794 zu lesen ist.

Wir gehen rechts an der Kapelle vorbei und wandern auf dem Schotterweg zwischen Obstbäumen und Reben weiter. Nach der Kurve biegen wir auf dem geteerten Weinbergweg wieder links ab. An der nächsten Kreuzung, bei einer Ruhebank, verlassen wir wieder den markierten Weg und benutzen den links abgehenden Grasweg Richtung Dorf, der, die Richtung beibehaltend, direkt zur Kirche führt. An der einstigen Simultan- und **Wehrkirche ❺**, die in die ehemalige Wehrmauer um den Ort integriert ist, gehen wir durchs Friedhofstor rechts am Gotteshaus vorbei und verlassen das Areal wieder auf der Vorderseite. Auf einer Tafel hinter dem Tor wird die Entstehungsgeschichte der Kirche erzählt. Die Verlängerung der Stufen führt zur Hauptstraße, auf der wir uns zweimal links halten und am alten Rathaus vorbei ziehen. Versäumen Sie nicht, ein paar Blicke in die herrlichen alten Winzer- und Apfelweinhöfe zu werfen.

Wir biegen rechts ab in den Neuen Weg und lassen uns vom Wegzeichen durch herrliche Streuobstwiesen oberhalb des Dorfes leiten. Vor der Schule, die Markierung ist im Gestrüpp schwer zu erkennen, biegen wir links, nach dem Gänsehof rechts ab und folgen der Markierung durch die Siedlung zurück zum Bahnhof von **Klein-Umstadt ❶**.

Von Groß-Umstadt zum Frankfurter Blick

Wanderung mit Sonnen- und Schattenseiten

39

3.45 Std. | 13,3 km | ↗340 m | ↘340 m

Wein und Wald im Wechsel

Die aussichtsreiche Runde führt auf angenehmen Wegen um das charmante Weinstädtchen an der Kleinen Bergstraße. Ausgehend vom Marktplatz mit seinem prächtigen Renaissancerathaus führt der Weg durch eine tief eingefurchte Lösshohle hoch zu den Weinberglagen, wo sich prächtige Panoramen in alle Richtungen eröffnen.

Ausgangspunkt: Bahnhof, 64823 Groß-Umstadt. Von Frankfurt und Darmstadt mit der Regionalbahn zu erreichen. Parkmöglichkeit am Bahnhof in der St.-Peray-Straße.
Anforderungen: Angenehme und aussichtsreiche Tour auf Weinberg-, Gras- und Forstwegen. Geringe Steigungen.
Markierung: Erst regionaler U1-, später U2-Wanderweg.
Karte: Wanderkarte Bachgau Maintal (GNBO Blatt 1, 1:20.000), Hessischer Odenwald Nord (Meki Landkarten GmbH, 1:30.000).
Einkehr: Unterwegs keine Möglichkeit. Weinstube Brücke-Ohl, Tel. +49 6078 73384, www.restaurant-weinstube-bruecke-ohl.de, Do. Ruhetag, sonst 11.30–14 Uhr und ab 17.30 Uhr. Die Weingüter Collatz, Emmerich, Lohmühle und Schäfer öffnen abwechselnd ihre Straußwirtschaften.
Winzer: Groß-Umstadt: **Weingut Anders**, Weidweg 32, Tel. +49 6078 3165, www.weinbau-anders.de. Nach dem Motto »Anders Wein trinken« erfolgt die Bewirtschaftung rein ökologisch mit hundertprozentiger Handlese. **Weingut Lohmühle**, Wächtersbachstraße 36, Tel. +49 6078 71499, www.weingut-lohmuehle.de, am Fuß der Weinlage Herrenberg steht auch die beliebte Straußwirtschaft des Weinguts. **Weingut Brücke-Ohl**, Georg-August-Zinn-Straße 23, Tel. +49 6078-2286, www.weingut-bruecke-ohl.de. Das Highlight sind die Weinproben auf dem Planwagen bei der zweieinhalbstündigen Rundfahrt durch die drei Umstädter Reblagen. **Weinbau Schäfer**, Am Stadtgraben 14, Tel. +49 6078 71491, www.weinbau-schaefer.de, beschränkt sich auf Silvaner, Müller-Thurgau und Riesling.

Beschwingte Weinprobe im Planwagen.

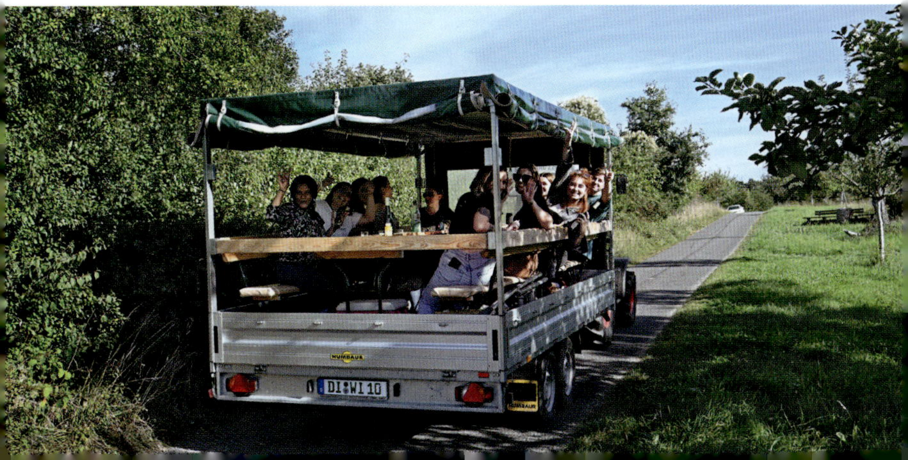

Ausgehend vom Bahnhof in **Groß-Umstadt** ❶ wandern wir über die Carl-Mierendorf-Straße und die Georg-August-Zinn-Straße zum belebten Marktplatz der Weinstadt. Dort halten wir uns rechts und ziehen weiter durch die Untere Marktstraße, die in leichtem Linksbogen zur Durchgangsstraße führt. Diese überqueren wir, finden den Wanderwegweiser von U2 und folgen ihm linker Hand des Friedhofes bergan. Am Ganß'schen Keller der ehemaligen Schwanenbrauerei gehen wir geradeaus weiter und betreten die Steinbornshohl (mundartl. »Schdammbertshoul«), die tiefste und engste Lösshohle Hessens. Schon seit römischer Zeit war sie ein wichtiger Verbindungsweg zwischen Hoher Straße und Frankfurter Straße.

Über Treppenstufen verlassen wir den düsteren Hohlweg und steigen wieder ans Tageslicht. Ursprünglich war die Hohle 800 Meter lang, wurde aber im oberen Abschnitt verfüllt. Wir halten uns links und gelangen nach den letzten Häusern in die Weinberglage Herrnberg. Im Süden blicken wir auf den Vulkanhügel mit der Feste Otzberg.

Der Wanderweg führt uns weiter zum **Naturschutzgebiet Herrnberg** ❷. An der nächsten Tafel, die das Phänomen der Lösshohlen erläutert, ignorieren wir den links abgehenden Weg. Kurz nach Beginn der Rebfläche möchte uns U2 nach links leiten. Wir gehen hier stattdessen geradeaus weiter und verlassen damit den markierten Weg. Der gepflasterte Weg knickt nach rechts und führt auf ein Weinberghäuschen mit Flachdach zu. Hier biegen wir rechts ab und halten uns nach wenigen Metern, an der Gehölzgruppe und der Tafel über die Umstädter Weinlagen, links. An der nächsten Kreuzung wandern wir rechts hinunter in den Talgrund. Neben einer Infotafel zum Thema Wald gehen wir wenige Meter nach links und queren den Wächtersbach, wobei wir uns rechts halten. Ein Wiesenweg führt uns zwischen Feldern sanft bergauf, knickt erst nach rechts, dann wieder nach links ab und leitet direkt auf den **Steinerwald** ❸ zu. Wir biegen links ab und finden die U1-Markierung, der wir uns nun fast durchgehend anvertrauen können. Der wundervolle Höhenweg beschert

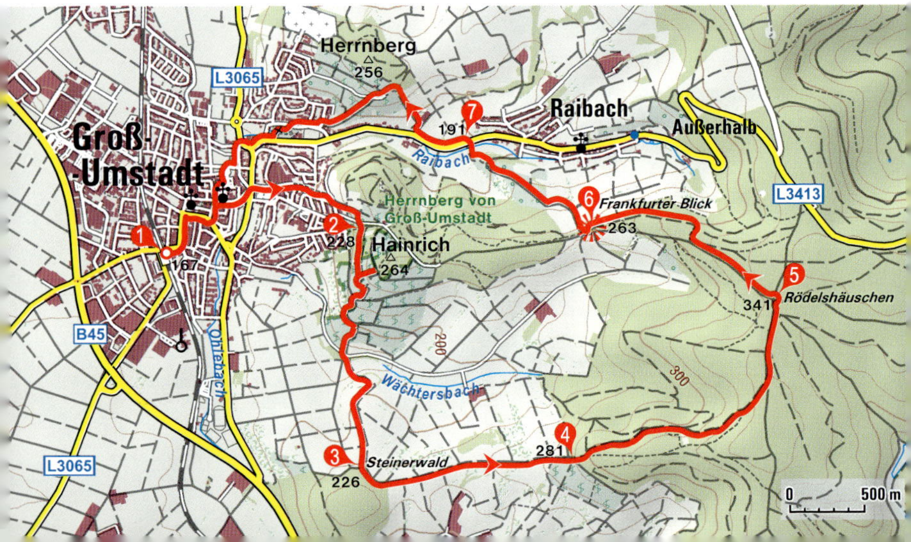

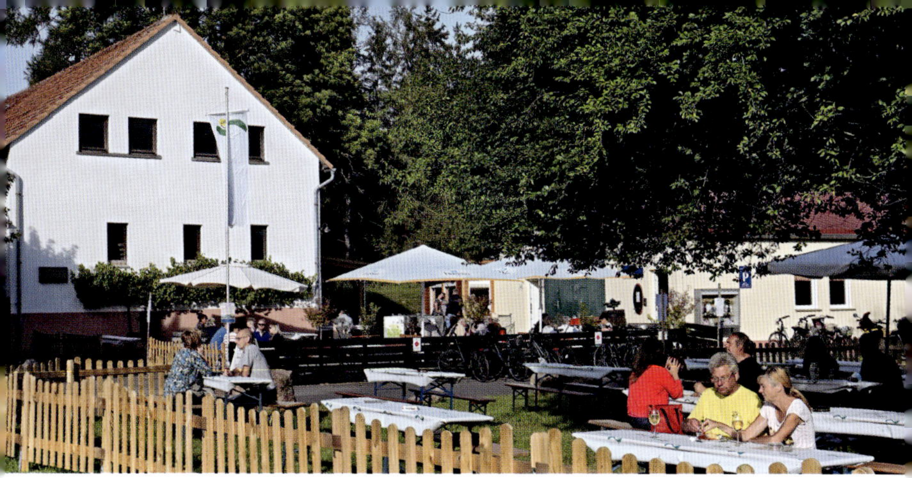

Straußwirtschaft des Weinguts Lohmühle.

uns weite Ausblicke auf die Groß-Umstädter Anbaugebiete. Rechts von uns die nördlichen Ausläufer des Odenwaldes.
An der geologischen Infotafel im Gewann **Kehrmich ❹** verlassen wir den Feldweg und folgen dem Pfad geradewegs in den Wald. Der Wanderweg verzweigt vor einem Hohlweg nach links. Wer Lust hat, kann auch geradeaus durch die Hohle wandern, auf allerdings weniger gepflegtem Weg. Beide Routen führen wieder zusammen. An der großen Wegkreuzung **Rödelshäuschen ❺**, mit der Nachbildung eines historischen Wegweisers des Großherzogtums Hessen, biegen wir links ab. Nach knapp 700 m des geradlinigen und eintönigen Waldweges nutzen wir die Gelegenheit und verlassen ihn nach rechts auf einen mit gelber 2 markierten Pfad. Nach 100 m knickt der Fußweg links ab und führt zum **Frankfurter Blick ❻**, der dem Autor trotz Podest wegen fast 3 m hoher Maispflanzen leider verwehrt blieb. Wir biegen nach der Tafel rechts ab und genießen wenigstens auf der bergab führenden Teerstraße den Weitblick zu den Frankfurter Wolkenkratzern. Unser U1-Wanderweg leitet uns durch üppige Streuobstwiesen, deren Nutzen für die Naturlandschaft auf einer Tafel erläutert wird, hinunter ins **Rainbacher Tal ❼**. Wir biegen links ab auf die Straße, gehen gut 300 m daran entlang und halten uns nach dem Pferdehof rechts. Hier wartet noch eine letzte Herausforderung auf uns. Quer zu den Höhenlinien verläuft der Feldweg steil bergauf zur Weinlage Steingerück. Wir halten uns links und lassen uns weiter durch den Wingert leiten, durchqueren unten im Ort angelangt einen Spielpark und wandern immer der Beschilderung folgend an der Heinrich-Klein-Halle vorbei zum Marktplatz von **Groß-Umstadt ❶**.

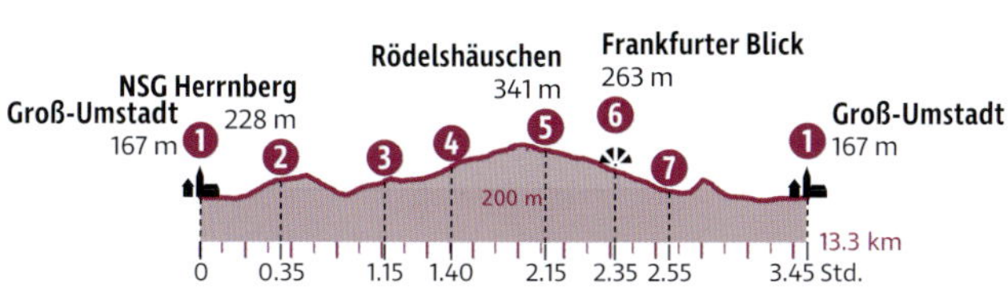

40 Von Zwingenberg zum Auerbacher Schloss

Durch die Weinlage Auerbacher Rott

3.30 Std. | 10,9 km | ↗ 380 m | ↘ 380 m

Hoch über dem Rheintal wandeln

Die aussichtsreiche Weinberg- und Waldwanderung bringt uns zum eindrucksvollen Auerbacher Schloss. Ausgangs- und Endpunkt ist das romantisch an den Melibokus geschmiegte Kleinod Zwingenberg, das mit Resten einer mittelalterlichen Stadtbefestigung und einem romantischen alten Ortskern aufwartet. Der bezauberndste Ort an der Bergstraße.

Ausgangspunkt: Bahnhof, 64673 Zwingenberg. Anfahrt mit der Regionalbahn. Parken am Bahnhof.

Anforderungen: Rundtour auf befestigten Weinbergwegen und Waldwegen. Größtenteils schattig.

Markierung: Nibelungensteig, gelbe 7, Alemannenweg, gelbe 4, Blütenweg.

Karte: Wanderkarte Bergstraße – Odenwald (GNBO Blatt 5, 1:20.000). Hessischer Odenwald Nord (Meki Landkarten GmbH, 1:30.000).

Einkehr: Burgschänke Schloss Auerbach, April–Okt., Mi.–So. ab 11 Uhr.

Winzer: Zwingenberg: **Weingut Simon-Buerkle**, Wiesenpromenade 13, Tel. +49 6251 76446, www.simon-buerkle.de. Den DLG-Bundesehrenpreis erhielt das Weingut schon fünfmal, der Pan Rot 2015, ein Cuvée aus Spätburgunder und Cabernet Sauvignon, ist ein harmonisches Meisterwerk. **Weingut J. Faber**, Gießer Weg 25, Tel. +49 6251 669996, www.weinfieber.de. Drei junge Winzer aus Zwingenberg und Umgebung betreiben das Weingut im Nebenerwerb, um die Bergsträßer Kulturlandschaft zu erhalten und erzeugen Spitzenweine wie z. B. den trockenen 2020er Riesling Zwingenberger Steingeröll aus dem Eichenfass. **Weingut Rebenhof**, Rieslingstraße 12, Tel. +49 6251 76368, www.gaertner-rebenhof.de, sympathisches Familienweingut mit Weinschänke, die in der Saison von Do.–Sa. geöffnet hat.

Zwingenbergs Stadttor Aul.

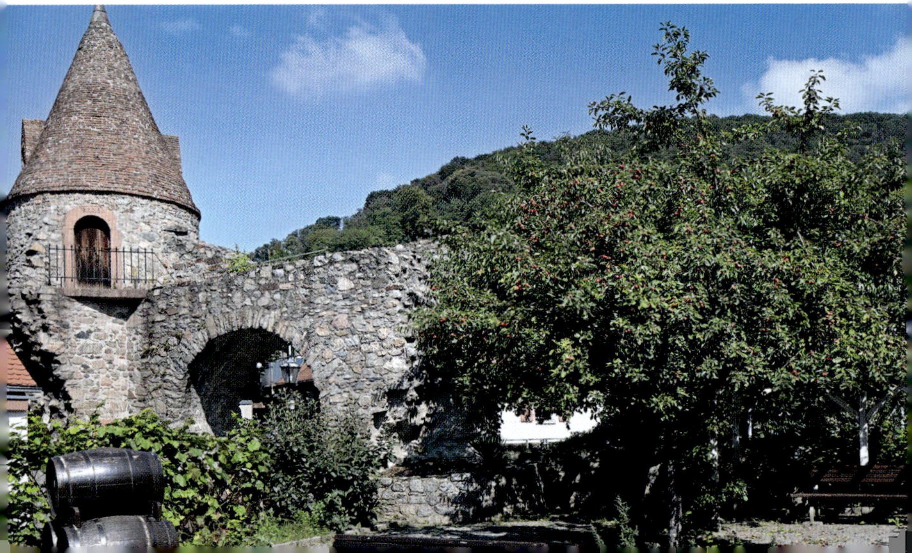

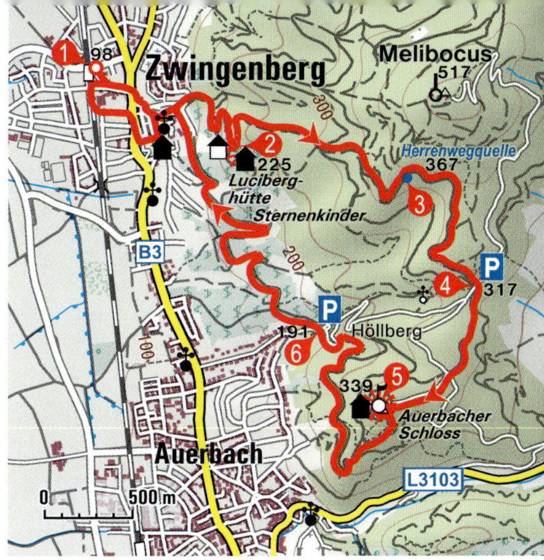

Von **Zwingenberg Bahnhof ❶** folgen wir dem N des Nibelungensteigs durch die Bahnhofstraße bis zur Bergstraße. Dort rechts und sofort wieder links weiter bis zum Eiscafé. Von der Unter- über die Obergasse und zuletzt über Treppenstufen führen uns die Wanderzeichen hoch zur eindrucksvoll über der Altstadt thronenden Bergkirche, dem weithin sichtbaren Wahrzeichen der Bergstraße. Schon vor 2000 Jahren mussten sich die Römer durch die Bergstraße »zwingen«, wo sich an dieser Stelle ein alter Rheinarm bis zur Hangkante erstreckte. Auch noch im Mittelalter musste jeder Reisende die Stadt durch Ober- und Untertor passieren.

An der Kirche vorbei ziehen wir weiter auf der Straße Auf dem Berg durch die Aul, das ehemalige östliche Stadttor der Befestigungsanlage bis zum markanten eisernen N des Nibelungensteigs. Hier geht es geradeaus weiter in Richtung Melibokus. Nach gut 100 m finden wir rechts abgehend einen Pfad mit Treppenstufen. Er knickt sofort wieder links ab und lässt uns im Zickzack die große Kehre abschneiden. An der Oberkante treffen wir wieder auf den Weg und blicken kurz darauf an der **Luciberghütte ❷** über die Dächer von Zwingenberg und auf die Weinlage Alte Burg, eine der steilsten Lagen an der Bergstraße. Holztafeln eines Weinlehrpfades informieren uns über Klima, Weinlagen und andere Themen des Weinbaus. Wir lassen das grandiose Panorama auf uns wirken. Zur Linken das Auerbacher Schloss, im Hintergrund die Starkenburg bei Heppenheim und gegenüber die Pfälzer Berge mit dem Donnersberg am nördlichen Ende. Im Norden reicht bei guter Sicht der Blick bis zum Taunus. Wir ziehen nach links weiter durch den herrlichen naturbelassenen Wald des Naturschutzgebietes Orbishöhe. An einer Wegkehre gehen wir geradeaus in Richtung Auerbacher Schloss. Auf einer Infotafel wird uns erläutert, dass wir uns im Natura-2000-Gebiet bewegen, das charakterisiert ist durch großflächige Buchenwälder auf Granitverwitterungsböden und Laub-Mischwäldern.

Achtung! Am Linksabzweig von Nibelungensteig und Alemannenweg bleiben wir geradeaus auf der gelben 7, da die beiden Fernwanderwege über den Melibokus führen. Wer Lust und Kondition hat, folgt dem

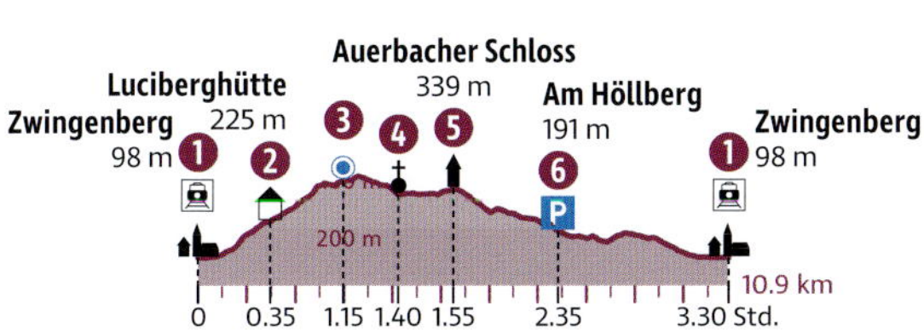

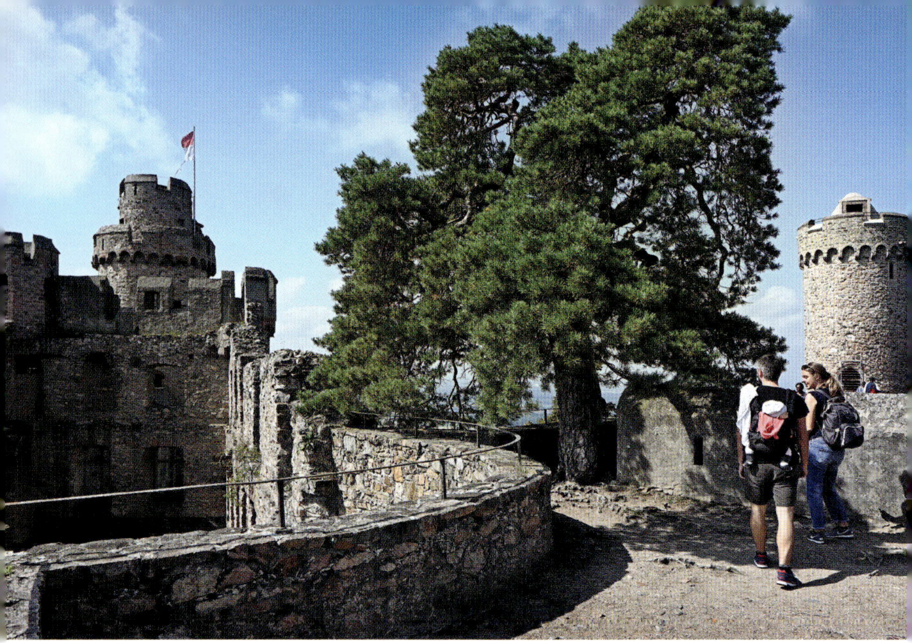

Burgruine Auerbacher Schloss.

roten A zur höchsten Erhebung an der Bergstraße, der an der Not-Gottes-Kapelle wieder mit unserer Tour zusammentrifft. Nur wenige Meter danach passieren wir am Wegesrand inmitten von Felsblöcken die **Herrenwegquelle ③** mit erfrischendem, eisenhaltigem Quellwasser. Am Parkplatz der **Not-Gottes-Kapelle ④** überqueren wir die Straße, halten uns halb rechts und folgen nun dem Alemannenweg, der sich inzwischen wieder zu uns gesellt hat. Über das Teersträßchen erreichen wir nach Parkplatz, Brücke und Schlossgraben das Eingangstor der romantischen Burgruine des **Auerbacher Schlosses ⑤**. Die gewaltige Burganlage wurde von den Grafen Katzenelnbogen im 13. Jh. erbaut und diente zur Sicherung der Bergstraße. Auf den Stufen zum eindrucksvollen Nordturm mit imposantem Ausblick passieren wir die über 300 Jahre alte Waldkiefer, die sich geschickt an das Mauerwerk klammert, wo sie aus Ritzen und Spalten ihr Wasser bezieht.

Zurück am Schlosstor, nehmen wir 10 m dahinter den ersten Mauerdurchbruch nach rechts. An der Kreuzung der Pfade gehen wir nach links und stoßen nach 50 m wieder auf die Wanderwege, denen wir in spitzem Winkel nach rechts bergab folgen.

Nun heißt es aufpassen: Auf dem ebenen Weg in nördlicher

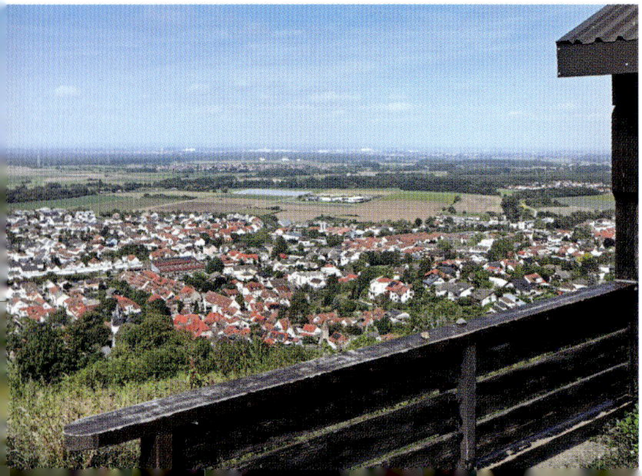

Ausblick von der Luciberghütte.

Richtung unterhalb des Schlosses verzweigt der Alemannenweg kurz vor einer Schutzhütte scharf links bergab. Wir verlassen den Fernwanderweg hier, orientieren uns an der gelben 4 und nehmen an der nächsten Verzweigung den links bergabführenden Fußpfad. Nach Durchschreiten einer Klamm stoßen wir auf eine Straße, biegen links ab (gelbe 2) und verlassen sie wieder nach der Kehre nach rechts zum **Wanderparkplatz Am Höllberg** ❻. Hier finden wir das gelbe B des Blütenweges, das uns nun aussichtsreich durch die Rebflur zurückführt. Schon im Mittelalter wurde hier Weinbau betrieben. Aus dem Jahr 1258 ist der Grafenweinberg unterhalb der Burg dokumentiert. Heute zählen die geschützten Steillagen zum Anbaugebiet Zwingenberger Steingeröll, eine der besten Lagen an der Bergstraße, die auf Granit-Verwitterungsböden mineralische Riesling- und Burgundersorten hervorbringt. Schön rasten, mit Blick auf das Schloss und ins Rheintal, lässt es sich auf der Sitzbank oberhalb des Erinnerungssteins für Sternenkinder.

Beim Schild über den Jahresablauf im Weinberg befinden wir uns wieder auf dem Weinlehrpfad und gehen links bergab. Der Blütenweg bringt uns wieder zur Mauer mit dem Brünnchen, das wir vom Hinweg schon kennen. Dort biegen wir links ab und wandern an der Bergkirche vorbei in die romantische Obergasse von Zwingenberg mit einigen Lokalen. Über den schön gestalteten Marktplatz und die historische Scheuergasse geht es zurück zum **Zwingenberger Bahnhof** ❶.

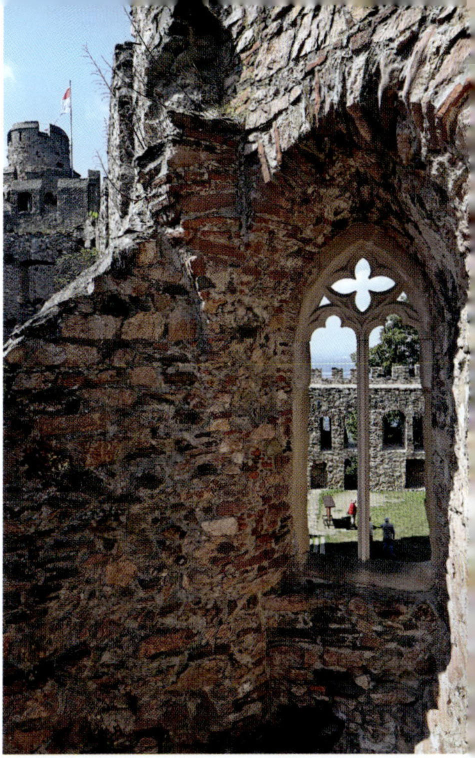

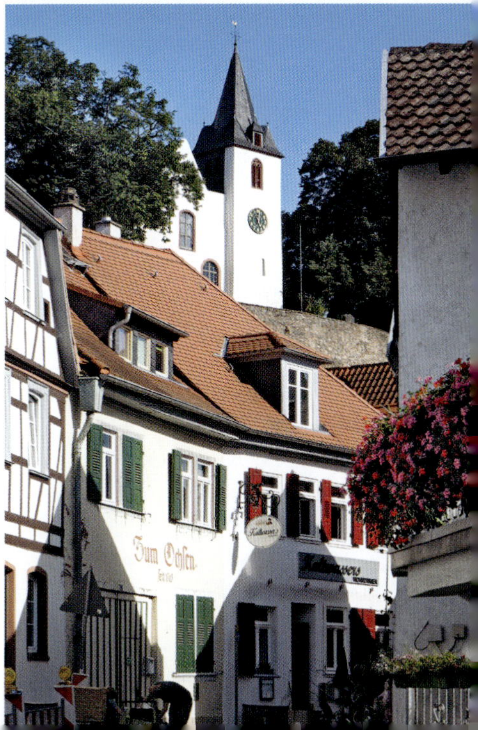

Oben: Südfenster der ehemaligen Kapelle von Schloss Auerbach.
Unten: In der Altstadt von Zwingenberg.

41 Im Fürstenlager bei Bensheim-Auerbach

Zur ehemaligen Landgrafen-Sommerfrische

3.15 Std. | 11,6 km | ↗ 310 m | ↘ 310 m

Durch Bensheimer Weinlagen

Von Auerbach, dem beliebten Vorort Bensheims, wandern wir hoch zum Fürstenlager, der ehemaligen landgräflichen Sommerfrische. Ein wenig bekannter Ort der Meditation und Stille empfängt uns am Jerusalem Friedensmal. Von dort ziehen wir oberhalb der Weinlagen Herrnwingert und Fürstenlager auf aussichtsreichen Panoramawegen zurück an die Bergstraße.

Ausgangspunkt: Bahnhof in 64625 Bensheim-Auerbach. Von Heidelberg und Darmstadt mit der Regionalbahn zu erreichen. Parkplätze am Bahnhof.

Anforderungen: Rundtour auf befestigten Wegen durch Felder, Wald und Weinberge.

Markierung: Grüne 2, gelbe 8, gelbes Quadrat.

Karte: Wanderkarte Bergstraße – Odenwald (GNBO Blatt 5, 1:20.000). Hessischer Odenwald Nord (Meki Landkarten GmbH, 1:30.000).

Einkehr: Auerbach: Fürstenlager Kiosk, Fr.–So. ab 12 Uhr. Blauer Aff, Tel. +49 6251 72958, www.blauer-aff.de, tgl. ab 17 Uhr. Alte Dorfmühle, Tel. +49 6251 7808457, www.altedorfmuehleauerbach.de, tgl. ab 12 Uhr. Schönberg: Ross und Riesling, Tel. +49 178 7309882, www.rossundriesling.de, Mi.–Fr. ab 14, Sa., So. ab 11 Uhr.

Winzer: Bensheim: **Weingut Schloss Schönberg**, Zwischen den Bächen 23-25, Tel. +49 6251 7030320, www.schloss-schoenberg.com. Ausschließlich von Hand gelesene Trauben werden zu tollen Weinen ausgebaut, wobei man sich auf große Burgunderweine fokussiert. **Weingut Rothweiler**, Berliner Ring 184, Tel. +49 171 6825773, www.weingut-rothweiler.de. Das Weingut mit dem roten Türmchen bietet eine breite Palette quer durch den Rebengarten an, mit eher seltenen Sorten wie Regent, Ehrenfelser oder Dakapo, und überzeugt damit auch die renommierte Weinpresse.

Das Jerusalem Friedensmal.

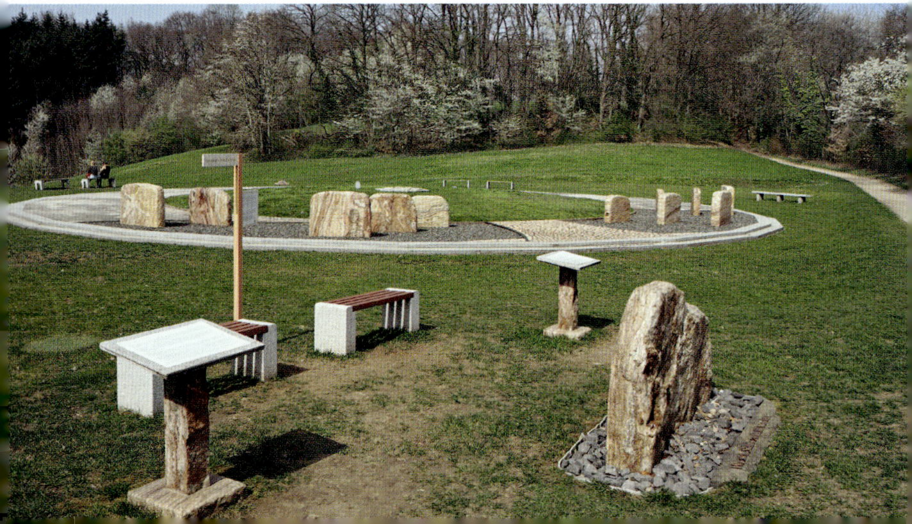

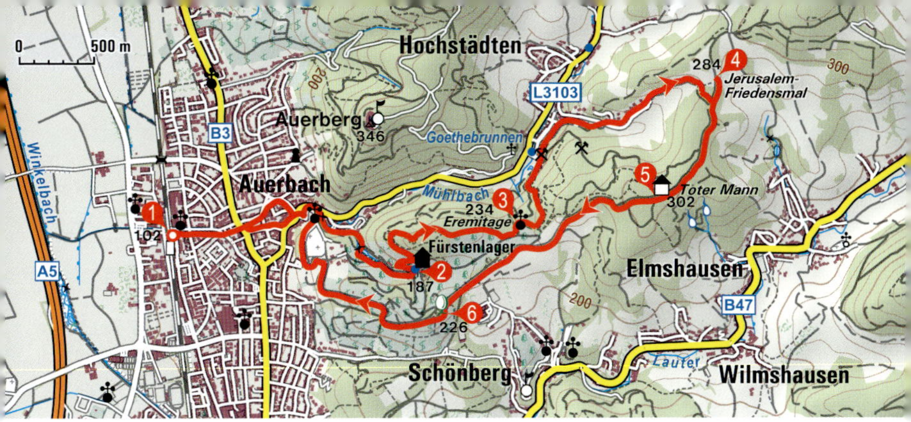

Das rote N des Nibelungensteigs führt uns vom **Auerbacher Bahnhof** ❶ hoch zur B3, die wir überqueren, wobei wir uns rechts halten und nach 100 m links abbiegen in die Straße Neuer Weg. Am Ende treffen wir auf die traditionsreiche Bachgasse, halten uns links und nehmen den nächsten Abzweig am Kirchweg, der uns hoch zur eindrucksvoll über dem Ort thronenden Bergkirche leitet. Dahinter folgen wir dem ganz links abgehenden Fußweg. Am Entenweiher verzweigt unser Weg nach links auf die Haupttrasse der Wanderwege, die mitten durch den **Staatspark Fürstenlager** ❷ führt. Der 46 ha große Park wurde Ende des 18. Jh. vom Landgrafen zu Hessen-Darmstadt als ländliche Sommerfrische angelegt, um der strengen Hofetikette der Darmstädter Residenz im ländlichen Odenwald zu entfliehen. Während das Herrenhaus am Ende des Parks der großherzoglichen Familie vorbehalten war, dienten die restlichen Gebäude dem Personal und den Gästen.

Im Zentrum, am Gesundbrunnen, machen wir wieder kehrt, gehen ein paar Schritte zurück und biegen hinter dem Damenbau rechts ab, steigen der grünen L2 folgend bergauf und betrachten das herrliche Ensemble aus einer anderen Perspektive. Wir folgen der Pappelallee bis zum Weinberg hoch, wo sich uns wieder ein Blick ins Rheintal eröffnet. An den Ruhebänken schwenken wir nach rechts und wandern auf der Kammhöhe durch hochstämmigen Buchenwald, der grünen 2 folgend, weiter.

Am Luisendenkmal vorbei geht es zu den Neun Aussichten, wo die einstigen Sichtschneisen heute allerdings zugewachsen sind. Unten an der breiten Lichtung, am Doktor-Lommel-Weg, biegen wir links ab, gehen am nächsten Abzweig nochmals nach links und besuchen die oben hinter dem Eibengebüsch im Wald versteckte **Eremitage** ❸. Die Kapelle, auch Rindenhäuschen genannt, ist rundum mit Rinde verkleidet und mit Schilfrohr gedeckt. Wir folgen

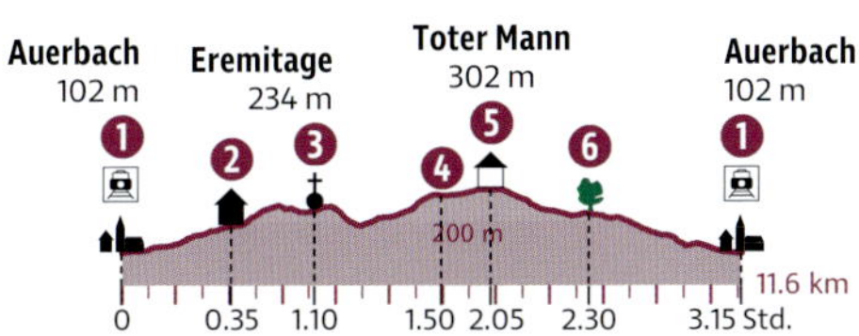

noch weiter unserer grünen 2 und verlassen sie kurz darauf am ersten der beiden links abgehenden Wege, auf einen unmarkierten bergab führenden Pfad.

Angenehmer als die offiziellen Wanderwege führt uns der schmale Weg hinab zum Rand des ländlichen Vorortes Hochstädten. Nach der Infotafel für Mountainbiker ziehen wir geradeaus weiter über den Parkplatz, wo der asphaltierte Weg bald wieder in einen Wanderweg übergeht. Oberhalb des besiedelten Bereichs schwenkt der Pfad bald nach rechts und mündet auf den Weiherweg, wo wir die Richtung fortsetzen (gelbe 3) und das Seitental hochwandern. Nach einer Rechtskehre stoßen wir wieder auf die Hauptwanderwege und machen nun einen kurzen Abstecher nach links zum **Jerusalem Friedensmal ❹**. Der Friedensort an den Fernwanderwegen soll zum Innehalten anregen. »Jerusalem ist mehr als ein Ort, Jerusalem ist ein Zustand der Schönheit«, so Rabbi A. Steimann bei der Eröffnungsrede im Jahr 2012.

Wir nehmen die Markierungen wieder auf, machen hier kehrt und erreichen am **Toten Mann ❺** den höchsten Punkt unserer Tour, der allerdings fest in Händen der Mountainbiker ist, daher ist gegenseitige Rücksichtnahme geboten.

Tiefblick auf das Auerbacher Fürstenlager.

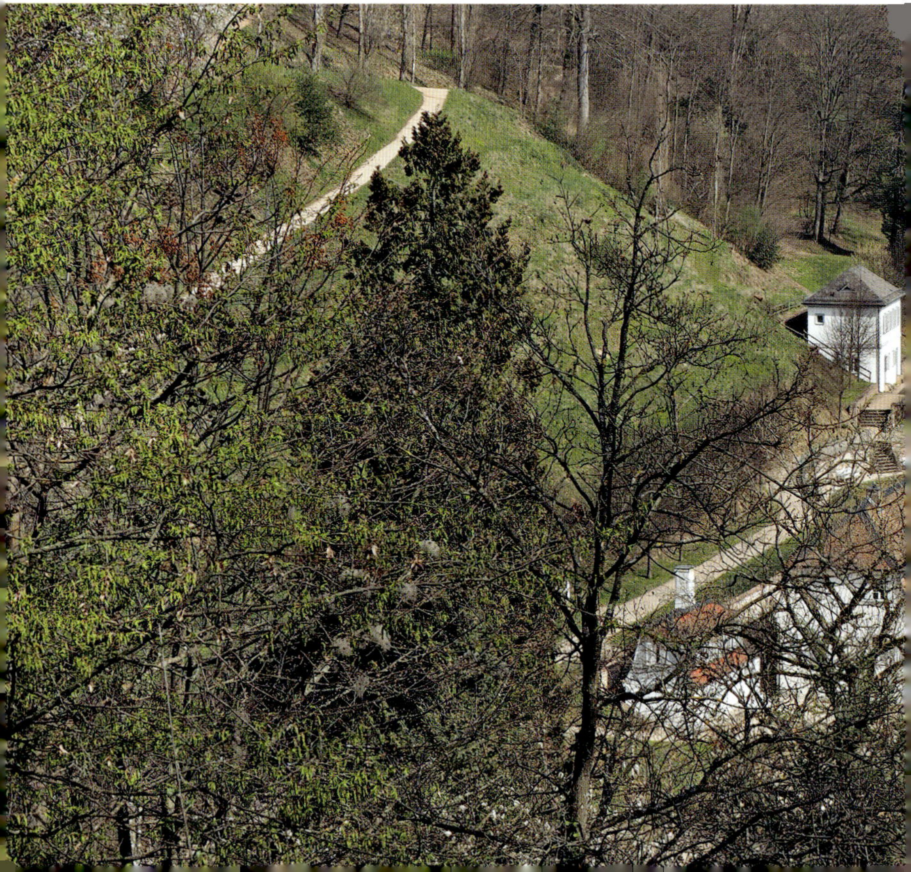

Kurz darauf an der Kreuzung folgen wir nach links dem aussichtsreichen Pilgerweg mit dem gelben Säckchen, der Blicke bis zur Wachenburg in Weinheim eröffnet. Von rechts lugen bald die Zinnen des Auerbacher Schlosses über den Baumkronen herüber. Wer einkehren möchte, geht am Waldhaus nach links zum urigen Gartenlokal Ross und Riesling.

Der Alemannenweg bringt uns zum nächsten Abzweig, dort gehen wir nach links und folgen an der **Ludwigslinde ❻** rechts der gelben 8 auf herrlichem Panoramaweg der Weinlage Schönberger Herrenwingert. An der Sitzgruppe und der Infotafel über das Auerbacher Fürstenlager knickt der Weg nach rechts, verläuft an der Unterkante eines Rains und später durch einen Hohlweg zu den ersten Häusern. Dort verlassen wir nochmals die ausgeschilderten Wege nach links in die Wolfsschlucht, halten uns kurz nach dem Scheffelplatz rechts und wandern unterhalb des Friedhofs zur Bergkirche.

Zurück an der Bachgasse, gehen wir ein paar Schritte nach rechts und steigen links die Weidgasse hinauf. Links des Weges befindet sich das Traditionslokal Blauer Aff. In einem Halbbogen umkreisen wir den alten Ortskern und erreichen in Verlängerung der Karlsbader Straße wieder den **Auerbacher Bahnhof ❶**.

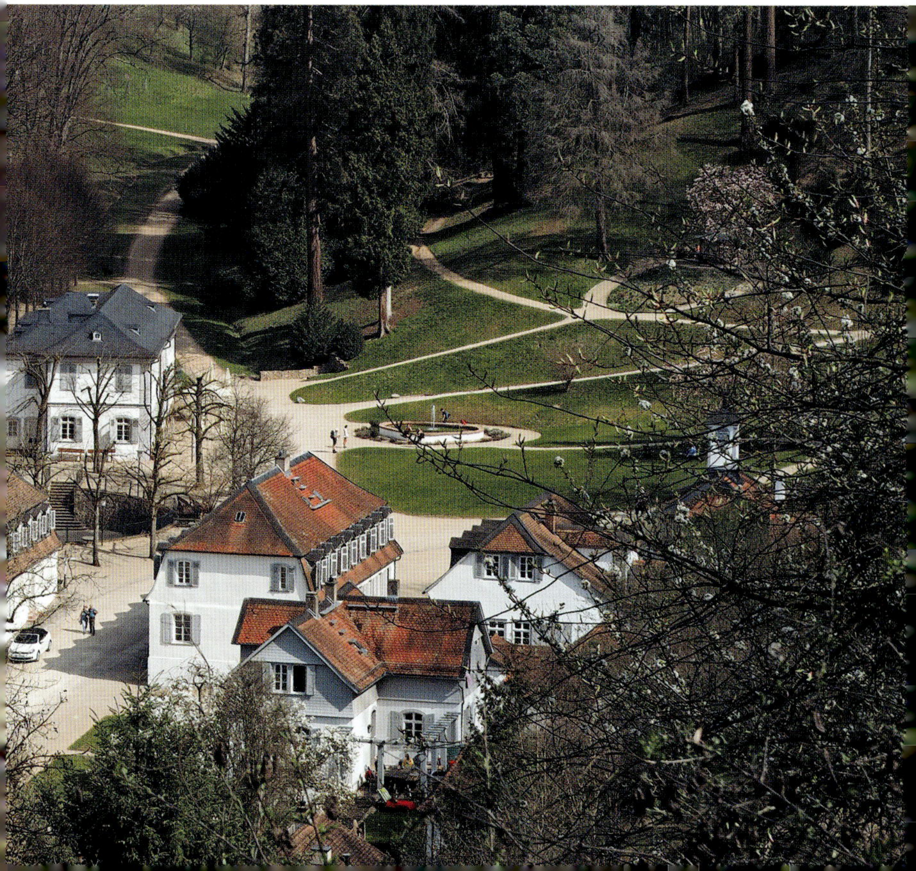

42 Auf dem Hessentagsweg in Bensheim
Vom Hemsberg zum Kirchberg

TOP | 4.30 Std. | 14,7 km | ↗430 m | ↘430 m

Weinwandern vom Feinsten am Rand des Odenwaldes

In mehrfachem Auf und Ab quert der Hessentagsweg aussichtsreich mehrere Anbaugebiete der Hessischen Bergstraße. Die schönsten Ziele rund um Bensheim, wie Hemsberg, Fürstenlager und Kirchberg, liegen aufgereiht wie auf der Perlenschnur am Weg und laden ein zum Verweilen. Ein Landschaftsgenuss zu jeder Jahreszeit.

Ausgangspunkt: Bahnhof in 64625 Bensheim. Parkmöglichkeit im APCOA Parkhaus an der Promenadenstraße.
Anforderungen: Rundtour auf befestigten Wegen durch Felder, Wald und Weinberge.
Markierung: Vorwiegend grüne S1-Beschilderung.
Karte: Wanderkarte Bergstraße – Odenwald (GNBO Blatt 5, 1:20.000). Hessischer Odenwald Nord (Meki Landkarten GmbH, 1:30.000).
Einkehr: (Siehe auch Tour 41) Hemsbergturm, im Sommer an Sonntagen bewirtschaftet. Kirchberghäuschen, Tel. +49 6251 3267, www.kirchberghaeuschen.de, bei guter Witterung ab 12 Uhr. Bei beiden erkennt man an der gehissten Fahne, ob geöffnet ist. Weinstube Jäger (s. Winzer), Di.–Fr. und So. ab 16 Uhr. Kmeier's Wein- und Flammkuchenhaus, Tel. +49 6251 987439, www.kmeiers.de, Mi. Ruhetag, sonst ab 11 Uhr. Weinlokal Götzinger (siehe unten), Mi.–Sa. ab 14, So. ab 12 Uhr.
Winzer: Bensheim: **Weingut Jäger**, Am Rinnentor 40, Tel. +49 6251 62762). Durch Übernahme des Weinguts der Stadt Bensheim konnte die Anbaufläche auf 18 ha erweitert werden. **Weingut Mohr**, Grieselstraße 51-59, Tel. +49 6251 2299, www.mohr-weingut.de, diverse prämierte Weine auch nach Besitzerwechsel im Jahr 2020. **Sekthaus Griesel & Compagnie**, Grieselstraße 34, Tel. +49 6251 8696891, www.griesel-sekt.de. Die Sektkollektion führt immer wieder zu Spitzenplatzierungen, so etwa Meiningers Deutscher Sektpreis 2021. Zell: **Weingut Götzinger**, Gronauer Str. 152, Tel. +49 6251 68714, www.weingut-goetzinger.de. Im beliebten und geselligen Weinlokal im Bensheimer Vorort Zell gibt es deftige Speisen zum hauseigenen Wein, Spezialität des Hauses ist der Rote Riesling, eine historische Weißweinsorte. Gronau: **Weingut Dingeldey**, Hintergasse 28, Tel. +49 6251 39816, www.weingut-dingeldey.de. Das Familienweingut im Gronauer Tal betreibt schon seit vielen Generationen Weinbau, diverse Auszeichnungen zeugen vom Erfolg der meist von Hand gelesenen Trauben.

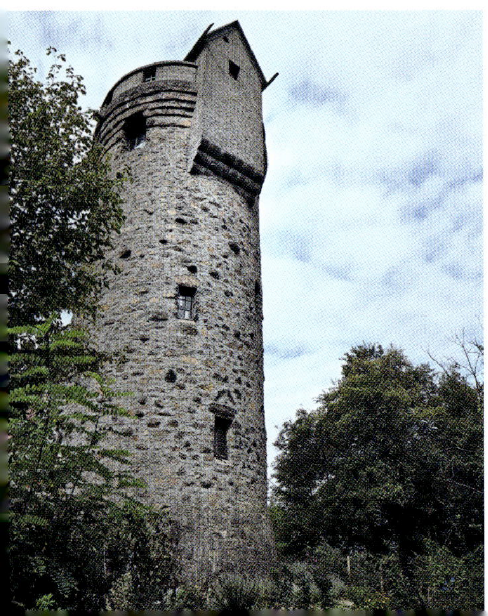

Aussichtsturm auf dem Hemsberg.

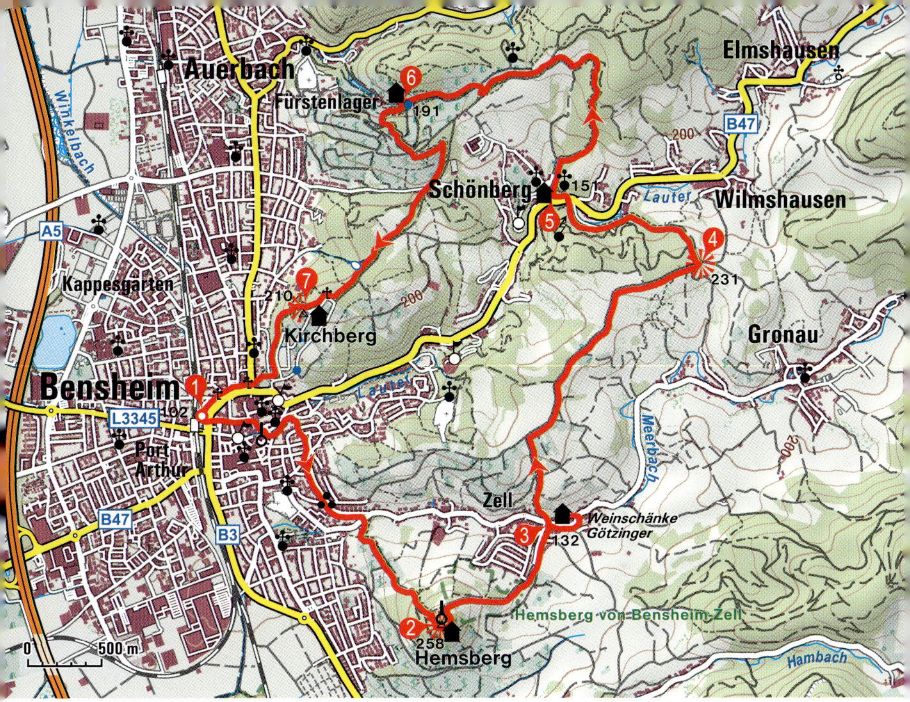

Im Jahr 2014 fand der alljährliche Hessentag in Bensheim statt. Aus diesem Anlass kreierte die Stadt den Wanderweg, der aussichtsreich zu den beliebtesten Sehenswürdigkeiten rund um die Weinstadt führt. Vom Bahnhof in **Bensheim** ❶ aus gehen wir geradewegs zur Innenstadt. In der Fußgängerzone halten wir uns rechts, passieren den Marktplatz und gehen durch den Torbogen des prächtigen Fachwerkhauses Fleck nach links. Am Josef-Stoll-Platz mit der Skulptur der Fraa vun Bensem unter der Linde biegen wir rechts ab. Am Ende wandern wir links die Platanenallee hoch und biegen rechts ab in die Augartenstraße, wo wir mehrere Wegzeichen von Wanderwegen finden. Wir orientieren uns an der grünen S1 des Hessentagsweges, der bis zum Hemsberg identisch ist mit dem Burgensteig.

Nach einem Treppensteig schlendern wir gemütlich durch ruhige Wohnstraßen in Richtung Hemsberg, der sich schon in unserem Sichtfeld befindet. Am Ortsschild des Vorortes Zell überqueren wir die Gronauer Straße und halten uns im Wald sofort rechts. Am Ende des kleinen Wäldchens geht es oberhalb des Anbaugebietes Hemsberg weiter. Nach ein paar schweißtreibenden Steileinlagen erklimmen wir den **Hemsberg** ❷ mit seinem Aussichts-

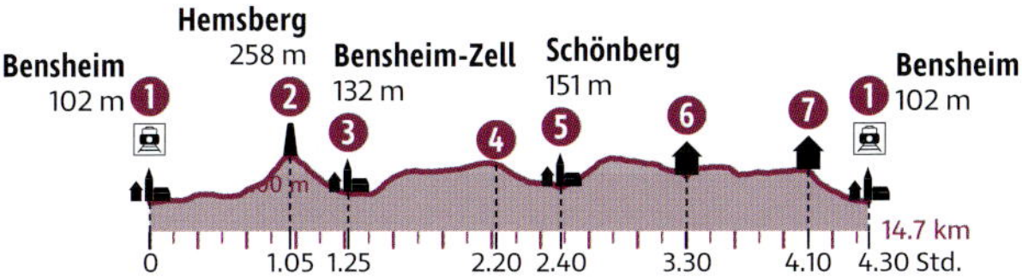

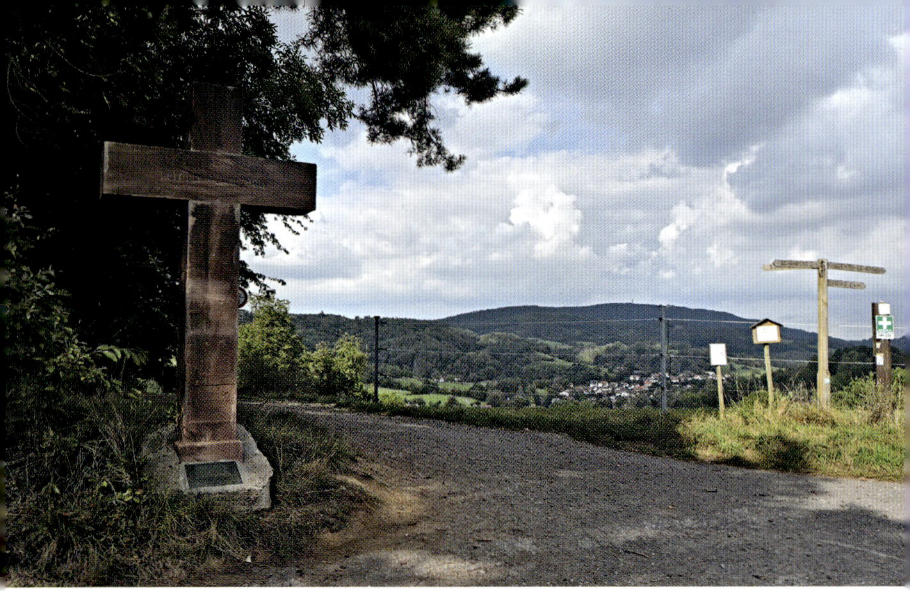

Beim Schönberger Kreuz.

turm. Wir biegen vor dem Turm rechts ab, gehen an der Hütte und am gepflegten Blumen- und Kräutergarten vorbei. Dahinter halten wir uns rechts und verzweigen sofort wieder nach links und verlassen damit den Burgensteig an der Tafel des Naturschutzgebietes Bensheim-Zell. Mit wunderbarem Ausblick auf den Melibokus und das Auerbacher Schloss darunter führt der steile Weg durch Weideflächen hinab in den ländlichen Bensheimer Vorort Zell. Nach den ersten Häusern von **Bensheim-Zell ❸** weist das grüne S1-Zeichen nach links. Wir gehen hier geradeaus weiter den Schotterweg abwärts bis zur Hauptstraße. Wer in der Weinstube einkehren möchte, geht auf der Durchgangsstraße nach rechts und findet sie nach 100 m auf der linken Seite. Urgemütliche Weinlauben, unter denen auch mal die Hühner spazieren gehen, laden zu deftiger Hausmannskost ein.

Wer sich den Schoppen noch aufspart für später, geht wenige Meter nach links und direkt vor der Bushaltestelle die Stufen hoch. Am Ende des Pfades, bei einer Ruhebank, schlagen wir den linken Zweig ein und wandern an der Kreuzung der Hohlwege geradeaus weiter (gelbes L). An der T-Kreuzung am Ende des Weges im Anbaugebiet Bensheimer Streichling biegen wir rechts ab. Auf dem historischen und aussichtsreichen Höhenweg, einem der schönsten an der Bergstraße, mit Ausblick in alle Richtungen geht es weiter bis zum **Schönberger Kreuz ❹**. Dort biegen wir links ab, folgen aber nicht dem markierten Weg durch den Wald, sondern gehen auf dem anfangs parallel verlaufenden Waldrandweg rechts daneben. Nach starken Regenfällen ist es vernünftiger, dem S1 zu folgen. Kurz bevor der Feldweg endet, setzt sich der Hohlweg nach links auf einem urigen Pfad fort. Am Ortsrand von Wilmshausen stößt der Pfad auf die plätschernde Lauter, die wir nun ein Stück weit begleiten. An der Nibelungenstraße biegen wir links ab nach **Schönberg ❺**. Vor uns blicken wir auf das Schönberger Schloss aus dem 16. Jh. An erster Möglichkeit biegen wir rechts ab in die Straße Am Rosengrund, die kurz darauf am Friedhof vorbei (hier wieder grüne S1) und rechts in den Haingrund leitet.

Nach dem Steilstück bei der Verzweigung an der Ruhebank gehen wir links weiter. Der Pfad mündet auf einen Forstweg, der schließlich in den franziskanischen Pilgerweg übergeht. Auf prächtigem Panoramaweg ziehen wir an Weidezäunen entlang weiter in Richtung Fürstenlager. An zweiter Möglichkeit, bei einer Ruhebank, biegen wir rechts ab auf einen Waldpfad, der uns eine Etage tiefer in die Streuobstallee bringt, wo wir links abbiegen. Der Weg ist vor allem im Frühjahr zur Obstbaumblüte ein wahrer Genuss. Das **Fürstenlager 6**, die ehemalige Sommerfrische der Landgrafen von Hessen-Darmstadt, wurde nach Entdeckung einer mineralischen Heilquelle seit 1739 nach und nach ausgebaut und ist heute eines der beliebtesten Ausflugsziele der Hessischen Bergstraße.

Wir biegen nach Brunnen und Herrenhaus links ab Richtung Altarberg (nicht auf S1), wenden uns an der Kehre scharf nach links und folgen vorübergehend der gelben 8 bis zum Pavillon. Dort geht es in spitzem Winkel rechts hoch. Oben vor den Weinbergen halten wir uns links, bleiben am oberen Rand der Rebfläche und wandern unterhalb der Picknickbänke der Ludwigslinde vorbei. Am Ende der Rebfläche gehen wir rechts hinab zum Wanderparkplatz, überqueren ein Sträßchen und folgen der Beschilderung des Burgensteigs bis zum **Kirchberghäuschen 7**, einem der beliebtesten Treffpunkte in Bensheim mit herrlichem Ausblick ins Rheintal und die Pfälzer Berge. Eine Rast an einem der schönsten Aussichtspunkte der Bergstraße gehört fast zum Pflichtprogramm. Wir gehen am hinteren Ende des Lokals ein paar Stufen hinab und folgen dem Pfad, der uns über einige Kehren unterhalb der Rebfläche des Kirchbergs zum Bensheimer Stadtpark führt. Rechts bleibend geht es neben der B3 zurück zum Bahnhof von **Bensheim 1**.

Einkehr im Kirchberghäuschen.

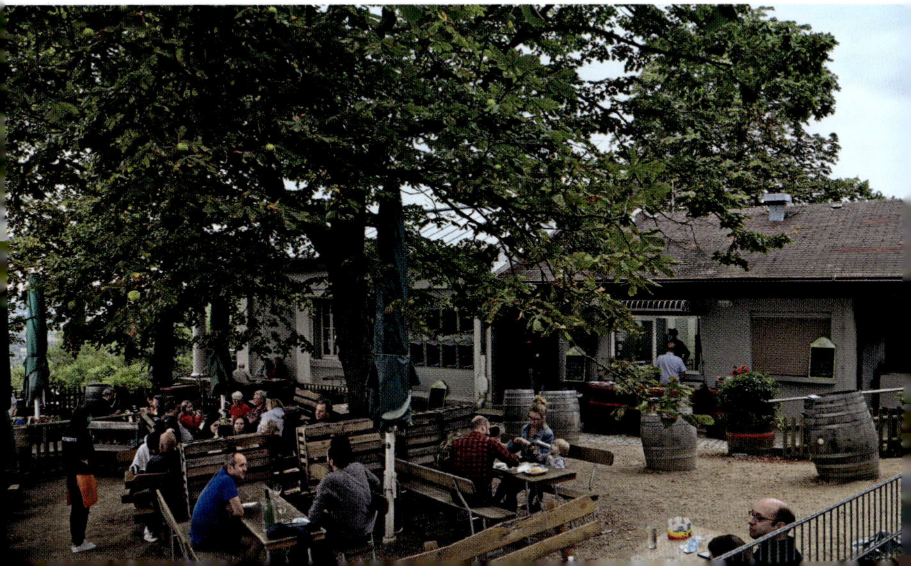

43 Von Heppenheim zum Hemsberg

Heppenheim, Wein und Stein

TOP | 5.00 Std. | 15,9 km | ↗510 m | ↘510 m

Wer hat das schönste Wingertshäuschen?

Die Weinberghäuschen zwischen Heppenheim und Bensheim bieten eine einmalige Kulisse für die herrlichen Reblagen der Hessischen Bergstraße. Mitten hindurch und immer mit weitem Ausblick verläuft der Themenweg Wein und Stein von Heppenheim zum Hemsberg. Über die Ausläufer des Odenwaldes geht es an der markanten Starkenburg vorbei wieder hinab zur pittoresken Weinstadt mit ihrer guten Stube, dem prächtigen und gemütlichen Marktplatz.

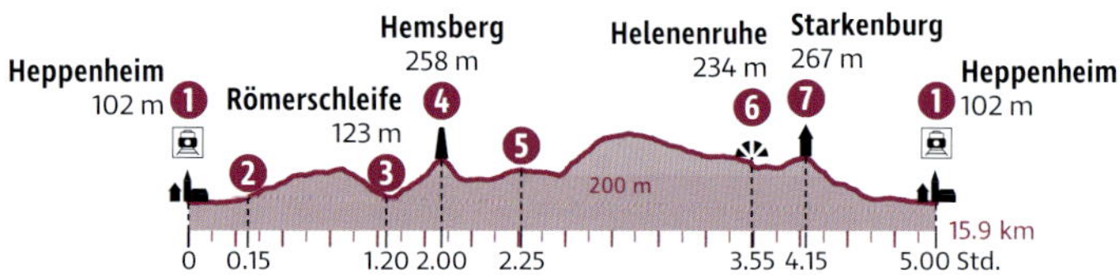

Ausgangspunkt: Bahnhof in 64646 Heppenheim. Parkmöglichkeit nahe Bahnhof.
Anforderungen: Anspruchsvolle Rundtour auf befestigten Wegen durch Felder, Wald und Weinberge.
Markierung: Bis kurz vor dem Hemsberg auf dem Themenweg Wein und Stein bzw. Weinlagenweg. Danach auf dem Burgensteig.
Karte: Wanderkarte Bergstraße – Weschnitztal (GNBO Blatt 8, 1:20.000).
Einkehr: Hemsbergturm, im Sommer an Sonntagen bewirtschaftet, wenn die Fahne oben ist. Burgschänke Starkenburg, Tel. +49 6252 78142, www.burgschaenke-starkenburg.de, März bis Nov., Mi.–Fr. ab 14, Sa., So. ab 12 Uhr. Bistro Filou, Tel. +49 6252 913256, www.filou-heppenheim.de, tgl. außer Di. ab 16, Sa., So. ab 12 Uhr.
Winzer: Heppenheim: **Weingut Freiberger**, Hermannstraße 16, Tel. +49 6252 2457, www.weingut-freiberger.de. Eine Menge Auszeichnungen findet man in der Weinliste von Familie Freiberger, eine hessisch-pfälzische Koproduktion der Tochter Charlotte (Deutsche Weinprinzessin 2017/18) ist das Jungwinzerprojekt Grenzenlos mit Trauben von den zwei Anbaugebieten. **Weingut Koob**, Außerhalb 74, Tel. +49 6252 678108, www.weinbau-koob.de. Bei der Hessischen Landesweinprämierung ist Familie Koob gut vertreten, eine Straußwirtschaft (Öffnungszeiten siehe Homepage) kommt bei Weinfreunden gut an. **Weingut Amthor**, Bürgermeister-Kunz-Straße 101, Tel. +49 177 4569512, www.weingut-amthor.de, die beiden Jungwinzer haben sich nach wenigen Jahren zum Vorzeigebetrieb an der Bergstraße gemausert, der spritzige Chardonnay oder der Goldmuskateller sind eine Empfehlung. **Hess. Staatsweingüter Domäne Bergstraße**, Darmstädter Straße 133, www.kloster-eberbach.de. Eine Weinprobe in der Vinothek & Weinterrasse (im Sommer tgl. ab 11 Uhr geöffnet) im Rebmuttergarten ist ein Genuss für alle Sinne, Weine auf Spitzenniveau. **Bergsträsser Winzer eG**, Darmstädter Str. 56, Tel. +49 6252 79940, www.bergstraesserwinzer.de, Winzergenossenschaft mit ca. 400 Mitgliedsbetrieben.

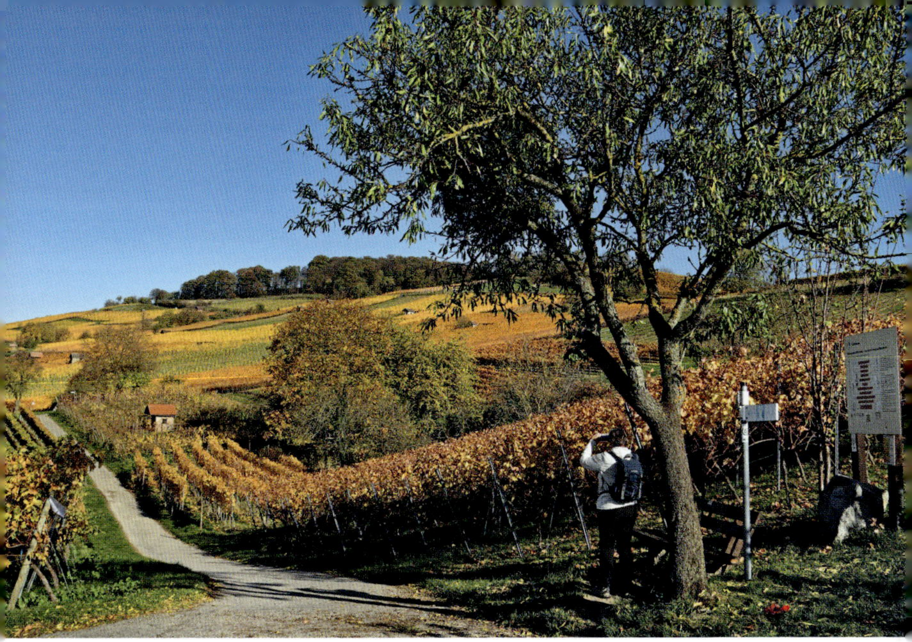

Herbstliche Stimmung am Hemsberg.

Am Bahnhof **Heppenheim ❶** gehen wir links über die Brücke der Lorscher Straße und biegen halb rechts ab in die Kettelerstraße, der wir bis zum Ende folgen. An der B3 gehen wir wenige Meter ortsauswärts und biegen rechts ab zu den Weinbergen. An der ersten Skulptur, die einen Winzer bei der Arbeit darstellt, gehen wir links hinauf und folgen ab hier dem reichlich mit Infotafeln ausgestatteten **Themenweg »Wein und Stein« ❷**, dessen Route identisch ist mit dem Weinlagenweg (WLW). Nach einer kunstvoll gestalteten Weinrebe aus heimatlichen Gesteinen schwenken wir nach rechts und genießen die ersten Blicke auf die Weinstadt. An der Winzerrast halten wir uns rechts und ziehen kurz dahinter links bergan durch den Weinberg. Ein Walnussbaum mit Ruhebank davor lädt ein zum Ausblick. Wir gehen nach rechts weiter und an nächster Möglichkeit, an Tafel 45, biegen wir links ab. Mit sanfter Steigung und weitem Blick ins Rheintal ziehen wir an der Flanke der Hubenhecke bergauf, bevor es an der Tafel über die Weinberghäuschen wieder links abwärts geht. An der **Römerschleife ❸** können wir sofort rechts oder erst nach 50 m rechts abbiegen. Wir entschei-

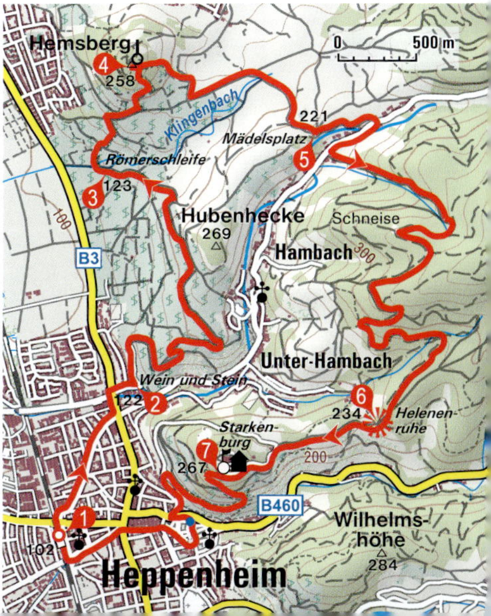

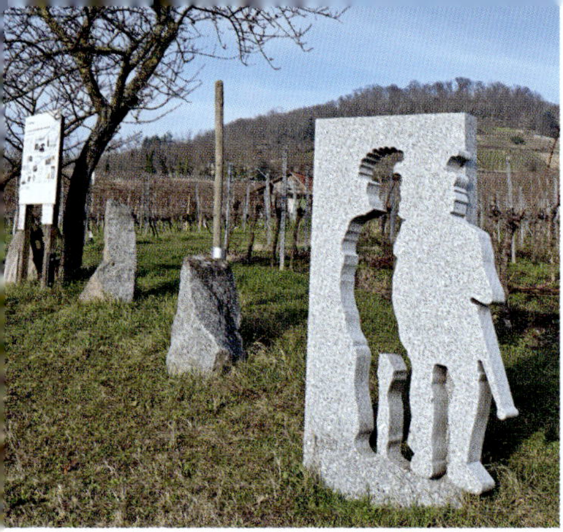

Kunstwerk bei der Römerschleife.

den uns für Letzteres, um statt der Tafel über die einstige römische Villa ein daran erinnerndes Kunstwerk zu bestaunen. Achtung, am nächsten Abzweig führt der Wein-und-Stein-Weg wieder zurück, wir folgen weiter dem Weinlagenweg, der uns nach ein paar Richtungswechseln in der Weinlage Bensheimer Paulus zu einem Feldkreuz führt. Dort biegen wir links ab (gelbe 2) und ziehen zuletzt

Dionysos oder Bacchus oder ?!

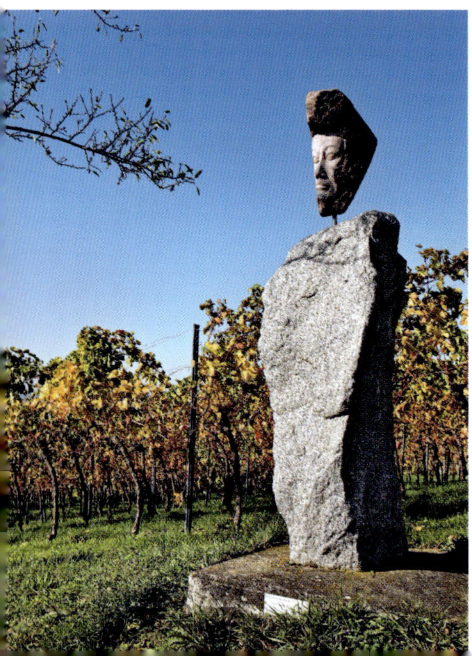

auf urig verwachsenem Waldpfad hoch zum Aussichtsturm auf dem **Hemsberg ❹**. Sofern es Sonntag ist und die Fahne gehisst ist, können wir es uns davor gemütlich machen und einen Schoppen Bergsträßer Wein genießen.

Wir wandern ein kurzes Stück des Weges, den wir gekommen sind, zurück und folgen dann nach links der blauen Burg des Burgensteigs, dem wir nun bis zum Schluss der Tour treu bleiben. Mit Blick auf den Felsberg senkt sich der Weg am Rand des Anbaugebiets Heppenheimer Stemmler hinab, knickt nach links und führt rechts wieder hoch zum **Wegekreuz am Mädelsplatz ❺**.

Wir biegen links ab und ziehen ins Hambacher Tal hinunter. Dort, im ländlichen Ortsteil Ober-Hambach, schwenken wir auf der Durchgangsstraße nach rechts und folgen nach einem Bauernhof der Beschilderung nach links bergan. An der Verzweigung halten wir uns links auf dem Hambacher Hauptweg. Kurz nach einer Schneise mit prächtiger Aussicht auf Auerbacher Schloss und Melibokus, bei guter Sicht bis nach Frankfurt, folgen wir dem Links-Knick des Weges und bleiben, indem wir uns wenig dahinter rechts halten, auf dem Burgensteig. In mehreren Kehren und Windungen, zuletzt am Amphibientümpel der Sparerrast vorbei, führt er uns hinab zur **Helenenruhe ❻**. Mit Blicken ins hessische Ried auf der einen und ins Kirschhäuser Tal und den Hemsberg auf der anderen Seite geht es auf dem wunderbaren Kammweg zur imposanten **Starkenburg ❼**. Die Burg wurde Mitte des 11. Jh. zum Schutz des Klosters Lorsch errichtet. Später im Spannungsfeld von Kurmainz und Kurpfalz erlebte sie turbulente Konflikte bis zur Einnahme

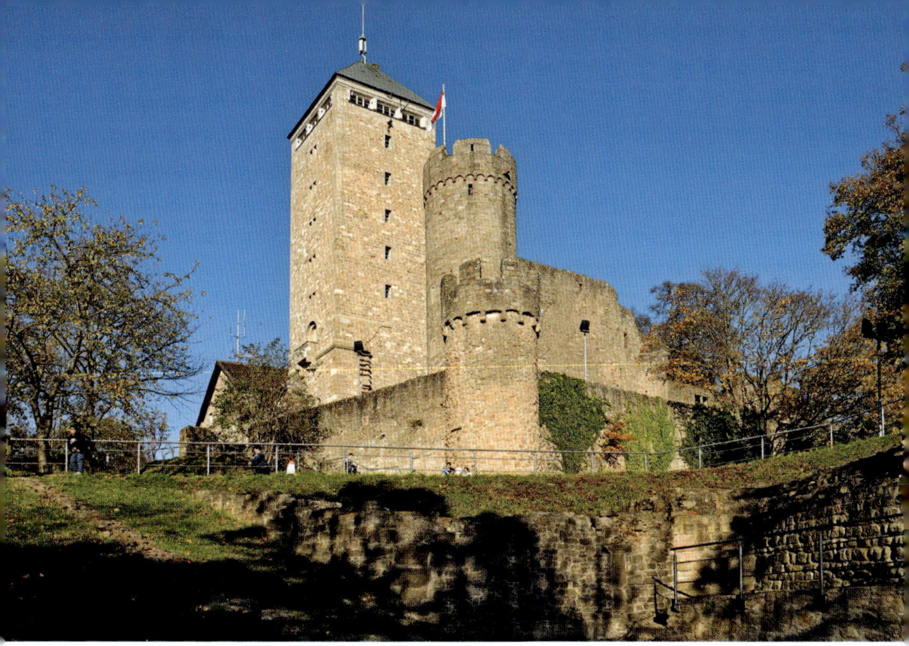

Burg Starkenburg.

von Gustav Adolf im Dreißigjährigen Krieg. Mitte des 18. Jh. hatte sie keine strategische Bedeutung mehr und verfiel. Ein Abstecher zur Burg lohnt auf jeden Fall.

Unterhalb der äußeren Burgmauer wandern wir geradeaus auf dem H5-Weg weiter. Am Weinberghäuschen gehen wir auf dem terrassierten Weg wenige Meter nach links und steigen rechts über den Fünf-Minuten-Pfad hinunter in Richtung Altstadt. Am ersten Querweg gehen wir rechts (roter Strich) auf den Drosselbergweg und an der nächstmöglichen Verzweigung auf A2 nach links. Kurz darauf führen ein paar Stufen hinunter und leiten geradeaus, die Siegfriedstraße überquerend, in die Altstadt. Wer den kleinen Umweg zum schönsten Marktplatz der Bergstraße machen möchte, geht links hoch, ansonsten geht es durch die Fußgängerzone und in Verlängerung die Ernst-Schneider-Straße zurück zum Bahnhof **Heppenheim** ❶.

Weinwissen

Jährliche Arbeit des Winzers

Zu Beginn des Jahres, im Januar und Februar, erfolgt der Rückschnitt der Rebe bis auf eine bis zwei Ruten. Die abgeschnittenen Zweige werden verbrannt oder gehäckselt und kompostiert und als Dünger wieder der Rebe zugeführt. Danach werden die Reben vertikal oder horizontal fixiert. Gleichzeitig werden im Weinkeller die Weine des Vorjahres abgefüllt und etikettiert. Im Frühsommer stehen qualitätssteigernde Maßnahmen auf dem Programm. Das Ausgeizen der unerwünschten Triebe und Entlauben sorgt für bessere Qualität des Weines. Auch Mulchen zwischen den Reihen kommt der Bodenqualität zugute. Anfang des Spätsommers erfolgt je nach Rebsorte und Zuckergehalt der Trauben der Höhepunkt des Weinjahres, die Weinlese maschinell oder per Hand, die sich bis in den Herbst hinzieht.

44 Vom Bombachtal zum Engel-Weg

Heppenheim, Kunst und Klima

3.45 Std. | 12,4 km | ↗350 m | ↘350 m

Wein, Wald und Kunst, eine gelungene Kombination

Nach einem bombastischen Auftakt durch kunstbespickte Weinberge führt uns der Weg durch das sagenumwobene Bombachtal hoch zur Steinmauer mit herrlichen Buchenbeständen. Nach Querung des Erbachtals freuen wir uns auf der Wilhelmshöhe über Hunderte von Engeln, die den Weg säumen. An prächtigen Metzendorf-Villen vorbei geht es zurück zum schönsten Marktplatz der Bergstraße.

Ausgangspunkt: Bahnhof in 64646 Heppenheim. Parkmöglichkeit nahe Bahnhof.
Anforderungen: Rundwanderung auf befestigten Wegen durch Wald und Weinberge.
Markierung: Blütenweg, H3, Roter Strich, H6.
Karte: Siehe Tour 43
Einkehr: Siehe Tour 43. Unterwegs keine Möglichkeit.
Variante: Wer eine kürzere Variante vorzieht, folgt an der Arnoldseiche nach links dem H6-Wanderweg (auch roter Strich) wieder zurück.
Winzer: Siehe Tour 43.

Am Bahnhof **Heppenheim** ❶ orientieren wir uns in Richtung Stadtmitte und wandern am Stadtbach entlang die Ernst-Schneider-Straße hoch bis zur B3. Durch die Fußgängerzone ziehen wir weiter bis hoch zum Historischen Marktplatz. Dort halten wir uns rechts und gehen durch die Straße Laudenbacher Tor bis zum Friedhof. Sogleich treffen wir auf die ersten Werke des Kunstweges »Kunst und Klima« der Sparkassenstiftung Starkenburg. Alle nehmen Bezug auf das aktuelle Thema und regen zum Interpretieren und Nachdenken an. Das gelbe B des Blütenwegs leitet uns geradewegs weiter durch das Anbaugebiet Heppenheimer Eckweg bis zum Kunstwerk »FahrRat«. Hier verlassen wir den wundervollen Bergsträßer Wanderweg und ziehen nach links auf H3 ins verwunschene **Bombachtal** ❷ hoch. Ein Tal mit reichem Sagenschatz: Elfen sollen

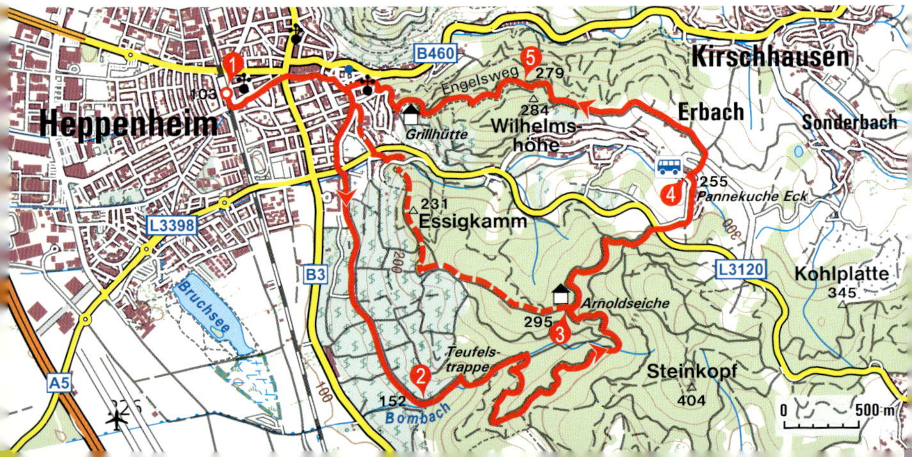

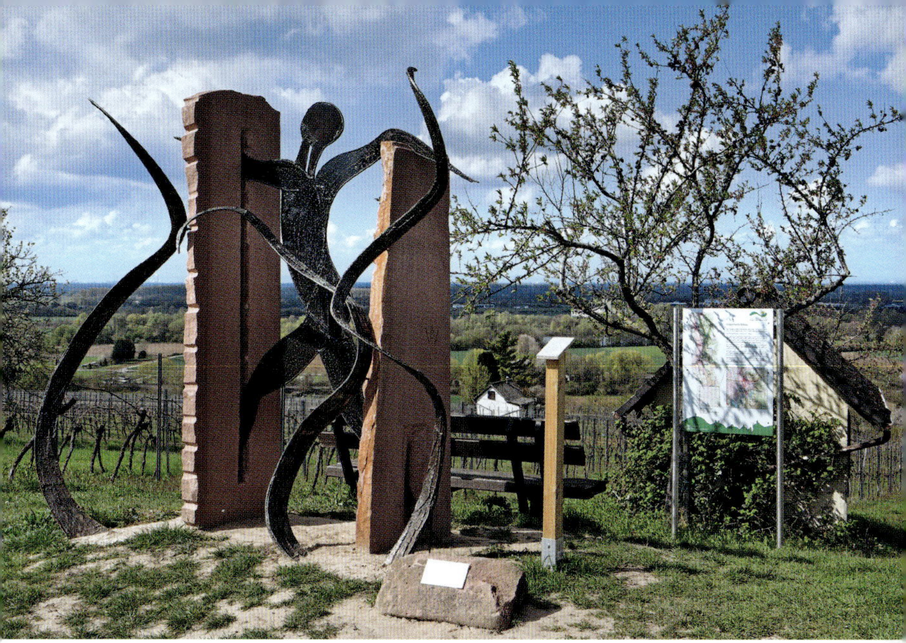

Auf dem Themenweg »Kunst und Klima«.

in silbrigen Mondnächten durch das Tal schweben. Wer ihnen begegnet, habe einen glücklichen Tag vor sich. Vor dem Bombachmordche, der hier sein Unwesen trieb, wird dagegen gewarnt.
Der Weg führt nach der Rechtskurve an der Teufelstrappe vorbei. Am Felsblock rechts des Weges sei der Leibhaftige mit einem Sprung über das Tal den verärgerten Winzern entkommen, denen er ständig die Reben herausgerissen habe. Beim Absprung habe er seinen Fußabdruck im Felsgestein hinterlassen. Wer genau hinschaut, findet die Spur.
Entlang der Bruchsteinmauer ziehen wir weiter das Tal hinauf und ignorieren den ersten Abzweig. Ein Gewölbekeller rechts im Talgrund diente vermutlich als Schutzraum bei Sprengungen des gegenüberliegenden Steinbruchs. Wir bleiben auf dem H3-Wanderweg, der sich kurvenreich durch den Mischwald den Hang hochzieht. Auf halber Höhe stößt der Burgensteig hinzu, dem wir uns anvertrauen und H3 verlassen, der nach rechts weiterführt.
Kurvenreich windet sich der Wanderweg durch den prächtigen Buchenwald. An der scharfen Kehre, wo sich links des Weges der Bombach sein Tal schuf, verlassen wir den Burgensteig und wandern auf dem leicht bergauf führenden Weg weiter. Er bringt uns zur Kreuzung mehrerer Wanderwege an der **Arnoldseiche ❸**. Rechts an

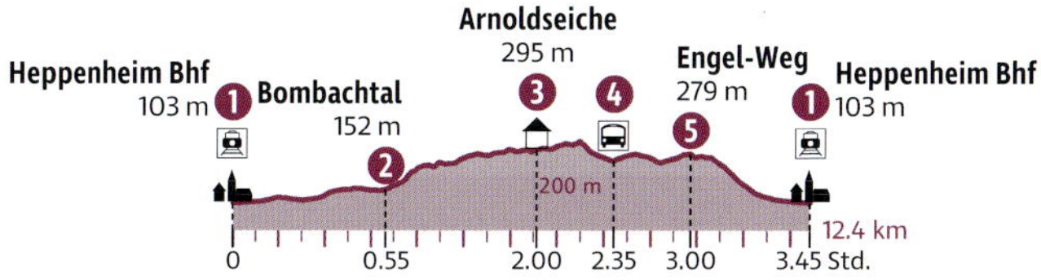

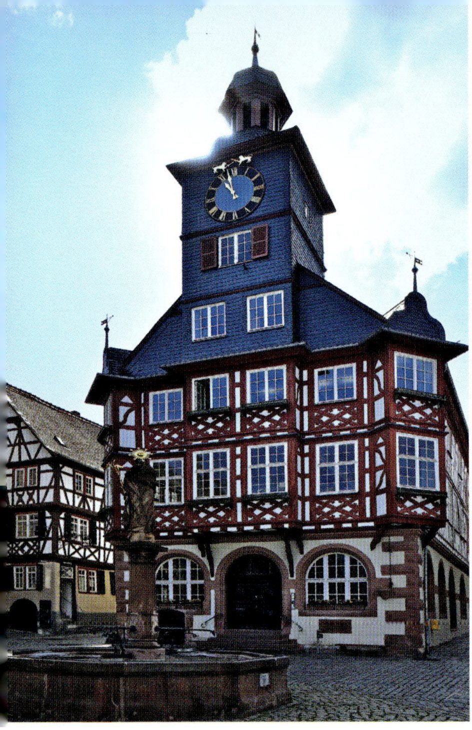

Der Marktplatz von Heppenheim.

der Schutzhütte vorbei (Richtung Juhöhe) leitet uns der Rote Strich nun fast auf gleichem Niveau weiter durch den lichten Wald. Nachdem wir eine Kuppe umrundet haben, öffnet sich nach links der Blick nach Erbach hinunter.

Nach einer Rechtskurve, vor den aufgetürmten Felsblöcken, ziehen wir nach links bergab in Richtung Ort. Wir unterqueren die Straße, biegen vor der Hauszeile und auf der Ortsstraße links ab. Ein paar Schritte weiter, hinter der Bushaltestelle am **Pannekuche Eck 4**, gehen wir nach rechts am prächtigen Fachwerkhaus vorbei den Fußweg hoch. Wir queren noch zweimal die Straße und biegen dann links ab. Mit herrlichen Ausblicken nach Kirschhausen auf der einen Seite, die Starkenburg vor uns, geht es auf dem Kammweg (H6) über die Höhe. Etwa 100 m nach dem Waldkindergarten, am Rastplatz Wilhelmshöhe, zweigt zuerst der H6-Weg nach rechts ab. Wenige Meter dahinter bei der nächsten Gabelung finden wir auf einem geschnitzten Holzschild einen Hinweis nach rechts auf den **Engel-Weg 5**, dem wir nun folgen. An der nächsten Gabelung nach der Kurve senkt sich der Weg wieder ab. Wir nehmen den rechten Zweig und finden schon bald die ersten Engel an Ästen und Bäumen baumeln, auf Baumstämmen sitzen, oder im Moos versteckt. Unzählige Figürchen in allen Größen, aus Gips, Holz oder Pappe säumen nun den Weg auf den nächsten 500 m. Viele haben vermutlich ihre eigene Geschichte, die nur derjenige kennt, der das Engelchen dort aufgestellt hat.

Vor lauter Engeln dürfen wir nicht den Abstieg verpassen. Dort, wo die Starkenburg gut zwischen den Bäumen sichtbar wird, geht an der Verzweigung der H4 rechts im spitzen Winkel im Zickzack bergab. Kurz darauf, links am Rand der Weinberge, genießt man an einer Picknickhütte ein herrliches Panorama ins Rheintal und über die Stadt. Der H4-Wanderweg führt uns am »Runden Haus« und dem inzwischen eingezäunten Wassertempel vorbei durch das prächtige Höhnsche Villenviertel mit den Bergsträßer Metzendorf-Villen hinab. Der in Heppenheim geborene Architekt Heinrich Metzendorf (1866–1923) prägte mit seinen Bauten den Landhausstil der Jahrhundertwende mit traditionellen Ornamenten und regionalen Baustoffen. Kurz vor dem Dom gehen wir rechts die Stufen hinab und wandern zum herrlichen Marktplatz und auf bekanntem Weg zurück zum Bahnhof **Heppenheim 1**.

Von Laudenbach zum Kreuzberg

Zu einem christlichen Ort der Ruhe

45

4.15 Std. | 13,3 km | ↗460 m | ↘460 m

An der Grenze von Badischer und Hessischer Bergstraße

Auf aussichtsreichen Wegen wandern wir nach Ober-Laudenbach hoch, einem ländlichen Vorort Heppenheims, eingebettet im Tal des Laudenbachs. Über den mystischen Kreuzberg mit bunten gusseisernen Kreuzwegtafeln geht es auf idyllischen Waldpfaden, am historischen Steinernen Gaul vorbei, wieder hinab zu den badischen Reblagen zwischen Hemsbach und Laudenbach, die sich längs des wunderbaren Blütenwegs erstrecken.

Ausgangspunkt: Bahnhof in 69514 Laudenbach. Parkmöglichkeit am Bahnhof oder am Parkplatz Kirchstraße an der B3 gegenüber der Kirche.

Höhenunterschied: 510 m.

Anforderungen: Nach ziemlich steilem Anstieg leichte Waldwanderung auf angenehmen Forstwegen und Waldpfaden.

Markierung: Verschiedene Markierungszeichen. Ab Ober-Laudenbach zum Teil auf Burgensteig und auf dem Blütenweg.

Karte: Wanderkarte Bergstraße – Weschnitztal (GNBO Blatt 8, 1:20.000).

Einkehr: Ober-Laudenbach: Zum Kaiserwirt, Tel. +49 6252 2635, www.kaiserwirt.de, Mi.–Sa. ab 17, So. und feiertags ab 11.30 Uhr. Laudenbach: Straußwirtschaft Wind (siehe unten) März bis Juni und Mitte Sept. bis Nov., Fr., Sa. ab 17, So. ab 16 Uhr.

Winzer: Laudenbach: **Weinbau Wind**, Hauptstraße 33, Tel. +49 6201 44549. im Weingut der ehemaligen Hessischen Gebietsweinkönigin Kathrin Wind sitzt man gemütlich in der Straußwirtschaft im Hof.

Ausblick vom Blütenweg ins Rheintal.

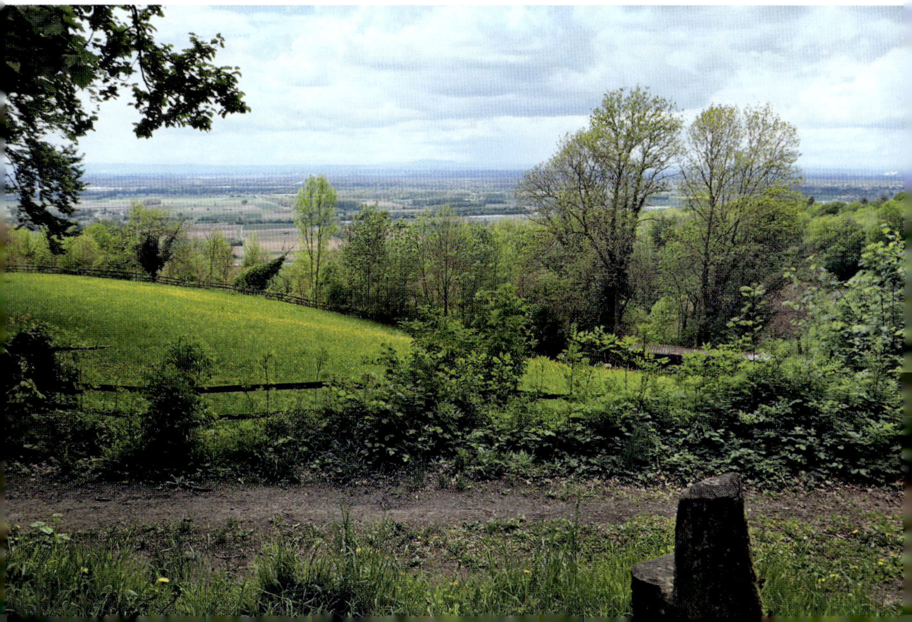

Am Bahnhof **Laudenbach ❶** starten wir unsere Tour, die nur ein paar kleine Anbauflächen der Badischen Bergstraße streift. Wir gehen hoch zur B3, dort nach rechts und biegen an der Kirche links ab. Oberhalb von Gärten und ein paar Reben geht es sanft bergauf und nach rechts das Taubengrabental hinauf. An der Spirit Ranch gehen wir geradeaus weiter das Teersträßchen hoch. Petra Diehl, eine spirituelle Laudenbacherin, hat hier mit viel Herzblut einen Garten geschaffen, in dem sie unter anderem diverse Kurse zur Selbstfindung anbietet. Wer Lust hat, kann sich eine bunte Glückssträhne auf den Weg mitnehmen. Am Naturdenkmal **Taubenkopf ❷** können wir die Teerstraße abschneiden und schlendern auf dem Trampelpfad vorsichtig durch das liebevoll vom BUND gepflegte Naturschutzgebiet, ohne eine der seltenen Pflanzen der artenreichen Halbtrockenrasen zu beschädigen.

Mit prächtigem Rheintalblick geht es nun am Waldsaum weiter, bis zur Aussichtsbank, wo zum »sitze und gugga« eingeladen wird. Wir biegen rechts ab und wandern auf dem terrassierten Weg zwischen Wald und Viehweiden. Am nächsten Picknickplatz, oberhalb des Taleinschnitts, am Kurt-Braun-Rastplatz, halten wir uns rechts und gehen auf dem Waldweg (nicht den asphaltierten Weg nehmen) weiter. Nach ein paar Kurven des Weges erreichen wir eine kleine Lichtung und biegen rechts ab auf einen grasigen Hohlweg. Wir überschreiten eine Wiese und wandern auf dem danach befestigten Weg bergab nach **Ober-Laudenbach ❸**. Auf der Dorfstraße geht es nach links und an erster Möglichkeit, am ehemaligen Ecksteinschen Wirtshaus, nach rechts. In der Revolution von 1848 fand hier eine Volksversammlung mit mehr als Tausend Teilnehmern statt. Unser Weg führt hoch zum Wald. An dessen Ende in der Rechtskurve der Lichtung steuern wir geradeaus den verwachsenen Pfad an. Er stößt auf einen Forstweg, auf dem wir die blaue Burg des Burgensteigs finden, die uns bis zum Waldaustritt nach dem Steinernen Gaul die Richtung weist. Bildstöcke, Kreuze und Marienfiguren deuten bereits auf den religiösen Ort hin, der an der nächsten Wegkreuzung eine magische Ausstrahlung ausübt. Schon in vorchristlicher Zeit befand

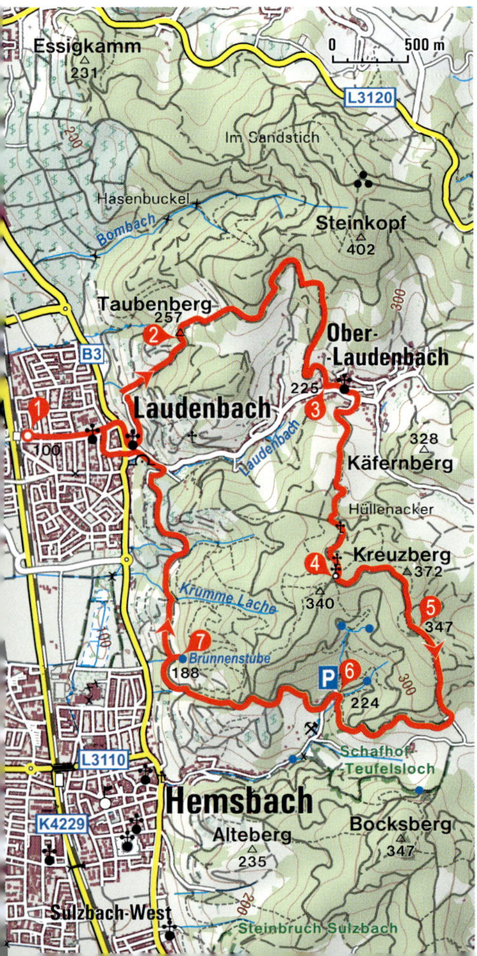

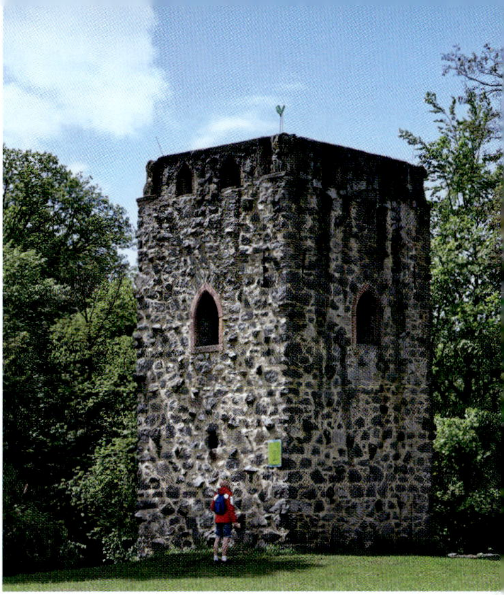

Abstecher zum Waldnersturm.

sich eine heidnische Kultstätte am heutigen **Kreuzberg ❹**. 1347 errichteten Lorscher Mönche die Kapelle »Zum heiligen Kreuz«, die mehrfach zerstört und wiederaufgebaut im 19. Jh. endgültig abgerissen wurde. Die farbigen gusseisernen Kreuzwegstationen wurden erst 1874 aufgestellt.

An der Kirchenruine folgen wir weiter dem Burgensteig nach links und halten uns kurz nach der nächsten Schutzhütte rechts. Ein weiteres Kuriosum erwartet uns hier. Der sogenannte **Steinerne Gaul ❺** diente schon zu Zeiten Karls des Großen um 805 als Grenzmarkierung und ist im Lorscher Codex als »Stennen Ross« dokumentiert. In der Tat wirkt der kolossale Felsblock wie der Rücken eines Pferdes.

Am Wanderparkplatz verlassen wir den Burgensteig, es sei denn, wir machen noch einen Abstecher zum Waldnersturm gegenüber. Wir genießen die Aussicht zum Bocksberg und wenden uns nach rechts, der gelben 1 folgend. Ein angenehmer Waldwanderweg leitet uns kurvenreich talwärts zum Wanderparkplatz **Langer Grund ❻**, an dem wir uns rechts halten. Kurz nach den Weinbergen an der Gabelung nehmen wir den links bergab führenden Weg gegenüber der Sitzbank. Nach 100 m verlassen wir den Wirtschaftsweg nach rechts auf einen Waldpfad. Er führt uns durch dichten naturbelassenen Mischwald, wo unter Umständen der eine oder andere Baum überstiegen werden muss. An der Kehre eines Weges gehen wir noch geradeaus weiter und biegen schließlich nach der Schutzhütte rechts ab auf den Blütenweg, wo wir sogleich über den Sinn und Grund der vielen Kleingärten aufgeklärt werden. Unser Weg öffnet sich zum Rheintal und gibt wunderbare Blicke frei. Interessant an der nächsten Ecke der Brunnen am **Geiersberg ❼**, der zur ehemaligen Wasserversorgung Hemsbach diente.

Nach aussichtsreichem Weg hoch über dem Rheintal biegen wir in Laudenbach an der Kirchstraße links ab und wandern zurück zum Bahnhof **Laudenbach ❶**. Wer (je nach Öffnungszeiten) einen Abstecher zur Straußwirtschaft Wind machen möchte, geht auf der Hauptstraße 200 m in südlicher Richtung.

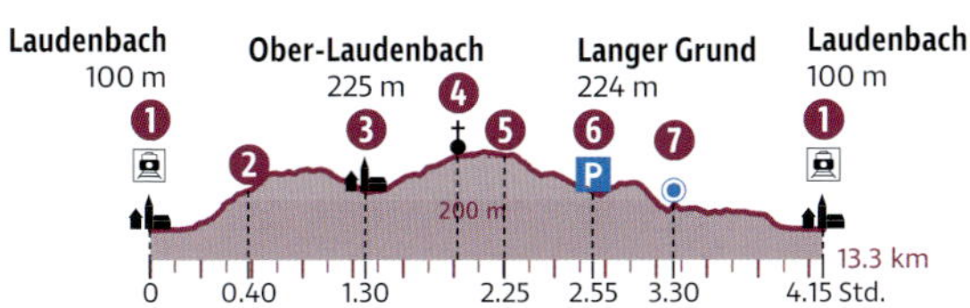

46 Von Weinheim nach Großsachsen
Auf dem Blütenweg hoch über der Bergstraße

4.30 Std. | 14,8 km | ↗ 370 m | ↘ 380 m

Vom Weinheimer Exotenpark zur Südtiroler Törggelestube

Mitten durch das kleine badische Anbaugebiet zwischen Weinheim und Großsachsen verlaufen malerisch der Blütenweg und der Burgensteig. Auf unserer Tour streifen wir ein paar kleinere Anbaugebiete der Badischen Bergstraße. Nach Durchquerung einer imposanten Hohle geht es wieder hinab ins Rheintal. An der Villa Rustica vorbei – den Römern haben wir schließlich den Wein zu verdanken – wandern wir, nun mit Blick auf die Hügelkette, zur Südtiroler Törggelestube des Weinguts Raffl. Nach einem Vernatsch, Terlaner oder Kalterersee werden wir allerdings vergeblich Ausschau halten. Der Name rührt nur vom Südtiroler Vater des Weinstubenbesitzers her.

Ausgangspunkt: OEG-Station am Hbf 69469 Weinheim. Parkmöglichkeit am Contiparkplatz in der Luisenstraße.
Endpunkt: OEG-Station HP Hohensachsen.
Anforderungen: Anspruchsvolle Tour, die nach bisweilen steilem Anstieg auf angenehmen Forst-, Weinberg- und Waldwegen verläuft.
Markierung: Roter Strich, Blütenweg und blaue Burg.
Karte: Wanderkarte Bergstraße – Weschnitztal (GNBO Blatt 8, 1:20.000).
Einkehr: Großsachsen: Hotel Krone, Tel. +49 6201 5050, www.krone-grosssachsen.de, Mi.–So. ab 17, Fr.–So. auch 11.30–13.30 Uhr. Südtiroler Törggelestube, Weingut Raffl (siehe unten), Do. ab 18, Fr. ab 17, Sa. ab 16, So. ab 11 Uhr. Öffnungszeiten telefonisch anfragen.
Variante: Für die 5 km und 90 Min. kürzere Variante folgen wir in Hohensachsen dem Blütenweg bis Hohensachsen. Dort gehen wir am Ortsbeginn rechts über Winzerweg und Friedrich-Ebert-Straße hinab bis zum Bahnhof. Wir überqueren die Bergstraße, halten uns rechts 100 m an der Straße entlang und schwenken nach links in Richtung Straußwirtschaft.
Winzer: Weinheim: **Weinfachgeschäft Machmer**, Bahnhofstraße 15, Tel. +49 6201 8776860, www.weingut-machmer.de. Das rheinhessische Bioweingut mit vielen Auszeichnungen betreibt in Weinheim das Weinfachgeschäft. **Weingut Raffl**, Unterer Viehweg 2, Tel. +49 6201 5 23 84, www.raffl.de. Neben den eigenen Weinen werden im Hofladen auch Obst und landwirtschaftliche Produkte angeboten, Betreiber der einzigen Weinheimer Straußwirtschaft (s. oben). Heddesheim: **Weingut Schröder**, Muckensturm 28, Tel. +49 6201 16766, www.weingut-schroeder.de. Wein- und Obsthof mit über 250-jähriger Tradition vor den Toren Weinheims, drei Generationen bauen neben Obst auf 4 ha Wein am Lützelsachsener Stephansberg an, der schon einige Auszeichnungen erhielt und im mediterranen Landhaus verkostet werden kann.

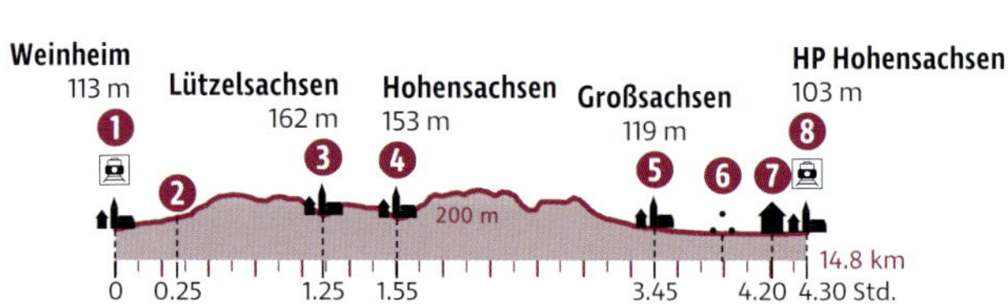

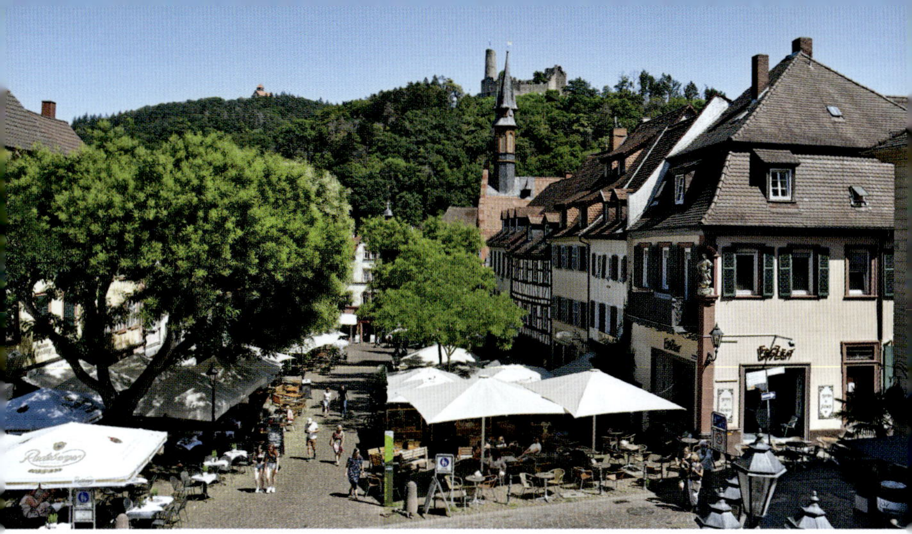

Marktplatz in Weinheim.

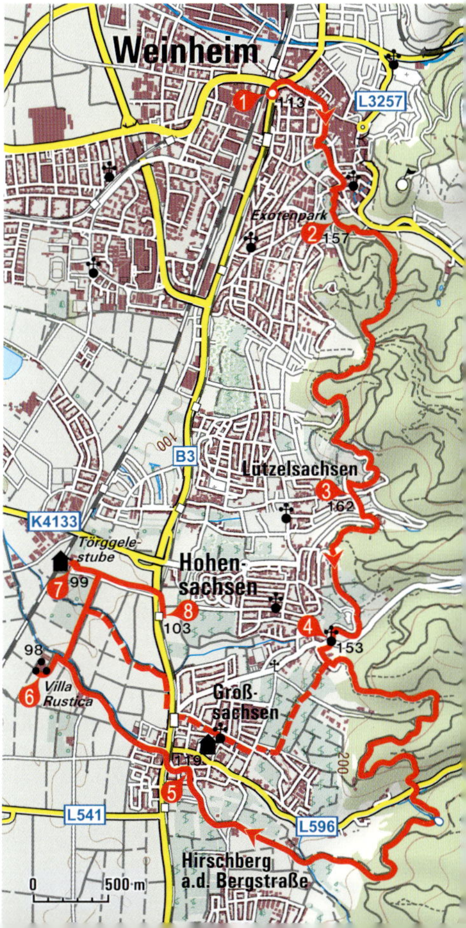

Trotz seines Namens hat die Stadt nur wenig mit Wein zu tun. Vermutlich war es der Frankenführer Wino, der im Bezug zum Ortsnamen steht. So wurde im Jahr 755 in einer Urkunde der Ort mit dem Namen »Winenheim« erwähnt. Kleinere Anbaugebiete findet man in den Ortsteilen Lützelsachsen und Großsachsen südlich vom Ortskern.

Von der OEG-Station **Weinheim Hbf 1** wandern wir erstmal die belebte Bahnhofstraße hoch und biegen in der Ehretstraße rechts ab. Am Amtsgericht gehen wir geradeaus durch die beiden Säulen des Ehrenmals hindurch und halten uns dahinter rechts. Nach Umrundung des Tennisplatzes durchqueren wir den prächtigen Hermannshof, einen kleinen aber weit über die Bergstraße hinaus bekannten botanischen Garten.

An der hinteren Pforte verlassen wir den Garten, queren den Parkplatz und erreichen das obere Ende des belebten Marktplatzes. An der nördlich begrenzenden St.-Laurentius-Kirche biegen wir hinter der zweizügigen Treppe rechts ab. Am Tordurchgang

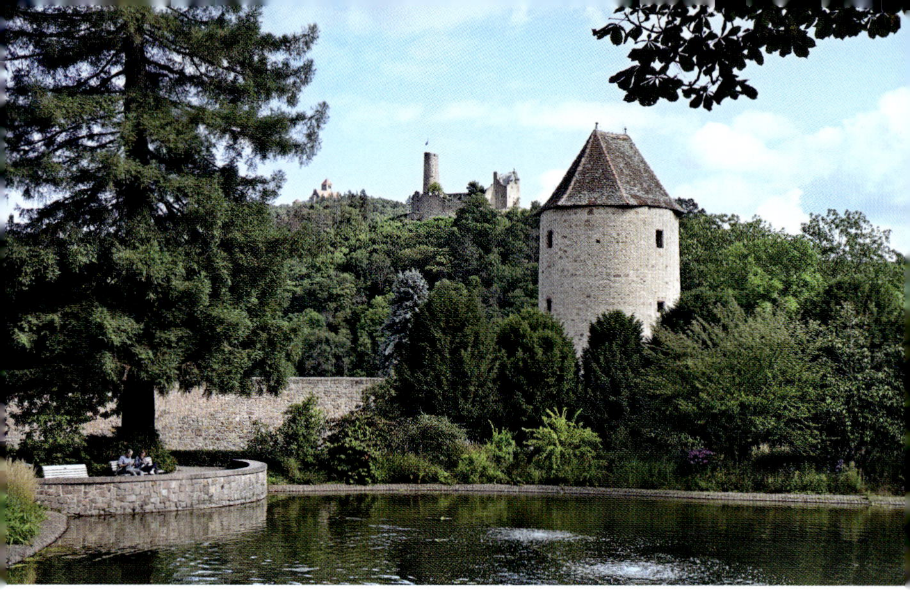

Im Schlosspark Weinheim, im Hintergrund Burgruine Windeck.

des Weinheimer Schlosses, in dem sich heute das Rathaus befindet, biegen wir links ab und betreten den Schlosspark dahinter. Wir halten uns links, schlendern oberhalb des Teichs entlang und verlassen den Park am östlichen Tor zum **Exotenpark ❷**. Der Ende des 19. Jh. von Freiherr von Berckheim angelegte Erholungswald beherbergt eine Vielzahl exotischer Nadel- und Laubbäume. Die mehr als 55 m hohen Mammutbäume zählen zu den höchsten Bäumen Europas.

Wir benutzen hinter dem Tor den mittleren der drei Wege, der mit rotem Strich markiert ist. Den ersten Schlenker trennen wir ab, indem wir an der Ruhebank links die Stufen hinabgehen und uns rechts halten. Direkt nach der Kurve führt rechts ein unmarkierter Pfad ins Gebüsch. Rechts stößt er wieder auf das Teersträßchen, auf dem wir die Richtung fortsetzen. Nach einigen Mammutbäumen schneiden wir erneut eine große Schleife ab und steigen in der Linkskurve geradeaus den Pfad hoch. Wem dies zu steil ist, der folgt einfach weiterhin dem roten Strich auf dem asphaltierten Weg. Wir überschreiten einen Weg und kraxeln nochmals steil bergauf. Am nächsten querenden Weg, nun wieder auf rotem Strich, biegen wir links ab. Weiter oben, links neben der Schranke, finden wir das gelbe B des Blütenweges, dem wir nun am Steinernen Tisch vorbei in Richtung Lützelsachsen folgen. Schon kurz darauf passieren wir den ersten Wingert des Anbaugebietes Lützelsachsener Stephansberg und genießen den Ausblick über die Oberrheineben bis hinüber zu den Pfälzer Höhen. Auf dem Lützelsachsener Obstlehrpfad des Obst-, Wein- und Gartenbauvereins werden wir auf Dutzenden von Schildern über Bäume, Sträucher, Apfel- und Birnensorten informiert. Ein löbliches Projekt, das sich auch dem Erhalt alter in Vergessenheit geratener Obstsorten annimmt.

In **Lützelsachsen ❸** überqueren wir die Sommergasse und biegen am Ende des Wohngebiets rechts ab.

Oberhalb der Bebauungsgrenze verläuft unser Weg weiter an Gärten und Rebflächen vorbei bis **Hohensachsen ❹**. An der schmucken spätbarocken St.-Jakobus-Kirche schwenken wir nach rechts in die Talstraße, die wir nach wenigen Metern wieder nach links in die Brunnengasse verlassen. Nach etwa 100 m verabschieden wir uns vom Blütenweg und orientieren uns an der blauen Burg des etwas anstrengenderen Burgensteigs. Wer die kürzere Variante vorzieht, folgt hier weiter dem gelben B (Beschreibung siehe oben). Nach kurzem Anstieg queren wir das wild überwucherte Tal des Kohlbachs und treffen auf die Grube Marie in der Kohlbach, in der vermutlich schon im Mittelalter Blei und Silber abgebaut wurden. Das Bergwerk kann nach Voranmeldung auf geführter Tour besichtigt werden. Vorsicht, am Wegedreieck nach der Grube ist die Markierung schlecht zu sehen. Wir biegen hier links ab und passieren die Hütten eines Waldkindergartens. Interessant ist ein kurzer Abstecher rechts zur Gallenbergwiese, einer Streuobstwiese mit Halbtrockenrasen, deren seltene Pflanzen unter Naturschutz stehen. Wir umrunden den Hundskopf und folgen an der Kreuzung Hindenburgweg/Belzhohl weiter dem Burgensteig.

In einer Linkskurve verlassen wir den breiten Forstweg und wandern in Serpentinen hinunter zur Talstraße an der Kunzschen Mühle. Dort queren wir die Straße und orientieren uns auf gegenüberliegender Talseite weiter an der blauen Burg. Am Brunnen in der Kehre dürfen wir uns am erfrischenden Quellwasser laben. Wir folgen dem breiten Forstweg weiter, bis der Weg eine deutliche Rechtskurve beschreibt. Hier verlassen wir den Burgensteig nach rechts auf einen unmarkierten bergabführenden Weg. Am Wasserreservoir vorbei geht es nun durch die eindrucksvolle, tief eingeschnittene Zimmermannshohle, wo wir wieder das bekannte gelbe B des Blütenwegs finden. Auch ein Jakobsweg hat sich dazugesellt. In den steilen Lösswänden kämpfen die an der Oberkante verwurzelten Bäume verzweifelt um ihre Standhaftigkeit. Manch einer bleibt dabei auf der Strecke. Wieder in den Weinbergen zieht der Blütenweg nach links weiter. Wir biegen stattdessen rechts ab und durchschreiten nach dem Marbacher Hof die nächste Hohle. Wir überqueren eine Asphaltstraße und biegen an nächster Straße rechts ab ins Dorf.

In **Großsachsen ❺** angekommen geht es nach links in Richtung Kirche mit dem markanten Zwiebelturm. Dahinter wandern wir rechts zur Durchgangsstraße hinunter. Hier verlängern wir bis zur Kreuzung, biegen links ab zum alten Marktplatz und gehen geradeaus am Bach entlang. An der Verzweigung bei einer Sitzbank halten wir uns rechts längs des Bachlaufs. Am Ende der Obstbauanlage bei einer Picknickgruppe gehen wir rechts über die Brücke. Zuvor machen wir aber noch einen kurzen Abstecher zur Ausgrabungsstätte einer **Villa Rustica ❻**, die wir schon hinter der landwirtschaftlichen Halle wahrnehmen. Auf mehreren Tafeln sind die Bauphasen der römischen Villa erläutert.

Zurück an der Brücke wandern wir bis zum Ende der Apfelplantage und biegen links ab zur **Südtiroler Törggelestube ❼**. Nach Stärkung mit Südtiroler Speck und Bergsträßer Wein geht es auf der Zufahrtsstraße in Richtung Bergstraße zur OEG-Station **HP Hohensachsen ❽**, von der wir unsere Rückfahrt antreten.

47 Von Dossenheim nach Leutershausen

Wandern zwischen Wald und Reben

3.45 Std. | 11,6 km | ↗ 420 m | ↘ 420 m

Blütenweg. Der Kurpfälzer liebster Wanderweg

Auf einer der schönsten Etappen des Blütenwegs, zum Teil auch des Burgensteigs, führt die Wanderung von der Steinbrechergemeinde Dossenheim aus an zahlreichen Aussichtspunkten und zwei markanten Burgruinen vorbei. Dabei geht es quer durch die Großlage Schriesheimer Rittersberg. Kurz vor der Starkenburg, in der Einzellage Kuhberg, können wir uns an diversen Infotafeln eines Themenweges über den Weinbau an der nordbadischen Bergstraße informieren. In den Weinbergen vor Leutershausen bietet sich eine prächtige Picknickmöglichkeit am Bistrowagen Aubergin, der im Weingut Teutsch an manchen Sonntagen im Sommer auf Besucher wartet (siehe Einkehr).

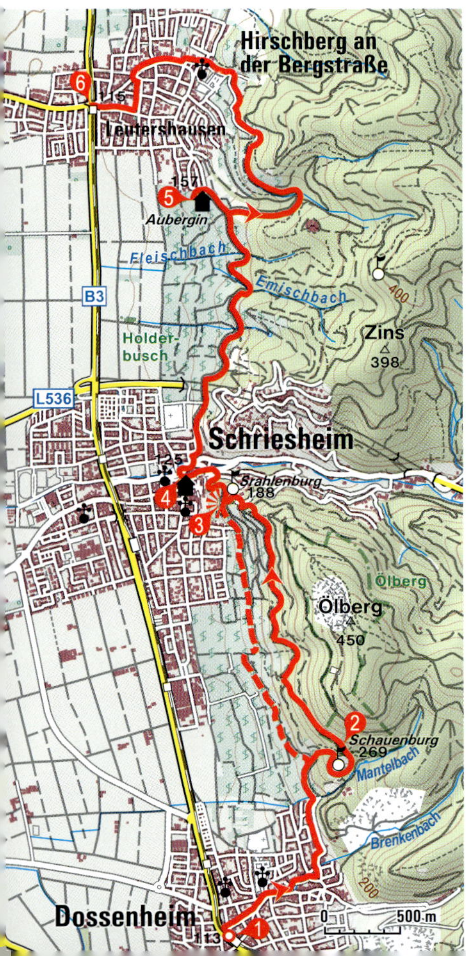

Ausgangspunkt: Haltestelle Dossenheim-Mitte. Wer mit dem Auto anreist, parkt am besten am Wanderparkplatz Schauenburg (Schauenburgstraße Ecke Oberer Burggarten, 69221 Dossenheim).
Endpunkt: Leutershausen, Bahnhof.
Anforderungen: Abwechslungsreiche Panoramatour auf schattigen Wald- und sonnigen Weinbergwegen.
Markierung: Mischung aus Blütenweg und Burgensteig, am Ende führt uns der gelbe Doppelstrich.
Karte: Wanderkarte Heidelberg Neckartal-Odenwald (GNBO Blatt 12, 1:20.000). Hessischer Odenwald Süd (Meki Landkarten GmbH, 1:30.000)
Einkehr: Schriesheim: Burggasthof Zur Strahlenburg, Tel. +49 6203 9574715, Mi.–So. ab 11 Uhr. Kaffeehaus Schriesheim, Tel. +49 6203 600868, www.kaffeehaus-schriesheim.de, tgl. ab 9 Uhr. Müllers Weinstube, Tel. +49 6203 65077, Mi.–So. ab 17 Uhr. Bistro Aubergin, Tel. +49 151 63187899, Do., Fr. 12–14.30 und ab 16 Uhr, Sa. ab 15, So. ab 13 Uhr, www.auberginhd.com, Frau Dénes betreibt auch die Weinbar auf dem Weingut Teutsch in Leutershausen. Leutershausen: Café Erdmann, Tel. +49 6201 56864, www.cafe-erdmann.de, ab 10 Uhr, Mo., Di. Ruhetag.
Variante: Am Ortsausgang von Dossenheim, kurz nach dem Wanderparkplatz unterhalb der Schauenburg,

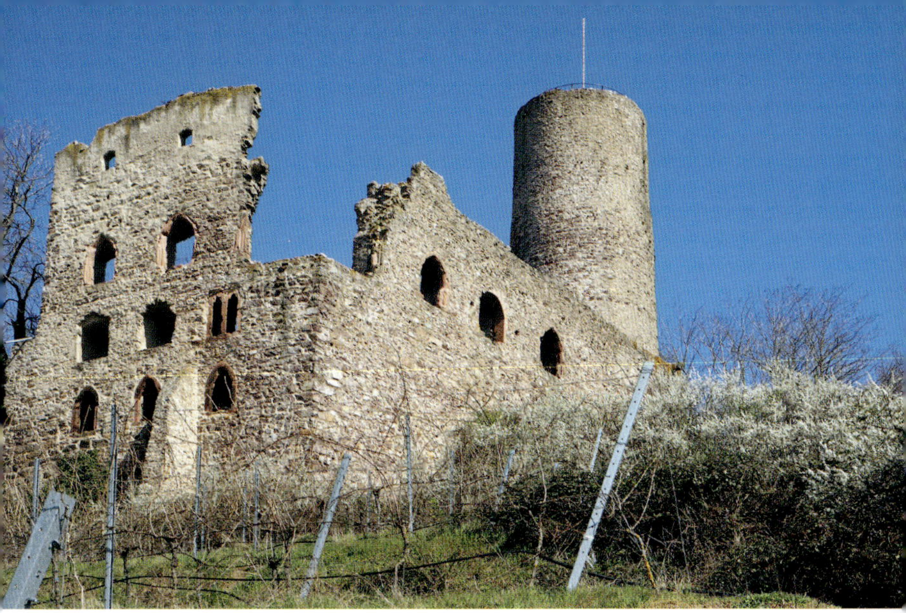

Ruine Strahlenburg.

können wir auch auf dem Blütenweg vorwiegend durch Weinberge nach Schriesheim marschieren.

Winzer: Dossenheim: **Weinmanufaktur Dossenheim**, Steinbruchweg 19-21, Tel. +49 62211 81117, www.weinmanufaktur-dossenheim.de, drei Freunde, von Eichelmann geadelt, die im Nebenerwerb ökologischen Wein anbauen. **Weingut 13Reben**, Friedrichstraße 9, Tel. +49 151 19398493, www.13reben.de, Mikroweingut des Winzers und Bildhauers Dieter König. Schriesheim: **Weingut Wehweck**, Talstraße 4, Tel. +49 6203 62187, www.weingut-wehweck.de. Der 2018er Spätburgunder im Barrique gereift ist eine wahre Gaumenfreude. **Weingut Max Jäck**, Aussiedlerhof 7a, Tel. +49 6203 692725, www.weingut-max-jaeck.de. Der sympathische Jungwinzer produziert naturnah und erzeugt auf kleinen Flächen schon erfolgreiche Weine, er unterscheidet die Trauben nach Stiel (Basisweine), Schale (Topweine) und Kern (Premiumweine). **Weingut Bielig**, Aussiedlerhof 5A, Tel. +49 6203 925198, www.weingut-bielig.de, relativ junges Weingut mit 4,5 ha, aber schon mit breiter Palette unterschiedlicher Weine. **Winzergenossenschaft Schriesheim**, Heidelberger Str. 3, Tel. +49 6203 61560, www.wg-schriesheim.de. Die Winzergenossenschaft erzielt alljährlich einen Spitzenplatz bei der Badischen Weinprämiierung. Leutershausen: **Weingut Teutsch**, Burgweg 50, Tel. +49 6201 51451, www.teutsch-weingut.de. Den Grundstock legte der Urgroßvater im Pfarrgarten, daraus entwickelte sich ein stattliches Weingut, was schon im Eichelmann Erwähnung fand, Vinothek mit prächtiger Aussicht.

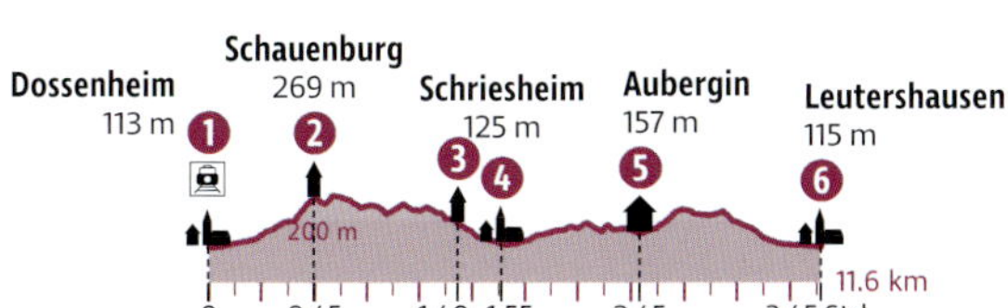

Von der Station **Dossenheim ❶** Mitte aus gehen wir die Bahnhofstraße hoch, am Rathaus vorbei und biegen hinter dem Café Meisel links ab. Wir halten uns sofort wieder rechts, am Dossema Weinhof vorbei geht es über die Schauenburgstraße hinauf zum Wanderparkplatz. Etwa 200 m danach, an der Verzweigung, verläuft die Variante des Blütenweges aussichtsreich weiter durch die Weinberge. Eine kleine Herausforderung bietet der rechts bergauf verlaufende Weg, den wir an nächster Gabelung noch einmal nach rechts verlassen. Er führt uns zur trotzig über dem Dorf thronenden **Ruine Schauenburg ❷** aus dem 13. Jh., deren Umrundung man sich nicht entgehen lassen sollte. Nur durch massive Proteste konnte sie Mitte des letzten Jahrhunderts vor den anrückenden Steinbrechern geschützt und erhalten werden.

Das alte Rathaus in Schriesheim.

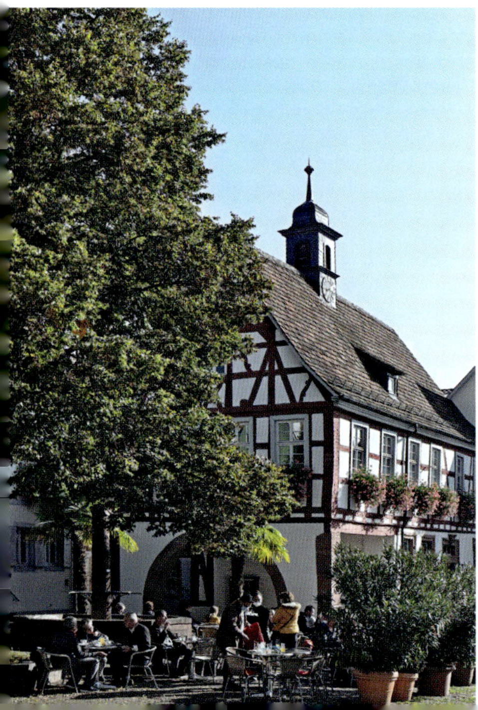

Nach der Überquerung des Burggrabens setzen wir die Richtung fort, diesmal wieder auf dem Burgensteig, der uns kurz darauf nach links über einen Pfad eine Etage tiefer bringt. Längs von Fels- und Lösswänden geht es weiter nach Norden, unterbrochen von Blicken ins Tal zwischen den Baumwipfeln. Bald nach dem Aussichtspavillon senkt sich der Weg allmählich hinab in die Weinberge. An Tafeln des Themenweges Kuhberg, des gleichnamigen Anbaugebiets, vorbei, führt unser Weg direkt zur nächsten markanten Ruine, der **Strahlenburg ❸**, die auf einer Felsnase umrundet von Weinbergen über dem Weinstädtchen thront.

Nach deren Besichtigung oder einer Einkehr halten wir uns unterhalb am Aussichtspunkt Kurpfalzblick rechts (entgegen der Markierung des Blütenweges). Ein Links-Rechts-Schwenk führt durch ein efeuüberwuchertes altes Stadttor, hinter dem wir in die Weinstadt eintreten. Das gelbe X leitet uns hinunter, an Schule und Winzergenossenschaft vorbei, in die Heidelberger Straße, wo sich um das alte Rathaus das Zentrum von **Schriesheim ❹** befindet. Nach Überquerung der Talstraße treffen wir auf den Mühlbach, biegen rechts ab auf den zauberhaft angelegten Mühlsteg und biegen an der Weinheimer Straße wieder links ab. Dort nimmt uns erneut das Logo des Blütenwegs auf, das uns durch die Siedlung oberhalb des Friedhofes aus dem Ort leitet. Im Norden lugt der Melibokus hervor, die höchste Erhebung an der Bergstraße.

Zwischen Kleingärten und Reben schlängelt sich der Blütenweg weiter und tangiert den Madonnenberg mit dem markanten Mammutbaum. Die Pflege und Bewirtschaftung der historischen Anbauflächen wurde

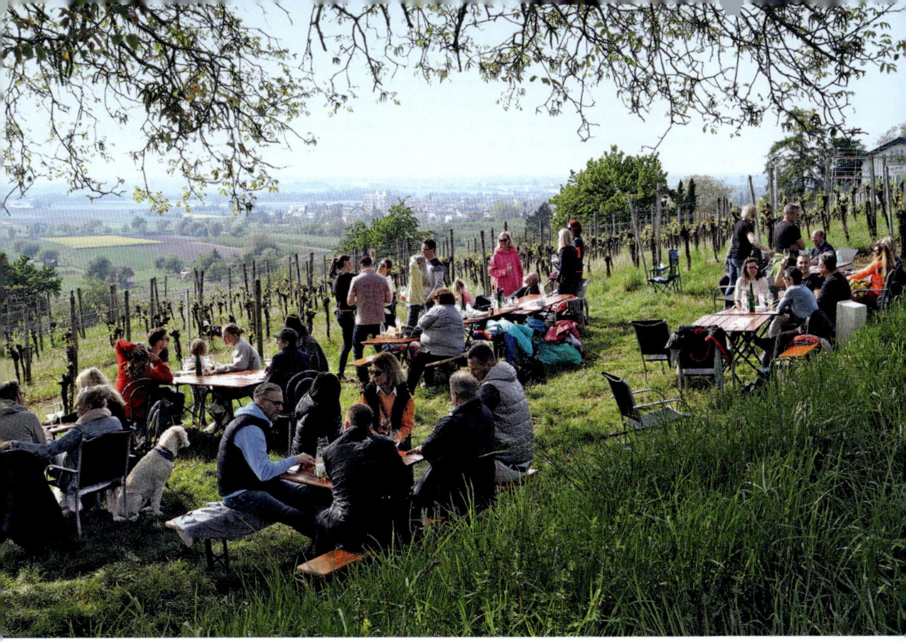

Sommerfest beim Weingut Teutsch in Leutershausen.

von einem Verein wieder aufgenommen. An der Kreuzung von 5 Wegen geht es in rechtem Winkel weiter, dem gelben B folgend. Wer jedoch sonntags im Hochsommer hier vorbeikommt, dem sei der Abstecher zum Weingut Teutsch mit dem **Bistrowagen Aubergin** ❺ davor warm ans Herz gelegt. Nur wenige solcher Rastmöglichkeiten mit Weinen vom Hof und kleinen Imbissen gibt es an der Bergstraße. Dazu ein Ausblick vom Feinsten.

Zurück an der Kreuzung wandern wir hinauf zum Wald, wo nach den Erwachsenen auch die Kinder auf ihre Kosten kommen. Der Waldspielplatz am Staudenbächle lässt keine Wünsche übrig. Hier dürfen die Kleinen nach Herzensvergnügen planschen, klettern und Bäume besteigen.

Weiter geht es zum Wanderparkplatz Kehrrang. Wir bleiben noch auf gelbem B und wandern auf der Zufahrtsstraße mit weiten Ausblicken talwärts. Kurz darauf verlässt uns die Markierung Blütenweg nach rechts, wir folgen stattdessen für den Rest des Weges dem gelben Doppelstrich. Vor dem Friedhof können wir rechts die Stufen hinabsteigen und eine kleine Abkürzung über den Fußweg der Hühnerzüchter nehmen.

Am Lindenbrunnen weiter geradeaus bis zur Wallfahrtskirche, in der eine schwarze Madonna so manchen geholfen hat, wie viele Täfelchen im Innern zeigen. Wir stoßen auf die historische Vordergasse, wo an zahlreichen Häusern deren Geschichte vermerkt ist. Die Bahnhofstraße bringt uns schließlich zum Bahnhof von **Leutershausen** ❻, von wo wir zurück nach Dossenheim fahren können.

Für süße Schleckermäuler lohnt sich zuvor ein kleiner Umweg über die Raiffeisenstraße und Hölderlinstraße (am Olympia-Kino vorbei) zum beliebten Café Erdmann, dessen Kuchen und Torten in weitem Umfeld bekannt sind.

48 Wein und Kultur in Heidelberg-Rohrbach

Zu einer der ältesten Weinbaugemeinden

2.30 Std. | 8,8 km | ↗ 260 m | ↘ 260 m

Spaziergang im traditionsreichen Heidelberger Weinvorort

Mit der im Mittelalter, im Jahr 766, erwähnten Schenkung eines Rohrbacher Weinbergs an das Kloster Lorsch zählt der Heidelberger Vorort zu den ältesten Weinbaugemeinden an der Badischen Bergstraße. Auf zahlreichen Tafeln vermittelt der Wanderweg »Wein und Kultur« beim Gang durch die bunte Kulturlandschaft historische, geologische und weintechnische Zusammenhänge. Dabei wandern wir durch die Weinlagen zweier bekannter Heidelberger Weingüter.

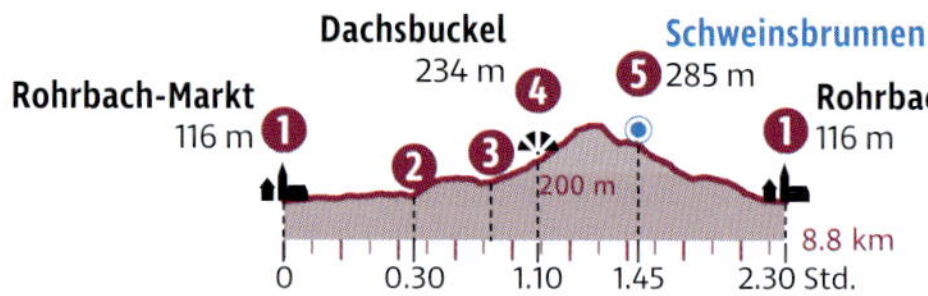

Ausgangspunkt: Haltestelle Rohrbach Markt in der Karlsruher Straße, 69126 Heidelberg-Rohrbach. Wer mit dem Auto anreist, ein paar Parkplätze gibt es am Friedhof in der Bierhelderstraße.
Anforderungen: Einfach, bequeme Spazier-, Weinberg- und Wanderwege.
Markierung: Vorwiegend Beschilderung des Erlebniswanderweges Wein und Kultur.
Karte: Wanderkarte Heidelberg Neckartal-Odenwald (GNBO Blatt 12, 1:20.000). Hessischer Odenwald Süd (Meki Landkarten GmbH, 1:30.000)

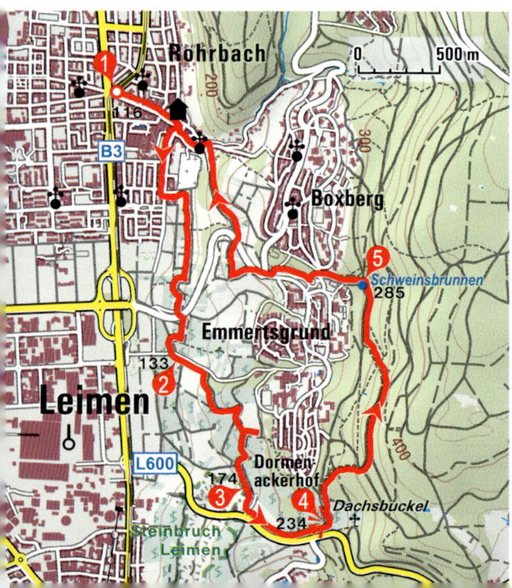

Einkehr: Keine Möglichkeit unterwegs. Gasthäuser am Ausgangs- und Endpunkt in Heidelberg-Rohrbach.
Weintipps: Heidelberg-Rohrbach: **Weingut Clauer**, Dormenackerhof 1, Tel. +49 6221 382439, www.weingut-clauer.de, besonders die in französischen Eichenholzfässern ausgebauten Sternstunden Weine sind eine Erfahrung wert. **Weingut Bauer**, Dachsbuckel-Winzerhof 1, Tel. +49 6221 381931, www.heidelberger-dachsbuckel.de. Auf der kleinen Einzellage Heidelberger Dachsbuckel vom Großvater des Juniorwinzers angelegt, werden vorwiegend Riesling und Burgunderreben ausgebaut, in der hauseigenen Destillieranlage hinter der Glasfront werden auch feine Edelbrände hergestellt, probieren Sie Grimbart's Gin, der aus 17 Zutaten destilliert wird. **Weingut Hans Winter**, Weingasse 2, Tel. +49 6221 336717, www.weingut-hanswinter.de, ältestes Heidelberger Weingut, wo Wein in Gewölbekellern aus dem 15. Jh. erzeugt wird, viele Auszeichnungen in bekannter Weinpresse. Gemundet hat uns der 2020er Gelbe Muskateller vom Heidelberger Herrenberg.

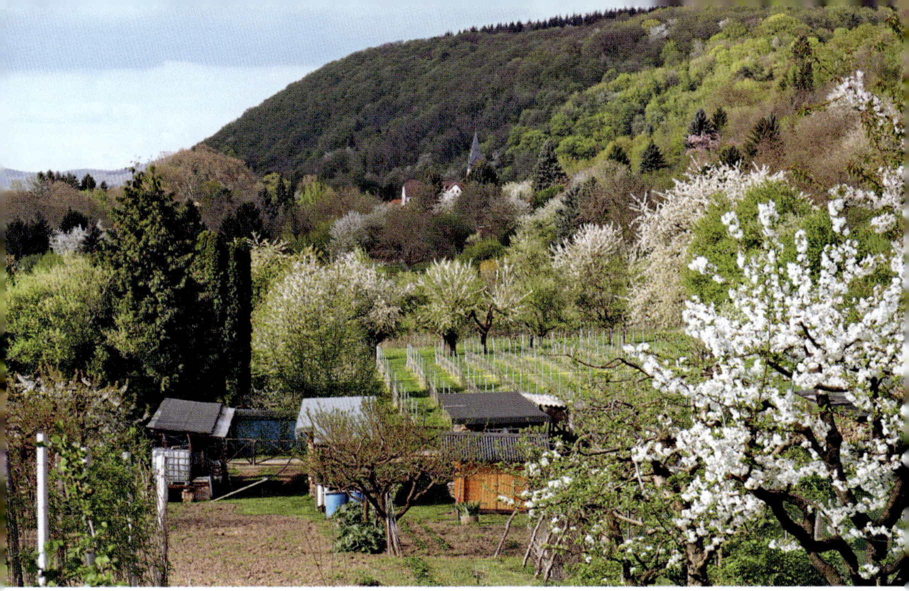

Kleingärten und Weinberge bei Rohrbach.

Wir beginnen am zentralen Verkehrsknotenpunkt des Heidelberger Vorortes in **Rohrbach Markt ❶** und wandern die Rathausstraße hoch. Im oberen Ortsteil knickt die Straße am Gasthof Traube nach rechts und führt am kleinen Heimatmuseum vorbei. Gegenüber weisen alte Wandmalereien an einem jetzt spanischen Restaurant auf früheren Weinbau hin. Wir finden die weiße Rebe auf lila Grund, als Markierung des »Wein und Kultur«-Weges, an der wir uns in der ersten Hälfte der Tour größtenteils orientieren.
Es geht geradeaus weiter durch die Leimer Straße, bis wir den Linksabzweig zum Friedhof finden. Davor lassen wir uns über Rohrbacher Persönlichkeiten informieren und steigen rechter Hand des Friedhofes bergauf. Dahinter geht es nach rechts und wir tauchen in das Landschaftsschutzgebiet ein. Verstreut zwischen Kleingärten und Streuobstwiesen tauchen schon bald die ersten Rebflächen auf. Den Lärm der Verbindungsstraße von Heidelberg nach Leimen müssen wir vorerst hinnehmen. Später mit zunehmendem Anstieg tritt er in den Hintergrund. Der Blütenweg verläuft auf derselben Route und führt uns unter einer mit bunten Graffiti besprühten Brücke hindurch.
Nach einem Rechts-Links-Knick erreichen wir die Übersichtstafel am **Soldatenweg ❷**. Hier verlassen wir den Themenweg und wandern links ungefähr 250 m die Asphaltstraße bergauf und zweigen auf den gepflasterten Hohlweg rechts ab. An dessen Ende am Rebenherz ließ der Rohrbacher Arbeitskreis »Kunst am Weinberg« von einem Künstler die Liebe zum Wein gestalten. Weiter geht es durch die Rebflur sanft bergauf, wobei wir uns links halten.
Wir biegen rechts und wieder links ab, und wandern längs einer Hecke auf geschottertem Weg weiter hinauf. Anschließend geht es über einen Grasweg wieder bergab und wir finden erneut das gelbe B des Blütenwegs, dem wir am **Dormenackerhof ❸** des Weinguts Clauer vorbei

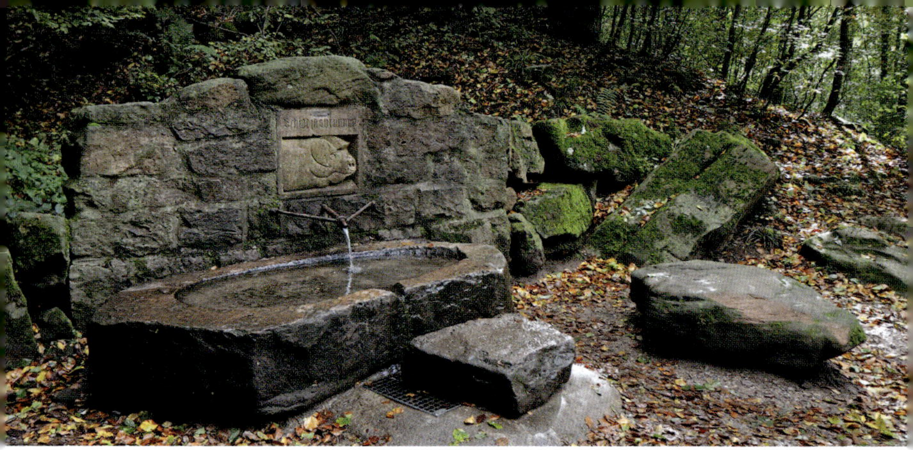

Schweinsbrunnen.

bis zur Straße folgen. Die Lössböden auf Muschelkalk der Lage Heidelberger Dormenacker bieten hervorragende Voraussetzungen für gute Tropfen. Der »Wein und Kultur«-Weg leitet uns neben der Verbindungsstraße nach Gaiberg zum nächsten **Winzerhof am Dachsbuckel ❹** hoch. In zwanzig Jahren seit 1957 baute die Winzerfamilie Bauer die Rodungsinsel auf den kargen Sandsteinverwitterungsböden nach und nach aus und gestaltete den heutigen Weinberg.

Den Verkehrslärm haben wir endgültig hinter uns gelassen und steuern den ruhigen Wald an. Am Waldeintritt verlassen wir wieder den Erlebniswanderweg, der hier links hinabzieht, und folgen für ein paar Meter rechts dem Fahrradweg in Richtung Emmertsgrund. Am Wegstein gehen wir nach rechts weiter und lassen uns vom roten Strich leiten, der uns über den Gossenbrunnenweg bergauf führt.

An der Gabelung bei einer Ruhebank verlassen wir auch den roten Strich wieder und nehmen den linken bergabführenden Zweig. Über einen Hohlweg führt der Waldpfad weiter hinab und längs einer Bruchsteinmauer entlang. Nach dem Zaun des Hochwasserbehälters biegen wir erneut an einer Sitzbank rechts ab und wandern auf ebenem Weg bis zum **Schweinsbrunnen ❺**. Hier geht es nach links weiter. Eine Infotafel informiert uns über den seltsamen Trichter am Wegesrand, der als Erdfall durch eiszeitliche Ausspülungen entstanden ist.

Quer durch den Spielplatz gehen wir zwischen den Trabantensiedlungen Boxberg und Emmertsgrund talwärts. Wir überqueren die Straße, umrunden im großen Bogen einen Kindergarten und folgen weiter dem Fuß- und Fahrradweg. Vor der Rechtskurve gehen wir links die Stufen hinunter und auf der anderen Seite der Straße auf dem Fußweg talwärts. An der nächsten Verzweigung, bei der Tafel über die Mechanisierung im Weinbau, halten wir uns rechts und betreten damit wieder den Erlebniswanderweg. Mit weiten Fernblicken bis Pfalz und Donnersberg geht es durch die grüne Kulturlandschaft zwischen Reben und Kleingärten zurück nach Rohrbach. Vor der Kirche halten wir uns links und erreichen wieder den alten Ortskern des Heidelberger Wein-Vorortes und wandern zurück bis **Rohrbach-Markt ❶**.

Von Leimen nach Lingental

Wein und Wald an der Südlichen Bergstraße

49

3.15 Std. | 11,1 km | ↗ 320 m | ↘ 320 m

Bedächtige Waldrunde zu einem beliebten Ausflugslokal

Außer einer Zementfabrik hat die Heimat der Tennislegende Boris Becker oberhalb der Weinlagen einen prächtigen Erholungswald zu bieten, der unter Spaziergängern, Radfahrern und Wanderern gleichermaßen beliebt ist. Im Wechsel von Wald und Rebflächen lässt es sich gemütlich wandern. Ein attraktives Ausflugslokal auf der Höhe lohnt den smarten Aufstieg.

Ausgangspunkt: Haltestelle Leimen Georgi-Marktplatz (Rohrbacher Str. 6, 69181 Leimen). Von Heidelberg Bismarckplatz fährt die Straßenbahn Linie 23 nach Leimen.

Anforderungen: Einfach, bequeme Spazier-, Weinberg- und Forstwege.

Markierung: In Reihenfolge: Blütenweg, L5, L4, gelbe 10, Blütenweg.

Karte: Wanderkarte Heidelberg Neckartal-Odenwald (GNBO Blatt 12, 1:20.000). Hessischer Odenwald Süd (Meki Landkarten GmbH, 1:30.000).

Einkehr: Landgut Lingental (Tel. +49 6224 7664466, www.landgut-lingental.de) Do., Fr. ab 15, Sa., So. ab 12 Uhr. Naturfreundehaus am Gossenbrunnen, Tel. +49 6224 71766, ab 16, Sa., So. ab 11.30 Uhr, Di. Ruhetag.

Winzer: Leimen: **Weingut Adam Müller**, Adam-Müller-Str. 1, Tel. +49 6224 97100, www.weingut-adam-mueller.de. Weinbau seit 9 Generationen mit diversen Auszeichnungen und vielen Events im Lauf des Jahres. **Weingut Seeger**, Rohrbacher Str. 1, Tel. +49 6224 77207, www.seegerweingut.de, Weinbau seit 1655, Spitzenweingut mit naturnaher Bewirtschaftung, Gründungsmitglied der Weißen Burgunder Charta. **Vinothek Villa di Vino**, Stralsunder Ring 7, Tel. +49 6224 7690190, www.villa-divino.de, Auswahl von über 600 (inter-)nationalen Weinen.

Landgut Lingental.

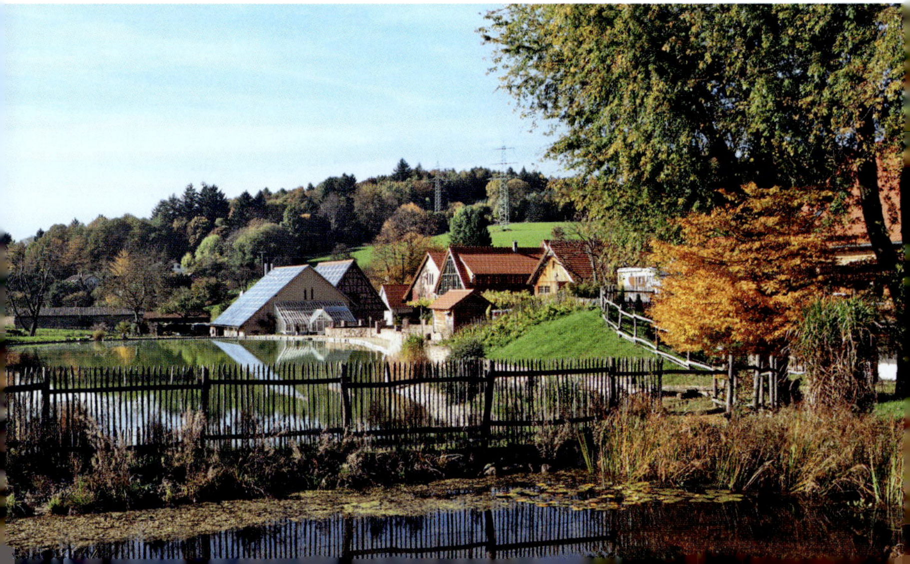

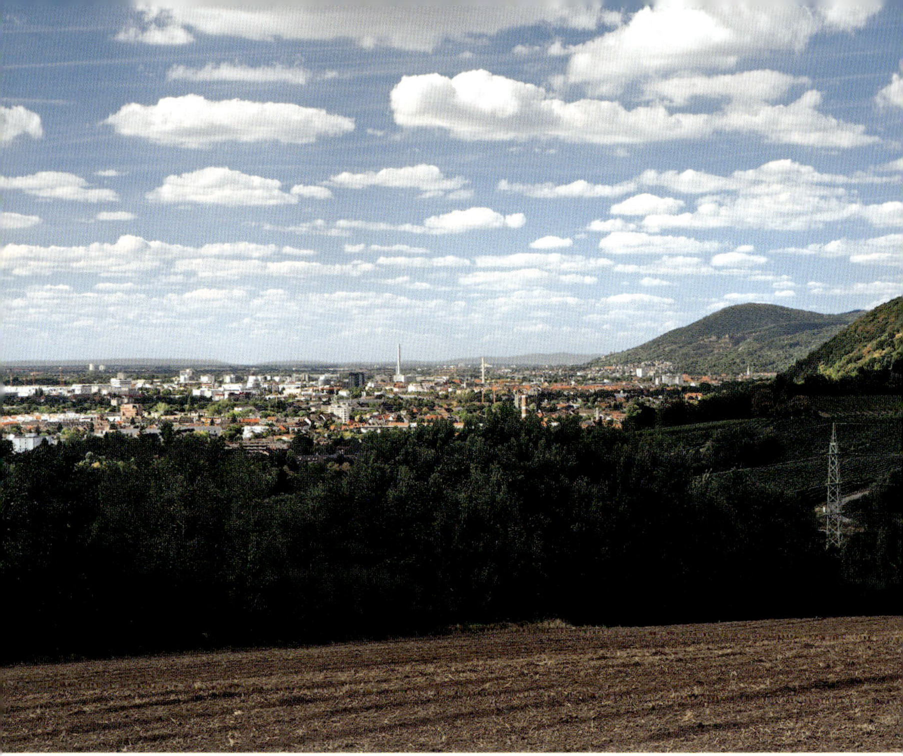

Blick nach Heidelberg mit dem Königstuhl.

Wir starten im Ortsmittelpunkt von **Leimen ❶**, an der Haltestelle Georgi-Marktplatz, und marschieren die Rathausstraße hoch. Vor dem Rathaus biegen wir rechts ab in die Turmgasse. Hier finden wir auch ein Wegzeichen des örtlichen Wanderweges L5, der uns über gut die Hälfte des Weges die Richtung vorgibt. An erster Möglichkeit biegen wir links ab und danach sofort wieder rechts. Nach dem Bürgerhaus am Alten Stadttor gehen wir links hoch in die Wingertstraße, biegen sofort nach rechts und spazieren rechts durch die kleine Parkanlage. Dahinter halten wir uns links und gehen weiter bergauf und über die Straße am Lebküchel, wo wir zuletzt auf Treppenstufen das gelbe B des Blütenwegs erreichen, dem wir nach rechts folgen. Über den Grauenbrunnenweg verlassen wir den bebauten Bereich und treten in die Rebflur ein. An der Gabelung geht es links auf den Leimener Lehr- und Wanderweg mit der weißen Traube auf lila Grund, der zu Beginn durch einen Hohlweg bergan führt.

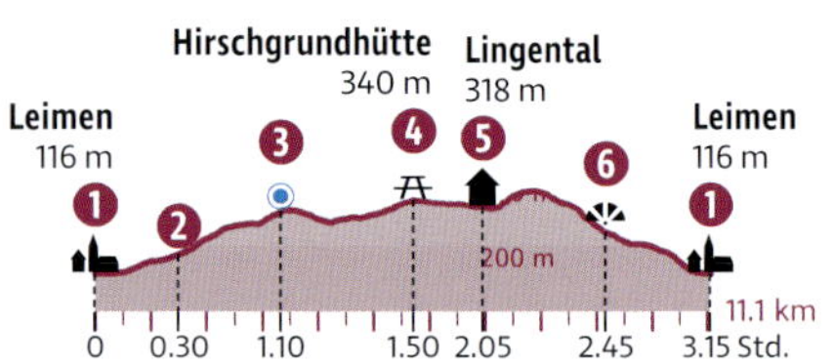

Der Blütenweg verlässt uns alsbald nach rechts und wir folgen weiter unserer L5-Markierung, die uns zur Infotafel über die Weinberglage **Kreuzweg ❷** leitet. Wir biegen links ab und passieren die rote Weinberghütte des Weinguts Müller mit prächtigem Ausblick. Direkt dahinter gehen wir rechts hoch, biegen erneut an der Kreuzung rechts ab und folgen an der Gabelung dem links bergauf führenden Pfad. Kurz darauf knickt der L5 in spitzem Winkel nach links und zieht sich auf schmalem Pfad am Hang entlang. Auf dem breiten Forstweg ändern wir erneut die Richtung und wandern fast entgegengesetzt weiter.

Auf dem sanft ansteigenden Waldweg halten wir für geraume Zeit die Richtung bei, bis wir an der Kreuzung das Schild nach rechts zum **Grauenbrunnen ❸** finden. Alte Wegsteine markieren den Pfad zum Brunnen, der ein Relikt eines in den Bauernkriegen wüst gefallenen Dorfes ist.

Wir halten die Richtung auf dem Waldpfad bei und biegen am Forstweg links ab. Wir halten uns leicht rechts und folgen an der nächsten Kreuzung dem Amerikanerweg (immer noch L5), den 1965 Pioniere der 7. US-Armee nach heftigen Manöverschäden angelegt haben.

Auf der Hangschulter einer Klinge führt der mit Schildern über heimische Waldvögel gespickte Weg talwärts. Nach einer Weile geht es seilgesichert an der ehemaligen »Klammbrücke« durch den Grund der Schlucht und wieder links hinauf. Es folgt ein etwas eintöniges Stück geraden Waldweges, an dessen Ende wir rechts abbiegen und die **Hirschgrundhütte ❹** mit Picknickmöglichkeit passieren. An der nächsten Kreuzung – hier stand fast 300 Jahre die stattliche Verlobungseiche – verlässt uns L5 nach links. Wir orientieren uns nun an L4, der halb rechts auf aussichtsreichem Höhenweg weiterführt. In der Ferne ist Burg Steinsberg im Kraichgau auszumachen, dahinter grüßt schon der Nordschwarzwald.

An der Kreuzung gehen wir links hinunter nach **Lingental ❺**, wo das beliebte Landgut zur Rast am Fischteich einlädt. Wir gehen links über den Parkplatz des Restaurants, queren an der Ampel die Straße und halten uns an erster Möglichkeit links, der gelben 10 folgend. Ein Trampelpfad über die Wiese führt uns hoch zum Waldrand, wo es im Links-Rechts-Schwenk weitergeht bis zum Picknickplatz unter der Hochspannungsleitung. Dort, an der Kreuzung, bringt uns links der Dachsbauweg hinunter zum Winzer Bauer am **Dachsbuckel ❻**. Nach dem Weingut gehen wir leicht rechts versetzt auf dem Fußweg weiter, wandern 150 m parallel zur Straße bergab und unterqueren sie nach links. Dahinter gehen wir sofort nach rechts auf den Leimener Lehr-Rundwanderweg, der uns aussichtsreich und informativ talwärts führt.

Wer im Naturfreundehaus am Gossenbrunnen einkehren möchte, geht hier geradeaus weiter. Achtung! Am Schild über die Rebenblüte nicht den Linksabzweig verpassen. Der Blütenweg bringt uns auf den letzten Metern zurück ins Ortszentrum von **Leimen ❶**.

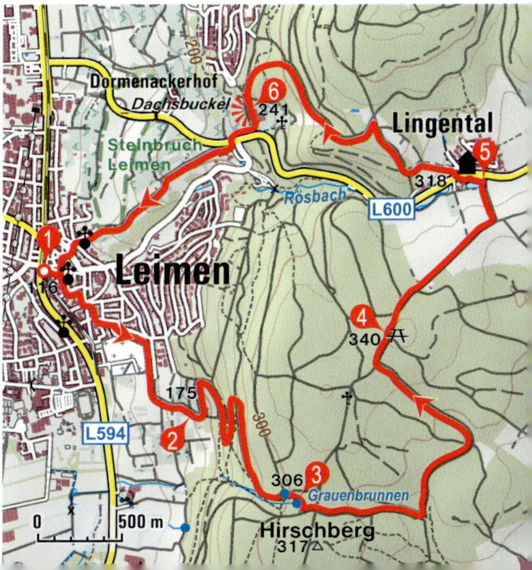

50 Beschauliche Runde um Wiesloch
Zwischen Steinbruch und Weinberg

3.45 Std. | 13,8 km | ↗190 m | ↘190 m

Wo einst der Boden nach Erzen durchpflügt wurde

Auf der gemütlichen Rundwanderung erfahren wir einiges über den Erzabbau in früheren Jahrhunderten. Am Nußlocher Steinbruch wird heute noch in großem Stil gebuddelt. Über die Großlage Mannaberg nähern wir uns dem Winzerkeller Wiesloch, der größter Abfüller nordbadischer Weine ist.

Ausgangspunkt: Fontenay-aux-Roses-Platz im Zentrum von Wiesloch. 350 m Entfernung zum Bahnhof.
Anforderungen: Einfach, bequeme Spazier- und Wanderwege.
Markierung: Gelbes B, roter Strich, gelbe Raute und Weinwanderweg Mannaberg.
Karte: Wanderkarte Sinsheim (LGL Blatt W211, 1:25.000).

Einkehr: Winzerrast im Winzerkeller Wiesloch, Sept. und Okt. Mo.–Fr. 15–19 Uhr, Sa., So. 12–19 Uhr. Wimmers Landwirtschaft, Tel. +49 6222 7749100, www.wimmers-landwirtschaft.de, April–Sept., Fr., Sa. ab 17 Uhr, So. ab 11.30 Uhr.
Winzer: Winzer von Baden, Tel. +49 6222 927337, www.winzervonbaden.de, großes Angebot von Weinen aus Kraichgau und Badischer Bergstraße.

Am zentralen Verkehrsknotenpunkt von **Wiesloch** ❶, an der Kreuzung von Schwetzinger- und Hauptstraße, starten wir unsere Tour und gehen durch die Fußgängerzone in nördlicher Richtung (gelbes B). Wir halten uns links und gelangen über den Schloßweg zum Gerbersruhpark. Dort finden wir die Rote-Strich-Markierung, tauchen in den Dämmelwald ein und wandern wenige Meter vom Waldsaum entfernt weiter nach Norden.
Am Parkplatz des Sportzentrums ändern wir die Richtung, halten uns rechts und queren über die Spitzwegstraße die Wohnsiedlung. Wir unterqueren die erste Verbindungsstraße nach Nußloch, biegen dahinter links ab und wandern auf dem asphaltierten Weg in nördlicher Richtung weiter. An der Kreuzung, beim Schild über die Streuobstwiesen, biegen wir rechts ab und ziehen sanft bergauf, die alte Straße nach Nußloch überquerend. An der Schranke vorbei geht es längs des Absperrzauns des Steinbruchs weiter hinauf. Löcher (Pingen) und Gruben rechts und links des Weges zeugen vom einstigen oberflächigen Erzabbau.
Nach dem Austritt aus dem Wald biegen wir auf dem **Wilhelmsberg** ❷ am Schild über den Blumenpeter links ab. Das Grab des Mannheimer Originals befindet sich etwa 50 m weiter auf dem Friedhof des psychi-

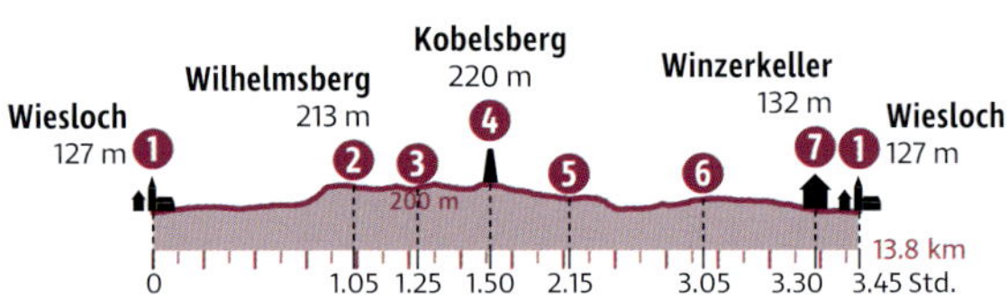

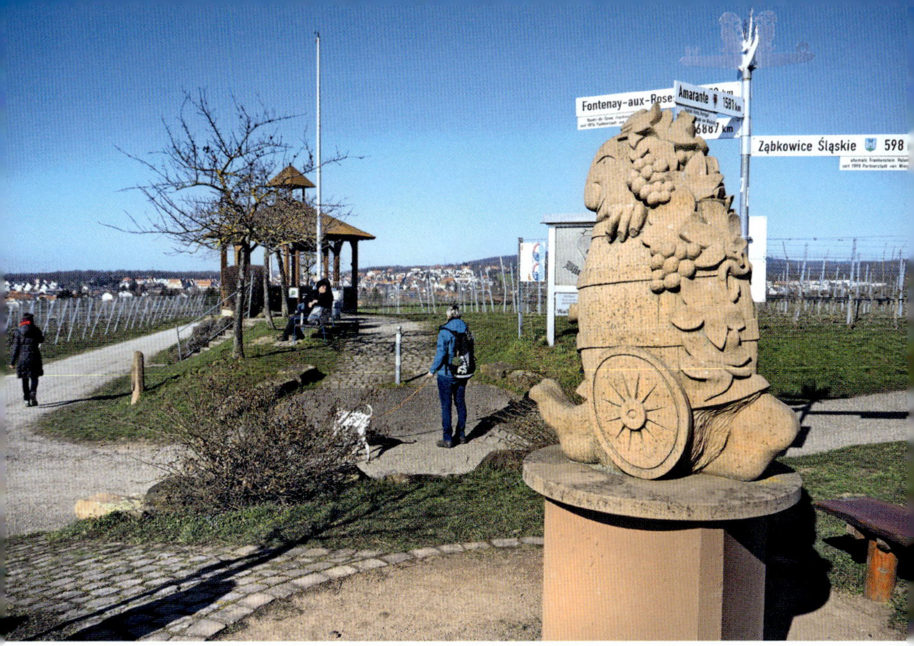

Beim Bussierhäusel.

atrischen Landeskrankenhauses. Der kleinwüchsige Peter Schäfer, der in Mannheim durch die Lokale zog und Blumen verkaufte, war eine Lokallegende. Noch heute ist ein alljährliches Fest in Mannheim nach ihm benannt. An der Infotafel finden wir den roten Balken des Odenwald-Vogesen-Wanderwegs, dem wir uns vorerst anvertrauen. Er führt uns zum teilweise rekultivierten Steinbruchgelände. Mehrere Infotafeln unterwegs klären auf über die Geologie der Region und den Abbau des Kalkgesteins im Steinbruch Nußloch.

Beim Metalltor am **Schlangengrund ❸** wenden wir uns nach rechts und folgen nun der gelben Raute. Durch den Zaun blickend gewinnen wir einen Eindruck des gewaltigen Abbauareals der Heidelberg Cement AG, das wie ein Krater in der umgebenden grünen Landschaft wirkt. Fast am Ende des eingezäunten Steinbruchs, nach einem kurzen steilen Anstieg, verlässt uns die gelbe Raute nach links. Wir wandern geradeaus weiter den mit halbhohen Bäumen bewachsenen Hügel

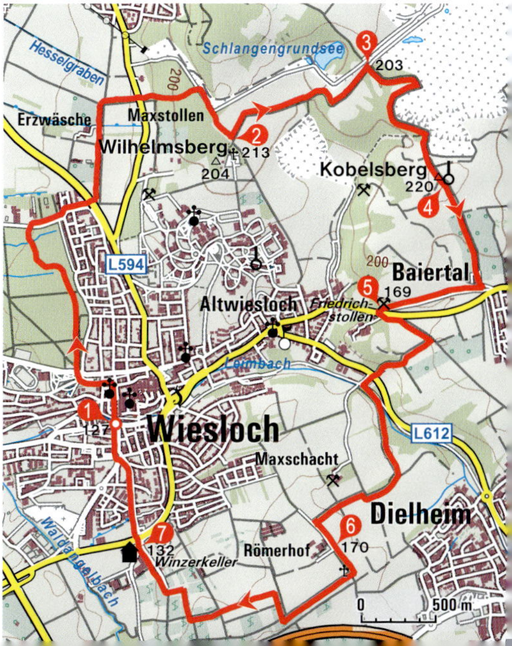

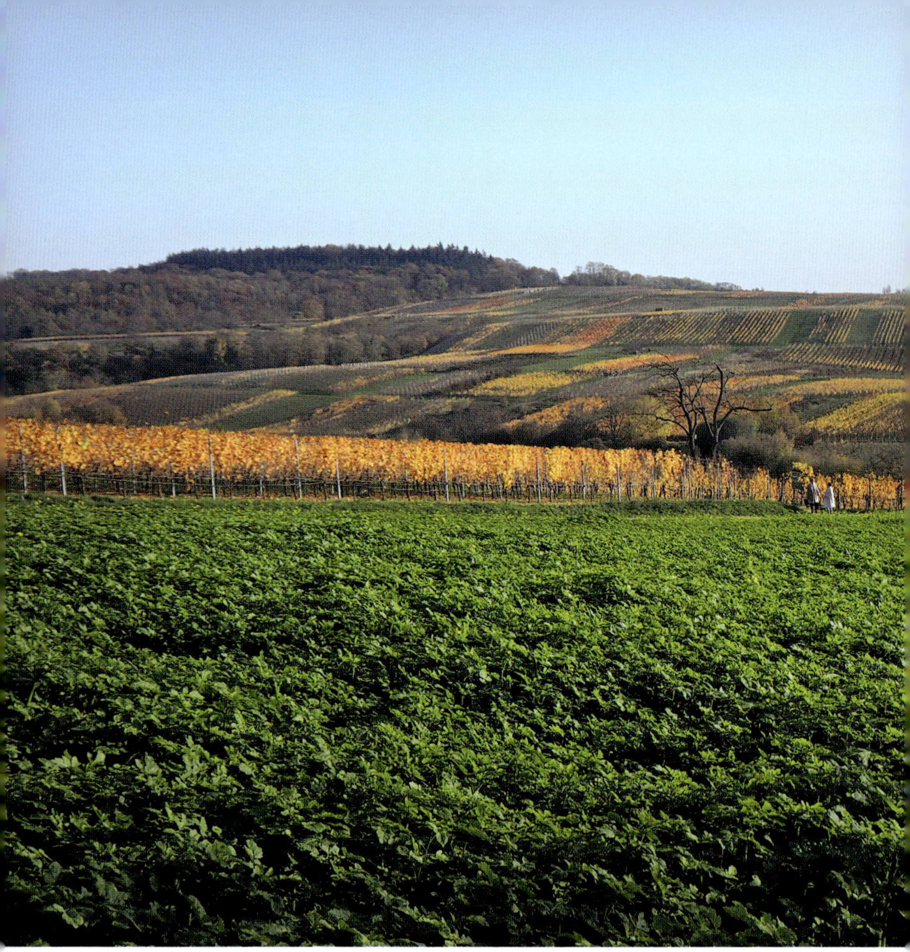

Indian Summer in den Weinbergen bei Wiesloch.

hoch. Nach wenigen Metern erreichen wir den **Kobelsberg** ❹, 220 m, mit dem Fernmeldeturm und einem eindrucksvollen Weitblick über den Kraichgau bis zur Burg Steinsfurt.

Wir folgen dem Feldweg geradeaus weiter, verlängern durch einen Hohlweg bergab und gelangen an Obstplantagen vorbei zum Obsthof Gefäller am Ortsrand von Baiertal. Ca. 50 m vor der Durchgangsstraße geht es nun den Schotterweg rechts bergab in Richtung Wiesloch.

Am **Friedrichstollen** ❺ mit der Infotafel zum Bergbaurundweg überqueren wir die Straße nach links, gehen 100 m bergauf und verlassen das kleine Sträßchen an der Hecke nach rechts. Unmittelbar nach dem kurzen Anstieg biegen wir erneut rechts ab und wandern bergab ins Tal des Leimbachs. Wieder weisen Informationstafeln auf den intensiven Bergbau in früheren Tagen hin.

Nach Überquerung der Dielheimer Straße stoßen wir auf das Flüsschen und biegen links ab auf einen unbefestigten Weg. Anfangs dem Tal folgend beschreibt der Weg einen Rechtsbogen und stößt auf eine T-

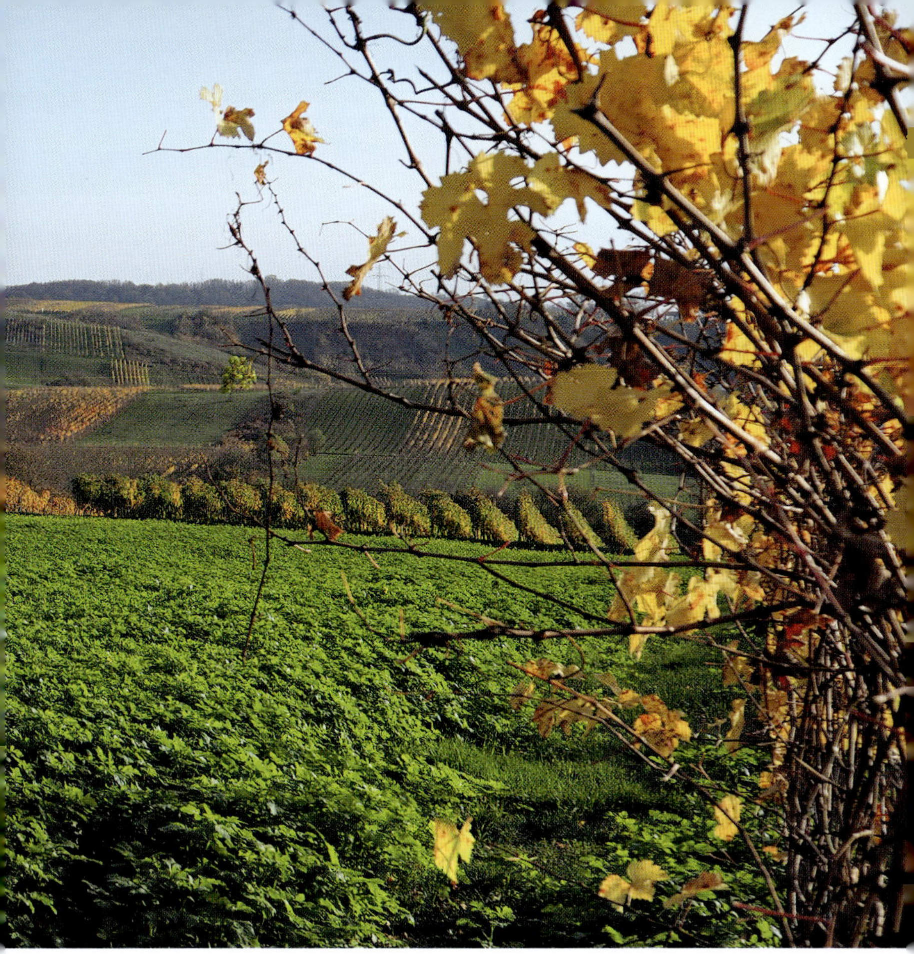

Kreuzung. Wir gehen nach rechts und sofort wieder links den Wirtschaftsweg bergauf. Oben an der Ruhebank wenden wir uns erneut nach links und passieren den landwirtschaftlichen Betrieb **Römerhof 6**. An der Kreuzung dahinter stoßen wir in der Großlage Mannaberg auf den Weinpfad Kraichgau mit blauem W und biegen rechts ab. Nach einem Rechts-Links-Knick führt uns der Wanderweg zur schönen Picknickgruppe am Feldkreuz, wo wir einiges über den Wieslocher Wein-Geografen Philipp Bronner (1792–1864) erfahren. Der Wieslocher Apotheker bereiste im Auftrag des badischen Großherzogs europäische Weinbaugebiete und betrieb in Wiesloch eine Rebschule auf der Wilhelmshöhe.

Am beliebten Aussichtspunkt beim Bussierhäusel folgen wir unserem W nach rechts, passieren kurz darauf den **Winzerkeller 7**, in dem große Anteile nordbadischer Weine abgefüllt werden. Geradeaus weiter durch die Johann-Philipp-Bronner-Straße gehen wir stadteinwärts und erreichen wieder unseren Ausgangspunkt in **Wiesloch 1**.

Stichwortverzeichnis

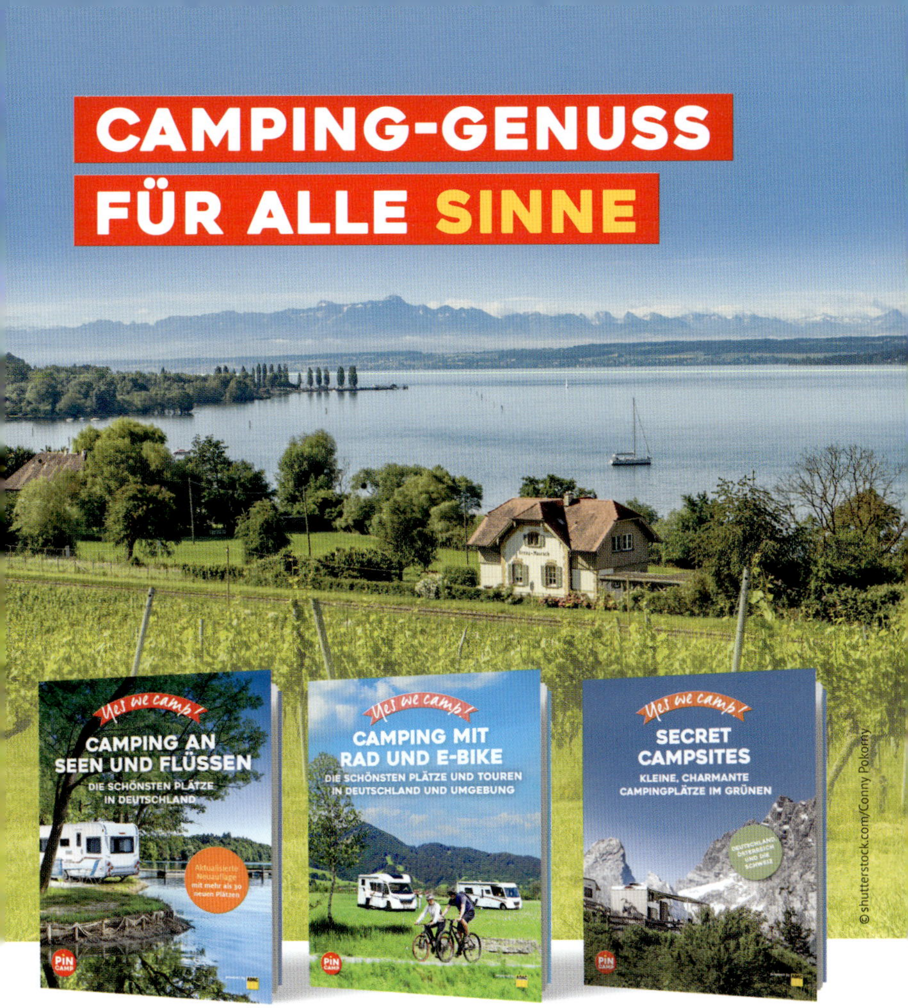
CAMPING-GENUSS
FÜR ALLE SINNE
Yes we camp!
CAMPING AN SEEN UND FLÜSSEN
DIE SCHÖNSTEN PLÄTZE IN DEUTSCHLAND
Aktualisierte Neuauflage mit mehr als 30 neuen Plätzen
Yes we camp!
CAMPING MIT RAD UND E-BIKE
DIE SCHÖNSTEN PLÄTZE UND TOUREN IN DEUTSCHLAND UND UMGEBUNG
Yes we camp!
SECRET CAMPSITES
KLEINE, CHARMANTE CAMPINGPLÄTZE IM GRÜNEN
© shutterstock.com/Conny Pokorny

Impressum

Umschlagbild: Assmannshausen mit der Weinlage Assmannshäuser Höllenberg (Touren 14 und 15)

Bild im Innentitel: »Schönste Weinsicht« beim Abstieg nach Lorch (Tour 17).

Alle Fotos von den Autoren, ausgenommen das Umschlagbild (© Shutterstock 2053400852) sowie die Fotos auf S. 3 (mit freundlicher Genehmigung © Nadja Kuschel, © Sven Hasselbach/Rheinhessenwein e.V. und © Antonia Kaltwasser)

Kartografie: 50 Wanderkärtchen im Maßstab 1:25.000 / 1:50.000 / 1:75.000
Geodaten © OpenStreetMap und Mitwirkende
Kartografisches Design: SHOCart (CZ), www.shocart.cz
sowie 2 Übersichtskärtchen im Maßstab 1:700.000 und 1:1.200.000
© Freytag & Berndt, Wien

Werk-Nr.: 3290

1. Auflage 2024

ISBN 978-3-7633-3290-8

MIX
Papier | Fördert gute Waldnutzung
FSC® C147178
www.fsc.org

Wir freuen uns über jeden Korrekturhinweis zu diesem Wanderbuch!
Bitte per E-Mail an: **leserzuschrift@rother.de**

ROTHER BERGVERLAG · Keltenring 17 · D-82041 Oberhaching
Tel. +49 89 608669-0 · rother.de